KB104618

역사에 대해 생각하기

Thinking About History by Sarah Maza
Copyright © 2017 by The University of Chicago. All right reserved.
Licensed by The University of Chicago Press, Chicago, Illinois, U.S.A

Korean translation copyright © 2019 by CUM LIBRO
This Korean translation is published by arrangement with The University of Chicago
through Greenbook Literary Agency

이 책의 한국어판 저작권은 그린북 저작권 에이전시(영미권)를 통해
University of Chicago와 독점 계약한 도서출판 책과함께에 있습니다.
저작권법에 의해 한국 내에서 보호를 받는 저작물이므로
무단 전재와 무단 복제, 전송, 배포 등을 금합니다.

역사에 대해 생각하기

Thinking About History

오늘날 역사학에 던지는 질문들

사라 마자 지음 · 박원용 옮김

책과함께

일러두기

- 이 책은 Sarah Maza의 Thinking About History(The University of Chicago Press, 2017)를 완역한 것이다.
- 옮긴이가 한국어판을 읽는 독자의 이해를 돕고자 덧붙인 해설은 각주로 처리했다. 그 외 모든 텍스트는 지은이가 쓴 것이다.
- 본문에 소개되는 단행본이나 논문은 제목을 번역해 실었다. 그중 국내에 번역 출간된 경우에는 번역서 제목을 실었다. 다만 원어 제목이 맥락상 필요한 경우에는 병기했고, 지은이가 중요하다고 여겨 '찾아보기'에 표제어로 실은 경우 '찾아보기'에 원어를 병기했다.

차례

1장   누구의 역사인가?

2장   어디의 역사인가?

3장 무엇의 역사인가?

4장 역사는 어떻게 생산되는가?

5장 원인이 중요한가 의미가 중요한가?

6장 역사는 사실인가 허구인가?

역사가는 무슨 일을 하는가? 이 질문에 대한 답은 분명하게 보일 수도 있지만 실은 답하기가 쉽지 않다는 것을 알고 우리는 놀란다. 대부분의 사람들은 역사학을 '과거에 관한 연구'로 정의한다. 그렇지만 '과거'는 독자 여러분이 이 문장을 읽기 이전의 시간까지 포함하는 넓은 범주다. 이 맥락에서 과거는 '그것에 관해 우리가 어떤 관점을 가질 수 있게 하는 과거', 즉 실제로 우리를 적어도 한 세대 혹은 두 세대 이전으로 돌아가게 하는 과거를 의미한다. 그러나 과학 이외의 대부분의 학문은 그러한 의미의 '과거'에 관심을 가진다. 인문학, 예를 들어 문학, 예술사, 철학 등은 인간의 과거에 관심을 가진다. 다수의 사회학자, 인류학자, 정치학자 또한 수십 년 혹은 수 세기 이전의 자료들을 연구한다. 그렇다면 학문으로서 역사학이 가지는 특별함은 무엇인가?

역사는 과거에 대해 특별한 관심을 기울이지만 연구 영역으로서의 역사는 뚜렷하게 드러나는 구조 혹은 정의를 가지고 있지 않다는 점에서 남다르다. 이러한 특징이 역설적으로 역사가 학문 영역을 초월하여 광범위하고 지속적인 매력을 갖는 이유다. 인문학과 사회과학의 다른 학문들은 규범, 즉 지식의 총체 혹은 기술적 방법, 아니면 두 가지 모두에 의해 엄격하게 구속받는다. 문학을 가르치는 사람들은 비록 수십 년을 지나는 동안 일부 작가들은 사라지고 새로운 작가들이 출현한다고 하더라도 걸작으로 꼽히는 소설, 드라마, 시들을 읽었을 것이라고 여겨진다. 사회학자들은 무엇보다도 먼저 카를 마르크스, 에밀 뒤르켐, 막스 베버와 같은 주요 인물들에, 철학자들은 플라톤에서 존 롤스에 이르는 거장들에 정통할 것을 요구받는다. 문학과 예술사 연구자들은 문장을 분석하고 이미지를 해석하기 위해 매우 특별한 방법들을 개발해왔다. 수학 혹은 계량 전문가를 필요로 하는 그 외의 영역도 있다. 이러한 공통점으로 역사 이외의 학문들에서 일관성이 만들어지지만 그로 인해 종종 우려할 만한 부작용이 나타나기도 한다. '내부자만의 대화'와 때때로 등장하는 전문용어의 문제 같은 것이다.

이와 대조적으로 역사학과에는 도쿠가와 일본, 오스만제국, 그리고 레이건 대통령 시대의 전문가들이 동시에 존재할 수 있다. 역사학에는 기본서란 게 없기 때문에 그들은 결코 같은 책들을 읽지 않을 수도 있다. 그렇지만 그들은 동료들의 책을 다른 역사적 관점에서 평가할 필요가 있으며, 동료들에게 자신의 연구를 보여줄 필요가 있다. 바로 이러한 이유로 다른 분야의 책들에 비해 역사가들이 쓴 책이 전문용어가 적고 일반 독자에게도 비교적 쉽게 다가갈 수 있다. 이상적으로는 (비록 실제로는 전혀 그렇지 않지만) 누구든지 어떤 역사책도, 심지어 학술적인 책이라도 선택할 수 있어야만 하고 사전학습의 이점이 없이도 책의 내용을 이해할 수 있어야 한다.

이렇게 말한다고 해서 역사 연구와 저술이 특별한 기술을 요구하지 않는다는 의미는 아니다. 오히려 각자의 관심 시기와 지역에 따라 기술적 요구는 엄청날 수도 있다. 어려운 언어, 예를 들어 아람어* 혹은 만다린어**, 그리고 더 나아가 어떤 경우에는 하나 이상의 언어를 배워야 할 수도 있다. 예를 들어 중세사의 경우는 문서를 읽기 위해 상급 고문서 학습이 필요하다. 고고학, 거시경제학, 언어학의 전문지식이 필요한 경우도 있다(자국사의 최근 시기의 연구가 더 쉬워 보일수도 있지만 준 현대사 분야의 전문가들은 잠재적 사료의 무한함이 현대사 분야의 저주가 될 수 있다고 말할 것이다). 역사는 옥석을 가르는 일에서부터 철학 읽기까지 너무나 많은 방법들을 포용하기 때문에 하나의 기술적 '방법'이 주도하지 않는다. 그러나 연구가 끝났을 때 역사가가 제시한 서술과 주장은 교육을 받은 사람이면 누구나 이해할 수 있을 것이라는 기대가 있다. 역사는 전문가가 비전문가들을 위해 쓰는 것이라고 말하고도 싶지만 그조차도 전혀 진실이 아니다. 우리는 역사학 분야의 증명이 없는 사람들이 뛰어난 역사서를 출간하는 것을 드물지 않게 목격한다. 최근 15년 동안 미국에서 역사학의 가장 영예로운 상인 퓰리처상은 영문학 교수(2002), 언론인(2003, 2007), 은행가(2010)에게 돌아갔다. 예컨대 물리학과 경제학의 노벨상이 그 분야의 공적 교육을 받은 적이 없는 사람에게 수여되었다고 상상해보라!

이러한 포용성은 역사학을 그렇게 활기차게 만들기도 하고, 일반 대

---

* 성경 히브리어와 가장 밀접한 셈족 계통의 언어.
** 중국에서 가장 많이 쓰이는 방언. 북방 중국어를 말하며 관리들이 쓰던 말이라고 하여 관화官話라고도 부른다.

중에게 매력적으로 다가가게 하는 이유이기도 하다. 즉 역사학을 하려면 전문가 및 비전문가의 기술 모두가 필요하다. 선도적 문제를 찾아내기 위해 역사학자들은 주제와 논점을 규정하는 엄청난 양의 연구서들을 섭렵해야만 한다. 한 연구자가 미국 노예제, 영국제국, 혹은 베트남전쟁에 대한 어떤 연구를 계획한다면 광범위한 연구 성과 더미에서 길을 잃지 않아야 한다. 그렇게 할 때 어떤 새로운, 혹은 의미 있는 기여를 확실히 할 수 있다.

반면에 대부분의 역사가들은 연구 과정 자체를 계획 없이 일단 시작하면서 만들어나간다. 즉 언어와 고문서에 관한 지식을 제외하고 '역사 연구'는 대체로 가르칠 수가 없다. 역사 연구는 독창성(17세기 동성애와 관련한 사료들을 찾기 위해 어디에서 시작해야 하는가), 어떻게 시작하고 누구에게 조언을 구하고 어디로 가야 할지를 결정하는 주도성이 필요하다. 또한 역사 연구는 다른 연구자가 지나쳐버린 증거를 찾기 위해 많은 사료 상자의 문서들, 혹은 온라인 문서들을 추려내는 끈기가 필요하다. 문서보관소를 찾아갔는데 막상 원하는 문서가 없어 실망한 연구자들에게 어떻게 대응하라고 가르칠 수 있겠는가? 또한 그 실망스러운 사료들 속에 사실은 기대하지 않았던 내용들이 들어 있을 수도 있음을 깨닫게 함으로써 상황을 반전시킬 상상력을 그들에게 어떻게 가르친단 말인가? 훌륭한 연구에 필요한 역사가들의 기술과 기질은 성공적인 언론인들의 기술과 매우 유사하다. 즉 호기심, 독창성, 끈기, 집요함이다. 언론인과 마찬가지로 훌륭한 역사가도 이야기를 어떻게 결합하여 광범위한 독자들에게 잘 전달할지 알고 있다.

따라서 역사의 '방법'을 서술하는 것보다 다른 학문과 역사를 대비시

킴으로써 역사를 정의하는 것이 훨씬 더 쉽다. 예술사, 문학, 철학 분야의 연구자들은 대개 이미 존재하는 '대상'을 가지고 작업한다. 즉 그들은 연구의 출발점에 해당하는 일련의 이미지 혹은 텍스트에 대해 해석의 기술을 발휘한다. 토니 모리슨의 소설, 카탈루냐 교회의 로마네스크 벽화, 헤겔의 전집이 그들의 연구 대상이다.[1] 역사가들은 그러한 대상을 가지고 시작하지 않는다. 그들의 과제는 연구를 통해 자신들이 작업하는 대상을 창조하는 것이다. 사회과학자들은 질문, 실험 혹은 계산을 사용하여, 자신들이 증명 또는 부정하려는 연구 계획과 가정을 가지고 대개 자신들의 과제를 시작한다. 역사가들도 질문 혹은 가정을 가지고 시작하지만 일반적으로 그들은 자신들의 주제에 직접 접근하지 않는다. 역사 연구가 생성한 혼란스러운 증거는 높은 빈도로 최초 질문의 재구성으로 귀결된다. 재구성된 질문에 대해서도 확실한 해답이 주어진 적은 없다.

역사가의 작업은 따라서 다른 학문 분야보다 이론에 덜 좌우되지만, 그렇다고 역사에 이론이 없다는 의미는 아니다. 윌리엄 H. 슈얼William H.Sewell이 주장했듯이 사회과학에 대한 역사가들의 독특한 기여는 인간의 행동이 시간에 따라 어떻게 전개되는지를 분석했다는 점이다.[2] 특정 역사가의 작업은 다른 어떤 것과도 비교될 수 없는 특정 시간과 장소의 구체성에 깊이 뿌리박고 있다. 그러한 의미에서 역사가들은 궁극적으로 경험주의자들이다. 그렇지만 역사가들은 인과성의 복잡한 유형들을 추적하고 특정 상황의 결과를 우연적으로 만드는 맥락적 사실의 복합체에 주목하면서 '사건들'의 과정과 그 결과들을 또한 재구성한다고 슈얼은 주장한다. 사건과 맥락의 상호작용에 주목하는 상세한 서술의 이러한 실천은 역사가들의 작업을 지배하는 '사회적 시간성' 이론을 상기시킨다. 역사의 시간성은 "부자연스럽고 불균등하며 예측 불가능하고 비연속적"이며 전쟁과 혁명 같은 사건들에 의해 빨라진다고 슈얼은 지적했다.[3]

다시 말해 역사가들은 시간성과 인과성 두 이론을 노골적으로 의식하지 않으면서도 자주 그 두 이론에 따라 작업한다. 이론은 한편으로는 역사학의 강한 경험적 성향 때문에, 다른 한편으로는 서사narrative와 연상적 글쓰기라는 이상에 대한 전통적 집착 때문에 역사 연구에서 전면에 부각되지 않는다. 대부분의 역사가들은 자신들의 작업이 이상적으로는 양면적이라는 점에 동의할 것이다. 즉 과거의 변화 과정을 설명하고 그 시대의 사람과 장소를 독자가 체험하도록 하는 것이다.

훌륭한 역사가가 되기 위해서는 언론인의 기술 외에도 소설가의 기술이 필요하다(많은 사람들이 지적인 문제 혹은 정치 의제 때문이 아니라 특정 시기에 관한 소설 혹은 영화가 그 시기에 대한 상상에 불을 붙였기 때문에 특정 시기의 역사 연구에 이끌린다). 어떤 언어에서는 과거의 연대기 기록자가 언제나 그들 사회의 가장 훌륭한 이야기꾼이기라도 한 것처럼 '역사history'와 '이야기story'를 의미하는 단어가 동일하다.

역사는 사회과학과 인문학 양자의 언어와 방법론을 차용하는 최상의 융합 분야일 뿐만 아니라 학문세계에서 공공의 영역으로 가장 빈번하게 침투하는 학문이기도 하다. 심리학, 사회학, 경제학 분야의 책들도 때때로 베스트셀러 목록에 오르지만 역사책들은 지속적으로 베스트셀러 목록에서 두드러진 위치를 차지한다. 이처럼 공공의 삶에서 역사가 현저하게 드러난다는 점이 역사의 또 다른 독특한 특징이다. 최저 학년의 교육과정에서, 전쟁기념관과 박물관에서, 문화유산과 테마공원에서, 정치인 연설의 지속적인 준거점으로서 역사는 등장한다. 사회학에는 없는 역사 텔레비전 채널이 있고, 경제학에는 없는 역사책 동아리도 있다. 공공의 삶에서 역사가 그렇게 광범위하게 드러나기 때문에 역사 연구의 본질과 내용을 둘러싼 논쟁은 역사학 내부와 외부 모두에서 매우 빈번하게 전개된다.

문화유산과 박물관에 관한 논쟁은 4장에서 서술하겠지만 역사에 관한 전형적 투쟁은 교육과정과 관계가 깊다. 즉 학생들은 조국의 과거 중 무엇을 배워야 하며, 그것을 어떻게 배울 것인가? 미국에서 이에 대한 가장 큰 논쟁은 초중등교육을 위한 국가 기준을 확립하려는 맥락에서 1990년대 초에 발생했다. 1994년 학자, 교사, 행정 관료들로 구성된 위원회는 미국역사표준안을 제시했다. 이 표준안은 여성사와 소수자들에 대한 새로운 학문적 성과를 포용하고 전통적 '서구 문명'의 탐구를 세계사 과목으로 대체할 것을 권고했다.[4]

표준안이 출판되기도 전에 전미인문학기금의 전 의장으로 보수성향이 강한 린 체니Lynne Cheney는(그녀는 아이러니하게도 최초의 초안 심의회 결성에 관여하기도 했다) 표준안을 맹렬히 비난하는 글을 〈역사의 종말〉이라는 제목으로 《월스트리트 저널》에 기고했다. 그녀는 이번에 권고된 교육과정이 조지 워싱턴, 율리시스 S. 그랜트, 알렉산더 그레이엄 벨 같은 중요한 인물 대신 도망 노예 해리엇 터브먼 같은 역사적 인물을 전면에 부각시켰다고 비난했다. 그리고 이 교육과정은 KKK(쿠 클럭스 클랜)와 매카시즘 같은 주제에 집중함으로써 "역겹고 우울한" 미국 역사상을 제시한다고 비난했다. 《월스트리트 저널》의 독자 편지는 초안 작성자들이 미국역사표준안을 학생들에게 "미국에 대한 무분별한 증오"를 "주입"하며, 미국의 정체성을 위협하는 "발칸화"로 나아가기 위한 미끼로 사용한다고 거들었다.[5] 이러한 소동은 정치권력이 교체되는 긴장된 순간에 발생했다. 즉 민주당의 빌 클린턴이 1993년 백악관을 차지하자 공화당은 민주당이 이러한 의제를 마음대로 추구해나갈 것이라고 우려했다.

학교 교육과정을 둘러싼 유사한 '역사전쟁'이 영국과 오스트레일리아에서도 발생했다. 러시아, 남아프리카공화국, 프랑스 등에서도 애국적 자부심과 자국 역사의 어두운 부분을 가르칠 때 어떻게 균형을 잡아갈 것인가 하는 복잡한 문제에 직면했다.[6] 영문학부 또한 1990년대에 누구의 작품을 문학의 기본서에 포함시킬 것인가를 놓고 '문화전쟁'에 휩싸이기도 했지만(기본서라고 하는 것이 진정 있어야 하는지도 문제였지만) 역사는 공적 논쟁에 가장 빈번하게 휘말리는 과목이다.[7] 그 이유는 명확하다. 개인이 자신의 삶에 대한 이야기를 통해 자기정체성을 구성하는 것과 마찬가지로 역사가들은 사회집단, 즉 민족, 지역, 인종 등의 집단에게 집단정체성을 제공하는 이야기를 구성한다. 우리는 이야기를 전달하는 새로운 시각을 획득함으로써 스스로에 대한 새로운 인식을 가질 수 있다. 많은 심리치료 요법이 바로 그런 방식으로 환자를 치유하고자 한다. 민족 같은 집단 전체 이야기의 변화는 새로운 시각을 줄 수도 있지만 거의 불가피하게, 그리고 대개는 엄청난 저항에 직면한다.

역사는 현재의 관심에 의해 움직이기 때문에 언제나 변한다. 즉 '현재가 알 필요가 있는 과거'에 의해 역사는 서술되곤 한다. 고대의 계급제 사회에서 '유용한' 과거는 군주, 군사 지도자, 그리고 위대한 왕조의 역사다. 민주주의 사회에서 시민들은 '민중'의 역사에 관해 듣고 싶어 한다. 18세기 말 이후 서구와 그 밖의 지역에서 엘리트들이 말하고 싶어하고 민중이 듣기를 원하는 이야기는 자민족의 독특한 운명의 역사였다. 민족주의적 역사 서술에서 제외된 집단들, 즉 노동자, 여성, 소수 인종들은 지배적 역사 기술과 충돌하는 경험에 대한 연구가 필요하다고 생각했다. 세계화의 경험이 전 세계 사람들을 어떻게 상호 연관시키고 과거에는 어떠했는가를 인식하게끔 이끈 최근에 이르러 세계사는 민족 중심의 서술에서 벗어나기 시작했다. 동시에 과거를 존중하지 않는다면 역사가는 존재 의미가 없다. 역사학은 다른 학문에 비해 절충적이고 유행에 덜 민감하다. 왜냐하면 내실 있는 연구에 집중한 다수의 책들이 나오려면 연구하고 집필하기까지 10년에서 15년이 걸리기 때문이다. 대중적인 독자의 욕구에 부합하는 군사사와 전기 같은 전통적인 주제는 지구사와 환경사 같은 비교적 최근에 생긴 분야와 더불어 꾸준히 인기를 얻고 있다. 과거의 문화적 접근, 그리고 오늘날의 지구사 및 탈민족사 같은 역사학이 스스로를 '최첨단'이라고 규정했지만 최고의 역사서 대부분은 주제와 방법을 계승하고 그것들을 결합하여 만들어진다.

이 책은 역사의 수용 정도와 다양성을 환기시키는 동시에 역사학을 구성하는 내재적 긴장과 일상적 논쟁에도 주목한다. 각 장은 논의의 여지를 제공하지만 명확한 해답을 제시하지 않는 핵심 질문을 중심으로 구성되어 있다. 책의 전반부에서는 역사가들이 새로운 인물, 새로운 장소, 새로운 대상에 관심을 기울임에 따라 역사가 최근 수십 년 동안 변화해온 방식을 살펴본다. 우리가 누구의 역사를 쓸 것이며 새로운 인물들에 대한 저술이 지금까지의 역사에 어떻게 영향을 미쳤고, 또한 그러한 새로운 역사를 어떻게 전달할 것인가(1장). 우리가 역사의 불가피한 범주로서 민족을 어떻게 상정하게 되었고 민족 공간을 넘어 역사를 생각할 때, 즉 그러한 인공적인 민족의 실체 이전에, 민족의 실체 사이에서, 그리고 그것을 초월하여 발생한 이야기로서 역사를 생각할 때 무슨 일이 발생했는가(2장). 그리고 역사 연구 주제의 전통적 위계, 즉 지식을 정점으로 하고 자연과 사물을 아래에 두는 위계가 새로운 접근방식에 의해 흔들리게 되었을 때 역사의 다양한 하위분과에서 무슨 일이 일어났는가(3장).

후반부는 역사의 기획이 내적 혹은 외적 논쟁을 야기한 세 가지 방식, 즉 역사학의 생산과 관련된 긴장을 중심으로 전개된다. '역사는 어떻게 생산되는가?'는 학문으로서의 역사, 공공의 역사, 대중적 역사 사이의 차이와 중첩, 그리고 규정하기가 어려워 때때로 논쟁을 야기하는 사료의 본질에 대해 묻는다(4장). '원인이 중요한가 의미가 중요한가?'는 또한 많은 논쟁을 불러일으킬 수 있는데, 이 장에서는 서술과 느슨하게 정의될 수 있는 해석 사이의 역사적 분석에 관해 말한다(5장). 마지막으로 '역사는 사실인가 허구인가?'는 객관성 및 1990년대 역사가들을 흔든 포스트모더니즘의 폭풍에 의한 역사 연구에서의 발명과 관련한 영원히 까다로운 질문을 다룬다. 포스트모더니즘이 야기한 위기는 약화되었지만 그것이 준 영향은 역사가들의 작업에 대한 우리의 사고에 지속적인 방식으로 영향을 미쳤음을 주장한다(6장).

이 책은 우리가 '왜' 역사를 공부해야 하는지가 아니라 우리가 '어떻게' 역사를 생각해야 하는지를 다룬다. 역사를 읽고 쓰는 것의 중요성을 설명하려는 시도는 "과거를 공부하지 않은 사람은 과거의 잘못을 반복하는 실수를 저지른다"라는 말을 다양하게 되풀이하는 식상함에서 벗어나지 못하고 있다. 역사는 교훈을 가르치지 않으며, 과거의 시나리오를 현재의 시나리오에 맞추려는 시도는 재앙이 될 수도 있다. 예를 들면 "우리가 유럽을 해방시켰듯이 우리는 이라크를 해방시킬 것이다"라든가 "뮌헨회담을 기억하라! 외교적 해법을 지지하지 마라" 등이다.

반면에 대부분의 사람들은 과거를 무시하고 왜곡하고 또는 지우려는 시도가 사회에 파멸적 영향을 끼칠 수 있다는 데 동의한다. 역사를 배우려는 동기는 정치적 열정, 정체성의 갈망, 지적 호기심, 이국적 취향 등 다양하다. 대부분의 사람들은 여러 동기들을 가지고 과거의 연구에 이끌리게 된다. 피터 맨들러Peter Mandler가 주장했듯이 역사의 윤리적 가치는 산뜻하게 포장된 과거로부터의 '교훈'이 아니라 우리와는 매우 다른 환경에서 복잡한 질문들을 분류해내는 정신 확장의 경험에 있다.[8] 이 책의 목적은 독자들에게 그들 자신과 그들의 공동체를 위한 역사의 중요성을 정당화하는 데 있지 않다. 과거 연구의 중요성을 당연하게 받아들이면서, 오히려 지난 수십 년 동안 혁신과 논쟁으로 역사 연구 분야가 어떤 모습을 갖게 되었는가를 서술하는 데 있다.

나는 최근의 역사 서술에서 나타난 질문과 논쟁을 공평하게 서술하기 위해 최선을 다했다. 그러나 마지막 장에서 명확히 했듯이 오늘날 활동하고 있는 역사가의 압도적 다수는 어떤 역사가도 진정으로 '객관적'일 수 있다는 견해를 부정한다. 나 역시 동의한다. 내가 광범위하게 다양한 예들을 끄집어냈지만 군사사 혹은 정치사가 아니라 사회사와 문화사를 연구하고 있다는 사실은 나의 질문과 책들의 선택에 분명 영향을 주었다. 나의 전공인 프랑스사는(더 광범위하게는 유럽과 서구의 역사) 좀 더 심오하게 나의 관점을 형성했다. 내가 제공하는 대부분의 예시와 내가 거론하는 저자들은 유럽사와 미국사 분야에서 왔다. 이러한 현상은 대부분 불가피한 것이다. 우리가 좋든 싫든 간에 지난 반세기 동안 역사학을 뒤흔들었던 질문과 개념들, 즉 일부만 거론하자면 노동사와 사회사, 행위주체와 저항, 젠더, 문화 분석, 물질문화, 사회적 실천 등은 유럽과 미국의 역사가들에 의해 최초로 제시되었다. 최근에 괄목할 만한 변화가 있었다 하더라도 다음 장에 등장하는 유럽과 미국 역사학의 두드러짐은 부분적으로 세계의 나머지 부분에 대한 수 세기에 걸친 서구의 지배라는 보다 거시적인 이야기를 반영한다. 이러한 상황은 다른 분야와 마찬가지로 세계의 지적인 삶을 형성해왔다. 그러나 세계의 역사 연구 유형을 거론한다고 해서 궁극적으로 나를 곤경에서 벗어나게 해주지는 않는다. 즉 나는 아프리카사와 아시아사를 전공한 동료들의 도움을 받아 나의 한계를 벗어나려고 노력했지만, 나의 학업과 연구 분야로 인한 장애를 확실하게 벗어나지는 못했다. 아프리카, 아시아, 오스트레일리아, 혹은 라틴아메리카의 역사가가 같은 주제로 책을 쓴다면 매우 다른 책이 나올 것이다.

이 책이 하나의 주제를 갖는다면 책의 구성에 암묵적으로 들어 있다. 각 장들은 수십 년 동안 대화와 논의를 지배할 만큼 가치 있는 여섯 가지 질문, 그렇지만 확정적인 대답이 없는 질문들로 구성되어 있다. 이 책은 답 혹은 처방이 아니라 대화를 지속하기 위한 제안을 내놓을 뿐이다. 우리는 모두에게 익숙한 이유 때문에 우리의 집단적 과거를 필요로 한다. 즉 우리 선조들의 성공과 실패로부터 지혜와 영감을 얻기 위해, 우리가 누구였으며 누구인가를 알기 위해, 그리고 우리의 상상력을 풍성하게 하기 위해. 그렇지만 우리가 과거를 단순하게 암기만 하면서 이의를 제기하지 않는다면 그러한 과거는 틀림없이 사라지고 말 것이다. 역사에 관한 열정 대부분이 역사가 발화시키는 실제적이고 방법론적인 논쟁으로부터 나온다는 전제 위에서 이 책은 그러한 주장들을 생기 있게 유지해야 한다는 시급한 과제에 기여하고자 한다.

1장

누구의 역사인가?

위로부터의 역사: '위대한 남성'과 소수의 여성

역사를 움직이는 사람들은 누구인가? 몇 세대 전만 하더라도 그 대답은 자명해 보였다. '역사의 창조자들'은 주변 세상 사건들의 진행 과정에 영향을 미치는 권력을 가진 남성들이었다. 통치자들, 군대 지휘관들, 지난 사회의 지도자들은 동시대의 수천 혹은 수백만 사람들의 경험을 형성하는 결정을 내렸기 때문에 다른 사람들보다 더 중요했다. 개인이 그러한 지배력을 가졌을 때 그들의 삶이 곧 그들 시대의 역사로 보일 수도 있다. 사람들은 알렉산드로스 대왕, 나폴레옹 보나파르트, 에이브러햄 링컨, 아돌프 히틀러, 혹은 마오쩌둥의 이야기를 그들 시대의 역사를 만든 원칙으로서 쓰고 읽는다.

오늘날에도 '위대한 남성'들(그리고 간혹 여성들)의 역사에 대한 관심은 여전히 높다. 미국의 베스트셀러 목록에는 미국 건국의 아버지들과 대통령들의 전기, 혹은 윈스턴 처칠이나 마리-앙투아네트처럼 존경을 받거나 논쟁적인 인물들의 전기가 거의 언제나 올라 있다. 이러한 종류의 역사 서술의 인기는 전기 장르 그 자체로 설명할 수 있다. 일반 독자에게 역사책은 때때로 추상적으로 보이거나 혼란스러울 정도로 상세하다. 특정 시기의 사건들을 뛰어난 개인의 삶과 연결시킬 때 과거의 형상과 색이 드러난다. 러시아혁명의 역사에 두려움을 느꼈을 수도 있는 독자들은 볼셰비키 정부에 의해 아내와 5명의 자녀들과 함께 지하실에서 잔혹하게 처형된 마지막 차르 니콜라이 2세의 극적인 운명 때문에 그 이야기에 빨려 들어간다.[1] 역사전기는 광범위한 독자층을 갖기 때문만이 아니라 몇몇 인물들의 행동과 인격이 동시대인들에게 확실한 영향을 미치기 때문에 인기를 끈다. 공적인 삶과 사적인 삶의 경계가 불분명한 정치체제의 강력한 지도자의 경우에는 특히 그러하다. 즉 헨리 8세의 성적 집착과 왕조 계승의 집착이 영국 역사에 미친 영향을 누가 부정할 수 있겠는가? 아라곤의 캐서린과 이혼하고 앤 불린과 결혼하겠다는 헨리의 결정, 그로 인해 야기된 영국교회와 로마교황청의 결별과 제어하기 힘들 정도의 신앙고백의 분출 등은 한 개인의 고의적 선택이 당대인과 후세의 종교, 사회, 정치, 외교적 삶을 의심할 바 없이 형성했던 전형적인 예다.

세계 대부분의 문화에서 가장 먼저 등장한 역사는 정치와 군사 지도자들을 중심으로 한 것이다. 서구에서 고전시대부터 비교적 최근의 과거까지 역사가들이 가장 중시했던 인물은 국가 지도자였다. 그러한 지도자의 가장 중요한 행동은 전쟁이었다. 고대 정치사는 전쟁사 또는 외교사와 상당 부분 겹쳐 있다. 헤로도토스부터 링컨에 관한 가장 최근의 책에 이르기까지 뛰어난 지도자는 학자들과 독자들을 매료시켰다. 그의 행동은 그들에게 역사의 가장 감격스러운 순간들을 제공한다. '위대한 남성'(클레오파트라, 엘리자베스 1세, 인디라 간디와 같은 소수의

'위대한 여성'을 포함하는)의 이야기에는 한 개인의 행동이 시대를 바꿀 수 있다는 생각이 종종 함축되어 있다. 또한 그들이 없었다면 사건은 완전히 다른 방향으로 전개되었을 것이라는 추론도 함축되어 있다.

위대한 남성들은 상황의 산물이라는 견해도 물론 있을 수 있다. 1790년대 후반 프랑스는 혁명으로 인해 심각하게 양분되었고, 정치계급 대부분은 신뢰를 잃어 영향력이 없었다. 프랑스가 유일하게 잘하는 것은 열정적으로 애국적인 시민-병사 집단이 유럽에서 적을 차례로 격퇴했던 전쟁뿐이었다. 장군들은 정치가들보다 훨씬 더 많은 신망을 받았고, 정치가들은 자신의 정치적 기반을 장군들에게 의존하게 되었다. 이러한 상황에서는 코르시카 출신의 왜소한 장교보다 덜 용감하고 카리스마가 부족한 군대 지도자였다고 하더라도 그와 유사한 누군가가 국가를 장악할 가능성이 아주 높지 않았겠는가? 광범위한 존경을 받았던 관대한 지도자인 넬슨 만델라가 1990년대 초에 남아프리카공화국의 아파르트헤이트의 철폐를 추진할 수 있었던 것이 일련의 행운이었는가, 아니면 역사적 상황이 그러한 인물의 등장에 단지 부합했을 뿐인가? '자질 혹은 상황?'은 수업시간 토론의 단골 주제이자 사회적·정치적 조건을 중시하는 학생들과, 개인적 자질을 중시하는 학생들로 나누어 그들에게 양자 사이의 관계를 생각하게 하는 정답이 없는 질문이다.

대다수 사람들은 뛰어난 인물의 출현이 상황에 일정한 역할을 한다는 것을 인정하지만, 역사가들 중 다수는 18세기와 19세기 서구문화의 산물인 개인의 '천재성'이라는 이념에 여전히 사로잡혀 있다.[2] 사회결정론을 가장 열렬히 믿는 사람들조차도 마르틴 루터, 모한다스 간디,

혹은 다른 위상에 속해 있는 아돌프 히틀러와 같은 분명 예외적 개인들에 쉽게 현혹된다. 루터와 같은 예시처럼 위대한 인물을 통해 과거에 다가가려는 시도는 통치자와 정치 지도자에게만 한정되지 않는다. 역사 분야에서 정치와 군사 지도자들은 가장 흔한 주제이지만(구약의 열왕기, 혹은 트로이전쟁의 호메로스의 이야기를 떠올려보라), 폭넓은 의미의 사상사 또한 이에 못지않다. 사상사에서도 우리가 생각하고 믿는 중요한 역사적 변화는 공자, 코페르니쿠스, 마르크스, 시몬 드 보부아르 같은 천재적 인물에 의해 설명된다. 변화의 요소는 도처에 있을 수 있지만 사상사는 '세계를 변화시킬 이념'을 형성하기 위해서는 애덤 스미스, 해리엇 비처 스토,* 혹은 스티브 잡스와 같은 예외적 인물들이 필요했다고 주장한다. 지적인 '천재들'은 정치와 군사 지도자와 동일한 이유에서 전통적 역사의 대상이었다. 여기에는 과거에서 가장 흥미롭고 의미 있는 삶은 특출한 능력과 영향력을 가진 사람들의 삶이라는 가정이 있다.

"누구의 역사인가?"라는 질문은 인간의 활동영역에서 무엇이 중요한지를 숙고하는 것이다. 매우 오랜 시간 동안 그 답은 분명해 보였다. 중요한 역사는 정치에 관한 것이며, '정치'는 공적 권력의 행사로서 혹은 그것에 관한 투쟁으로서 규정되었다. 18세기까지 서구에서 유일하게 인식 가능한 정치사는 정당한 왕조, 제후, 군주의 역사였고, 피렌체의 메디치 가문 같은 지배 가문의 역사였다. 친족 집단들 사이의 투쟁이나 갑자기 등장한 왕위 계승자의 주장으로 지배자의 가계가 원예농

---

* 《엉클 톰스 캐빈》을 통해 노예제도에 대한 인도주의적 분노를 표현한 미국의 소설가. 그의 작품은 남북전쟁의 계기가 되었다고 평가된다.

업의 방식과 같이 재정비되고 구별되며 혹은 심지어 복제되기도 하지만, 대략 지배 세력이 역사의 중심이었다. 1700년대 후반의 미국혁명과 프랑스혁명은 '민족의 위대한 지도자'라는 규범을, 기존 정치체제를 근본적으로 위협하고 때때로 파괴하기도 하는 개인들로까지 확대시키는 전복 전통의 시작이었다. 정치사는 그 이후 로베스피에르, 호찌민, 마틴 루터 킹과 같은 저항적 혹은 혁명적 지도자들을 거론했다. 이들의 지도력에 대한 신뢰는 빈번하게 정치, 지성, 종교 영역을 일정 정도 조합함으로써 가능했다.

어떤 통치자나 지도자도 사회적 진공 속에서 권력을 행사하지 않는다. 전통적인 '하향식' 역사의 많은 곳에서 '통치' 혹은 '정치' 계급은 마찬가지로 관심의 대상이다. 역사가들의 전기에 대한 열정은 절대왕정의 대신, 왕실 고문, 주도적 군대 사령관, 영국과 같은 혼합체제의 수상과 영향력 있는 정치인, 그리고 민주주의의 더 많은 등장인물들로 확장되어왔다. 독재자조차도 많은 이야기의 소재가 된 친밀한 협조자들이 필요했다. 지도자와 그들의 동료들은 왕실 혹은 제후의 궁전, 대통령의 내각, 혹은 대의적 의회의 형태를 구성하는 좀 더 규모가 큰 엘리트 정치인 집단 안에서 행동했다. 역사가들은 그러한 환경 안에 있는 남성과 여성의 행동을 수 세기 동안 기록해왔다.

반세기 전만 하더라도 대다수의 전문 역사가들은 지도자, 정치 엘리트, 국가가 실시한 정책의 역사가 가장 중요한 역사라고 믿었다. 지금도 여전히 역사학계 안팎의 많은 사람들이 그러한 견해를 가지고 있다. 정치사를 우선시하는 전통적 경향에는 일련의 가정이 내재해 있다. 즉 국가와 정부가 인간 행동의 가장 중요한 영역이며 정치 지도자가 역사의 변화를 추동한다는 가정, '정치'는 공적 영역에서 발생하는 행동이라는 가정이다. 이러한 가정들은 지난 수십 년 동안 필연적으로 부정되지는 않았더라도 심각하게 위협받아왔다. 정치사를 옹호하는 일부 역사가들은 더 심하게 나가기도 한다. 공공연한 보수적인 역사가 거트루드 히멜파브Gertrude Himmelfarb는 아리스토텔레스를 따라 정치사가 다른 무엇보다도 중요하다고 주장해왔다. 왜냐하면 인간이 "법률, 헌법, 정치기구를 수단으로 사회의 이성적 질서와 조직이 반영된" 합리성의 가장 고귀한 형태를 추구하는 장소가 국가이기 때문이다. 그녀는 궁극적으로 인간과 동물을 구별하는 정치가 "폴리스의 보다 높은 영역에서 발생하는 활동"이라는 아리스토텔레스의 견해를 확신에 차 인용한다. 폴리스는 "공동의 선과 '선한 삶'을 추구하는 이성이 가장 순수하게 표현되는 장소"다.[3]

사회사와 계량화

———

역사학은 하나의 유형이 다른 유형을 갑작스럽고 완벽하게 대체함으로써 진화하지 않는다. 정부와 지도부에 집중하는 정치사는 현시점에도 여전히 활력이 넘친다. 반면에 사회사는 과거의 다양한 시점, 즉 19세기부터 가장 분명하게 출현했다. 1820년대 이후 프랑스에서 혁명에 고무된 아돌프 티에르Adolphe Thiers와 쥘 미슐레Jules Michelet 같은 역사가들은 '부르주아지' 혹은 '민중' 같은 집단이 이기적 귀족에 대항한 역사적 투쟁의 핵심 원동력이라고 썼다. 이들이 바로 1789년 프랑스혁명을 탄생시켰다.

영국의 선구적 역사가들은 1960년대 훨씬 이전에 '사회사'를 썼다. 즉 토머스 매콜리Thomas Babington Macaulay의《제임스 2세 즉위 이후의 영국사》(1848)는 정치적 해방 이후 영국의 발전에 관한 기념비적 기록으로서 1685년 영국에 관한 장은 사회 계급부터 커피하우스, 가로등, 신문에 이르기까지 모든 것을 다룬다.[4] 1942년 초판이 나온 트리벨리언George Macaulay Trevelyan의《영국사회사》는 중세부터 1901년까지 영국의 사회 상황을 600쪽에 걸쳐 기술하고 있다. 매콜리의 책과 마찬가지로 이 책은 교역로와 인구 동향부터 결혼관습과 음식에 이르기까지 광범위한 주제를 다루고 있다. 트리벨리언의 책을 넘기다 보면 우리는 매력적이지 못한 결혼 상대를 수락하여 구타를 당했던 초서 시대 젊은 여성들의 이야기와 17세기 후반 상류계급의 음주와 흡연 습관에 관한 서술, 1750년 무렵 농가의 삶과 관련하여 생생하게 묘사된 기록들을 만날 수 있다.[5]

매콜리와 트리벨리언이 제시한 사회사의 유형은 다른 국가에서도 출현했지만 분명 정치사에 종속되어 있었고 보조적이었다.[6] 매콜리의《영국사》1장〈1685년 잉글랜드〉는 중심무대에서 발생한 중요 행위의 배경으로서 제임스 2세, 오렌지공 윌리엄과 조력자들의 정치 책략을 다루고 있다. 트리벨리언은 정치사를 다룬 그의 이전 저서에서 빠진 부분을 인생 후반부에 보충하기 위해《영국사회사》를 썼다. 그는 초가집과 "고집불통의 지주"의 나라에 대한 일종의 셰익스피어식 찬가로서 전반적으로 사기를 진작하려는 의도로 전시에 이 책을 집필했다. 이 책에서는 사회사와 관련하여 인용이 빈번하지만 논쟁적이고 간결한 트리벨리언의 표현, 즉 "정치를 배제한 보통 사람의 역사"라는 표현을 온전히 볼 수 있다.[7] 트리벨리언의 책에서 요약된 사회사의 뿌리 깊은 "관습이자 살아 있는 전제"는 '정치'는 최고의 영역에서만 발생하는 의식적 행동이고 그렇기 때문에 사회와는 대체로 무관하다는 가정이다. 그런데 바로 이 점에 주목할 필요가 있다. 가난한 사람들과 중산계층은 역사 변화에 영향을 미칠 수 없다는 것이기 때문이다. 그 결과 《영국사회사》는 주장 혹은 이야기라기보다는 일련의 생생한 묘사로 읽힌다.

따라서 역사가들이 보통 사람들을 완전히 무시한 적은 없었지만 20세기 중반 이전에 그들은 역사의 중요한 행위자로 거의 간주되지 못했다.[8] 보스턴 차 사건, 바스티유 공격, 겨울궁 습격과 같이 그들이 집단으로서 영향력을 발휘했을 때 역사가들은 선도적 상급자들의 목적을 진전시켰다는 이유로 그들을 칭송하긴 했지만 그들 개개인을 결코 인정하지 않았다.

상황은 1960년대부터 변화하기 시작했다. 학계의 역사가들이 '정상적'(정치, 외교, 전쟁) 역사를 1960년대 초반 이후 '위로부터의 역사' 대 '아래로부터의 역사', 혹은 '하향식' 대 '상향식'과 같은 이항대립의 한 부분으로 보았기 때문이다. 갑자기 모든 사람들이 엘리트의 관점보다는 대중의 관점에서 역사를 쓰고 싶어했다. 새로운 전쟁사의 출현이라고 불릴 만한 존 키건John Keegan의 《전쟁의 얼굴》(1976)이 새로운 역사적 관점으로 이동하여 창조에 필요한 혼란을 가장 잘 드러냈다고 할 수 있다. 평범한 보병의 경험은 이전 전쟁사에서도 볼 수 있었지만 키건의 책은 그들의 경험을 연구의 중심주제로 삼은 최초의 주목할 만한 저서였다. 그것은 곧 전쟁의 방식, 승리와 패배에 관한 우리의 시각을 전복시켰다.

《전쟁의 얼굴》에서 키건은 전쟁에서의 승패는 지도력, 명령, 규율에 달려 있다는 전쟁사가들의 지배적인 가정에 문제를 제기했다. 전투는 "인간의 다른 행동들과 마찬가지로 복잡하고 형태가 다양하다. 그리고 그 순간의 이해관계가 다른 무엇보다도 중요하다"라고 그는 지적한다.[9] 이상적으로 용감한 병사조차 반드시 상관과 동일한 결과를 원하는 것은 아니다. 훈련, 명령, 병사들의 유대 등은 아주 위험한 상황에서도 병사들이 진격하는 이유를 설명하는 데 가장 일반적으로 인용되지만, 이러한 것들은 실제 위험 앞에서 종종 무너진다. 키건은 전투의 승패는 지휘관이 아니라 병사들에 의해 좌우된다고 주장한다. 따라서 전쟁사가의 가장 중요한 과제는 전투가 '밑바닥'에서 어떻게 느껴지는지, 어떤 상황이 병사들에게 자신의 자리를 지키거나 또는 명령을 무시하고 도망가게 만드는지를 이해하는 것이다.

나폴레옹의 군대가 웰링턴 공작에게 패배했던 1815년 6월 18일, 워털루전쟁에 대한 뛰어난 재구성에서 키건은 먼저 양측 병사들의 육체적 상태와 경험에 주목한다. 병사들은 전날의 과도한 행군으로 지치고 밤새 지속된 습기와 추위로 잠을 설쳤으며 거의 먹지 못했다. 그 결과 전장에서 병사들은 소총의 화약 연기와 "공원 난간 너머로 버려진 막대기"와 같이 총탄이 소총의 검에 부딪히는 소리만 들어도 분별력이 떨어졌다.[10] 그러한 상황에서 단순한 공포에도 크게 반응하는 건 당연한 일이었다. 프랑스 황제 근위대가 안개를 뚫고 나오는 영국군을 지척에서 갑자기 마주쳤을 때 수적으로 영국군을 압도했음에도 그들의 대형은 무너져 후퇴하고 말았다. 워털루에서 영국군은 프랑스군보다 진영을 훨씬 잘 유지했다. 키건은 그 이유를 탁월한 통솔 때문이 아니라 한편으로는 술로 피로를 해소시키고 다른 한편으로는 동료들에 의해 보호받고 있다고 느끼게 만드는 대형을(비록 실제 전투에서 그러한 대규모 대형은 집중적인 포격의 대상이 되긴 하지만) 형성했기 때문이라고 설명한다.[11] 키건의 책은 막사 내부와 말안장 위의 장교의 시각에서 화염 사이의 병사 집단의 시각으로 전환함으로써 얻을 수 있는 통찰의 생생한 예시다. 그로써 보통 사람들이 '위대한 사건'에 미칠 수 있는 영향을—비록 비자발적이었지만—인상 깊게 일깨워준다.

1970년대에 이르러 사회사 분야는 미국의 역사학계를 휩쓸었다('아래로부터의 역사'와 '상향식'이라는 표현은 가치 판단적 혹은 다소 외설적으로 들린다는 이유로 기피되었다). 1948년 미국의 대학에서 사회사 분야의 논문은 실질적으로 전무했다. 1979년에 이르면 그 비율은 25퍼센트였고 계속 늘어나는 추세였다. 1950년대 후반 하버드, 예일, 미시간, 위스콘신 같은 대학에서 매년 열리는 사회사 분야의 강좌는 하나도 없거나 2개 정도였다. 20년 후 동일한 대학들에서 열리는 사회사 강좌는 대학별로 13개에서 17개에 달했다.[12]

그렇지만 당시 역사학의 최첨단 분야인 사회사의 전성기 때조차 그것이 무엇이며 그것을 어떻게 해야 하는가에 관해서는 합의된 바가 거의 없었다. 초기에 인기 있던 견해 중 하나는 사회사는 사회구조의 역사이고, 사회를 파악하는 가장 좋은 방법은 과거 사람들에 대한 비교 가능한 자료를 가능한 한 최대한도로 체계적으로 수집한다는 것이었다. 다른 말로 하자면 역사는 사회과학으로 취급되어야 했다. 숫자는 거짓말을 하지 않으며 표본이 크면 클수록 더 신뢰할 수 있다는 주장을 받아들이게 되면 광범위한 수치에서 가장 확고한 역사적 진실을 찾아내야 한다. 이러한 추론의 결과 계량사quantitative history라고 알려진 새로운 분과가 출현하여 1960년대와 1970년대에 두각을 나타냈다.

많은 역사가들이 여전히 하고 있는 계량화는 처음에는 사회사의 '과학적' 신뢰도를 확립하기 위한 수단이었다. 광범위한 자료를 수집하고 비교하며 시간에 따른 변화를 추적하는 작업은 트리벨리언이 사용했던 바와 같은 문학적 혹은 서술적 증거가 하지 못한 반박불가의 증거를 제공했다. 계량사의 특징은 가장 신뢰할 만한 원자료들이 예측을 필요로 하는 영역에 모여 있다는 점이다. 수 세기에 걸쳐 다양한 기관들이 가격이나 생산 같은 경제활동을 추적해왔고 출생, 결혼, 사망과 같은 인생의 주요 단계들을 기록해왔다. 정부는 수 세기 전부터 효과적인 과세를 위한 인구조사를 실시했고, 현대 민주주의는 거주 형태와 유권자들의 정치적 선택을 추적해왔다. 간단히 말해 계량화는 인구, 경제, 대중 정치와 같은 광범위한 역사적 질문에 가장 효과적으로 응답한다.

역사 연구에 있어서 계량화의 지속적 활용은 오늘날까지 경제사 분야에서 우세하다. "역사 연구에 경제이론과 계량적 방법을 적용"하는 계량경제사는 오랫동안 경제사의 지배적 방법이었다.[13] 경제사는 농업기술, 가축, 교역로 같은 문제를 다루는데 다른 하위분과와 마찬가지로 초기에는 거의 설명하는 방식이었다. 1950년대와 1960년대에 경제학부를 졸업한 미국의 일단의 젊은 학자들이 삶의 물질적 조건에 대한 계량적 증거를 중세로까지 소급해가는 광범위한 사료로부터 추출할 수 있으며, 그러한 사료들은 최근 자료들을 다루는 주류 경제학자들이 수행하는 것과 동일한 방식으로 분석될 수 있다고 가정하기 시작했다. 즉 오늘날의 경제사는 역사에 관심을 갖는 경제학자들에 의해 형성되었지 그 역은 아니었다.[14] 1960년대 이후 신경제사는 1974년에 출간된 《십자가 위의 시간》을 중심으로 간혹 논쟁을 거치면서 발전해갔는데, 이 논쟁과정은 가장 주목할 만하다. 이 책은 미국 노예제가 효율적이며 생산성 면에서 상대적으로 이로운 체제였다는 것을 증명하려고 했다.[15] 계량경제사의 전성기 이후 경제사 분야는 사상과 기술부터 가족, 은행까지 모든 것을 다루는 연구서를 포함할 정도로 매우 다양해졌다.[16] 경제사는 역사학의 다른 분야보다 계량적 방법의 활용에 더 집착할 뿐만 아니라, 수치들이 가까운 시일 내에 더 크게 부각될 것 같은 징후도 있다. 인구, 병력 충원, 결혼, 사망 등에 관련한 더 많은 기록이 입수 가능하고 개인들이 데이터베이스에 접근하는 기술이 발달하면서 "광범위한 정성定性 정보의 양적 데이터로의 전환"은 랜 아브라미츠키Ran Abramitzky가 지적했듯이 점점 더 쉬워지고 있다.[17] 최근의 컴퓨터 혁명으로 경제학과 내부에서 경제사의 지위는 강화되었지만 다른 역사가들은 수치를 자신들의 주장의 중심에 놓는 것을 여전히 주저하고 있다.

주류 역사학에서 계량적 방법에 대한 환호는 1950년대 말과 1970년대 초 사이에 유럽과 미국의 역사가들 사이에서 절정에 달했다. 서구의 역사가들에게 지난 시대의 보통 사람들의 삶과 연관된 엄청난 양의 자료를 수집하고 분류하는 작업은 과학과 민주주의 모두를 중시했던 냉전기에 완전히 부합했다(4장과 6장 참조). 1961년부터 1978년까지 미국의 대표적 역사 잡지에서 수치표의 비율은 다섯 배 증가했다. 동시에 대학원생과 젊은 교수들은 더 수준 높은 통계학을 배우기 위해 주요 대학의 여름학기에 등록했다.[18]

계량경제사는 그 전성기 때 중요한 질문들을 했고, 그 질문들에 대해 중요한 수치들을 가지고 대답했다. 미국에서 이러한 장르의 대표적인 예는 스티븐 선스트롬Stephan Thernstrom의 책 《보스턴의 보통 사람들》(1973)이다. 이 책은 인구조사 수기, 결혼 기록, 출생 증명, 그리고 보스턴시의 인명부로부터 추출해낸 광범한 양의 자료를 (당시로서는 매우 드문) 컴퓨터 분석을 통해 1880~1960년대 보스턴의 사회유동성을 보여주었다. 개인들의 삶을 추적하여 그들의 직업과 부모들의 직업을 비교하고 거주지의 변화를 추적함으로써 선스트롬은 기록에 근거한 설득력 있는 결론에 도달할 수 있었다. 그는 사회적 신분 변화의 범위가 일반적으로 제한적이었다고 하더라도 (공장 노동자의 아들은 의사보다는 사무원이 되기가 훨씬 쉬웠다) 육체노동에서 사무노동으로의 직업 변화는 이 시기 전체에 걸쳐 대략 동일한 비율로 나타났다는 것을 보여주었다. 또한 그에 따르면 일부 집단들(유대계 러시아인)은 다른 사람들(이탈리아인)보다 더 빨리 사회적 지위가 상승했고, 보스턴 흑인들의 사회유동성은 사실상 전무했다.[19] 《보스턴의 보통 사람들》은 미국은 진정으로 지난 두 세기 동안 기회의 나라였고, 만약 그렇다면 누구를 위한 기회였는가라는 질문에 믿을 만한 증거자료를 통해 대답했다.

1960년대와 1970년대 다수의 전문 역사가들에게 선스트롬의 책이야말로 사회사의 정수였다. 사회사가 '사회에 대한 역사'를 의미한다면 사회적 유동성에 대한 질문과 대답은 분명 사회사의 핵심 주제가 되어야 했다. 수치 자료는 최대한 많은 사람들을 포괄함으로써 방법론에 대한 끝없는 논쟁에도 불구하고 확고한 정보를 설득력 있게 제시했다. 그렇지만 서로 연관된 두 문제가 계량경제사의 시작부터 따라다녔다. 즉 한편에서 계량경제사는 인간을 일차원적인 집합체로 격하시키고, 다른 한편으로 그것은 독자들에게 거의 좀처럼 재미있게 다가가지 못한다는 것이다. 이 분야의 최고 권위자인 선스트롬은 주장이 명확하고 격조 있는 저술가이지만 다음과 같은 문장으로 가득한 책을 끝까지 읽어내려면 강한 인내가 필요한 것도 사실이다. "육체노동에 종사하게 된 중산계급 가정 출신의 남성 중 절반 혹은 그 이상은ー각각 63, 51, 50퍼센트ー단지 잠정적으로 그러한 직업을 가졌을 뿐이다. 즉 그들은 나중에 자신들의 계급적 기원으로 복귀했다. 반면에 노동계급 출신이면서 육체노동자로 출발한 청년은 전체 청년층의 3분의 1이었는데 이들 중 단지 2분의 1만이 나중에 비육체노동자의 지위로 올라갔다."[20]

수치는 때에 따라서는 감동적이거나 불편한 이야기를 전한다. 예를 들어 대서양을 넘나들었던 노예무역에 관한 최근의 자료는 1642년에서 1807년 사이 서아프리카에서 끌려온 노예의 수를 보여주는 인상적인 지도들을 제시한다. 영국 선박이 카리브해로 실어 나른 320만 명의 흑인 노예와 포르투갈 선박이 브라질로 실어 나른 300만 명의 흑인 노예를 상징하는 굵은 적색의 화살표는 비록 구체적인 한 사람에 대해 우리에게 아무것도 말해주지 않는다 하더라도 우리의 마음을 불편하게 할 수 있다.[21]

그러나 계량경제사는 그 명성이 최고조에 달했을 때조차 다수의 전문 역사가들을 만족시키지 못했다. 방법론에서 보수적인 저명한 역사

가 칼 브라이덴바우흐Carl Bridenbaugh 같은 역사가는 1962년 미국역사협
회 회장 연설에서 이런 말로 청중을 놀라게 했다. "훌륭한 역사가는 수
량화라는 망할 여신의 사원에서 기도를 올리는 사람들로부터 나오지는
않을 겁니다."[22]

통계 방법론을 통해 역사가들은 사료에 등장하는 가장 광범위한 인
간집단과 연관된 주장을 할 수 있었고 시기별로 자료들을 추적함으로
써 변화의 문제를 설득력 있게 다룰 수 있었다. 즉 역사가들은 사료를
가지고 매우 설득력 있게 밀 가격의 상승과 하락, 유아 사망률의 양상,
혹은 보스턴의 아일랜드 출신 노동자들의 사회유동성 등을 추적할 수
있었다. 그러나 기근을 신이 준 시련으로 여기는, 이미 전염병으로 3명
의 자녀를 저세상으로 보낸 경험이 있는 농가에서 또 다른 어린 자녀
가 죽었을 때 그 죽음이 그들을 슬픔에서 벗어나지 못하게 했는지 혹
은 단지 상처를 입혔는지에 대해서 숫자는 아무것도 말해주지 않는다.
또한 아일랜드 출신의 조지프 오셔가 자신의 고향 클레어에서 상상했
던 것보다 미국이 더 좋은 곳이었는지 아니면 나쁜 곳이었는지에 대해
서도 말해주지 않는다.

스테파니 스몰우드Stephanie Smallwood가 주장했듯이 삼각무역의 과정
에서 사망한 노예의 수에 대한 의례적 강조는 역사가들 스스로를 노예
무역업자의 수만 계산하는 것과 같은 불편한 위치에 놓았다. 즉 그러
한 강조는 영혼이 노예선에 갇혀 자신의 조상들과 함께할 수 없다는
사실 때문에 괴로워하면서 살아야 했던 노예들에게 노예 한 사람의 죽
음이 가진 실제 의미를 분명하게 드러내지 못한다.[23] 수치는 외부에서
거대 집단의 경험을 서술할 수는 있지만 고향에 무엇을 남기고 왔는

지, 결혼은 했는지, 노예선에 의한 이송이 개개인에게 어떤 의미였는지를 설명할 수는 없다. 그리고 이는 더 중요한 문제를 낳는다. 즉 계량경제사에서 개인들은 이름을 갖지 못할 뿐만 아니라 무기력하다. 수치는 수백만 명의 노예들이 수동적으로 대서양 너머로 '이송되었다'라는 충격적인 사실을 제시한다. 그렇지만 노예무역업자들에 맞서 실패할 수밖에 없었던 반란을 일으킨 노예들을 어떻게 설명할 것인가? 계량화는 '사회'의 다수에게 어떤 일이 일어났는지를 보여줄 수 있지만 사회 안의 개개인이 어떤 행동을 했고 그러한 행동이 어떤 의미였는지를 설명하지는 못한다. 계량화는 여전히 다양한 종류의 과거 자료를 분석하는 강력한 수단이다. 그것은 독서 취향부터 세계의 기후까지 변화하는 모든 것에 대한 믿을 만한 주장을 뒷받침한다. 많은 역사가들은 자신들의 도구 상자 안에서 계량적 분석이라는 도구 하나만 꺼내서 계속해서 사용한다. 그렇지만 오늘날 주로 수치에만 의지한 역사서를 마주하는 경우는 아주 드물다. 대다수의 역사서는 좀 더 서술적인 증거들을 차용하고 있다.

사회사에서 사회는 '사회 전체'를 (센스트롬의 연구는 사회 구성원의 절반, 즉 여성을 완전히 제외했다는 점을 지적하지 않을 수 없지만) 의미할 수 있다. 그렇지만 20세기 다수의 역사가들과 사회 활동가들에게 사회는 '노동계급'을 의미했다. 이러한 등식은 유럽과 미국의 개혁가들이 '사회문제'라고 불렀던 것에 대해 우려를 표명했던 19세기의 유산이다. 그들에게 사회문제는 산업혁명이 노동자들의 삶에 미쳤던 파괴적 영향을 의미했다. 1830년대와 1840년대에 중산계급 출신의 사회비평가들은 동시대 도시 노동자들의 비참한 삶, 새로운 기계와 기술의 도입이 가

져온 명백한 결과, 즉 착취적인 노동관행에 대한 폭로성 글들을 발표
했다.

그중 가장 유명한 글이 마르크스의 밀접한 조력자였던 프리드리히
엥겔스가 쓴 《영국 노동계급의 조건》이다. 19세기 유럽 노동계급 운
동의 전개는 1900년 전후 10년 동안 활발하게 활동했던 노동사가 1
세대를 배출했다. 이들은 산업화가 노동자들에게 끼친 영향뿐만 아니
라 그에 대한 노동자들의 반응, 즉 조직, 저항, 파업, 혁명의 주도 등
에 관해서도 썼다. 영국의 존 로런스John Lawrence, 바버라 하몬드Barbara
Hammond, 시드니 웹Sidney Webb과 베아트리스 웹Beatrice Webb, 독일의 에
두아르트 베른슈타인Eduard Bernstein, 프랑스의 에두아르 돌레앙Edouard
Dolléans을 포함하는 일단의 역사가들 중에는 학자들만이 아니라 노동
운동, 사회주의 운동, 경우에 따라 노동조합원들과 가까운 언론인, 저
술가, 정치인들이 포함되어 있었다. 그들의 견해는 노동자들 내부의
사정을 반영하는 견해였고, 노동사의 연구 주제에 매우 호의적인 견해
였다고 예상할 수 있다.

초기 노동사는 트리벨리언의 표현을 전복시켰다고 할 정도로 정치
를 극단적으로 복원시킨 사회사였다. 영국의 저명한 좌파 역사가 에릭
홉스봄은 기존의 노동운동사가 대부분 "학술적, 방법론적인 면에서 훨
씬 권위적이었다"라고 지적한 바 있다. 노동운동사가 평범한 노동자
의 경험보다는 지도부의 활동을 중시하고 운동 내부의 당파 투쟁에 관
한 끝없는 설명에서 종종 헤어나지 못했다는 점에서 낡은 유형의 정치
사와 닮았기 때문이다.[24] 사회사의 고전적 노동사의 입장은 노동조합
원이 자신들을 주도하는 하층 노동자 세계의 위계적 견해를 전제하고

있다. 이러한 견해에 따르면 '노동계급'과 '노동운동'은 동일하다.[25] 20
세기 초중반에 주로 출간된 고전적 노동사는 정치권에 자신들의 집단
적 힘을 과시하려는 남성 노동자(여성은 거의 없었다)의 시도를 부각시켰
다. 그리하여 그것은 과거의 투쟁이 미래의 진보적·급진적 전통의 기
원 이야기를 제공한다는 '아래로부터의 역사'의 초기 형태를 대표한다.
그렇지만 당대의 노동운동과 거리를 두고 있던 사람들에게 당과 노동
조합의 이러한 투쟁 기록은 심각할 정도의 어려운 과제를 지향하는,
약어로 표시된 경쟁집단(TUC와 STUC, SFIO, CGT와 CGTU, AFL과 IWW,
CISL, DGB)에 지나치게 경도되어 있었다.* 노동운동의 외부자들에게
고전적 노동사는 한 마디로 편협했고 접근하기 어려워 보였다.

E. P. 톰슨의 역사적 혁명

앞 절에서의 설명은 《영국 노동계급의 형성》(1963)이라는 책의 근본
적 새로움과 엄청난 영향을 이해하는 데 도움을 준다. 저자인 에드워
드 팔머 톰슨Edward Palmer Thompson(1924~1993)은 "세계에서 가장 광범
위하게 인용되는 20세기 역사가"라고 불린다.[26] 1780년경부터 1830년
사이 영국의 보통 사람들에게 초기 자본주의가 미친 영향을 다룬 이
방대한 분량의 책은 노동사의 규칙, 더 나아가 사회사 전체의 규칙을

---

* STUC는 노동운동의 대표성 문제 때문에 영국 웨일스노동조합대회(TUC)로부터 분리된 조직이
고, CGTU는 프랑스 노동총연맹(CGT)에서 분리되어 정당으로 진전된 조직이며, SFIO는 CGT 내
부의 분파다. AFL과 IWW는 미국의 노동조합 구성 방식을 놓고 서로 대립한 조직이고, CISL은 이
탈리아 노동조합연맹, DGB는 독일의 노동조합연맹이다.

새로 썼다. 적어도 영어권 국가에서 이 책은 20세기 중반에 가장 널리 읽히고 전문 역사가들에게 가장 빈번하게 인용되었다. 이 책이 그렇게 광범위하고 깊은 인상을 주었던 이유는 무엇인가?

이 책이 가진 영향력의 일부는 분명 저자의 인격과 명성에서 기인했다. 논리정연하고 카리스마 넘치며 잘생긴 외모를 가진 톰슨은 선교사와 학자 등을 배출하며 세계에 관심을 가진 영국의 상층 중산계급 출신이었다. 역사가이자 시인이자 문학 평론가, 정치활동가이기도 했던 톰슨은 인생 내내 대담하게 원칙적 선택을 해왔다. 그는 학창 시절 공산당에 가입했지만 스탈린주의의 잔혹함이 분명해지자 공산당을 떠났다. 그는 대학의 자리를 모색하기보다 성인 노동자에 대한 교육으로 초기 경력을 쌓았다. 그는 핵무장 해제를 위한 국제적 운동과 같은 정치사회 운동에 인생의 많은 시간을 바쳤다.[27] 영국과 영국 의회의 정치적 좌파 진영에서 톰슨이 보여준 도덕적 권위는 《영국 노동계급의 형성》뿐만 아니라 그 이후의 저서에 대한 반응에 분명 영향을 미쳤다.

그렇다고 하더라도 톰슨은 자신의 책들, 특히 《영국 노동계급의 형성》으로 대부분의 명성을 얻었다. 톰슨은 마르크스주의 역사가였고, 그러한 지적 전통에 따라 하층계급의 삶에 미친 자본주의의 파괴적 영향에 대한 기록의 발굴과 이에 대한 설명을 핵심 과제로 삼았다.[28] 전형적인 마르크스주의 역사가들이 노동운동의 성공과 실패에 집중하는 데 반해 그의 책은 노동자들의 조직을 언급하지 않는다. 마르크스주의가 '과학적' 엄격함을 주장하는 데 반해 톰슨의 책은 수치로 가득한 표를 단 하나도 싣지 않았으며 그 대신 노동운동 주역들의 주관적 경험을 중시했다. 《영국 노동계급의 형성》은 특히 산업화의 주된 희생자로 간주되는 사람들, 즉 공장 노동자들을 다루지 않는다. 그 대신 영국의 전통적 노동자들, 즉 저임금의 비숙련 노동자들과의 경쟁과 기계화로 인해 기존의 작업방식과 생활방식을 포기해야만 했던 직조공, 제화공, 대장장이, 그 외의 장인들에 대한 초기 자본의 영향을 보여준다. 톰슨은 그들이 경제적인 압력뿐만 아니라 문화적 압력을 받았다고 주장했다.

예를 들자면 노동자들은 시간에 대한 통제력을 상실했다. 주어진 과제를 열정적으로 완수하고 일요일에 술을 마시며 그다음 날을 '성스러운 월요일'로 기념하여 쉬는 대신 그들은 목표량을 달성하기 위한 근대적 '작업규율'에 종속되었다. 하층계급의 자녀들은 언제나 과도한 노동에 시달려왔는데 이제 그들은 가족의 감시 아래 집에서도 노동을 해야 했다. 즉 청소년들은 착취의 위험이 훨씬 높은 공장과 광산에서 일하도록 강요받았다. 톰슨은 "비참화의 양상은 노동자들에게 수백 가지 형태로 찾아왔다"라고 썼다. "농업 노동자는 공동의 권리와 촌락 민주주의의 유산을, 숙련공은 숙련 노동자의 지위를, 직조공은 활력과 독립을, 아이들은 가정에서의 일과 놀이를, 실질소득이 개선된 다수의 노동자 집단은 안정성과 여가를 상실했고, 도시 환경은 열악해졌다."[29] 이러한 경험으로부터 계급의식, 즉 공통적으로 착취받고 있다는 자각이 탄생했다.

《영국 노동계급의 형성》은 쉽게 읽을 수 있는 책이 아니지만—800쪽이나 되고 논리정연하게 구성되어 있지 않으며 영국 역사에 대한 깊은 배경지식이 필요하다—출간되자마자 신사회사 분야의 절대적 기준으로 인정되었다. 이 책은 역사 서술과 관련하여 두 가지 중요한 유산을 남겼다. 첫째, 톰슨은 책의 대부분을 특정 정치적 요구를 선두에서 조직하거나 만들어내는 노동자들에게 할애하지 않았다. 그의 '노동계급'은 역사의 '패자' 쪽에 속한 사람들, 즉 매우 가난하고 주변적이고 정체성이 없는 사람들이었다. 톰슨은 그들 역시 우리의 주목을 받을 만한 자격이 있다고 주장했다. "나는 가난한 양말 제조공, 기계 파괴에 나선 소작농, '이상적' 숙련직인들을 (…) 후손들의 엄청난 비하로부터 구해내려고 한다"라고 그는 인상 깊게 적었다.[30] 둘째, 톰슨은 '계급'과 '계급의식'이 이론이나 수치로부터 추출해낼 수 있는 사회학적 추상물이 아니라 특정한 시간과 장소에서 설명될 필요가 있는 특별한 관계이자 경험이라고 주장했다. 계급의식은 노동조합에서와 마찬가지로 얼굴을 기름으로 더럽히고 새롭게 기계화된 기모공장을 박살내기 위해 밤에 길을 떠나는 직물 노동자, 혹은 '음탕한' 돈 많은 엘리트에게 하느님의 분노가 내려지기를 기도하는 요안나 사우스콧Joanna Southcott의 천년왕국의 예언을 듣기 위해 모인 수천의 사람들에게도 존재했다.[31]

그러한 주장이 현재의 우리에게 분명하게 보일수도 있다는 사실이, 톰슨과 그를 지지하는 역사가들이 역사의 '주체'와 '정치적' 요구에 대한 정의를 확장하는 데 성공했다는 증거다. 물질적 기반이 없고 교육을 받지 못한 지난 시대의 대다수 사람들은 자신의 꿈과 불만을 기록할 방법이 없었다. 그들의 이야기가 전해져야 하고 그들의 분노와 저항의 몸짓, 그들의 당혹스러운 신념도 진지하게 간주되어야 하지 않을까? 톰슨의 책은 '노동계급'(혹은 계급)의 구성원을 정의하기 시작했고 그와 더불어 사회사의 범위도 규정했다. 그렇지만 거기에만 그치지 않았다. 톰슨은 물질 조건과 일상생활에도 진지하게 관심을 기울였다.

초기 자본주의의 압력이 노동자들의 소득뿐만 아니라 그들의 가정생활, 그들의 일과 휴식의 양상, 그들의 종교적 신념, 일을 처리하는 그들의 관습적 방식에도 영향을 미쳤기 때문에 노동자들이 이 시기에 과격해졌다고 그는 주장했다.《영국 노동계급의 형성》은 물질적 환경, 가족생활, 민중의 관습과 신념 같은 트리벨리언식 사회사의 주제가 산업의 변화와 급진적 저항 같은 '공적'인 문제와 어떻게 연결될 수 있는지를 보여줌으로써 사회사를 2급의 지위에서 구해내기 시작했다. 그 이후로 어느 누구도 사회사를 '비정치적'인 것으로 비하할 수 없게 되었다.

이론적으로는 어떠한 역사적 접근도 특정한 정치적 신념을 본래부터 내포하지 않지만 실제로 항상 그런 것은 아니다. 사회사는 그 시작부터 민주적 혹은 진보적 의제와 거의 언제나 연결되어 있었다. '사회적'이라는 말은 '다수의 사람들' 혹은 '가난한 사람들'이라는 뜻을 함축하고 있었다. '민중'이 국가의 운명을 결정하는 역사는 19세기 서구 민주주의 국가에서 처음 등장했다. 프랑스의 미슐레, 영국의 매콜리, 미국의 조지 뱅크로프트George Bancroft와 같이 정치 스펙트럼에서 자유주의의 경계에 위치한 역사가들에 의해 기술되었다.[32] 다수의 경험으로부터 결론을 끄집어냄으로써 과거 세대가 누구이고 무엇을 했는지에 대해 그들 스스로가 '표결'할 수 있는 방법을 제공한다는 점에서 계량화는 후세대에게 민주주의와 사회사 간의 연결을 상징해왔다.

예를 들어 프랑스에서 20세기 중반 (자신들의 학술잡지의 이름을 딴) 최첨단의 아날학파 역사가들은 근대 초의 프랑스 지역사, 특히 프랑스 농민에 대해 다수의 연구서를 집필하여 프랑스 역사를 복원하는 데 헌신했다. 완성하는 데 15년에서 20년이 걸렸고, 표와 그래프를 포함하여 분량이 수백 쪽에 달하는 그들의 철저한 연구서들은, 프랑스의 진정하고 심오한 역사는 20세기까지 프랑스 인구의 절대다수를 차지했던 농민에게 깃들어 있다는 신념에 의해 가능했다.[33]

사회사는 '가난한 다수의 역사'를 의미해야만 하는가? 반드시 그렇지는 않다. 물론 때때로 전문 역사가들은 상층계급을 묘사하는 역사를 BBC의 역사 드라마 같은 시시한 유희거리로 간주했다. 그러나 그 시작부터 사회사는 주로 가난한 사람들을 강조했지만 확고한 좌파 성향의 역사가들조차 '압제자들' 역시 '피압제자'와 마찬가지로 사회 구성원이며 그들의 집단행동과 운명 또한 진지한 역사 주제임을 인정했다.

예를 들어 1950년대와 1960년대에 영국 역사가들 사이에서 튜더-스튜어트 시기에 관한 광범위한 학문적 논쟁이 일었다. 이들은 소지주 젠트리의 부상이 상층 귀족의 우월성을 손상시켰다는 점에서 1640년대의 영국혁명이 영국 엘리트들의 지위와 부가 광범위하게 재배치된 결과였는지를 물었다. 신사회사의 무기, 즉 이전부터 활용되어 왔던 서술 자료들과 더불어 토지 소유, 영주의 저택, 부채의 유형 등에 관한 광범위하게 수집된 수치들이 '젠트리를 둘러싼 논쟁'에 동원되었다. 논쟁을 주도했던 사람 중 한 명은 나중에 그 논쟁을 "어떠한 자비도 허용되지 않은 학계의 검투사 경기"로 표현했다.[34]

역사가들 사이에서 뜨거웠던 또 하나의 논쟁은 프랑스혁명의 기원과 관련한 부르주아지의 역할과 미국의 토지 소유 계급의 본질에 관한 것이었다. 프랑스 부르주아지는 귀족을 타파하려고 했던 계급의식적 집단이었는가, 아니면 그들은 귀족의 가치와 열망을 수용했는가? 미국의 노예 소유주들은 자본주의적 사업가였는가, 아니면 전근대적 가부장이었는가?[35] 주목할 만한 논쟁은 없었지만 중산계급을 포함한 엘리트의 사회사는 특정 사회의 계급관계와 사회 변화를 이해하기 위한 핵심 사항이라는 점은 현재 널리 인정되고 있다.[36]

저항과 행위주체

사회 내에서 힘없는 집단의 삶, 목소리, 투쟁의 복원은 언제나 사회사의 중심주제였다. E. P. 톰슨의 동료들, 혹은 1960년대 이후의 후속 세대들은 자연스럽게 가난한 노동자들의 저항과 빈곤의 역사에 집중했다. 노동자 조직을 다루는 역사가들은 노동자 파업의 동기를 어렵지 않게 설명해왔다. 특히 집단적 시도가 뚜렷한 목적을 가지고 있을 경우 저임금, 참혹한 노동조건, 그 외의 착취 형태에 저항하고 행동하는 이유를 설명하기란 어렵지 않다. 그렇지만 1960년대와 그 이후의 신사회사가들은 또 다른 형태의 저항, 즉 가난한 사람들의 고루하고 분명 별 소득이 없고 비합리적인 저항에 관심을 갖기 시작했다. 이들 역사가들의 주제는 가난한 사람들의 특정 저항 형태가 현재의 우리로서는 이해하기 힘들더라도 그들이 느끼는 부당함에 대해 행동하는 방식을 보여주는 것이었다.

톰슨은 1971년 〈18세기 영국 대중의 도덕경제〉라는 파급력 컸던 논문으로 또다시 본보기를 제시했다.[37] 전 산업시대의 대중 행동을 곡물 부족에 대한 무개념적 폭력 반응이라는 기존의 설명에 이의를 제기하면서 톰슨은 그들의 행동과 요구에서 나타난 특별한 방식을 지적했다.

농촌의 군중은 사려 깊지 못한 분노 때문에, 혹은 곡식을 강탈하기 위해 농장, 방앗간, 창고에 쳐들어가지는 않았다. 어느 한 농장의 헛간에 게시된 익명의 경고문이 드러내듯이 그들에게는 특정한 요구가 있었다. "주인님, 만약 밀을 시장에 내놓아 합당한 가격에 팔지 않는다면 이 창고는 온전치 못할 것입니다."[38] 때때로 여성들이 주도하는 군중은 곡물 더미를 집에 숨겨놓지 않고 길 위에 뿌리거나 강에 쏟아버렸다. 그들은 가장 가난한 가정들도 생존할 수 있는 '관습적' 수준, 즉 그들이 생각하는 '공정가격'을 공동체의 이름으로 상인, 농장주, 제분업자들이 수용하도록 강제했던 것이다. 간단히 말해 그들은 시장의 비도덕적 작용을 공동체의 가치에 기초한 '도덕경제'의 언어와 행동으로 반격했다.

신사회사의 성장 덕택에 우리는 권력 혹은 교육에 거의 접근할 수 없었던 사람들이 어떻게 저항하고 요구했는지에 관해 많은 것을 알게 되었다. 1830년대 영국에서는 대대적인 농민봉기가 일어났다. 군중이 탈곡기를 파괴하고 '도리깨질 대장'이라는 표식을 남겼다. 또한 같은 시기에 스스로를 드무아젤(젊은 여성을 호칭할 때 쓰이던 고어)이라고 부르는 남서부 프랑스의 농민들은 새로운 산림법에 저항하기 위해 얼굴을 붉은색과 검은색으로 칠하고 헐렁한 옷을 걸친 채 밤에 말을 타고 나가는 행동을 했다는 연구도 있었다.* 10년 혹은 그보다 조금 늦은 시기에 일어난 웨일스의 '레베카' 폭동에서는 여성들이 남장을 하고 부당한 과세에 항의하기 위해 요금 징수 장소를 분노에 차 공격했다.[39] 16세기 프랑스 소도시의 젊은 남성과 18세기 대서양의 선원들은 기존 제도들

---

* 1827년의 산림법은 산악지대 농민들의 산림자원 이용권을 제한하고 농민 공동체 소유의 토지를 국가가 쉽게 수용할 수 있게 해서 농민들의 반란을 초래했다.

을 희화화하는 모의법정을 조직했다.[40] 19세기 스와힐리 마을의 젊은 이들은 이드 알-하지Eid al-Hajj와 이드 알-피트르Eid al-Fitr 같은 종교축제를 장신구와 춤과 풍자적 노래를 통해 기념하기도 했다. 이러한 행위들은 연장자들에 대한 위협으로 쉽게 변질되어 때때로 폭력을 유발하기도 했다.[41]

역사가들은 이러한 저항행위를 당시의 사회경제적 맥락을 면밀히 조사함으로써 설명했다. 무엇이 그러한 행동을 유발했는지를 설명하고 (대부분의 경우 외부인들에 의한 결정은 통상적 생활과 가치에 대한 공격으로 간주되었다) 그러한 행동이 상징하는 바를 해석했다. 예를 들어 산업시대 이전의 노동자가 봉기 때 여장을 한 것은 여러 가지 이유가 있다. 여성의 복장은 가장 쉽고 비용이 덜 드는 위장 수단이었다. 게다가 여성은 곡물 폭동에 가담했다가 붙잡혀도 통상적으로 처벌을 면했다. 성 역할 뒤집기는 성 정체성을 바꾸고 '더 높은 자들'에 대한 조롱이 허용되었던 카니발 기간의 상징적 요소였다. 앨프리드 히치콕의 영화가 보여주었듯이 여성 복장을 한 거구의 남자는 특히 가면을 쓰거나 얼굴을 칠했을 때 공포 그 자체일 수 있다. 톰슨의 논문에 자극받은 1960년대와 1970년대의 역사가들은 지배자 혹은 시장의 규칙에 대한 민중의 저항이 노동조합 같은 조직 바깥에서 일어났을 때도 마찬가지로 중요하고 주목할 만한 가치가 있으며 기괴하고 비합리적, 혹은 자기패배적인 가면을 쓰고 있다는 것을 보여주기 시작했다.

극심한 결핍과 무기력의 상황에서도 과거의 보통 사람들은 억압적 권력에 대해 도전하거나 회피하며 혹은 심리적으로 극복하는 전략을 발견함으로써 자유의 영역을 주조해냈다고 사회사가들은 주장했다.

미국 노예제의 역사는 이러한 주장과 관련하여 가장 논쟁이 많은 분야 중의 하나다. 1959년에 출간된 스탠리 엘킨스Stanley Elkins의 《노예제: 미국의 제도적 삶과 지적 삶의 문제》는 북아메리카 노예문화와 저항에 대한 논쟁을 촉발했다. 노예들의 곤경에 동정적이지만 동시에 2차 세계대전의 공포에 심각하게 영향을 받은 엘킨스는 북아메리카의 노예제가 강제노동수용소와 유사한 '총체적 제도'라고 주장했다. 즉 노예제는 '수감자들'에게 그들의 고향인 아프리카의 문화를 박탈하고 그들의 모든 인간적 관계를 급격하게 단절시킨다. 왜곡된 심리상태와 문화적 자원의 부재 때문에 노예들은 자신들의 잔혹한 환경을 떨쳐낼 수 없다. 그 이후 수십 년에 걸쳐 유진 제노비즈Eugene Genovese, 로런스 러바인Lawrence Levine, 이라 벌린Ira Berlin, 필립 모건Philip Morgan과 그 외 역사가들의 훌륭한 학술서들이 엘킨스의 테제를 철저하게 반박했다. 예를 들어 러바인과 스털링 스터키Sterling Stuckey는 아프리카계 미국인의 후예들이 일군 민중문화의 활력을 보여주었다.[42]

북아메리카 노예들이 가혹한 탄압 체제를 향해 공개적으로 도전하는 것은 현실적으로 불가능했다. 19세기 무렵까지 여러 차례의 반란을 성공시킨 바 있는 카리브해의 노예들과 달리 미국의 노예들은 통상적으로 더 작은 농장과 플랜테이션에서 노동했다. 이들은 개인적으로 자신들을 알고 있는 주인들의 엄밀한 감독을 받고 있었고 수적으로도 백인들에게 압도당했다. 유진 제노비즈는 《흘러라 요단강아, 흘러라: 노예가 창조한 세계》(1974)라는 고전적 연구에서 미국 올드사우스* 지역

---

* 1860년 이전부터 노예주였던 남부의 주들을 말한다.

의 주인과 노예 사이의 문화적 역동성의 중심에 놓여 있는 아이러니, 즉 미국 노예제의 소규모적이고 인간적인 본성에서 유래한 아이러니를 기술했다. 노예 소유주들은 매일 노예의 상태를 악화시키고 그들을 착취한다. 그러나 그들은 스스로를 "자기 사람들"의 행복을 기원하는 자비로운 가부장주의자로 바라봤고, 그리하여 노예들이 살아갈 수 있고 적어도 육체적으로나 정신적으로 저항할 수 있도록 하는 가족이나 교회 같은 기구들을 장려했다. 노예 소유주들은 표면상 도덕적 이유로 재생산과 가족구조를 격려했다. 그 결과 노예들은 물질적·심리적 지원과 노예제의 혹독함에 저항하기 위해 가족에 의지했다. 노예 소유주들 문화와의 차별을 강화하고 가족 성원들이 떨어져 있을 때 서로를 찾기 위한 작명 방식이 그런 예 중 하나다. 비슷한 맥락에서 노예 소유주들은 아프리카 종교의식을 억압했고, 자신들이 보건대 체념과 복종을 장려하는 기독교를 선호했다. 그렇지만 노예들은 기독교의 예식과 성경에서 공동체를 강화하고 구원과 해방의 이상을 공표하는 수단을 발견하고서는 그것들을 자신의 목적에 맞게 각색했다.[43] 전에 노예였던 어떤 사람은 이렇게 말했다. "저 늙은 백인 목사는 노예들이 주인에게 착하게 굴어야 한다고 설교한다. 우리는 그가 하는 말을 조금도 듣지 않는다. 왜냐하면 우리는 우리의 방식으로 노래하고 기도하고 하느님을 섬기고 싶기 때문이다."[44] 간단히 말해 노예들은 "포착되지 않는" 저항의 방식을 고안하기 위해 주인의 이기적 가부장주의를 이용했다고 제노비즈는 주장했다.

여러 해 동안 제노비즈의 책은 그가 노예 소유주들의 관대함의 정도를 과장하고 노예들이 자율적으로 적극적이고 창조적인 정도, 즉 실제로 철저히 반항적이었던 정도를 과소평가했다는 이유로 그와 다른 견해를 가진 동료 역사가들로부터 비판을 받았다.[45] 그렇지만 그의 책은 가장 엄격하게 통제된 환경에서도 사람들이 전개할 수 있었던 일상의 은밀한 저항 방식에 대해 역사가들에게 생각할 기회를 제공했다는 점에서 기념비적이다. 그러한 전략을 확인하고 해석하기 위해 역사가들은 다른 학문에서의 통찰을 자주 차용했다.

1990년대에 그러한 역사가들 중 다수가 권력을 가지고 있지 않은 사람들의 '비공식적' 연설과 행동을 설명하기 위해 "숨겨진 표현hidden transcript"이라는 말을 만든 정치사회학자이자 인류학자인 제임스 스콧James C.Scott의 저서들에 영향을 받았다. "공적인 복종의 표현"을 강요받은 아랫사람들은 주인 뒤에서 자기들끼리 다른 신호체계를 사용한다. 즉 그들은 '주인'에 대한 솔직한 감정을 표현할 뿐만 아니라 예를 들어 너무 열심히 일을 하지 말자거나 정해진 가격 이하로 팔자고 자기들끼리 합의할 수도 있다는 것이다. 노예들과 권력이 없는 그 밖의 사람들은 스콧이 '하부정치infrapolitics'라 부른 것, 즉 시간 죽이기, 공구 파손, 작업장에서 사라지기, 작업 명령을 알아듣지 못한 척하기 같은 행동을 하는데 이러한 것들은 특정 집단의 전형적 모습을 게으르거나 무능하다고 설명하는 데 도움을 준다. 피억압자들은 또한 미국 흑인 소년들이 "상대의 엄마를 욕하는 게임"을 하는 것과 같이 모욕에 대해 반응하지 않도록 스스로를 훈련시키는 감정적 전략을 계발할 수 있다. 특정 집단에게 '침착함'의 습득은 자기보호의 핵심적 수단이다.[46] 하부정치와 같은 개념은 일상에서의 특별하지 않은 행동이 억압적 권력에 대한 저항의 틀로서 재인식될 수 있는 이해의 여지를 크게 확대시켰다.

그리하여 사회사의 많은 연구는 권력이 거의 없거나 전혀 없는 집단이 취해왔던 저항의 많은 형태, 즉 잘 조직된 파업과 저항에서부터 단순히 낙담하지 않기 위한 감정적·정신적 수단을 찾기 위한 사보타주와 같이 포착하기 힘든 행동에 이르기까지 관심을 기울여왔다. 역사가들은 권력의 불균형이 크면 클수록, 권력이 없는 사람들이 자신들을 억압하는 사람들을 향해 반격하는 방식의 재현 필요성을 더 절박하게 느껴왔다. 예를 들어 미국 내의 노예 거래에 관한 획기적인 연구서에서 월터 존슨Walter Johnson은 단순한 상품으로 전락해버린 흑인 남성과 여성 중 일부가 싫어하는 주인을 피하기 위해 자신들의 판매를 스스로 결정하는 방식을 기록에서 찾아내 입증했다. 즉 그들은 의도적으로 목소리와 자세를 변형했고 음식을 형편없이 만들었으며 질병을 속이거나 고백했다. 그들은 구매자와 판매자 어느 쪽에서도 엄청난 보상을 요구할 수 있을 정도로 거래 기간 내내 이들 사이에서 아슬아슬한 줄타기를 했다. 한때 노예였던 존 파커John Parker는 이러한 상황을 다음과 같이 증언한다. "저는 제 주인을 스스로 결정하기로 마음먹었습니다. 그래서 제가 싫어하는 누군가가 저를 검사하기 시작했을 때 저는 묻는 말에 무조건 '네'라고 대답해서 그의 마음에 안 들게 굴었습니다."[47]

재현 과정에서 문제가 되는 것은 이런 질문이다. 특정 집단, 즉 산업시대 이전의 노동자 혹은 산업시대의 노동자, 피식민지 민중, 문맹의 농민, 노예 등의 집단은 공공연한 아니면 은밀한, 가시적인 아니면 상징적인 저항을 벌이고 있는가? 그러한 역사를 확립하는 것이 왜 지상명제인가? 피억압자들의 저항에 관한 역사 기록은 영감의 형태로서,

타인을 억압하는 사람들에 대한 교훈으로서, 오늘날 정치 논쟁의 재료로서, 어느 한 집단의 현재적 정체성의 구성요소로서 중요한 것인가? 역사를 읽고 쓰는 '우리'가 피억압자들의 후손 혹은 협력자라고 우리는 가정하고 있는가? 불균형한 집단들 사이의 동학動學이 인간 모두의 과거에서 가장 중요한 특징이라는 좀 더 일반적인 주장을 이러한 역사들은 보강하는가? 혹은 스스로와 동일시하는 '민족', 즉 그것이 한국인이건 스페인이건, 아니면 성소수자이건 체로키 원주민이건 간에 그 민족은 억압, 저항, 승리를 포괄하는 이야기가 필요한가?

피억압 집단을 연구하는 많은 역사가들은 지난 수십 년 동안 자신들이 연구하는 사람들의 '행위주체성'의 회복 또는 고무가 자신들의 목표라고 표명해왔다. 즉 노예, 노동자, 농민, 수감자, 주변 소수자들이 수동적으로 고통만 당하지 않았고 자신들의 상황에 대항하는 의도적 행동을 했다는 것을 보여주려고 했다. 노예 거래에 관한 책을 썼다고 앞서 언급한 바 있는 월터 존슨은 특히 미국에서 이러한 목적이 사회사의 중심과제가 되었던 이유에 관해 일련의 예리한 논문들을 발표했다. 오랫동안 잊혔던 사람들에게 행위주체성 또는 그 밖의 것을 '돌려주려는' 우리는 누구인가라고 존슨은 묻는다(그리고 그는 범죄, 배반, 억압자들과의 협력을 포괄하는 '행위주체성'이 올바르게 사고하는 역사가들이 그럴 것이라고 생각하는 것과 항상 일치하는 것은 아니라고 지적한다). 대략 '자발적 행동'과 같은 의미라고 말할 수 있는 행위주체성이 대개 자유주의적 개인주의라는 함축적 이상에 소급적으로 의지한다는 것을 명심하는 게 더 중요하다고 그는 또한 충고한다. 삶의 핵심 목적, 그에 따른 역사 연구의 당연한 강조점이 더 나은 삶을 위해 행동하고 개인의 상황을 개선하는 데 있다는 가정은 자기발전이라는 이상이 가능했던 근대적 서구가 아닌 그 밖에서는 거의 적용하기 어려운 것이다.[48] 그렇다고 행위주체성의 개념을 버리자는 의미는 아니며, 존슨 또한 그러한 주장을 암시하지는 않는다. 그렇지만 우리가 행위주체성의 개념에 그러한 중요성을 부여하려고 한다면 우리는 그 의미가 정확히 무엇이며 왜 그것이 중요한지를 설명해야 한다.

권력과 사적 영역

여성의 행위주체성은 지난 수십 년 동안 활기차게 복원되었다. 앞에서 이미 제시했듯이 여성사는 상대적으로 신사회사의 후발주자였다. 톰슨의 노동자, 선스트롬의 보스턴 사람들, 그리고 초기의 유명 저술에서 지적되었던 다양한 활동들의 주체인 농민과 수공업자는 거의 모두가 남성이었다. 여성의 존재는 당연히 부정되지는 않았다. 여성의 존재와 활동을 언급하지 않고 농가, 수공업 작업장, 식량 폭동, 혹은 공장을 제대로 연구할 수는 없다. 그렇지만 여성은 사태의 전개에 어떤 영향도 미치지 못하는 듯 보였다. 그들은 그림자에 가려 있었고, 조명은 다른 데를 비추고 있었다.

사회사와 마찬가지로 여성사는 앨리스 클라크Alice Clark의 《17세기 여성의 일하는 삶》(1919)과 아이비 핀치벡Ivy Pinchbeck의 《여성 노동자와 산업혁명》(1930) 같은 초기 고전을 오랫동안 벗어나지 못했다. 1970년대 이전에 여성사는 틈새 전문가들의 영역, 즉 학문세계에 진입한 소수 여성들에게 적합한 영역이거나 1921년 페미니즘의 전체사를 쓴 프랑스 학자 레옹 아방수르Léon Abensour 같은 다소 기이한 남성의 영역으로 간주되었다. 여성이 인구의 반 혹은 그 이상을 차지한다는 사실은 전혀 중요해 보이지 않았다. 튜더가의 엘리자베스 여왕 혹은 예카테리나 대제가 공적인 관심 대상이 될 때를 제외하고 그러한 상황은 구식의 정치사가들에게도 마찬가지였고, 전후의 신사회사가들에게도 오랫동안 그러했다. 노동자의 역사를 복원하는 데 여념이 없던 1960년대와 1970년대의 급진적 역사가들 사이에서도 지난 시대의 여성들은 역사 영역의 밖에서 삶을 꾸려나갔다는 억측이 사라지지 않았다. 즉 여성들은 기껏해야 약간의 도움을 주는 보조자로서 정치와 상관없는 사적 영역에 머물러 있었고, 생산 대신에 재생산을 담당하며 참정권 운동과 같이 드물게 짧은 기간을 제외하고는 역사의 변화를 결코 추동하지 못했다는 것이다. 여성들의 삶은 따라서 결혼, 가족, 양육, 음식과 요리, 하인, 여배우, 매춘 등을 다루는 사회사의 지엽적인 분과 영역이었다. 이러한 주제는 호기심 많은 초심자에게는 흥미로울 수도 있겠지만 권력, 갈등, 변화를 중시하는 진지한 역사가들에게는 아니었다.

가정이 권력투쟁과 무관한 영역이라는 생각은 자녀, 부모, 혹은 배우자로 살아본 모두를 놀라게 할 수도 있거나 잘하면 매우 우스꽝스러운 것으로 들릴 수도 있다. 실제로 이러한 가정은 가부장제의 기원을 밝히는 데 몰두해왔던 페미니스트 역사가 초기 세대의 분노를 야기했다. 가족구조 안에서 여성의 노동과 성 착취는 계급지배 관계와 유사하다고(사실은 거기에 선행한다고) 주장했던 슐라미스 파이어스톤Shulamith Firestone과 메리 오브라이언Mary O'Brien 같은 이론가들에 힘입어 페미니스트 역사가들은 남성에 의한 여성 억압의 기원과 전개를 분석하는 데 착수했다.[49] 실라 로보섬Sheila Rowbotham의 《역사에서 감춰진 자들: 여성 압제의 300년과 압제에 대한 투쟁》(1973)과 게르다 러너Gerda Lerner 의 《가부장제의 창조》(1986) 같은 책들은 여성의 복종과 착취를 지나치게 강조해서 오늘날 과격하게 보일 수도 있지만 초기의 이러한 연구서는 역사가들로 하여금 사적 영역과 공적 영역 사이의 관계에 주목하고 사적 영역에서의 착취와 폭력의 존재를 인정하게 하는 데 결정적이었다.[50]

　1980년대까지도 젊은 여성들은 박사학위 논문 주제를 선택할 때 여성사는 피하라는 경고를 받았다. 좋게 본다고해도 여성사는 과거에 관한 중요한 질문과는 거리가 먼 학문적 고립 지역으로 여겨졌다. 나쁘게 보면 여성사를 선택하는 순간 그는 "분노하는 페미니스트"로 규정될 수도 있었다. "정년 보장을 받은 이후의 두 번째 연구 주제로 삼아라"는 것이 일반적인 충고였다. 초창기의 강경한 여성사가들 중 일부는 자신들의 분야를 '주류'로 만들려는 의지가 전혀 없었다. 안드레아 드워킨Andrea Dworkin과 같은 1970년대와 1980년대의 급진적 페미니스트 철학자들이 이성 간의 모든 성교는 강간과 다를 바 없다고 주장했듯이 여성사의 일부 주창자들은 과거의 남성과 여성 사이에서 유일하게 가능한 관계는 압제자와 피압제자의 관계라고 믿었다. 그러나 이념적으로 가장 심하게 경도된 페미니스트에게도 여성/남성과 상사/부하, 혹은 노예/주인 사이의 완벽한 유추는 명백한 이유로 끊임없이 논란거리였다. 대부분의 노동자, 농민, 노예들은 자신들의 상사, 영주, 혹은 주인과 직접적인 접촉이 거의 없거나 아예 없는 반면 거의 모든 남성들은 여성들에 의해 양육되고 그들과 잠자리를 같이하며 그들을 보호하고 그도 아니면 일상생활에서 밀접한 방식으로 그들을 대면한다. 노동사 연구자들이 상사와 노동자를 분리하여 연구하는 것보다 여성사 연구자들이 남성을 무시하는 것이 훨씬 더 어렵다. 역으로 주류 역사가들이 여성을 간과하는 것도 불가능할 수밖에 없었다.

주류 역사가들은 여성사의 초기 중요한 저서 중의 일부를 "여성들도 거기에 있었지요"라는 말을 확인해주는 '보조적' 혹은 추가적인 것으로 폄하했다. 예를 들자면 여성들이 프랑스혁명 때 적극적으로 행동했다는 것을 우리는 알고 있다. 즉 그들은 소책자를 쓰기도 했고 다수의 여성들은 행진과 시위에 참여했다. 유명한 (마리-장) 롤랑 부인 같은 소수의 여성들은 유력 정치가들의 모임에서 영향력을 발휘했다. 소수의 중산계급 여성들은 정치 토론모임을 개최했고, 더 많은 여성들이 민중적 상퀼로트의 급진적 활동에 참여했다.[51] 여성사의 비판론자들은 다음과 같이 질문했다. 이런 연구 성과는 재미있는 강의 혹은 교재의 추가적 장으로 활용될 수도 있겠지만 어떤 방식으로든 프랑스혁명에 대한 우리의 근본적 이해를 변화시켰는가?

몇몇 경우에 여성사는 역사의 '중대 사건'의 정의 자체에 도전하기도 했다. 예를 들어 1977년 조앤 켈리 Joan Kelly의 유명한 논문은 〈여성들에게 르네상스는 있었는가?〉라고 물었다. 모두가 알고 있듯이 르네상스는 서구에서 '근대적 인간'을 탄생시킨 도가니였다. 초기 근대 이탈리아에서 국가의 새로운 형태가 출현했고, 상업경제도 진일보했다. 그와 더불어 휴머니즘이라고 알려진 문화적 표현이 풍성하게 등장했는데, 이는 개인을 중시하고 인류를 찬미했다. 그렇지만 엘리트 남성들에게 르네상스가 새로운 형태의 자유와 창의성을 가져다주었다면 그들의 상대 여성들에게 르네상스는 정반대의 결과를 가져왔다고 켈리는 주장했다. 르네상스 이전 농업 기반의 봉건사회에서 엘리트 여성들은 종종 상당한 권위를 행사했다. 상속법은 그들에게 유리하게 작용할 수 있었고, 전쟁에 나간 남편이 오랜 기간 자리를 비운 적도 있었다. 경우에 따라서 간통이라고 할 수 있는 궁정의 애정 기록들은 일부 여성들이 감정적·육체적 자유를 누렸다는 것을 암시한다. 상업사회의 성장, 그에 따른 개인적·공적 생활의 엄격한 분리는 남성과 여성 사이의 상이한 관계를 초래했다. 즉 상층 여성의 자유와 표현을 급격하게 축소시킨 것이다. "적어도 르네상스 기간 동안 여성들에게 르네상스는 없었다"라고 켈리는 과감하게 결론지었다.[52] 비슷한 맥락에서 그리스와 로마의 남성성을 숭배하고 문화적 이상으로서 병사들의 '전우애'를 신성시하는 프랑스혁명이 여성들에게는 퇴보였다는 주장도 있었다. 이러한 주장이 내포하는 바는, 여성들은 프랑스혁명보다 왕정복고에서 얻은 것이 더 많았다는 것이다.[53]

여성사의 선구적인 페미니즘적 저작들은 이렇게 과거에 여성들이 겪었던 압제 혹은 남성과의 경험 차이를 강조했다. "저기요, 우리도 거기에 있었어요. 그런데 우리에게는 그와 같은 일이 생기지 않았어요"가 최초의 필요한 진술이었다. 그러나 여성의 독립적 경험을 계속해서 강조함에도 불구하고, 거의 시작부터 여성사가들은 여성사의 진정한 힘이, 여성의 이야기가 남성과 분리될 수 없으며 젠더 관계의 사려 깊은 고려 없이는 **어떤** 역사도 그 결정적 측면이 간과될 수 있고 이해 불가능하고 혹은 빈약해진다는 것을 보여주는 데 있다고 인식하고 있었다.

역사무대에서 여성들이 그렇게 오랫동안 망각되어온 이유 중의 하나는, 여성들은 일하지 않는다는 전제, 혹은 여성들의 일은 돈으로 보상받을 만한 '실재적' 일이 아니기 때문에 창조적이지도 않고 생산적이지도 않으며 중요하지 않다는 전제 때문이다. 사실 거의 모든 사회에서 대다수의 여성은 돈을 받거나 받지 못한 채 평생에 걸쳐 노동을 했고, 그들의 노동은 대부분의 경제에서 핵심 요소였다. 여성사의 주요 과제 중의 하나는 이러한 단순 사실을 드러나게 하고 특정 사회에서의 그 결과를 평가하는 것이다. 핵심은 아이를 돌보고 텃밭을 가꾸는 것이 (역사적) 인정을 받을 만한 행동이라는 것이 아니라 부자들을 제외한 모두에게 생계를 꾸려나가는 것이 남성뿐만 아니라 여성과 자녀들을 포함하는 가족의 한결같은 전략이었다는 것이다. 식민지 케냐에서 딸들은 가뭄과 질병의 영향으로부터 가족의 농장을 구하고, 오빠의 신부값 비용을 위해 나이로비의 매춘부로 일해 번 돈을 고향에 보냈다.[54] 유럽에서도 19세기까지 여성들은 집안일만 하지 않았다. 남성들과 더불어 작물 재배, 수확, 가축 돌보기뿐만 아니라 돈을 벌기 위해 집에서 실을 짜고 바느질을 했으며 다른 사람의 아이들에게 젖을 먹였고 10대의 전 기간을 집을 떠나 하녀 혹은 공장 노동자로 일하며 돈을 벌었다.[55]

가계를 이끌어가는 남성들의 지위와 정체성이 가정을 관습적으로 규정했기 때문에 여성의 노동은 후대의 역사가들뿐만 아니라 동시대 사람들에게도 조명받지 못했다. 대다수의 역사가들과 마찬가지로 선스트롬은 '보스턴의 보통 사람들' 이외의 **다른 사람들**(즉 여성들)을 언급하지 않은 채 남성들의 직업을 추적함으로써 사회적 유동성을 재현했다.

그렇지만 몇몇 주목할 만한 연구가 보여주었듯이 남성들의 지위는 가정에서의 위계질서와 착취를 통해 종종 성취되고 유지되었다. 19세기 프랑스 서부의 직물 노동자에 대한 테시 류Tessie Liu의 연구는 톰슨의 투쟁하는 영국 수공업자와 매우 유사하게 남성 직조공이 숙련기술에 대한 위협에 직면하여 전통적 생산자로서 경제적 독립과 위신을 유지하기 위해 투쟁하는 세계를 그려냈다. 그들의 투쟁은 어느 정도 성공적이었는데, 그 이유는 그들의 아내와 딸들이 낮은 지위의 '힘든' 직업, 즉 의복과 신발을 대량으로 생산하며 저임금으로 장시간 노동을 했기 때문이다. 가정의 위계질서에 따른 착취가 노동자의 위신을 위해 필요했다.[56] 유사하게 남북전쟁 이전 사우스캐롤라이나 저지대의 소농장주들은 자립적이며, 이웃인 거대 농장주 귀족과 자신들이 이론적으로 동등하다는 자부심을 가지고 있었다. 그렇지만 이러한 "소세계의 주인들"은 아내가 시장에 내다팔 물건을 만들고 가족 소유의 몇몇 노예와 더불어 때때로 들판에서 일했기 때문에 독립적 지위를 유지할 수 있었다. 남부의 소농장주들은 노예제뿐만 아니라 그들의 시각에서 노예제와 동일한 원칙을 준수한다는 가정의 신성함과 젠더의 위계질서를 유지하기 위해 분리주의를 열렬히 신봉했다.[57]

간단히 말해 여성사의 중심과제는 지배적 이데올로기가 행위자로서의 여성의 존재를 은폐할 때조차도 여성과 남성 사이의 관계가 과거의 모든 사회를 어떻게 형성해왔는가를 밝히는 것이었다. 일부 여성사가들은 그러한 관계의 이데올로기 차원뿐만 아니라 여성과 남성의 역사가 서로 얽혀 있는 방식을 보여주는 '젠더사'라는 표현을 선호한다. 언어학에서 차용한 용어인 '젠더'를 다룬 가장 유명한 단일 논문에서 역사가 조앤 스콧Joan Scott은 시간과 장소에 따라 변하고 고정적인 생물학적 성의 차이로 축소될 수 없는 남성성과 여성성이 사회적으로 구성된 범주라는 생각을 설명하기 위해 이 용어를 활용했다. 젠더는 또한 "권력관계를 상징하는 핵심 방식"이라고 그녀는 지적한다.[58] 젠더 이데올로기는 동성집단의 성원들 사이의 역학은 물론 대부분의 인간의 행동을 구조화한다. 예를 들어 미국 남부에서 짐크로법(인종분리법)이 시행되던 시절, 흑인들에 대한 비공식적 처벌행위인 린치는 기사도의 형태로 정당화되었다. 즉 흑인해방에 직면한 백인들의 공포와 분노가 자신들의 여성의 가치를 선제적으로 보호하기 위한 명령으로서 표출되었던 것이다.[59]

젠더 분석은 가장 전통적인 남성의 목적과 영역조차도—특히 공적권력과 관계있는 영역— 여성들의 활동에 의해, 아니면 여성성에 대한 상징적 반대 안에서 어떻게 근본적으로 형성되었는가를 보여줌으로써 여성사의 영역을 크게 확장시켰다. 예를 들어 20세기 세계대전과 같은 총력전은 "전투병이든 아니든 간에 모든 사회 구성원의 젠더를 관례적으로 표시"하는 사건이다. 전선의 남성들은 "경제, 문화 영역의 활동에 우선순위를 두는" 반면 남성의 부재로 인한 역할과 활동에 (자발적이든 그렇지 않든 간에) 뛰어든 후방의 여성들에게조차도 이상적인 모습은 간호사, 엄마, 참을성 있게 기다리는 아내와 같은 가장 전통적인 모습이었다.[60] 또 다른 예를 들자면 18세기와 19세기의 정치단체들이 완전히 남성 위주라는 사실은 시민권과 계약정부 같은 근대적 개념에 대한 성별 구분 짓기로부터 유래했다는 것이다. 시민과 그들 대표자의 필수 자질, 즉 독립심, 합리성, 보다 큰 정치적 가치에 대한 헌신 등은 필연적으로 남성의 자질로 간주된 반면, 여성의 특성은 종속감, 가족이나 집 같은 협소한 이해에 헌신하는 것이었다.

따라서 젠더사는 역사 서술의 가장 전통적인 영역, 즉 전쟁과 정치를 포함할 수 있다. 왜냐하면 그러한 영역은 "분명하게 여성의 영역이 아니다"라는 의미에서 '남성'의 영역이었고, 남성과 여성 행위자들을 예리하게 규정된 역할로 구분하기 때문이다. 그러한 주장에 따르면 남성은 여성성의 거부와 억압이라는 지속적 과정을 전제로 하는 남성성을 주장함으로써 권력을 요구한다. 동시에 여성에 관한 언어는 남성 사이의 권력관계를 설명하고 이해하는 방식으로 언제나 기여해왔다. 예를 들어 중국제국에서 엘리트 여성의 사적 행동은 정치적 충성심의 모범을 제공했다고 젠더사가들은 주장해왔다. 즉 남편의 죽음 이후 의례적 자살을 선택하거나 여생을 남편 가족에게 봉사하며 살기로 선택한 부인은 고결한 남성과 그의 지배자 사이의 이상적 관계를 재현하는 것이었다. 반대로 20세기 초반 중국 지식인들은 전통적 여성성과 전족 같은 관습을 "무지, 경제적 기생주의, 보다 남성다운 열강에 의한 중국의 굴욕"의 상징으로 거부했다.[61]

젠더 분석은 여성사의 영역을 확장시켰을 뿐만 아니라 다른 영역, 특히 게이와 레즈비언의 역사와 같은 또 다른 영역을 개척했다. 게이와 레즈비언은 여성 및 가난한 사람들과 마찬가지로 역사 기록에서 무시되었다는 의미에서만 역사가들의 특별한 관심 대상은 아니었다. 대부분의 문화에서 그들은 주위 사람들에게, 심지어 많은 경우에 서로에게조차 보이지 않는 존재였고 지금도 여전히 그렇다. 게이와 레즈비언의 역사는 여성사의 길을 그대로 따라갔는데 초창기의 사료 발굴에서 역사 연구의 모든 분야에 함의를 갖는 해석적인 통찰로 나아갔다. 처음에 이 분야는 관심을 공유하는 소수집단의 협소하고 다소 하찮은 주제에 대한 몰두로 폄하되면서 여성사보다 훨씬 심하게 조롱과 불신을 받았다. 학자로서 연구 주제를 이 분야로 선택한다면 그것은 더욱 심각한 결과를 초래했다. 왜냐하면 대부분의 경우에 그러한 선택은 동성애에 대한 혐오가 학문세계에 광범위하게 남아 있을 때 스스로를 동성애자로 밝히는 행동이나 다름없었기 때문이다. 초기 연구서들의 많은 부분이 그 당시까지 역사가들이 무시했던 세계들, 즉 중세 남성 성직자들 사이의 열정적인 우정, 르네상스 궁정에서의 남색, 18세기 남성 매춘, 동성 기숙사에서의 긴밀한 관계 등을 복원시켰다. 그렇지만 가장 훌륭하고 야심적인 이 분야의 연구 성과로 성 정체성과 성적 관계에 대한 우리의 믿음 모두를 재평가할 수밖에 없었다.

1980년대와 1990년대 이 분야의 고전적 연구는 고대 그리스를 제외하고 동성애는 20세기 후반에 좀 더 계몽적인 입장이 등장하기 이전까지 모든 곳에서 비난받고 탄압받았다고 주장하는 그 당시까지의 단순한 견해를 전복시켰다. 중세사가 존 보스웰John Boswell의 명저 《기독교, 사회적 관용과 동성애》(1980)는 성경과 초기 기독교 교회 모두 일반적으로 과도한 정욕을 거부했지만 어느 쪽도 동성애에 대해 많은 관심을 기울이지 않았다는 것을 보여주려고 했다. 중세 초기 동성애적 행동은 처벌받거나 박해받지 않았으며 동성애적 관계는 예를 들자면 12세기 귀족층 사이에서 공공연한 일이었다고 보스웰은 주장했다. 13세기가 돼서야 동성애는 극심한 제재의 대상으로 부각되어 고문 혹은 사형으로 처벌되었다.[62] 그레고리 플룩펠더Gregory Pflugfelder가 제시했듯이,

일본에서 '회춘법'으로 분류되고 특별한 지식과 기술을 요구하는 노력으로 높이 평가된 성인 남성과 청소년 사이의 성관계는 비생산적 성관계를 금지하지 않는 문화에서 심각한 문제가 아니었다. 메이지 시대(1868~1921)에 이르러 서구의 사회적 관례에 부합하려는 의도에서 동성애가 금지되었고, 1900년 이후가 돼서야 일본 의료계는 동성애를 병리학적 개념으로 설명하기 시작했다.[63]

1980년대 이후 게이와 레즈비언의 역사를 다룬 주요 저작들은 성적·사회적 정체성과 관련하여 최근까지도 우리가 알고 있다고 생각하는 모든 것을 공격해왔다. 개별적 커밍아웃은 물론 도전과 자부심의 집단적 표현 모두를 촉발하여 공개적이고 적극적인 동성애 공동체를 출범케 한 스톤월Stonewall 봉기(1969) 이후인 1970년대까지도 미국 도시에서 남성 게이들의 삶은 은폐와 수치심에 가려 있었다는 일반적 통념은 1994년 조지 차운시George Chauncey의 《뉴욕의 게이》가 출간된 이후 흔들렸다. 현재 사회사와 문화사의 고전이 된 이 책에서 차운시는 1890년대와 1930년대 뉴욕의 동성애 세계는 끝을 알 수 없을 정도로 복잡하고 놀라웠으며 우리가 상상하는 것 이상으로 이성애자들의 세계와 더 깊게 연관되어 있다는 것을 보여주었다.[64] 차운시의 연구는 동성애자들의 복잡한 정체성을 보여주었다. 즉 동성애와 이성애의 단순한 양분법으로는 설명할 수 없는 동성애자의 다양한 정체성을 "fairies, pansies, sissys, gays, trade, faggots, queers" 등으로 표시했다.*

---

* fairy는 여성의 역할을 하지만 반드시 동성애자라고는 할 수 없는 남성, pansy, sissy는 여성에 가까운 남성, trade는 동성애자를 찾아다니는 남성, faggot은 남성 동성애자에 대한 경멸적 호칭, queer는 성적 정체성을 단언하기 힘들지만 스스로를 경멸적으로 생각하지 않는 동성애자.

예를 들어 1910년대와 1920년대 해안가의 선원뿐만 아니라 아일랜드와 이탈리아의 노동자들은 여성 매춘부를 선택하듯이 여자 같은 페어리fairy를 쉽게 선택했고, 이 때문에 여성 매춘부들은 불공정한 경쟁이라고 불평했다. 페어리(제3의 성이라고 간주되는)와 성행위를 한 남성들은 자신이 그러한 만남에서 성적으로 적극적인 역할을 수행하는 한 스스로를 매우 정상적이라고 생각했다. 한편 '성적 취향으로 독신'을 선택한 중산층의 남성들은 스스로를 수치스럽게 가둘 필요가 없고 이중생활을 하는 존재로 간주했다. 이들은 이러한 두 역할을 때때로 대단히 만족스러워하며 아주 쉽게 수행했다. 1차 세계대전 이후 개별적 '정체성'의 이념이 등장해서야 그러한 이중생활이 혼동과 자기혐오의 원인이 되었다. 전쟁 이전 게이의 삶은 비동성애자인 뉴요커들이 당시에 '팬시 크레이즈pansy craze'로 알려진 대규모의 동성애자 축제에 참가할 정도로 비교적 개방적이었다. 그때 만들어진 '커밍아웃coming out'이라는 말은 상류층 여성의 사교무대 연회 전통*에 대한 동성애자의 명백한 차용이었다. 차운시가 날카롭게 언급했듯이 용어의 기원은 시사적이다. 즉 1920년대와 1930년대의 게이들은 스스로를 벽장 밖으로 나오는 존재로 간주하지 않고 '동성애적 사회' 안으로 들어오는 존재로 간주했다는 것이다.[65]

양차 대전 사이의 뉴욕에서 게이의 삶과 관련한 장밋빛 상황을 제시하려는 데 주안점이 있지는 않다. 당시 뉴욕에서 동성애자들은 대개 조롱받고 멸시당했으며 자주 괴롭힘과 구타를 당했고 체포되기도 했

---

* 상류층 여성들이 연회에 나감으로써 스스로의 신분을 드러냈듯이 동성애자들 또한 그들의 모임에 당당히 나가는 '커밍아웃'을 통해 자신들의 정체성을 드러냈다는 의미다.

다. 보스웰과 마찬가지로 차운시는 게이라 불리는 사람들이 시간, 장소, 사회적 계급에 따라 매우 다양하며 그들의 역사가 나쁜 과거의 날들로부터 해방된 현재로 진보했다는 단순한 설명과 부합하지 않는다는 것을 보여줌으로써 그들의 성적 정체성과 관습들을 역사화하려고 했다. 차운시의 저서가 보여주었듯이 성의 역사는 우리가 당연시했던 범주와 명칭들에 의문을 갖게 한다.

예를 들어 또 다른 역사가들은 적어도 탈선이라고 간주되지 않았던 과거의 격렬했던 동성애 관계를 발굴해내고 있다. 즉 19세기 미국에서 여성 연인들은 서로에게 연애편지를 열정적으로 보냈으며 키스 세례를 퍼부었고 침대에서 꼭 껴안은 채 밤을 보냈다. 1870년경 몰리 할록 푸테Molly Hallock Foote는 자신의 연인 헬레나에게 다음과 같은 편지를 썼다. "나의 사랑하는 연인이여, 내가 당신에게 열두 번 키스했다고 상상해보십시오. 그렇다면 우리가 떨어져 있더라도 당신은 괜찮을 겁니다. 당신은 억제하지 않고 그렇게 표현한 나에게 감사하게 될 거예요."[66] 당대인들은 몰리와 헬레나 같은 여성 연인들 사이의 긴밀하고 열정적인 관계를 흠잡을 데 없는 적절한 관계라고 생각했다. 그러한 유대가 '게이의 역사'라는 범주에 포함되는가? 논문의 저자가 지적했듯이 중요한 것은 이러한 젊은 여성들이 (우리가 무엇을 '성적'인 것으로 간주해야 하는가의 문제를 제기하는) 성적 관계를 가졌는가의 여부가 아니라 여성 연인들이 이러한 장소와 시기에 그렇게 열정적이고 감정적으로 격렬했던 이유 및 이들 주위의 사회가 그러한 관계를 너그럽게 봐주고 격려했던 이유다.[67] 게이와 레즈비언의 역사는 대부분 은폐되고 유동적 정체성에 대한 극단적인 예들을 제시함으로써 과거에 우리가 연구했던 집단들의 정의를 재고하도록 유도한다. 그러한 정체성은 상상력이 가장 넘치고 고집 센 역사가를 제외한 모두에게 파악하기 어려운 정체성이다.

이 장은 역사가들이 연구를 위해 선택한 집단 목록—또 다른 집단도 전부는 아니더라도 이후의 장에서 등장할 것이다—을 모두 나열하려는 것은 아니다. 역사 연구의 목록, 즉 직업집단, 인종, 종교의 다수파와 소수파 등에 단순히 목록을 추가하는 것이 핵심 의도가 아니다. 지금까지의 설명으로 새로운 역사가 집단이 과거와 관련된 주장을 할 때마다 역사의 실천 그 자체와 역사가들이 제기하는 질문이 어떻게 변화되고 갱신되는지를 인식할 수 있었다. 예를 들어 계량화는 보통 사람들의 민주주의적 역사에 대한 강한 헌신으로부터 등장했고 그 한계가 무엇이든지 간에 전통적 정치사의 서술 양식과 첨예하게 결별했다. 다양한 유형의 사회사 덕택에 우리는 권력이 없고 무지한 사람들의 열망과 믿음에 다가가 그들의 행동유형을 해독할 수 있었다. 그러한 과정에서 역사가들은 곡물을 폐기하는 곡물 폭동과 같은 행동을 해석하는 새로운 방식을 찾아내야 했는데, 그러한 행동은 '합리적' 사고로는 이해할 수 없는 것이었다.

남성 노예와 여성 노예들이 수 세대에 걸쳐 자유를 빼앗긴 채 지속적 위협 속에서 살아가면서 스스로를 어떻게 지켜내고 풍요로운 문화를 발전시킬 수 있었는지를 이해하려는 역사가들의 시도 덕분에 미국 노예의 역사는 학계에 완전히 새로운 문제를 제기했다. 문화, 저항, 행동주체에 관한 질문들은 아프리카계 미국인의 역사에만 한정되지 않았다. 여성사 덕택으로 역사가들은 '정상적' 역사라고 간주했던 역사가 실은 남성의 역사였고 남성의 삶으로부터 여성의 삶을 끊어놓기가 불가능하며 사회의 이상과 가치의 모든 표현이 남성성 및 여성성과 관련한 암시적 혹은 명시적 형태를 띤다는 것을 깨달을 수 있었다. 여성사 덕택으로 우리 모두는 묻혀 있었고 틈이 있으며 억압된 과거의 다양한 측면들, 그렇지만 지속적으로 존재했던 그러한 측면들을 볼 수 있었다. 게이의 역사, 더 넓은 차원의 성의 역사로 인해 역사가들과 그들의 독자들은 과거의 애정행각과 정체성을 이해하기 위해 근대적 범주의 부적절함을 인정하지 않을 수 없었다. 간단히 말해 또 다른 부류의 인간집단을 설명하기 위해 역사적 장면의 일부분을 다시 구성할 때마다 전체적 상은 변화한다. 다음 장에서 설명하듯이 역사의 '공간'에 대해서도 같은 말을 할 수 있다. 즉 우리가 과거를 이해하는 방식은 사람을 바라보는 방식뿐만 아니라 공간을 구성하는 방식에도 달려 있다.

2장

어디의 역사인가?

국가사는 어떻게 부자연스럽게 되었는가

———

역사의 '공간'은 기본적으로 국가다. 국가의 틀에서 벗어나려는 시도가 늘고 있지만 '정상적' 역사는 정치·문화·지리적 단위의 차별성을 기반으로 한다. 중고등학교와 대학은 주제별 강좌와 비교사적 주제, 초국가적 주제에 관한 강좌뿐만 아니라 '세계사' 혹은 '지구사' 강좌 수를 확연하게 늘려왔지만 대학의 교수들은 대부분 '미국', '중국', '독일' 역사가로 여전히 분류되고 있다. 이러한 전통에서의 탈피는 현실적이자 논리적인 이유 때문에 매우 어렵다. 멕시코 혹은 남아프리카의 저명한 역사가가 되기 위해 해당 분야의 필수적인 학문 성과, 즉 책과 논문 더미를 자기 것으로 만들어야 할 뿐만 아니라 문서고와 도서관의 정보를 어디서 얻을 수 있는지를 알아야 하며, 하나 혹은 그 이상의 언어를 완벽하게 구사해야 하고, 국내 혹은 국외의 유관 장소에서 많은 시간을 보내야 한다.

예를 들어 미국사 역사가가 브라질 혹은 일본사의 특정 주제에 갑작스러운 호기심을 갖게 됐다고 해서 경력 중간에 전공을 바꾸기로 결정하기란 매우 어렵다. 그러한 결정은 대체로 거의 불가능하다. 새 출발을 위한 비용이 실로 엄청나기 때문이다. 최근까지도 학계의 역사가들이 하나 이상의 국가를 연계하여 다루는 경우는 드물었다.

역사가들은 한 나라의 전문가로서 스스로를 규정하도록 훈련받았고, 대학원생들이 있다면 그들에게도 자신의 전공을 전수할 것이다. 더구나 20세기의 대부분 동안 일부 국가사는 다른 나라의 역사를 압도했다. 어느 정도 규모가 있는 미국의 저명한 역사학과에는 미국사가의 군단과 더불어 영국사, 프랑스사, 독일사 분야의 역사가가 각기 적어도 한 명은 있지만, 남아메리카나 아프리카의 역사는 한 명의 교수가 모두를 가르치기도 한다. 북아메리카와 서유럽 이외의 지역을 연구하는 학자들은 냉전기에 만들어져서 민간재단과 정부기관으로부터 재정적 도움을 받는 학제간 '지역연구'군에 대개 소속되어 있다. 그러한 상황은 동유럽, 인도네시아, 이집트 같은 지역의 역사는 중요하지 않으며 국가의 이해를 위해 채용되어야 할 지역 전문가 집단의 부분이라는 것을 암시했다.[1]

최근까지도 국가 중심의 역사 서술은 전혀 문제없는 상황처럼 보였다. 왜냐하면 대부분의 사람들은 분명한 윤곽을 지닌 특정 대륙의 내부에서 펼쳐지는 상이한 '역사들', 즉 지도에서 쉽게 구별할 수 있는 지역의 역사들, 예를 들면 아프리카 대륙, 육각형의 프랑스, 다이아몬드 모양의 인도, 영국제도의 역사를 상상했고 지금도 여전히 그렇다는 것이다.[2] 그리하여 국가사를 지리적 운명의 성취로 간주하는 것이 상식적일 수 있다는 사고방식이 깊게 뿌리박혀 있다. 그림 퍼즐의 조각들이 순간적으로 그 위치에 나타나기라도 한 것처럼 19세기의 비스마르크가 독일을 통일했듯이 근대 초 일련의 왕들이 프랑스를 통일했다는 생각이 오랫동안 당연시되었다. 동일한 사고방식으로 20세기의 반식민투쟁은 19세기의 식민화된 국가 이전에는 존재하지 않았던 알제리, 인도네시아, 앙골라 같은 나라들을 '해방'시켰다. 이탈리아와 독일의 주민들은 그들이 합쳐지기 이전에 서로가 '흩어져 있었다'고 정말 생각했을까? 미국이 대서양에서 태평양으로 뻗어나가야 한다거나 이탈리아가 허벅지까지 올라오는 장화 모양이 되어야 한다고 누가 선언했는가? 그레이트브리튼으로 불리는 커다란 섬은 부정하기 힘든 국가 단위로 보이지만 18세기 후반에 이르러서야 스코틀랜드와 웨일스를 포함한 그레이트브리튼의 대다수 거주자들이 자신들을 '브리티시'로 생각하기 시작했다.[3]

현재 우리가 당연시하는 국가들과 국가사는 아주 최근의 창조물이다. 오늘날 세계지도 위의 국가들은 대부분 100년 전에는 존재하지 않았다. 이 국가들은 18세기와 19세기의 혁명운동으로 자신들의 국가를 가지게 된 서구의 제국주의자들이 처음에 그린 경계를 기반으로 독립을 확보했다. 19세기 이전 '국가'는 대체로 서구 역사 서술의 주제나 대상이 아니었다. 과거의 기록들은 그리스, 로마, 르네상스 유럽의 도시국가들과 같이 훨씬 작은 단위에 집중하거나 기독교 왕국, 혹은 로마제국과 같이 훨씬 더 큰 단위에 집중했다. 유럽의 역사는 보다 넓은 지역의 이야기가 아니라 총대주교, 교황, 통치자, 그리고 왕조의 운명을 중심으로 짜였다.[4] 이러한 상황은 미국혁명과 프랑스혁명의 시기인 18세기 후반에 변하기 시작했다. 민족적 감정은 대체로 특정 민족 혹은 종교집단에 대한 반대에서 드러나듯이 18세기 이전에도 분명 존재했다. 16세기의 사람들은 스페인 사람들을 혐오했기 때문에 자신들을 네덜란드인으로 여겼고, 18세기의 영국인들은 프랑스인들을 경멸했기 때문에 자신들을 영국인으로 간주했다.[5] 그렇지만 '혁명의 시대'는 민족주의와 민주주의의 결합을 가능케 했다. 이것은 어느 역사가의 말을 따르자면 "국가권력은 넓고 잘 정의된 영토의 경계 안에 살고 있는 '시민집단' 혹은 특정 주민의 집단의지를 대표해야 한다"는 믿음이었다.[6]

19세기에 서구 여러 지역의 주도적인 역사가들은 자신들 국가의 역사가 훌륭한 가치와 이상을 체화한 국민의 출현을 보여준다는 전제를 바탕으로 서술된 민족사의 고전적 저작들을 출간했다. 쥘 미슐레의 《프랑스혁명사》(1853)는 1789년의 대혁명이 프랑스 국민의 핵심인 농민을 중심으로 사람들을 집결시켜 좀 더 완전한 자유와 평등을 향한 특별한 여정의 기초를 놓았다고 주장했다. 토머스 매콜리의 《제임스 2세 즉위 이후의 영국사》(1848)는 영국 국민과 국가를 점진적 개혁을 통해 진보를 성취하는 절제와 중용의 모범으로 제시했다. 조지 밴크로프트가 1850년대에 시작하여 1870년대에 완성한 《미국사》는 자유의 정신에 대한 미국의 헌신, 그리고 신의 섭리에 대한 미국인의 복종을 칭송하는 서술을 통해 민주적·종교적 주제를 결합했다. 그들 국가의 운명은 그 자체로 독특하며 다른 국가들에게는 훌륭한 본보기였다.[7]

19세기 민족주의는 또한 뿌리 깊은 앵글로색슨 정체성이라는 영국의 신화, 아니면 대륙의 보수주의자들이 공유하는 "피와 영토"에 대한 신념과 같은 인종적 가정에 깊이 연루되어 있었다.[8] 그 시기의 인종 이념은 다른 종류의 끈질긴 상상의 지리에도 영향을 미쳤다. 왜 우리는 오늘날 세네갈 혹은 보츠와나 출신의 누군가를 '아프리카인'으로 아무

생각 없이 부르지만 이탈리아 혹은 스위스 출신의 어떤 사람을 유사한 맥락에서 '유럽인'으로 부르지는 않는가? 복수의 역사와 문화를 단일한 대륙의 정체성으로 치환하는 것은 부분적으로 오랫동안 존재했던 서구의 편견과 무지의 영향이다. 그렇지만 그것은 또한 19세기 알렉산더 크럼멜Alexander Crummell이나 듀보이스W.E.B Du Bois 같은 진보적인 미국 흑인들의 범아프리카주의와 네그리튀드négritude라고 불린 20세기 아프리카 중심주의 운동 주창자들의 시도에서 유래했다. 아프리카 중심주의 운동의 주창자들은 아프리카인들 모두가, 예를 들자면 서구의 식민주의 경험으로 인한 생태학 혹은 역사를 공유하기 때문이 아니라 그들 모두가 하나의 인종에 속하기 때문에 공통 운명을 공유한다고 주장한다.[9] 아프리카계 미국인과 아프리카 지식인 같은 인종적 자부심의 다양한 요소들이 아프리카를 하나의 단위로 받아들이게 하고, 그 결과 아프리카의 광대한 언어적·종교적·문화적 차이를 모호하게 하는 데 기여했다.

유럽의 사정을 말하자면 19세기 후반, 역사가 전문 분야로 조직된 방식으로 인해 민족과 민족주의 전문가의 성장은 더욱 강화되었다. 1870년대 이후 성장하고 융성한 대학들은 유럽 대륙의 대부분의 나라에서 국가 기구였다. 영국과 미국의 고등교육기관 중 유명한 사립학교들은 다른 방식으로 정부와 이해가 일치했는데, 교수들은 소수의 상층 정치가 집단의 일원이었기 때문이다. 필연적이지는 않더라도 '전문' 역사가들의 1세대가 자신들의 국가의 역사에 집중하고 대체로 찬양하는 것은 자연스러운 결과였다.[10]

물론 대부분의 역사책들은 한 국가의 과거를 전반적으로 다루지는 않는다. 대부분의 책들은 한 사람이나 집단, 마을, 사건과 같이 특정한 주제를 집중적으로 다룬다. 전문 역사가들이 감당할 수 있는 범위와 심층적 연구가 가능한 규모는 지역이다. 매춘, 노동분쟁, 종교의식, 소비문화, 혹은 전쟁의 영향과 관련하여 중요한 무언가를 말하기 위한 가장 최선의 방법은 보통 특정 지역에 집중하는 것이다. 예를 들어 레노어 다비도프Lenore Davidoff와 캐서린 홀Catherine Hall이 쓴 이 분야의 고전으로 간주되는 《가족의 재산: 영국 중산계급의 남성과 여성, 1780-1850》(1987)은 다음과 같이 시작한다. "《가족의 재산》은 18세기 말부터 19세기 중반까지 영국 중산계급의 이념, 제도, 관행에 대한 책이다."[11] 사실상 이 책은 특정한 장소, 즉 산업도시 버밍엄과 그곳에 인접한 농촌의 소도시 에식스와 서퍽에 집중한다. 그렇지만 두 저자는 책의 결론을 '영국' 전체에 적용한다. 복음적 프로테스탄티즘의 실천에 기반을 둔 중산계급이 귀족과 노동계급 모두에 대해 도덕적 우월성을 주장했고, 여성들은 이러한 과정의 중심에 있었으며, 그들의 종교 중심의 문화가 "남성과 여성 사이의 관계뿐만 아니라 영국 국민 일부의 정체성을 규정하는 데 지속적인 영향을 미쳤다"는 것이 그들의 주장이다.[12]

《가족의 재산》은 대다수 역사학계 관행의 중심에 있는 역설, 즉 깊이 있는 연구를 위해서 강조점은 지역에 있어야 하지만 그 연구가 진지하게 받아들여지려면 질문과 주장은 국가적 차원이어야 한다는 역설의 한 예시일 뿐이며 수천 개 이상의 예시를 어렵지 않게 제시할 수도 있다.[13] 역사가는 켄터키, 치아파스, 후베이성을 연구할 수 있지만 그러한 행위는 미국, 멕시코, 중국을 연구하는 전문 역사가들과 대화를 시작한 것이기도 하다. 석사논문과 박사논문을 쓰는 대학원생, 심지어 보고서를 쓰는 학부 학생들에게까지도 지도교수는 통상적으로 그들의 연구가 근본적 문제와 관련한 논의에 어떻게 기여할 수 있는지를 설명하라고 요구하면서 그들을 괴롭힌다. 그리고 그러한 문제는 거의 언제나 국가 차원의 문제다.

국가적 사건과 국가의 운명에 관련한 이야기로서 역사 쓰기—사실 역사가들 전반이 그러고 있지만—를 그만두어야 하는 이유는 무엇인가? 근본적으로 두 가지 측면에서 거기에 답할 수 있다. 첫째, 수십 년에 걸친 중첩적 학문 발전으로 학자들은 민족국가라는 개념 자체가 최근에 만들어진 인공적인 것이며, 취약하고 문화적으로도 제한적인 개념이라고 강조하게 되었다. 둘째, 최근에 학자들은, 특히 역사가들은 민족의 범주에 갇혀 있지 않을 때 무시되지도 않고 왜곡되지도 않은 과거의 다양한 측면들을 점점 더 인식하게 되었다. 앞 장에서 보았듯이 과거의 다양한 종류의 사람들을 보게 될 때 역사 연구의 본질은 뚜렷하게 변화한다. 마찬가지로 공간을 어떻게 조형하는가에 따라 질문과 대답도 뚜렷하게 변화한다.

1세기 전에 민족주의는 최고조에 달했다. 국제외교상의 불분명한 이유로 1914년 유럽 전역에서 전쟁이 발발하자 각 나라의 정당들은 서로의 차이를 제쳐놓았고 병사들은 희미한 애국적 열정을 가지고 진군했다. 동료 유럽인들의 학살 필요성, 혹은 전장에서 맞는 죽음의 영광에 대해 의심하는 사람은 거의 없었다. 그 이후의 다면적이고 중층적인 역사 발전으로 인해 의심할 바 없던 그러한 민족주의적 열정은 과거의 유물이 되어갔다. 지난 세기의 2차 세계대전과 같은 도덕적으로 방어적인 모든 전쟁과, 1차 세계대전부터 베트남, 아프가니스탄, 이라크의 전쟁에 이르는 더 많은 전쟁으로 인해 사람들은 '민족의 이해'라는 이름으로 그렇게 많은 사람들이 희생되어야 하는지에 대해 의문을 가지게 되었다. 전형적으로 '선한 전쟁'조차도 히로시마와 나가사키의 공포를 가져왔다. 극단적 민족주의는 스페인, 이탈리아, 일본, 그리고 특히 독일의 지독하게 억압적인 체제와의 연관 때문에 20세기 중반에 오명을 썼다. 그리고 그 이후 수십 년에 걸쳐 서구의 비판가들은 민족과 민족주의의 기본 개념이 피식민 민중에게 인공적으로 강요된 구미歐美의 발명품이라고 지적하기 시작했다. 민족주의적 기획에 대한 비판이 거세지는 가운데 많은 사람들, 특히 청년들은 한때 민족정신과 연관되어 있던 유엔 혹은 국제사법재판소 같은 국제기구, 특히 국제사면위원회와 국경없는의사회 같은 비정부 조직에서 이타적 이상주의를 추구했다. 마지막으로 최근에 저렴해진 항공여행과 통신망, 특히 인터넷 덕분에 국가의 경계는 특히 역사를 읽고 쓰고 가르치고 배우는 사람들 사이에서 점점 더 빠른 속도로 무너지고 있다.

현실 세계의 이러한 사태 진전은 민족성의 '부자연성', 즉 인간 공동체에 대한 이러한 특정 방식의 인식이 생성되는 경로와 그 원인을 고찰함으로써 그것의 인위성을 드러내려는 학자들에 의해 학계에 반영되고 있다. 이러한 접근방식을 촉발하고 여전히 큰 영향을 미치는 책이 정치학자 베네딕트 앤더슨의 《상상의 공동체: 민족주의의 기원과 전파에 대한 성찰》(1983)이다.[14] 대다수의 사람이 '민족'을 자연적이고 필수적인 단위라고 생각하고 있을 때 앤더슨은 매우 다른 정의를 제안했다. 즉 민족은 "상상의 정치 공동체, 본래부터 제한적인 공동체이자 주권자로서 상상된 공동체"라는 것이다. 그의 주장에 따르면 민족은 상상의 산물에 불과한데 교구, 마을, 도시국가와 달리 민족은 결코 만난 적이 없는 사람들이 절대다수를 구성하기 때문이다. 즉 민족은 '실제 저기에' 존재하는 것이 아니라 사람들의 머릿속에만 존재할 뿐이다. 제국 혹은 종교와 같이 잠재적으로 보편적인 실체와 달리 민족은 다른 국가와 구별되는 명확한 물리적 경계를 가지기 때문에 **제한적** 공동체로 상상된다. 민족은 "신 아래 하나의 민족을 분할할 수 없듯이" 그 어떤 초민족적 실체로부터 독립된 **주권자**로서 상상된다. 또한 민족은 감정적 유대와 믿음으로 결속된 사람들의 수평적 '형제집단', 즉 **공동체**로 상상되었다. 이러한 믿음과 결속이 너무 확고하여 남성들—시민은 오직 남성만을 의미한다고 오랫동안 상상되었다—은 민족을 위해 기꺼이 싸울 수도 있고 죽을 수도 있다.[15] 민족주의는 본능적이고 이상적일 수도 있지만 그것은 전국적 규모의 일간신문을 우리에게 제공한 '인쇄 자본주의'와 같은 18세기와 19세기의 기술 및 상업의 발전으로부터 성장했다고 앤더슨은 주장한다. 동일한 정보를 같은 날, 그들만의 언어로 소비하는 독자들은 다른 사람들의 존재를 지속적으로 인식하게 된다. 반면 독자들은 시간과 장소에 속박된 의식에 의해 가상적으로 연결되어 있다.[16] 19세기 서구에서 신앙은 개개인에게 강력한 지침이자 위안이었지만 좀 더 광범위한 세상의 역사적 힘을 설명하는 방식이던 종교가 쇠퇴하자 특별하고 구원의 운명을 지닌 '민족'에 대한 소속감이 하잘것없는 개인의 운명을 더 거대한 목표에 연결하는 방식, 즉 "죽은 자들과 아직 태어나지 않은 자들의 연결을 창조"하는 방식으로 떠올랐다.[17]

앤더슨 이후의 학자들은 근대 민족이 자연적이지도 않고 초시간적이지도 않다고 강조해왔지만 그들은 또한 민족은 실체적 효과를 초래하는 구체적 형태를 띤다고 인정한다. 상상의 공동체는 관료제, 군대, 학교, 법률, 경찰, 인구조사, 여권 등을, 즉 간단히 말해 수백만 명의 실제 생활에 때로는 비극적으로 영향을 미치는 지시와 통제의 다양한 형태를 산출한다.

앤더슨의 책이 출간되었을 무렵에 역사가들은 역사적 뿌리가 깊다는 근대 민족이라는 허구가 어떻게 다양한 방식으로 구성되어왔는지에 관심을 갖기 시작했다.[18] 유럽과 미국에서 국가 귀속의 핵심 상징물들—국기, 수도, 국가, 기념탑, 기념일—은 19세기의 4/4분기부터 유래했다. 프랑스에서 바스티유의 날은 1880년 이전에는 국가 공휴일이 아니었고, 영국 왕실의 기념식은 빅토리아 여왕 때부터 시작되었다. 그리고 암송할 때마다 논쟁을 일으키는 미국의 충성 서약은 1892년부터 시작되었고, 연방 차원의 승인은 1942년에 이르러서야 가능했다. 공화국 체제만이 뿌리 깊은 전통이라는 환상을 조작했던 유일한 체제는 아니었다. 민족적 '전통'에 대한 가장 창조적인 설계자는 영국인들이었다. 그들은 빅토리아 여왕 통치기의 후반부에 왕실의 행사와 의복을 먼 과거로부터 이어져온 관습으로 신속하게 새기기 위해 조작과 선전활동을 시작했다. 왕실의 결혼식, 대관식, 즉위기념식, 장례식, 의회 개원, 말이 끄는 마차, 선명한 왕실의 상징 등은 모두 2세기 전의 영국인들에게는 알려지지 않은 것들이었다.[19] (그렇지만 영국 제도에서 '전통 발명'의 가장 뛰어난 사례는 1세기 전에 발생했다. 1760년대에 스코틀랜드의 과거를 흠모했던 영국의 기업인까지 포함한 일부 사람들은 킬트*, 격자무늬의 모직물을 조합한 모든 의복을 스코틀랜드의 고지대 전통으로 만들어냈고 완전히 조작된 오시안Ossian**이라고 불리는 켈트족의 서정시인도 만들어냈다.[20] 서구의 발전에 고무된 일본의 정치 엘리트들이 국가의 화신으로서 '수 세기에 걸친' 천황 숭배를 고안한 것 또한 19세기 말이었다. 1889년 천황의 궁전 건설, 천황을 중심으로 하는 수많은 기념식 제정, 신민들에게 천황을 노출시키는 황실 여행 등이 그것이다. 메이지 시기 이전 보통 사람들에게 천황에 대한 인식은 모호하거나 존재하지도 않았고, 정치 혹은 민족의식과는 거의 관계없는 민속신앙을 벗어나지 못했다.[21]

민족은 따라서 그것이 갖는 정치적·문화적·심리적 영향 때문에 역사가, 정치가, 그리고 그 밖의 사람들이 시간을 초월하여 깊은 역사적 기원을 갖는다는 환상을 창조해낸 비교적 최근의 역사적 산물이다. 민족의 창조는 국내뿐만 아니라 국제적 상황 전개로부터 유래했다. 근대 민족주의의 가장 이른 형태는 영국과 스페인의 식민본국에 대한 북·남아메리카의 저항에서 형성되었고, 가장 최근의 형태는 20세기 아프리카와 동남아시아에서 외국 식민주의자들에 대한 모방과 부정이라는 복잡한 역학의 일부분으로 형성되었다.[22] 이처럼 근대 민족주의가 비교적 최근의 산물인데도 민족의 정체성은 사람들의 자의식에 큰 부분을 차지해왔다. 그리하여 역사가들은 사람들이 스스로를 어떻게 '한국인', '아일랜드인', '오스트리아인'으로 간주하게 되었고 그러한 정체성의 특정한 요소가 시간에 따라 어떻게 변화했는지를 조사하는 데 오랫동안 관심을 기울여왔다.

---

* 스코틀랜드의 전통의상으로 남성들이 입는 스커트형 하의.
** 켈트 전설에 등장하는 전사 겸 음유시인.

개인에게와 마찬가지로 공동체에게 무엇을 할지를 선택하는 것(행동 주체)은 스스로를 누구로 생각하는지(정체성)와 분리될 수 없다. 후자는 결국 개인과 집단의 과거 기억에 대한 선택과 관리에 달려 있다. 인지 심리학자들이 상기시켜주듯이 '기억하는 행위'는 과거에 대한 우리의 생각뿐만 아니라 미래에 대한 우리의 전망과도 연관이 있는 불안정한 과정이다.[23] 1980년대부터 역사가들이 근대 민족을 '상상의 공동체'로 바라보기 시작했을 때 역사에서 기억에 집중하는 새로운 연구 분야가 등장했다. 이 분야는 특히 근대국가의 지도자와 국민들이 그들의 집단적 과거에서 기억의 요소뿐만 아니라 망각의 요소를 최종적으로 선택한 방식에 주목했다. 19세기 프랑스의 작가 르낭 Joseph-Ernest Renan의 유명한 말이 있다. "구성원 개개인이 공통적으로 많은 것을 공유했다는 것뿐만 아니라 많은 것을 망각해왔다는 것이 민족의 본질이다."[24]

대부분의 근대 민족은 부정과 기념의 동시적 과정을 통해 탄생했다. 예를 들어 1789년 프랑스 혁명가들은 자신들이 멀리한 과거를 신속하게 '앙시앵레짐(구체제)'으로 부르기 시작했고, 1792년을 공화국 1년으로 채택한 새로운 달력을 도입했다. 프랑스혁명의 지도자들은 한 역사가가 '신화적 현재'라고 부른 것을 기념하기 위한 대규모 축제를 조직함으로써 과거를 제거했다. 즉 바스티유 함락 1주년을 기념하여 프랑스 전역에서 수백만 명이 새로운 질서를 알리는 많은 기념식 중 첫 번째였던 대대적인 '우애의 축제'에 모였다.[25] 아메리카, 아프리카, 아시아의 많은 나라들이 이후에 그러했듯이 미국은 식민지배의 부정으로부터 탄생했다. 역사가들은 혁명적 기원을 축하하기 위한 기념물, 즉 불꽃놀이, 연설, 군사 퍼레이드 등을 민족의 정체성을 구성하고 강화하는 가장 명백한 표현이라고 보고 관심을 기울여왔다. 그렇지만 민족의 기억에 관한 대부분의 역사는 국가가 전쟁의 기억을 조직하는 방식에 쏠려 있었다. 끔찍한 전쟁 이후 무엇이, 어떻게 기억되어야 하며, 그 이유는 무엇인가?

20세기 이전 전쟁의 영웅담은 역사, 그림, 태피스트리, 조각 등을 통해 지배자와 사령관의 업적을 칭송했다. 즉 군대가 힘겹게 진격하기도 전에 시체 매장지에 던져진 무명의 병졸들이 아니라 전쟁에서 '승리'한 알렉산드로스 대왕, 메흐메드 2세, 혹은 프리드리히 대제를 칭송했다. 20세기 이전에도 혼란한 상황, 즉 1819년 피털루 학살*의 영국인 시위대, 1830년 혁명에서 사망한 파리 시민과 같이 신분이 낮은 사람들을 때때로 기억하려고 했지만 1차 세계대전(1914~1918)이 국가 기억의 민주화에 있어서 분수령이었다. 최초로 유럽과 아메리카의 정부들은 전투에서 사망한 수십만 명의 평범한 병사들의 이름을 기록하고 그들의 신원을 확인하기 시작했다. 이미 1916년에 영국 정부는 전사자들의 시체를 수습하여 안장하기 시작했다. 그리고 전쟁이 끝나자마자 핵심 전장에 거대한 묘지와 전사자들의 이름을 새긴 기념물을 세웠다. 프랑스는 수백 곳의 마을 중심 광장에 섬뜩한 얼굴의 참호 전사의 조각상을 세웠는데 그 대좌에는 마을 전사자들의 이름을 새겼다. 학살당한 사람들을 추모하기 위해 정부는 '무명 병사'의 묘를 만들고 엄숙하게 경의를 표했다.[26] 1차 세계대전에서부터 베트남전쟁, 그리고 그 이후의 전쟁을 기억하는 최근의 실천 방식은 따라서 민주주의와 민족주의의 연

---

* 나폴레옹 전쟁 이후 임금 하락과 식량 가격 상승에 항의하는 맨체스터시 베드로광장에 모인 노동자들을 영국 기병대가 진압하는 과정에서 다수의 희생자가 발생한 사건.

결을 확인해준다. 즉 엄청난 전사자들의 수, 메냉 게이트Menin Gate* 혹은 베트남전쟁 추모비에서 마주하는 이름들은 전장에서 '평범한 영웅들'의 목적 지향적 집단희생이 국가 생존의 궁극적 증거임을 분명하게 보여준다.

민족은 따라서 기억하기로 선택된 것들과 그것을 기억하는 방식에 의해 존재한다. 그러나 민족 만들기와 민족의 형성은 또한 르낭이 지적했듯이 집단망각의 형태를 대개 포함하는데 깊은 외상을 남기는 분열적 사건 이후에 특히 그러하다. 예를 들어 미국 남북전쟁을 보자. 전쟁 종결 이후 미국은 국가를 분열시킨 싸움에서 사망한 약 62만 병사의 죽음을 어떻게 이해하게 되었는가? 그렇게 심한 분열을 초래한 학살을 기념하는 것이 어떻게 가능하겠는가? 데이비드 블라이트David Blight가 《인종과 재결합》이라는 기념비적 저서에서 주장했듯이 남과 북은 싸움의 원인, 즉 노예제와 그 결과인 흑인해방을 편리하게 '망각'함으로써 전쟁 이후 재결합했다. 종전 후 수십 년 동안 '화해'라는 주제는 사망한 '남'과 '북' 병사들 사이의 공통점을 강조하는 '추모의 날'과 새로 제정된 현충일 같은 공식 기념식을 지배했다. 시인, 정치가, 참전군인들은 북군과 남군의 유사성을 강조했다. 남과 북의 군인들은 자신들이 정당한 대의라고 믿는 것을 위해 용감하게 목숨을 바친 사람들로 평가되었다. 반면에 남북전쟁에 대한 백인 지상주의자의 해석, 즉 그리피스D.W.Griffith의 영화 〈국가의 탄생〉(1915)은 그것을 표현한 가장 유명한 작품인데, 그에 따르면 흑인들이 '아리안' 형제들 사이에 끼어들

---

* 1차 세계대전에서 전사했지만 신원과 그 유해를 찾지 못한 영국과 영연방의 병사들을 추모하기 위해 벨기에 이프레스에 세운 전쟁 기념물.

고 그들의 여성들을 위협했기 때문에 전쟁이 발발한 것이었다. 우드로 월슨 대통령뿐만 아니라 5만 명 이상의 참전병사가 참석한 1913년 7월 초 게티스버그 전투 50주년 기념식에서 노예제와 해방에 관한 언급은 전혀 없었고, 특히 흑인 참전병사는 기념식에 초대받지 못했다. 아프리카계 미국인의 시민권과 정치적 권리는 "재결합이라는 제단 위의 제물"이 되었다는 것이 블라이트의 결론이다.[27]

2차 세계대전 이후의 프랑스에서도 재결합과 화해는 뜨거운 이슈였다. 1940년 프랑스가 점령된 이후 독일의 지원 아래 페탱 장군은 비시를 근거지로 삼아 프랑스를 통치했다. 반면에 샤를 드골 장군은 런던으로 망명하여 자신을 자유프랑스의 수반으로 선언했다. 1941~1945년 '어둠의 시기'는 타협과 배반의 혼란기였다. 즉 프랑스 관리들이 나치에 의해 대다수가 살해된 7만 7000명가량의 유대인을 프랑스에서 추방하는 데 적극적으로 가담하고, 어떤 경우에는 주도했다는 것이 가장 치욕적이었다. 프랑스 국민의 일부는 때로는 뒤늦은 감도 있었지만 다수의 반독일 저항단체에 참여했다. 프랑스 수복 이후 저항군들은 부역자 혹은 그러한 의심이 드는 사람들을 철저히 응징했다. 1950년대 권좌에 오른 드골과 그의 참모진들은 비시 정부가 대중적 지지를 받지 못했고 다수의 프랑스인들은 저항군에 가담하거나 그들을 지지했다는 바로 얼마 전의 과거에 대한 서사narrative를 확산시켜 프랑스를 단결시켰다. 새로운 지도부는 자유프랑스 저항군의 지도자 장 물랭에 대한 숭배를 의도적으로 조직했다. 즉 독일에 의해 고문받고 처형당한 물랭은 전쟁 기간의 대표적 인물이 되었다. 독일군이 1944년 600명 이상을 학살했던 중부 프랑스의 오라두르쉬르글란은 이미 1946년부터 순례지가 되었고 방화로 폐허가 된 장소들도 방문객들을 위해 세심하게 보존된 반면, 프랑스 관리들이 수백 명의 유대인 어린이들을 사지로 보내는 데 조력했다는 것을 인정하기까지는 수십 년이 걸렸다.[28] 미국 남북전쟁의 경우에서와 같이 국민적 통합은 독일군에 대한 프랑스인들의 적극적인 협력과 홀로코스트에서 프랑스인의 역할과 관련한 의도적 망각으로 가능했다.[29] 미국과 프랑스 두 곳 모두에서 민족 정체성의 구축을 연구하는 역사가들은 지도자와 국민이 이야기와 기념행위를 만들어내는 방식을 통해 어떤 기억들은 소중히 간직하고 어떤 기억들은 때때로 주민 전체를 희생해서라도 묻어버리려 한다는 것을 밝혀냈다.

상상의 공동체로서의 민족, '전통의 발명', '민족의 기억'의 형성과 조작—이러한 연구 방식으로 인해 역사가들은 민족의 정체성이 특별나게 뿌리가 깊지 않으며 불가피하거나 영원하지도 않다는 주장에 동조하는 연구와 저술을 내놓고 있다. 대다수의 역사가들이 일본, 독일, 혹은 브라질 같은 실체들에 계속해서 집중한다 하더라도 민족의 '문화적 구성'에 대한 수십 년의 연구로 인해 한때 자명해 보였던 역사와 민족의 상황 사이의 연결은 훨씬 더 지적인 회의주의의 대상이 되었다. 민족의 비자연성과 더불어 인류의 과거와 관련한 다양한 측면들, 그리고 그중에서도 특히 중요한 측면들이 민족이라는 범위 안에서 단순하게 연구될 수 없다는 자각이 점차 늘고 있다.

해양, 삼각무역, 국경

국경뿐만 아니라 대륙의 분리를 초월하는 아마도 가장 잘 알려진 역사적 사례는 대서양 노예무역의 역사다. 16세기부터 19세기까지의 노예무역은 약 1100만 명의 아프리카인들을(이주민들의 정확한 숫자에 대해서는 이견이 있지만 이주민의 단위에 대해서는 그렇지 않다) 그들의 고향에서 아메리카로 강제이주시켰다. 삼각무역은 도덕적으로 비난받아야 마땅하지만 대체로 18세기에만 발생한 유럽 근대 초기 역사의 주변적 특성으로 오랫동안 간주되었다. 영국과 프랑스의 상인들은 '자질구레한 장신구'를 아프리카의 순진한 추장들에게 주고 노예를 구입했다. 이들 노예들을 식민지의 생산품과 교환한 후 그들은 자신과 조국을 부유하게 만들기 위해 돌아갔다. 지금까지 수십 년 동안 역사가들은 그러한 단순하고 유럽 중심적인 이야기에서 벗어나 대서양 노예무역이 논쟁적 기원과 광범위한 결과를 가져온 장기간의 심원하고 복잡한 다원적 역사임을 보여주는 데까지 나아갔다. 즉 이 역사는 세계의 어느 한 부분에 대한 연구를 통해서도 가능하지만 그것의 궁극적 설명을 위해서는 다양한 인구, 경제, 문화에 대한 지식을 필요로 한다는 것이었다.[30] 아프리카인들을 생포하여 노예로 만드는 과정은 적어도 16세기부터 시작되었다. 이때 포르투갈인들은 아프리카인들을 아조레스제도, 카나리아제도, 베르데곶 같은 대서양 지역의 사탕수수 플랜테이션에 노동자로 보냈다. 노예무역에는 서유럽의 모든 나라, 즉 포르투갈, 스페인, 프랑스, 네덜란드, 영국이 주도적으로 관여했다. 또한 노예무역은 미국사 연구자에게 익숙한 일종의 플랜테이션 노예제뿐만 아니라 멕시코와 브라질의 금, 은, 다이아몬드 광산에서부터 뉴잉글랜드의 가내 노동에서 볼 수 있는 강제노동을 초래했다.

대서양 노예무역에 관한 설명은 ("아프리카인들은 노예의 운명을 타고났다", "노예무역업자들은 사악한 인종주의자다" 같은) 평이한 가정을 제거하고 어떤 질문이 세 대륙의 경제와 문화에 관한 심오한 지식을 필요로 하는 대답을 이끌어낼지를 검토한다. 유럽인은 왜 매우 가난한 사람들을 자신들의 문화권에서 단지 추방하지 않았을까? 왜 그들은 아메리카 원주민들을 노예로 만들지 않았는가? 그리고 가장 논쟁적인 질문으로, 아프리카인들은 노예시장을 위해 자기 고향 사람들을 생포하는 데 어느 정도로 적극적이었으며 그들이 그러한 거래에 기꺼이 가담한 이유는 무엇인가? 이러한 질문과 그 밖의 질문들에 답하기 위해서는 긴 주제 목록에서 아주 일부분만 언급하자면 유럽의 인구통계와 노동시장, 정복 이전 라틴아메리카의 토지 소유와 정치구조, 의생태학, 아프리카의 전쟁사, 전근대 유럽에서의 종교적 · 인종적 '타자'에 대한 태도와 상업기구 등에 대한 지식을 알아야 한다. 이러한 광범위한 역사의 원인이 한 국가 혹은 대륙의 범위마저 초월하듯이 그 결과 또한 마찬가지다. 다수의 아프리카인들이 신세계와 아프리카 모두에서 기독교를 수용한 이유를 이해하려면 아프리카와 유럽 모두의 종교적 전통에 대한 심오한 이해를 필요로 한다. 공통점(두 곳 모두에서 전통은 계시의 해석을 중심으로 만들어졌다)과 차이점(아프리카의 영적 생활은 유럽에 비해 엄격한 교리에 덜 민감했고 외부적 영향에 더 개방적이었다) 모두가 중요했다.[31]

아이티에서 1791년 8월에 발발한 대규모의 노예반란과 그 귀결인 아이티혁명을 이해하기 위해서는 부두교* 및 산테리아**와 같은 아프리카의 신앙적 전통, 그곳 사탕수수 플랜테이션에서의 사회관계와 작업, 프랑스혁명의 정치사에 대한 지식이 필요하다.[32] 간단히 말해 서반구의 많은 곳에 여전히 영향을 미치고 있는 수 세기 동안의 대서양 노예무역은 국가사라는 익숙한 틀을 초월한 인류 과거에 대한 하나의 이야기다.

대륙 대신에 해양을 역사 연구의 중심에 놓을 때 무슨 일이 발생하는가? 대서양 노예무역에 관한 연구는 국가 혹은 대륙 대신에 해양 공간에 집중하여 분명히 점점 더 인기를 끌고 있는 연구 분야일 것이다. 매우 오랜 기간 동안 서구 고대 연구의 배경이었던 지중해의 역사가 해양사 연구의 표본이었지만 최근 수십 년 동안 대서양, 태평양, 인도양의 역사에서도 붐이 일었다.[33] 이러한 '해양' 역사에 대한 근래의 인기는 전통과 정체보다는 20세기 말과 21세기 초의 관심사인 문화적 접촉과 혼종성, 그리고 상업, 이주, 여행과 같은 인간의 움직임에 대한 강한 호기심을 반영한다.

예를 들어 대서양 역사의 연구자들은 이 용어가 상이한 질문과 접근방식의 측면에서 매우 광범위하다는 것을 인정한다.[34] 그 용어에도 불구하고 대서양의 역사는 대서양 그 자체를 거의 다루지 않는다. 즉 일부 역사가들은 해류, 무역풍, 라인·아마존·세인트로렌스·미시시피 같은 지류가 대서양 역사를 형성해왔다고 지적하지만 그 외 역사가들

---

* 서아프리카에서 스페인의 식민지로 건너온 노예의 자손들이 가톨릭과 연계하여 발전시킨 혼합적 성격의 종교로 쿠바에서 탄생했다.
** 로마가톨릭의 제의적 요소와 아프리카 민족들의 신학적 요소, 주술적 요소가 혼합되어 아이티 등지에서 널리 퍼져 있는 민간 신앙.

은 북대서양과 남대서양 간의 기후 차이가 상이한 두 자연세계의 특성을 규정한다고 반박한다.[35] 어쨌든 '대서양'은 대륙 기반의 국가와 동일한 정도로 문화적 구성물이다. 즉 대서양은 항해에 나선 유럽인들이 해도를 그리기 시작하면서 단일한 해양으로서의 정체성을 가지게 되었다. 대서양의 역사는 가장 직접적인 의미에서 해양 위에서의 삶의 역사로 간주될 수도 있는데, 이와 관련된 대부분은 여러 해에 걸쳐 아주 훌륭하게 기록으로 남아 있다. 즉 상인, 탐험가, 선원, 해적과 범죄자의 역사, 해전사, 그리고 아프리카 서해안과 서인도제도 사이의 악명 높은 '중간 항로'에서의 비극적인 노예들의 시련의 역사. 대서양의 역사 안으로 들어온 이러한 모든 주제는 좀 더 일반적으로 해양사로 알려진 고전 목록의 밑거름이었다.[36]

더 광범위하게 수용되는 의미에서 대서양의 역사는 바다 위에서의 이러한 경험보다는 아프리카 노예들의 이송, 북·남아메리카를 향한 유럽인들의 이주, 유럽과 아메리카 사이의 상품 이동, 경제의 연동, 사상·문화 교환 등과 같이 대서양의 광대한 공간을 넘어서는 주민들 간의 상호작용에 더 관심을 기울인다. 이 분야에서는 간혹 냉전기의 이데올로기에 기원한 비판 혹은 우려가 제기되기도 했다. 즉 1945년 미국역사학회 회장 칼턴 헤이스Carleton Hayes는 현재 갓 태어난 '서구 문명의 내해'가 공산진영으로부터 위협받고 있기 때문에 역사가들이 한때 지중해에 집중했던 것처럼 대서양에, 특히 영국-미국의 관계망에 집중할 것을 호소하는 유명한 연설을 했다.[37]

콜럼버스를 비롯한 여러 인물들이 신세계라 불리는 어떤 것을 '발견했다'는 인식에서는 벗어났는지 모르지만 대서양의 역사에서 처음부터 있었던 유럽 중심주의는 부정할 수 없다. 즉 대서양의 역사는 대개 15세기 서쪽으로 항해를 떠난 포르투갈과 스페인의 선원에서 시작하여 '대서양 혁명'의 시대에 정점에 올랐다가 19세기의 더 광범위한 세계체제의 성장과 더불어 소멸했다는 것이다. 어느 연구자가 지적했듯이 르네상스기의 탐험은 신세계의 발견이 아니라 "두 구세계를 변화시키고 그 두 세계를 하나의 신세계로 통합시킨, 갑작스럽고 가혹한 만남"의 발단이었다.[38] 지금까지 여러 해 동안, 특히 1972년 앨프리드 크로스비Alfred Crosby의 고전 《콜럼버스의 교환》이 출간된 이후 대서양은 전 지구적 영향을 미치는 (적어도) 양방향의 무대로 당연하게 간주되어 왔다. 유럽인들과 함께 소, 말, 양 등의 가축도 아메리카로 건너왔지만 치명적인 천연두도 건너왔다. 유럽인들은 자신들의 조국에 축복과 저주의 의미 모두가 깃든 산물들, 즉 감자, 콩, 옥수수, 카사바, 카카오뿐만 아니라 매독도 가지고 돌아갔다.[39] 이러한 교환의 대차대조표를 만드는 것은 거의 불가능하다. 수백만 아메리카 원주민들을 죽음으로 몰아간 천연두를, 모든 대륙에 전파된 다양한 가축과 작물에서 얻은 혜택과 어떻게 비교한단 말인가? 그렇지만 아메리카와 유럽 모두 완전히 변화된 각각 생태계의 상호침투로부터 출현했다는 것은 부정할 수 없다. '콜럼버스의 교환'은 해양의 역사라는 파노라마식의 탈국가적 시각이 없었더라면 알려지지 않았을지도 모를 인류 과거에 대한 중요한 이야기를 밝혀준 고전적 사례다.

그렇다고 해서 모든 해양사가 거대한 규모의 이야기를 해야만 한다는 의미는 아니다. 많은 경우에 역사가들은 특정 지역을 해명하기 위해 대륙 간 이동과 같은 더 넓은 틀을 사용해왔다. 2004년에 나온 두 책은 대서양 어느 한쪽 대륙에 대한 이러한 접근방식을 보충하는 예를 제공한다. 에이프릴 햇필드April Hatfield의 《대서양 버지니아》는 17세기 버지니아 거주민들이 포우하탄 동맹의 원주민들로부터 교역로를 배우는 한편 카리브해 지역, 특히 바베이도스의 노예 소유 형태를 변화시켜나간 방식들을 기술하고 있다. 이주자 집단을 통해 버지니아의 여러 지역이 프랑스, 스페인, 카리브해 영국 식민지와 연결되어 있음을 보여준 것이다. 후안 하비에르 페스카도르Juan Javier Pescador가 《바스크 촌락 내부의 신세계》에서 보여주었듯이, 라틴아메리카에서 새로운 부를 가지고 대서양을 건넌 이주민들은 일부 이주민들이 지역의 관계망보다는 제국의 관계망에 더 많이 의존하게 되면서 바스크의 소도시 도노스티아의 사회구조와 문화전통을 손상시켰다.[40] 영국의 식민주의자들에게 나무에서 송진을 채취하는 방법을 가르쳐주었던 프랑스의 프로테스탄트 망명자들, 혹은 고급 모피에 대한 유럽인들의 욕망이 비버댐의 소멸을 초래한 사례 등의 북아메리카의 환경사 덕분에 우리는 장거리 이주와 상업이 코네티컷 리버밸리와 같은 지역의 독특한 자연환경을 어떻게 변화시켰는지를 이해하게 되었다.[41]

대서양의 역사는 심지어 개별적 전기의 형식을 취할 수도 있다. 국가를 초월한 세계사를 향한 최근 경향의 부정적 측면 중의 하나는 더 거대한 규모를 우선시함으로써 소집단과 개인의 운명을 부각시키기 어렵게 만든다는 점이다. 역사가들은 예를 들자면 국경과 심지어 바다를 건너 이주한 개인들을 추적함으로써 광범위한 영역의 공간을 보통 사람의 이야기와 결합시키는 방법을 최근까지 모색해왔다.[42] 예를 들어 제임스 스위트James H. Sweet의 최근 저서는 도밍고스 알바레스Domingos

Alvares의 이야기를 전한다. 그는 아프리카에서 브라질로 이송된 노예로 그곳 북쪽의 플랜테이션에서 일했다. 그는 리우데자네이루의 또 다른 주인에게 팔렸다가 마지막에는 해방되었지만 종교재판에 회부되었다. 가톨릭 재판관에 의해 포르투갈로 보내진 그는 그곳에서 고문을 당하고 거의 죽을 뻔했지만 결국 이베리아의 농촌 지역으로 사라졌다. 그와 비슷한 경험을 한 사람들이 수백만 명이나 되지만, 알바레스가 특별했던 점은 세 대륙에 걸친 파란만장한 여정도 그렇지만 무엇보다도 아프리카 부모로부터 배웠을 치료자/성직자로서의 그의 기능이다. '맹목적 숭배자'라는 그의 위치로 인해 그는 주인들이 두려워하기도 하고 의지하는 존재가 되어 자신이 던져진 세계에서 어느 정도의 지배력을 가질 수 있었다. 리우에서 그는 자유로운 치료자로서 얻은 명성 때문에 종교당국의 주목을 받게 되었다. 그는 자유로운 몸이었기에 체포되었고, 종교재판소의 600쪽에 이르는 사건 기록을 통해 우리는 그의 인생을 알 수 있게 되었다. 우연하게 기록된 도밍고스 알바레스의 이야기를 통해 우리는 문화의 전파와 변용뿐만 아니라(알바레스는 자신의 아프리카 신앙을 버리지 않은 채 가톨릭으로 귀의했다) 치료와 같은 행위가 다른 맥락에서 수백만 명의 사람들과 차단되어 있던 문화를 어떻게 보호하고 지속시켰는지를 상세히 알 수 있다.[43]

알바레스 이야기의 핵심 내용들은 대서양의 조류가 사람과 물건뿐만 아니라 문화와 이념 또한 운반했다는 것을 우리에게 상기시킨다. 이 주제에 관한 고전적이면서 가장 유명한 해석은 〈민주주의 혁명의 시대Age of the Democratic Revolution〉라는(단수 형태에 주목하라—이것은 하나의 혁명이었다) 제목의 존경할 만한 연구에서 제시되었는데, 자유의 바람이

18세기 후반에 대서양을 건너 양 대륙에 강하게 불어 닥쳤다는 것이다. 프랑스의 계몽주의는 아메리카 13개 주 식민지의 지도자를 자극했고, 그들 스스로에 의한 해방은 1789년 프랑스인들을 고무시켰다. 프랑스혁명은 이어서 아이티의 노예들과 자유로운 흑인들에게 프랑스혁명의 인권선언에서 자신들이 포함되지 않은 이유를 묻게 했다. 1791년 이후 그들의 성공적인 봉기는 (흑인들에게) 혁명의 희망을, 그리고 (백인들에게) 수십 년 동안 아메리카 전역에서 억압 그 자체에 대한 과도한 집착을 초래했다.[44] 18세기 대서양 혁명의 이야기는 종종 근대 세계를 향한 인류 진보의 출발점으로 여전히 제시된다. 이러한 시각에 따르면 18세기 말 프랑스와 미국 사이의 지적·정치적 역학은 전 세계의 민주혁명을 위한 표본, '근대성'으로 알려진 모호한 실체의 출현을 위한 조건을 제공했다는 것이다.[45] 역사가들은 '대서양 혁명'이라는 포괄적인 용어 아래에 이 시기 카리브해와 라틴아메리카의 혁명을 이제 상투적으로 포함시키지만 서술 방식은 유럽의 진보적 혹은 혁명적 이념이 세계의 다른 지역으로 확산되어간 자유의 전파라는 고전적 이야기에 대체로 머물러 있다.

사회학자 폴 길로이Paul Gilroy가 대서양 노예제의 지적·문화적 유산의 역사라고 할 수 있는 유명 저서《검은 대서양》(1993)에서 이의를 제기한 것이 바로 이러한 서술 방식이다. 고전적 서술에서 대서양의 역사는 아프리카인들과 그들의 후손에게 어떤 일이 일어났는지에 전부는 아니지만 대체로 집중했다. 길로이의 연구는 반대로 노예의 후손들이 무엇을 했는지, 즉 그들이 무엇을 쓰고 만들어냈는지에 주목하며, 어떻게 그러한 것들이 수십 년 동안 유지된 유럽의 대서양이라는 승자의 이야기에 대안을 제공하는지를 보여준다. 길로이는 근대 서구가 유럽 혹은 아메리카를 지칭하든지 간에 그곳의 흑인들은 국가의 틀을 벗어나고 그것에 도전하는 지적·문화적 전통을 창조해왔다고 단정한다. 즉 듀보이스 혹은 리처드 라이트Richard Wright 같은 지식인들의 저서나 펑크 음악, 랩 등의 흑인 문화는 초국가적인 노예제의 경험에 뿌리를 두고 있다는 것이다. 아프리카계 미국인과 유럽의 흑인들은 듀보이스가 '이중 자의식'이라 부른 것에서 벗어나지 못하고 있다고 그는 주장한다. 즉 그들은 자신들이 거주하는 장소에서 소외된 상태이며, 그러한 상황은 그 어떤 민족적 실체와도 궁극적 일체감을 느끼기 어렵게 만든다는 것이다. 길로이가 '검은 대서양'이라고 부른 것은 흑인 노예들의 후손에 의한 문화적 공간으로 이들 노예 조상들의 '근대성'을 채찍, 쇠고랑, 노예선이 채우고 있었다. 해방의 이념이 구세계와 신세계 사이를 힘차게 왕복했다는 관례적인 '대서양 근대성'의 기술과는 대조적으로 길로이의 《검은 대서양》은 국가가 부재한 저항의 공간인 '근대성의 반문화'를 상정하며 국가의 틀 외부에서, 심지어는 그 틀에 대항하여 지적·문화적 역사를 어떻게 기술할 것인지를 훌륭하게 보여준다.[46]

이전에 경시되었던 사람들에 대한 관심의 확장이 그랬던 것처럼 대양 중심의 역사—대서양, 태평양, 인도양—는 전통적 공간에 대한 도전이 과거에 대한 우리의 이해를 근본적으로 변화시킬 수 있다는 것을 보여주었다. 우리가 공간을 다르게 상정하거나 명확한 장소로부터 우리의 시선을 거두어 재설정한다면 우리는 다른 행위자들과 다른 이야기들을 쉽게 접하게 된다. 국가를 기반으로 한 전통적 역사는 지배 엘리트가 경우에 따라서는 '민중'봉기의 도움을 받아 '국가를 건설'한 과정에 대한 기술과 같이 중심에서 외부로 향한다. 표준적 역사 서술은 대개 주요 도시 혹은 그 외 도시의 중심 지역들을 우선시한다. 그러한 역사 서술의 논조가 언제나 승자 지상주의적은 아니지만 그것들은 대체로 모든 사람들이 궁극적으로 '영국인', '폴란드인' 혹은 '오스트리아인'이 되는 종점을 당연시한다. 전형적인 예가 유진 위버Eugen Weber의 《농민에서 프랑스 국민으로》(1976)다. 이 책은 글을 모르고 방언을 쓰며 마녀를 믿는 농민들이 1870년부터 1914년까지 어떻게 철도, 무상 의무 초등교육, 국민개병 덕택에 스스로를 프랑스 국민의 성원으로 간주하게 됐는지 생생하게 기록하고 있다.[47]

그렇지만 정체성이 중심이 아니라 주변, 즉 어느 한 사람과 다른 사람의 만남이 외딴 지역에서만 가능하다는 정반대의 상황을 가정한다면 그러한 장소가 당신이 누구이며 그 이유를 규정하는 데 중요한 요소가 될까? '변경'의 역사라고 알려진 광범위하고 성장 중인 분야 이면에 놓여 있는 가정이 바로 이것이다. 위버의 민족사와 대조적으로 피터 샐린스Peter Sahlins의 《변경들: 피레네산맥에서의 프랑스와 스페인의 형성》(1989)은 프랑스와 스페인의 국경에 의해 양분되는 피레네산맥의 고지대 마을 세르다냐라는 조그만 외딴 지역에 집중한다. 17세기 이 지역에서는 전쟁이 있었고 1868년까지 국경이 명확하게 확정되지는 않았지만 1660년 프랑스와 스페인에 의해 양분되었다. 세르다냐라는 작은 마을의 주민들은 동일한 문화와 동일한 언어, 즉 카탈루냐어를 쓰고 있었지만 상이한 국가의 통치를 받게 되었다. 수십 년에 걸쳐 그들은 목초지 사용, 자신들의 필요에 맞게 강의 물줄기를 바꾸기 위한 댐 건설 같은 요구들을 점점 더 각각의 국가기관에 호소하게 되었다. 1740년 라토르드카롤 마을 주민이 토지 분쟁과 관련하여 프랑스 당국에 제출한 청원에서는 "스페인 사람들의 거만하고 모욕적인 행동"을 지적하는 내용이 꽤 많이 나온다. 그 스페인 사람들은 청원자와 긴밀한 혼인관계를 맺고 있는 옆 마을 출신의 동료 카탈루냐인임에도 불구하고 "이웃의 외국인"으로 묘사되었다.[48] 토지 분쟁 때문에 변경지역은 사법권이 아닌 영토로서 국가에 대한 근대적 정의를 경험하는 최초의 지역이 되었다. 따라서 세르다냐의 일부 주민들은 그들의 동포 대다수보다 더 빠르게 스스로를 단순히 '프랑스 왕의 신민'으로서가 아니라 '프랑스인'으로서 동일시하기 시작했다. 정해진 국경을 가진 영토공간이라는 '프랑스'의 이념은 피레네 지역과 같은 주변 지역에서 처음 형성되었다고 샐린스는 주장한다.

우리가 현재 미국이라고 부르는 공간의 출현은 많은 주민들 사이의 갈등과 협상이 결부된 복잡한 장기적 과정이었던 만큼 변경지역에 대한 관심은 대다수 다른 지역의 역사에서보다 미국의 역사에서 더 많이 표출되었다. 국가의 주변이 그 중심을 규정한다는 견해의 가장 빠른 표명 중의 하나가 역사가 프레더릭 잭슨 터너 Frederick Jackson Turner가 19세기 말에 구체화한 '프런티어 테제'다. 터너는 1893년 미국역사학회에 발표한 〈미국사에서 변경의 중요성〉이라는 논문에서 미국 정치와 문화의 핵심 특징은 서부개척 과정에서 출현했다고 주장했다. 수 세대에 걸쳐 서쪽으로 더 나아가려는 사람들의 경험이, 미국이 가지고 있는 최악과 최선의 특징을 낳았다. 폭력, 개인주의, 고급문화에 대한 적대감, 그렇지만 에너지, 용기, 민주주의적 원칙에 따른 세습특권 혐오. 국가의 모서리에서 연마된 이러한 특징들이 국가의 문화적 핵심을 규정하게 되었다. 터너의 테제는 그 당시에 미국 예외주의를 향한 색다르고 도발적인 진술이었다. 즉 유럽의 대서양 연안의 세련된 도시들이 상상하고 싶어하듯이 미국은 유럽의 확장이 아니라 미지의 황야를 향한 쉼 없는 진출로 규정되는 사회다. "미국의 변경은 인구 밀도가 높은 지역을 관통하는 요새화된 국경선인 유럽의 변경과는 뚜렷이 구별된다"라고 터너는 지적한다. "자유의 땅의 한쪽 끝에 놓여 있다는 것이 미국 변경의 가장 중요한 점이다."[49]

'자유의 땅'을 향해 행진하는 초기 미국인들이라는 터너의 시각은 유럽의 개척자들이 마차를 몰고 차지한 토지들의 대다수가 이미 소유자가 있었다는 사실, 즉 원주민들의 땅이어서 권리 혹은 운명에 근거하여 자신들의 소유로 주장할 수 없다는 것을 우리가 알고 있기 때문에 오늘날 설득력을 잃었다.[50] 터너는 백인 개척자들만을 역사의 주체로 인정했던 반면, 이후의 역사가들은 만남 및 협상과 관련한 더 복잡한 이야기들을 전해왔다. 우리가 오늘날 '미국', '캐나다'라고 간주하는 지역은 매우 오랜 시간 동안 제국의 변두리로서 프랑스, 영국, 스페인의 상인들, 병사들, 그리고 선교사들이 서로 조우하고 원주민들과도 만났던 장소다. 상이한 주민들 사이의 이러한 접촉 지역은 '변경'으로 알려져 있는데 이 용어는 국가사적 접근에서와 같은 공간 유형을 지칭하지 않는다. 이 주제와 관련한 영향력 있는 논문을 인용해보자. "국경이 한때 지배적인 미국식의 서사를 드러내는 공간이었다면, 변경은 그러한 이야기가 밝혀내지 못한 공간이다. (…) 국경이 폐쇄적인 서사의 공간이라면 변경은 예상할 수 없는 방향으로 서사가 틀어지고 기대했던 결말이 거의 이루어지지 않는 공간이다."[51] 국가들이 확고한 법적 경계를 확립할 때 이러한 내부의 국경과 변경 지역은 전략적·문화적 중요성을 상실한다. 즉 변경이 '국경' 지역이 될 때 그 국경 안에 있는 사람들은 시민이고, 그 바깥에 있으면 외국인으로서의 정체성을 획득한다.[52]

'변경'의 역사는 우리가 국경이라고 부르는 근대국가에 의해 공식적으로 지정된 장소에서 발생한 역사에 때때로 관심을 가진다. 이주민, 밀수업자, 혹은 공통의 언어와 관습은 그러한 엄격한 경계를 훼손하기도 한다. 그리고 때때로 그것은 제국의 구석에서 열강들이 만나는 공간으로서 보다 혼란스러운 상호작용을 보여주기도 한다. 리처드 화이트Richard White의 고전적 연구 《중간지대》(1991)는 북아메리카 오대호 서부 지역, 즉 미시간호와 슈피리어호 경계 지역에서 17세기와 18세기에 걸쳐 이루어진 프랑스인, 아메리카 원주민, 영국인들 사이의 정치적·문화적 만남에 관한 이야기다. 그곳에서 프랑스와 영국의 행정관리, 병사, 상인들은 주로 촌락을 이루어 정주하고 있던 다종족의 결합체인 북아메리카 공동체와 조우했다. 화이트가 지적하듯이 그의 저서는 제국주의적 야망을 가진 세계체제 내부, 즉 근대 초 영국과 프랑스의 팽창에 관한 이야기지만, 그 이야기가 발생한 장소는 제국의 가장 취약한 지점이자 군사적 영향력이 적은 이름 없는 행위자들이 임기응변식으로 대처해야만 했던 구석진 곳이다.[53] 자신들 고향의 거점에서 멀리 나와 경쟁을 벌였던 프랑스인과 영국인들은 원주민들에게 의지할 수밖에 없었고, 원주민들은 유럽인들에게 의지했다. 즉 어떠한 단일집단도 무력으로 자신들이 원하는 바를 이룰 수는 없었다. 유럽인들과 원주민들이 서로의 문화를 이해하고 다가가려고 했기 때문에 상호

침투와 중재라는 과정이 놀랄 정도로 가능했다. 예를 들어 1682년 오지브웨 추장의 두 아들과 또 다른 전사가 프랑스 상인 2명을 살해하고 그들의 상품을 훔쳤다. 지역의 앨곤킨족이 나서서 긴 담뱃대를 프랑스인들과 나누어 피우는 화친행위를 통해 평화를 유지하려 했고, 그들의 죽음을 '보상'하기 위해 노예 제공을 제안했다. 그러나 프랑스인들의 지도자 다니엘 뒬뤼Daniel Dulhut는 그 제안이 마음에 들지 않았다. 그는 사태를 수습하는 과정에서 특정 프랑스 법률을 적용하려 했고, 동시에 자신의 원주민 동맹, 즉 오타와, 치페와, 휴론-페툰족에게 재판 참석을 제안하고 피고인들의 사형 집행을 청원했다. 앨곤킨족은 이에 실망했으며, 노예를 제공하겠다는 제안이 거부된 것에 당황했다. 노예 제공은 동맹 부족 사이의 살인행위를 해결하는 수단이었던 것이다. 또한 그들에게는 전쟁 선포와 다름없는 처형 주장에 대해서도 당황했다. 결국 프랑스인들은 목숨을 목숨으로 갚는다는 식으로 3명의 살인자 가운데 2명만을 처벌함으로써 원주민들과의 화해를 모색했다. 그럼에도 불구하고 원주민들은 그들의 시각에서 또 다른 살인으로 보이는 행위에 충격을 받았고, 프랑스인들은 그들을 달래기 위해 일련의 의식을 거행했다.[54]

이 사건은 두 문화 사이의 긴장(하나는 개인의 범죄에 집중했고, 다른 하나는 동맹의 원칙을 중시했다), 그리고 정의에 대한 상이한 이념 사이의 유사점을 도출함으로써 이국적 의미 체계를 극복하기 위한 양측의 시도를 또한 보여준다. 책의 제목 '중간지대'는 문화들이 서로 접촉하는 대륙의 중간 지점인 지리적 위치뿐만 아니라 행위자들이 채택하는 전략과 그들이 만들어낸 공유문화, 즉 권력이 대등하여 협력이 필수적인 역사적 상황에서 '중간지대의 발견'이라는 문화에 의해 형성된 은유적 장소를 지칭한다(단일한 실체, 즉 아메리카 공화국에 권력이 집중되자마자 정부는 원주민들과의 전쟁에 필요한 자원을 확보했고 이로써 정치·문화적 중간지대는 사라졌다).

권력의 중심지에서 멀리 떨어진 장소에서 접촉의 경험을 설명하기 위해 역사가들이 사용하는 단어들은 대단히 중요하다. 화이트는 자신이 서술하는 지역의 이름을 '변경'이 아닌 '중간지대'로 명명함으로써 개념적 혁명과도 같은 어떤 것을 수행했다. 왜냐하면 변경이라는 용어는 터너의 테제에서와 같이 탐험가 혹은 개척자들이 비어 있는 황무지로 진출하는 일방적 행동을 암시하기 때문이다. 변두리를 보는 것뿐만 아니라 양측의 이야기를 하는 것에 의해서도 역사는 극적으로 변화할 수 있다.

1930년대와 1940년대 동유럽과 중유럽에서 벌어진 대량학살의 역사를 다룬 티머시 스나이더Timothy Snyder의 《피의 땅: 스탈린과 히틀러 사이의 유럽》(2010)은 잘 알려져 있는 끔찍한 이야기를 화이트의 《중간지대》와 같이 새로운 방식으로 다루었다는 점에서 주목할 만하다.[55] 20세기 중반 대량학살의 역사는 대개 별개로 취급되었다. 즉 한편에는 소련의 강제노동수용소, 조직적인 기아, 정치적 숙청이 있고, 다른 한편에는 히틀러 제국에 의한 유대인과 그 외 비非아리아인들에 대한 학살이 있다. 스탈린의 범죄를 상기한다면 우리는 시베리아의 강제노동수용소를 떠올리게 되고, 홀로코스트는 아우슈비츠와 그 외 죽음의 수용소 광경을 연상시킨다. 그러나 스나이더가 지적하듯이 유럽의 민간인 절대다수는 1930년대와 1940년대에 죽음의 수용소가 아닌 들판,

숲, 마을, 도시에서 죽었고 강제이송이나 가스실에서가 아니라 굶어 죽거나 현장에서 총살되었다. 가장 주목할 점은 1400만 명에 달하는 스탈린과 히틀러의 민간 희생자 대다수는 스나이더가 '피의 땅'이라고 부른 독일과 러시아 사이에 끼여 있는 지역에서 살았고 그곳에서 죽었다는 것이다. 즉 북쪽으로는 발트해에서 남쪽으로는 흑해에 이르는 지역으로 에스토니아, 라트비아, 리투아니아, 폴란드, 벨라루스, 우크라이나, 그리고 러시아의 서부 변경 지역이다. "스탈린의 범죄는 러시아와, 히틀러의 범죄는 독일과 종종 연결된다. 그러나 소련에서 가장 많은 사람이 죽은 곳은 비러시아인들의 주변 지역이었고, 나치는 대체로 독일 밖에서 사람들을 죽였다"라고 스나이더는 지적한다.[56] 이 시기 내내 어쨌든 크게 변경된 국경을 고려하지 않고 전체적으로 이 지역에 관심을 집중한다면 우리는 여전히 정확히 알 수는 없으나 잘 알려진 이 시기의 대량학살에 새로운 방식으로 접근할 수 있다.

대다수가 우크라이나인이었던 300만 명 이상의 사람이 강제적 집단화와 스탈린의 경제 5개년계획과 연계된 곡물 배분으로 인해 1933년 기아로 사망했다. 독일이 1941년에 소련을 침공했을 때도 끔찍한 기아가 발생했다. 이로 인해 러시아, 벨라루스, 우크라이나의 민간인과 전쟁포로 모두를 합쳐 400만 명 이상이 사망했다. 여기에 더해 집시, 동성애자뿐만 아니라 540만 명의 유대인들이 나치의 인종적 '정화'를 위해 유럽의 이 지역에서 목숨을 잃었다. 그 이론적 근거가 다르듯이 이러한 끔찍한 사건 배후의 방법은 공산당-나치의 차이만큼이나 달라 보인다. 그렇지만 특히 폴란드와 벨라루스에서 수십만의 또 다른 민간인들, 그중에서도 특히 독일과 러시아 양측 모두가 제거하고 싶어했던 폴란드 엘리트들 중 일부가 양측의 탄압과 보복으로 목숨을 잃었다. 동일한 주민들이 그렇게 자주 스탈린과 히틀러 양측의 희생자가 되었던 이유는 무엇인가? 왜 그렇게 많은 사람들이 죽었고, 왜 이 특정 지역에서 그런 일이 발생했는가?

히틀러와 스탈린 체제 모두를 '전체주의'라는 용어로 동일시하는 오랜 전통이 냉전기 동안 더욱 부각되었다. 스나이더의 시각은 그렇지만 양측 모두에 대한 비난("공산주의는 나치당만큼 나쁘다")이 아니라 국민을 위한 유토피아적 전망을 가진 두 정치괴물의 유사한 지정학적 필요와 야망에 대한 분석에 기초한다. 두 독재자는 취약하지만 지정학적으로 중요한 폴란드의 완충지대와 우크라이나의 거대한 '빵 바구니'를 포함하는 동일한 지역을 주목했다. 스탈린은 전 세계로 사회주의 혁명을 확장하는 것을 잠시 포기했지만 '일국 사회주의'의 성공을 위한 그의 집착은 소련 변경의 핵심 지역을 필요로 했다. 히틀러는 영국을 따라잡겠다는 집착으로 부분적으로 설명되는 제국에 대한 야망을 키워나갔고, 지역민들을 식민화하고 제국의 불순분자들을 이주시킬 수 있는 동쪽으로의 팽창을 오랫동안 꿈꿔왔다.[57] 두 독재자는 주민들 중에 희생양을 찾아내고 그들을 제거함으로써 자신의 동지들을 규합했다. 즉 스탈린은 음모론으로 폴란드인들의 대량학살을 정당화했고, 히틀러는 유럽 문제의 대부분을 유대인 탓으로 돌렸다. 두 독재자가 서로에 대한 전쟁에 돌입하자마자 사보타주와 저항에 나선 민간인들이 처벌받거나 혹은 전쟁 수행을 위해 단순히 급파되었기 때문에 사상자는 늘어났다.

간단히 말해 스탈린과 히틀러는 최악의 정치적 대량학살을 그들 제국의 지정학적 중심에서가 아니라 변경에서 자행했다. 스나이더의 탈국가주의적 지역에 대한 강조로 지금까지 상상해왔던 것보다 훨씬 더 놀라운 어떤 것, 즉 유럽의 상대적으로 협소한 지역에서 1400만 명의 희생자가 있었다는 것을 알 수 있었고 이러한 잔학행위가 지속적으로 가능했던 연관 이야기들을 파악할 수 있었다. 《피의 땅》은 체제의 중심이 아닌 체제의 변경에 초점을 맞추는 탈국가주의적 시각을 채택함으로써 익숙한 이야기를 다시 보게 하는 책의 본보기다.

앞 장에서 지적했듯이 역사가들이 제기하는 질문의 종류와 그들이 전하는 이야기는 새로운 집단의 사람들을 주목할 때 근본적으로 변화한다. 역사적 공간의 재구성을 통해 아주 동일한 효과를 거둘 수 있다. 즉 우리가 주변으로부터 바라보거나 주민들이 만나고 국가들이 충돌하는 혼돈 상태의 국경을 바라볼 때, 혹은 육지가 아니라 바다를 분석의 중심으로 삼을 때 우리는 국가와 핵심 도시를 중시하는 전통적인 틀에서 놓치는 역사들을 추적할 수 있다. 때때로 새로운 공간에서 새로운 역사의 발견은 지금까지 설명한 바와 같이 작은 공간을 새로운 방식으로 구성하는 것을 포함한다. 즉 역사가들은 멀리 떨어진 지역으로부터의 압력이 피레네, 바스크 지방, 버지니아 해안, 대평원의 공동체에 밀려오는 방식을 해명해왔다. 이와 대조되는 또 다른 서술은 인류학자의 시각이 아닌 우주비행사의 시각과 같은 광범위한 규모의 시각을 요구한다.

지구사의 성장

최근에 점차 많은 사람들의 관심을 끌고 있는 이러한 거대한 규모의 역사는 '지구사' 혹은 '세계사'라고 불린다(두 용어는 다소 다른 의미이지만 실제로는 구분 없이 사용된다).[58] 긍정적 맥락에서 전달되는 국가의 기원과 발전에 관한 이야기를 국가 지도자 혹은 국민들에게 명백하게 부각시키고 자신들보다 열등한 타자의 운명을 암묵적으로 대조시키는 국가사의 수사修辭가 친숙한 것이라면 세계사는 상상하기가 훨씬 더 어렵다. 즉 어떠한 유형의 접근과 분석이 지구 전체의 경험을 의미 있게 할 수 있단 말인가? 중심에서 멀리 떨어진 지역조차도 국가사에 포용될 수 있듯이, 세계사도 무엇을 부각시키고 그 이유는 무엇인지에 대한 선택의 문제다. 세계사 혹은 지구사는 국경을 뛰어넘어 상이한 지역을 결합하는 현상에 대체로 관심을 가진다는 실용적 정의가 있을 수도 있다.

지구사의 가장 초기 연구 중의 일부는 본질적으로 경제적이고 보다 일반적으로 물질적이다. 즉 대서양 무역의 사례에서와 같이 상업은 먼 지역들을 연결한다. 다국적 은행이나 기업 같은 재정기구, 출판 혹은 인터넷과 같은 광범위한 영역의 의사소통 수단 역시 마찬가지다. 또한 질병의 확산과 같이 국가와 심지어 대륙의 경계를 넘어서는 생물학적 또는 생태학적 사건도 있다. 14세기 아시아에서 서유럽까지를 포함하는 지역에서 대략 2억 명을 사망케 한 이른바 흑사병은 현재의 지구 온난화와 마찬가지로 분명 '세계사적'인 사건이었다. 영향력 있는 종교에서 가장 분명하게 드러나듯이 문화 또한 멀리 떨어진 세계의 여러 지역을 연결해왔다. 이슬람, 기독교, 유대교, 불교는 세계적 차원에서 공

동체를 연결시켜왔기 때문에 지역에서의 우세 이유뿐만 아니라 지구적 차원에서 이해될 필요가 있다.[59]

이 모든 현상은 '탈영토화'라고 지칭할 수 있는 것을 공통적으로 가지고 있다. 즉 세계사의 초점은 대체로 특정한 지역이 아니라 멀리 떨어진 사람들을 연결하는 무역, 신용, 질병, 신앙과 같은 역동적인 무형의 것들에 맞춰져 있지만 그러한 것들은 매우 구체적이고 때때로 파국적 결과를 초래하기도 한다.[60] 오늘날 역사가들과 학생들이 이러한 세계적 '연결성'과 관련한 과거 사건에 대해 갖고 있는 호기심은 더 부유하고 교육받은 주민들 사이의 일상적인 세계적 상호연결의 경험을 분명 반영한다. 세계사는 현재 가장 '인기 있는 과거'일 것이다.

〈창세기〉 같은 종교적 내용과 방법론을 포함하는 세계사 이전의 많은 형태들이 오랫동안 존재해왔다. 그 모든 것들은 지구 위 인간의 삶의 기원, 전개, 본질과 관련한 이론들을 제시했다. 대부분의 역사가 지배계급에 관심을 가졌던 수십 년 전, 탈국가주의 연구는 국가의 정치엘리트들 사이의 의사록을 기반으로 한 '국제사' 혹은 '외교사' 범주를 의미했다.[61] 그러나 사회사의 등장이 사회적 불평등에 대한 비판적 인식으로부터 추동되었듯이 세계사의 주된 분석 대상은 세계 지역들 사이의 부와 권력의 불평등이었다. 이러한 관심으로 '세계체제'라고 알려진 유력한 이론이 등장했다.

국가들 사이에서 지구적 규모의 사회경제적 발전과 관계를 강조하는 접근방법은 어떤 식으로든 마르크스의 저술에 힘입은 바 크다. 《자본》 1권을 1867년에 출간하고 1883년에 생을 마감한 카를 마르크스는 자원, 부, 사회적 권력으로 구성된 물질세계로부터 기원한 역학관계에 의존하여 사회 발전의 보편적 형태를 제시했다. 때때로 엥겔스의 도움을 받아가며 완성한 저술에서 마르크스는 노예제에 기반을 둔 원시 부족사회에서 중세, 자본주의 사회, 그리고 머지않은 미래에 있을 사회주의 사회로의 이행을 기술했다. 그의 이론에서 이행을 추동하는 힘은 복잡하지만 그것은 (생산의 증가가 모순적으로 상품의 가치를 떨어뜨려 새로운 이익의 원천을 모색하게 하는) 경제 내부의 모순, 혹은 (부르주아지 혹은 노동계급의) 사회집단이 부를 생산하지만 집단의 노동에 의해 창출된 이익과 양도받아야 되는 권력을 거부당했다는 것을 인식할 때 드러나게 되는 사회질서 내부의 모순이었다. 마르크스의 이론은 인종 혹은 민족의 자질에 관한 주관적 평가에 근거하지 않고 경제발전 단계와 같이 보통 객관적이라고 간주되는 방식에 근거하여 세계적 상황에 대한 광범위한 해석을 제공한다. 마르크스는 자신의 시대에서 유럽은 산업화와 자본주의의 방향으로 가장 많이 진전했고, 북아메리카는 초기 단계에 머물러 있으며, 아시아 사회들은 봉건주의로부터의 이행을 아직 완성하지 못했다고 믿었다. 미국 남부 같은 일부 지역은 상이한 단계의 요소들이 섞여 있는 반면, 아프리카와 같이 발전 유형으로부터 이탈한 지역은 정체 상태를 벗어나지 못했다.[62]

세계의 모든 지역이 사회경제적 발전단계에서 유사하다는 생각은 더 이상 광범위하게 받아들여지지 않지만 마르크스주의는 분석적 범주(자본주의라고 불리는 어떤 것의 전 세계적 중요성에 의문을 제기하는 사람은 거의 없을 것이다)뿐만 아니라 후세대의 학자들이 사회집단들 사이의 관계와 유사한 방식으로 국가들 사이의 관계를 개념화할 수 있도록 했기 때문에 세계를 다루는 역사가들에게 매우 영향력 있다. 마르크스가 근대적 세계사의 할아버지라면, 세계사의 아버지는 역사사회학자 이매뉴얼 월러스틴이다. 그는 세계체제로 알려진, 지금까지도 가장 유명한 역사적 접근방식을 40년 전에 구체화하기 시작했다. 아프리카 지역 연구자로 출발한 그는 1974년 《근대세계체제》라는 여러 권으로 구성된 대작의 1권을 출판했다. 그의 설명에 따르면 대략 1450년에서 1650년 사이인 근대 초에 세계체제가 형성되기 시작했는데, 이때 유럽은 악천후(소빙하기)와 이윤 하락으로 장기적 경제위기를 겪고 있었다. 서유럽의 중요 국가들, 즉 잉글랜드, 프랑스, 스페인, 네덜란드는 절대왕정으로 알려진 권력집중의 방식으로 대응했다. 이러한 강력한 국가들과 그들의 후원을 받는 주식회사들이 15세기 이후의 발견을 위한 대항해의 자금을 제공했다. 근대 초기 탐험의 목적을 어떻게 선언하든지 간에(중국으로 가는 항로의 발견, 에덴동산의 위치 확인, 이교도의 개종) 그것은 천연자원과 인적자원─원료와 노예─의 착취를 초래했고, 그 덕분에 유럽은 경제침체로부터 벗어났다. 그 이후 월러스틴이 '중심'과 '주변'으로 명명한 지역들 사이에서 착취와 종속의 유형이 확립되었다. 지배와 종속은 단순한 이항대립만을 의미하지는 않았다. 왜냐하면 동부의 독일이나 슬라브 국가들과 같이 유럽에서 산업화와 단일 국가의 수립이 상대적으로 더딘 지역은 원료뿐만 아니라 시장도 제공하는 '반半주변부'로 기능했기 때문이다.

　중심, 반주변, 주변으로 세계의 지역을 서열화하는 월러스틴의 생각은 부르주아지, 프티부르주아지, 프롤레타리아의 관계에 대한 마르크스의 사상을 반영한다. 일부 지역(북아메리카)은 중심으로 부상하고 또 다른 지역(스페인)은 반주변부로 쇠락하기 때문에 중심-주변의 구분은 고정적이지 않다고 월러스틴은 생각했다. 마르크스를 좇아 월러스틴은 자본주의 내부에서의 반복적 위기는 새로운 시장은 물론 자원까지도 찾도록 하기 때문에 주변부를 확장하고 정기적으로 기존 유형을 불안정하게 한다고 주장했다. 예상할 수 있듯이 많은 사람들은 월러스틴의 저서를 논박하고 비판하고 부정했지만 그의 저서는 단일한 틀 내부에서 세계적 발전에 관한 상호의존적 유형을 이해하도록 만든 획기적 시도임은 부정할 수 없다.[63]

　그 외 선도적 세계사가들이 그랬듯이 월러스틴은 세계적 차원의 역사 서술을 지배하게 된 질문을 제기했다. 즉 어떤 이유에서, 그리고 어떻게 유럽이, 그다음에는 미국이 지난 5세기에 걸쳐 세계를 물질적, 군사적, 문화적으로 지배하게 되었는가? 최근 세계사 분야에서 제기되었던 핵심 논쟁은 첫째, 이러한 질문에 대한 가능한 대답, 둘째, 세계사는 무엇보다도 먼저 이러한 방식으로 기술되어야 하는지의 여부를 둘러싼 논쟁이었다. 소수 역사가들은 유럽-미국이 서구 문화의 긍정적 특성, 즉 창의력, 개인주의, 근면성, 계몽적 사법 및 정치기구의 점진적 증가로 인한 안정적 효과 덕분에 선두로 부각했다고 여전히 주장한다. 이 주제와 관련하여 최근에 출간된 도발적 제목의 책이 있다. 저명한 경제사가 데이비드 란데스David S. Landes의 《국가의 부와 빈곤: 왜 일부 국가는 그렇게 부유하고 또 다른 일부는 그렇게 가난한가》(1998)와 하버드대학의 역사가 니얼 퍼거슨Niall Ferguson의 《문명: 서양과 나머지 세계》(2011)가 그것이다.[64] 그렇지만 유럽인들이 중세 후기로 부르는 시기에 아시아와 중동의 사회들이 유럽 사회와 마찬가지로 어느 모로 보나 강력하고 정교했다는 것을 지적하는 데서 이러한 논쟁이 시작한다.

따라서 경제사가들이 '유럽의 기적' 혹은 '대분기'라고 부르는 것들의 이유를 밝혀내는 것이 문제의 본질이다. 즉 유럽, 그리고 나중에 미국이 19세기와 20세기의 대부분의 시기 동안 세계를 지배하는 강국이 되었던 이유와 그 방법은 무엇인가?

이러한 논쟁에 대한 가장 최근의 주목할 만한 성과는 케네스 포메란츠Kenneth Pomeranz의 《대분기: 유럽, 중국, 그리고 근대 세계경제의 형성》(2000)이다. 이 책은 또한 초창기 세계사 분야에서 가장 자주 인용되는 저서 중 하나다. '유럽의 기적'에 대한 고전적 기술은 유럽 지배의 기원을 적어도 2~3세기 뒤로까지 소급하여(중세까지 소급하는 일부 저서도 있긴 하지만 종교개혁, 과학혁명, 계몽주의로 소급한다) 유럽의 뿌리 깊은 제도적·문화적, 혹은 지리적 예외주의를 강조한다. 이에 반해 중국 역사가인 포메란츠는 1750년 이후에야 서양이 아시아를 앞섰고 이러한 분기의 원인은 우연적이라고 주장한다. 포메란츠는 1800년 이전의 세계경제를 하나의 지배적 중심이 아니라 인구 밀도가 높고 산업화된 다수의 핵심을 가진 다중심 체제로 기술한다. 19세기 이전의 유럽이 동시대의 아시아보다 진보했다는 것을 당연시하는 비교는 규모의 측면에서 왜곡되었다고 그는 주장한다. 즉 아시아는 평균적으로 처진다고 보일 뿐인데, 왜냐하면 아시아의 더 광대한 어느 국가도(예를 들면 인도) 서유럽을 쉽게 압도하기 때문이다. 제대로 비교하려면 대략 동등한 규모와 인구, 그리고 부를 가진 단위들 사이에서 이루어져야 한다. 따라서 중국 전체보다는 1750년경 3100만에서 3700만 명의 주민 다수가 상하이, 난징, 항저우 등의 대도시에 살고 있던 양쯔강 삼각주 지역이 영국에 더 적합한 비교 대상이 된다. "국가의 정책이 지금 전하려는 이야기의 중심에 있지 않다면 국가는 이야기를 잘 전달하는 단위가 아니다"라고 그는 지적한다.[65] 비교 단위가 좀 더 밀접하게 상응하게 되면 1800년 이전의 세계는 아시아에 대한 유럽의 우위가 아니라 유라시아 대륙의 양끝에 보다 산업화되고 인구가 밀집한 중심들의 유형을 드러낸다고 그는 결론지었다.

상황이 그러하다면 부와 세계적 패권 면에서 19세기 유럽의 괄목할 만한 부상을 어떻게 설명할 것인가라고 그는 묻는다. 근대 초의 시기가 끝날 무렵 유럽과 아시아의 핵심 지역은 인구과잉과 생태적 재앙이라는 유사한 위기에 직면했다. 늘어나는 인구가 황폐화된 땅으로 몰려들면서 광범위한 탈산림화를 초래했다.[66]

이때 두 가지 우연적 역사 전개가 유럽의 서쪽 끝, 가장 특별하게는 영국을 앞으로 나가도록 했다. 그중 하나는 영국의 산업 중심에 석탄이 인접해 있는 지리적 행운이었다. 중국은 북부와 북서부 지방에 엄청난 석탄 매장지를 가지고 있었지만 이곳은 양쯔강 삼각주 지역과 같이 부유하고 인구가 집중된 지역으로부터 멀리 떨어져 있었다.[67] 그 결과 영국은 목재에서 석탄으로의 이행을 좀 더 쉽게 완수할 수 있었고, 이러한 상황은 선철 생산을 촉진하여 산업화라는 신경제의 동력을 제공했다. 석탄은 결과적으로 탈산림화를 상쇄할 수는 있었지만 그것만으로는 영국의 (그리고 더 일반적으로 서유럽) 인구와 자원 간의 점증하는 불균형을 개선할 수 없었다. 영국과 유럽이 세계의 비교 가능한 다른 지역보다 이러한 '맬서스의 덫'에서 더 빠르고 확실하게 벗어날 수 있었던 주된 이유는 식민지의 노동과 산물의 획득이었다.

유럽의 식민지 변경(아메리카와 카리브해의 섬들)은 낮은 가격으로 먹

을거리와 직물을 지속적으로 공급하고 유럽의 과잉인구를 흡수했으며 유럽 공업제품의 시장이었기 때문에 유럽은 생태적 재앙을 모면할 수 있었다. 유럽은 중국 시장에서 상당한 양의 아메리카 은을 판매해 아시아 경쟁자의 부를 유출시키기도 했다. 석탄과 식민지라는 이 두 가지 이유 때문에 서유럽은 인구와 생산성의 균형을 회복할 기술 수단을 개발하기 위한 '숨 돌릴 틈'을 가질 수 있었다. 이러한 상황은 결과적으로 아시아의 경쟁자를 추월하게 했다.

《대분기》는 현시점의 세계사에 여러 측면에서 상징적이다. 세계의 모든 지역을 책이 포괄하고 있지는 않지만—저자는 아프리카와 같은 일부 지역을 언급하고는 있지만 분석의 중심에 있지는 않다고 인정한다—그 규모는 지구적이다. 그러나 포메란츠의 책은 유럽—더 일반적으로는 서양—을 '나머지'를 위한 모델이자 지도자로서의 지위에서 쫓아내려는 세계사 분야의 다수 연구자들을 또한 대표한다. 더 앞선 세대들은 월러스틴과 같이 서양의 헤게모니에 대해 비판적인 학자들조차 유럽 중심적 입장에서 사고했다. 즉 찬양하거나 비판하거나 간에 핵심 의제는 어떻게 유럽과 북아메리카가 다른 지역보다 일찍 '거기에 도달'(자본주의, 산업화, 제국주의)했는가를 설명하는 것이었다. 분명 포메란츠 또한 유럽 지배의 시기를 설명하고 있지만 중국의 시각에서 제기하는 질문은 매우 다른 이야기를 만들어낸다. 그에 따르면 동양과 서양은 수 세기 동안 대등했고, 유럽의 우위는 우연적으로 매우 늦게 나타났다는 것이다. 포메란츠와 같은 학자들에 의해 구현된 세계사는 개념상의 비약적 진보를 가능케 하는 과거의 지리적 재구성의 또 다른 예를 제공한다.

유럽-아메리카의 치환

시야를 확대해 지구적 규모를 포괄하는 세계사의 실행은 유럽-아메리카의 지배를 중심에 놓고 그것이 어느 정도 예정되어 있다는 기술에 대해 문제를 제기하는 시각을 제공한다. 유럽 중심적 경향은 서양과 그 외 지역의 역사 서술에 깊이 내재되어 있다. 왜냐하면 전문적 역사 연구—학과, 학술지, 전문학회—가 유럽과 미국이 세계인의 대다수를 지배하고 자신들의 우위를 인류의 과거로까지 소급했던 19세기 후반에 유럽과 미국에서 형성되었기 때문이다. 서양에서 20세기까지도 역사가들은 오직 유럽만을 다루는 반면 동양학 연구자들은 '세련됐지만 전통적인' 아시아의 문화를 연구하고 인류학자들은 '원시적이고 변화를 모르는' 아프리카와 대양주 사회를 연구하는 식으로 분화되어 있었다.[68] 유럽과 미국은 '역사'가 있지만 세계의 그 외 지역은 '시간의 변화를 모르는' 이질적인 곳이라는 가정을 바로잡는 데는 많은 시간이 필요했다. 즉 1959년까지도 미국의 역사전공 대학원생 1735명 중 단 한 명만이 아프리카 전공자였다.[69]

전문 역사 연구는 유럽 제국주의의 최전성기에 시작되었기 때문에 처음부터 유럽의 역사는 유럽-미국의 역사가들뿐만 아니라 아프리카, 아시아, 라틴아메리카의 역사가들에게도 하나의 기준이자 모범이 되었다. 디페시 차크라바르티Dipesh Chakrabarty가 자신의 유명 저서 《유럽을 지방화하기》(2000)에서 지적했듯이 "'유럽'은 우리가 '인도', '중국', '케냐' 등의 역사를 포함한 모든 역사의 주체이자 이론적 주제였다. 이러한 모든 그 외 역사들이 '유럽의 역사'라고 불릴 수 있는 지배적 서술에 변용이 되어가는 특별한 방식이 있다." "제3세계"의 역사가들은 유럽의 역사와 그와 결부된 역사 변화의 이론을 알아야 한다고 언제나 요구되었지만, 서양의 역사가들은 자신들 역사 이외의 다른 역사에 대해서는 대개 무지했다(그는 이러한 상황을 '비대칭적 무지'라고 불렀다)라고 그는 지적했다.[70] 서양에서 개발된 해석 틀은 맥락에서 이탈할 때 종종 아무런 의미도 가지지 못한다. 아프리카 역사가 스티븐 파이어먼Steven Feierman은 보다 원시적 '문화'에 대비되는 성숙한 '문명'을 지닌 사회에 관한 고전적 정의를 지적한다. 즉 문명은 역동적이고 그러한 문명의 특색은 정치경제적 위계, 문자, 경작, 특히 도시의 두드러진 인구 집중 등을 포함한다. 아프리카의 많은 지역에서 이러한 특징들의 일부가 다른 특징들이 부재한 가운데 매우 오랜 시간 동안 존재해왔다는 점이 문제라고 파이어먼은 지적한다. 즉 이그보어를 사용하는 남부 나이지리아 지역은 정치적 위계나 문자가 존재하지 않는 가운데 여러 세기 동안 정교한 농업뿐만 아니라 인구 집중과 장거리 교역을 포함한 시장 등을 가지고 있었다. 유럽식의 발전 범주로는 이그보족 사회가 '문화' 혹은 '문명'을 가지고 있었는지의 여부를 설명할 수 없다.[71]

더 광범위하게 말하자면 역사해석에서 '서구 대 비서구'의 문제는 근대의 개념 안에서 공간과 시간을 융합하는 문제다. 근대는 변화하는 일시적 범주이기도 하지만(어느 특정 시점에서 근대는 관찰자가 서 있는 지점에서 과거로 한 세기 혹은 두 세기까지 소급한다) 국민국가, 도시화, 참여정치, 산업화, 교육, 인권과 같이 긍정적으로 여겨지는 특징들을 포함하는 규범적 범주이기도 하다.[72] 근대성의 개념은 문명과 더불어 한때는 서구 식민주의를 정당화하는 수단으로, 그리고 나중에는 유럽의 발전

경로를 기준으로 어느 특정 사회의 진보 정도를 판단하는 범주로, 이른바 근대화이론의 근거로 사용되었기 때문에 논쟁의 대상이었다. 현재는 바로 서양이며 그 외 사회들은 가능한 한 빨리 과거에서 벗어나 서양을 따라잡아야 한다는 것이 당시의 일치된 견해였다. 차크라바르티를 다시 인용하자면 "역사주의는 (…) 어떤 다른 사람들에게 '아직은 아니다'라고 말하는 누군가의 방식으로 19세기 비유럽인들에게 다가왔다."[73] 탈식민주의로 알려진 운동에 속해 있는 학자들—그들 중 다수가 아시아 남부의 지식인들—은 이러한 서양의 사고방식이 토착 엘리트들에 의해 수용되고 인도와 같은 지역의 서발턴subaltern*에게 적용되었기 때문에 제국의 종식 이후에도 탈식민지의 주체들은 자신들의 진정한 자율적 주체로부터 소외된 상태에 머물러 있다고 주장한다.[74]

아시아, 아프리카, 라틴아메리카, 오세아니아의 역사가들은 자신들이 연구하는 사회를 '후진적'으로 간주하는 전제와 수십 년 동안 싸워왔다. 한 아프리카 연구자가 지적했듯이 아프리카 역사는 "부분적으로 근대와 같은 개념에 내재되어 있는 인종적이고 목적론적이며 생색내는 전제에 도전함으로써 출현했다."[75] 그렇지만 이러한 역사가들이 직면하는 딜레마는 그들 대부분이 민주주의와 인권 같은 근대성의 특징들을 긍정적 이념으로 수용한다는 것이다. 그들은 또한 자신들이 연구하는 지역의 주민들이 당연하게 물질적 편안함이나 안정 같은 근대의 많은 측면들을 열망했고 지금도 여전히 그러하다고 기꺼이 인정하고 있다. 많은 역사가들이 이러한 모순에서 벗어나는 방법은 '근대성'이

---

* 저자는 여기서 '서발턴'이라는 개념을 지배 엘리트 집단 이외의 인도인 전체를 의미하는 개념으로 사용하고 있다.

아닌 '근대성들'을 연구하는 것으로 자신들의 과제를 기술하는 것이었다. 즉 여러 사회들은 무한히 다양하게 상이한 방식으로 자유의 확대, 교육, 부를 열망하고 성취해왔으며, 역사가들의 과제는 그 사회들이 자신들의 방식으로 근대화되어가는 다수의 방식을 서술하는 것이다.[76]

예를 들어 18세기와 19세기 아프리카 사회의 변화는 일반적으로 대서양 노예무역과 자본주의적 교역망과 같이 유럽이 주도하는 전 세계적 현상에 의해 추동되었다고 간주되어왔다. 그러나 이러한 전개가 우리가 보는 모든 것이라면 우리는 특정 지역의 실제 주민들과 크게 연관이 있는 또 다른 역사적 동력을 포착하지 못하거나 그것을 완전히 이해하지 못한다. 파이어먼은 현재의 동아프리카 탄자니아와 잠비아 지역 사이에서 19세기 후반에 살았던 나윔바라는 여성의 이야기를 그 예로 제시한다. 남편의 이른 죽음과 생활비 부족으로 그녀의 삶은 위기의 연속이었다. 그녀는 포로로 사로잡혀 노예로 팔리기 직전에 탈출했고 예속에 대한 보호책으로 남편의 친척에게 결혼을 간청했지만 받아들여지지 않았다. 나윔바의 주변인적 지위로 인해 그녀의 딸은 신부를 맞이할 때 신랑 측이 지불해야 하는 재물을 마련할 수 없는 낮은 신분의 남자와 결혼할 수밖에 없었다. 이러한 결혼으로 나윔바의 손녀는 추장 가구의 힘없는 일원이라는 위험스러운 상황에 놓였다. 그녀는 결국 빚을 탕감하기 위해 다른 가구에 양도되었다.

더 넓은 맥락에서 이러한 이야기의 의미는 무엇인가? 아프리카의 그 지역이 인도양과 노예무역에 최근에 개방되었기 때문에 지구적 차원의 교역과 노예무역이 나윔바의 사회(특히 그녀가 속한 은곤데족)에 가해진 압력이라는 상투적 대답이 가능할 것이다. 그러나 은곤데족 당사자들은 당시 자신들의 사회가 경험한 변화를 교역의 방식을 동쪽으로 옮겨간 부족장의 결혼 형태의 변화로서, 그리고 나윔바의 취약성은 남부 아프리카의 은고니 전사들이 그녀 가족의 재산을 강탈한 결과로 설명하려고 할 수도 있다. 여기서의 차이는 '더 광범위한' 맥락과 '지역'의 맥락 간의 차이가 아니라 동일한 사건들에 대한 유럽 중심적 독해와 아프리카 중심적 독해의 차이다.[77]

아프리카의 역사가들이 아프리카 대륙의 유구하고 복잡한 역사가 유럽의 무역과 제국주의와의 만남을 중심으로 설명될 필요도 없고 그래서도 안 된다는 것을 보여주고 있다면, 아시아의 탈식민주의 역사가들은 전통/근대라는 이분법으로 인도와 같은 문화양식을 이해할 수 없다고 주장한다. 20세기 인도 농민의 문화를 '낡은 것' 혹은 '탈정치적'인 것으로 규정하는 것은 "인간의 역사가 단일하고 균질적이며 세속적이라는 이념에 집착하는 것이다"라고 차크라바르티는 지적한다. 그 대신 우리는 근대성의 경험이 주체성이라는 또 다른 형태에 의해 장식된 방식을 이해하기 위해 노력해야 한다. 이런 맥락에서 근대성에 대한 연구는 역사의 한 단계에서 다음 단계로의 **이행**의 문제가 아니라 **번역**의 문제다. "유럽적 사고는 유럽 이외의 국가들의 정치적 근대화의 경험을 우리가 충분히 사고하도록 하는 데 한때 필수적이면서도 부적절하기도 했다. 유럽 지방화하기의 과제는 어떻게 이러한 생각이 (…) 주변으로부터, 그리고 주변을 위해 갱신될 수도 있을지를 고찰하는 것이다."[78]

베네딕트 앤더슨이 인도네시아 역사를 다년간 연구한 이후에 민족의 형성과 관련한 획기적 통찰에 도달했듯이 탈식민주의 연구자인 차크라바르티와 그의 동료들은 서구의 역사주의가 다른 맥락에도 단순하게 투사될 수 없을 뿐만 아니라 연구와 분석의 지리적 무게중심을 이동한다면 서구 역사사상의 핵심 범주에 대해서도 생산적인 도전을 제기할 수 있다고 주장했다.

역사의 '공간'에 대한 사고는 현재 수행되고 있는 역사 연구의 본질과 관련해 복잡하고 논쟁적인 질문을 제기한다. 거의 모든 역사가들이 중국혁명, 이탈리아 르네상스, 제3제국, 영국 산업혁명, 인도 독립과 같이 위대한 사건 혹은 개념이라고 할 만한 것들을 중심으로 통상 구성되어 있는 국가의 범위 안에서 여전히 연구를 수행하고 있다. 이러한 주제들 각각에 대한 뛰어난 저서들을 무시할 수는 없으며, 역사가들의 훈련과 상상 또한 국가의 맥락 안에서 형성된다. 그러나 우리는 국가가 무엇이고 그들이 어떻게 출현했는지에 관한 순진무구한 생각에서 벗어난 지 이미 오래다. 유럽-미국 역사학계 내부와 그 지역의 전통에서 벗어나 있는 학자들의 비판에 의한 상황 전개 모두가 국민국가를 역사의 자연적이고 필연적 단위라고 제시하는 것을 점점 더 어렵게 만들고 있다. 세계사 분야의 역사가들과 탈식민주의 학자들은 "유럽을 지방화"할 것을 요구하고 있다. 즉 그들은 지역으로서 유럽을 주변화할 것을 요구하는 동시에 가장 두드러진 예로 사회를 '후진적'과 '근대적'으로 나누는, 과거에 대한 유럽-미국식의 범주를 부과하는 것에 대해서도 의문을 제기하고 있는 것이다. 우리가 현재 알고 있는 대다수의 역사 저술이, 서양이 그 외 다른 모든 지역을 물질적으로나 문화적으로 지배할 때 최초로 개념화되었던 시간, 공간, 그리고 인류의 진보에 대한 사고방식에서 확립된 것이기 때문에 가장 급진적 형태의 이러한 연구 방향은 유럽 중심에서 벗어난 역사 저술의 가능성 그 자체에 대해 문제를 제기한다. 즉 유럽식의 문화 범주에서 벗어나는 방식으로 역사 변화의 저술이 어떻게 가능한지를 이들 비판가들은 묻고 있다.[79]

　요약하자면 역사에 관한 '공간'의 질문은 한 세대 전에 역사의 '주체'에 관한 질문이 그랬듯이 그 이상은 아니더라도 오늘날의 역사학을 급진적으로 해체하고 있다. 익숙한 공간에 대한 모든 도전들이 동일한 논쟁적 효력을 가지는 것은 아니다. 다수의 '해양', '초국가', 혹은 '변경'의 역사는 반국가적이라기보다는 다국적의 역사다. 즉 이러한 장르의 역사는 국가 이전의 시간 혹은 국가들 사이의 공간에 집중함으로써 새로운 이야기를 때로는 과감하게 들려준다. 세계사와 탈식민주의의 역사는 반면에 더 급진적 비판을 제기한다. 그것들은 첫째, 서양을 중심에서 몰아내는 지적 전망을 갖도록 우리를 돌아보게끔 유도하며, 둘째, 근대의 의미를 설명할 수 있는 지역적이며 예기치 못한 사례들을 확대경으로 관찰하도록 한다. 그렇지만 국가와 근대성을 벗어나 사고하기 위해서는 적지 않은 비용을 지불해야 한다. 그러한 사고는 ○○○의 성장, 발전, 혹은 승리라는 잘 알려진 이야기를 놓치게 하고 과거의 그 어떤 이야기도 모두 포용하게 만들 수도 있다. 역사가들은 현재 이런 의문을 제기한다. 역사에서 의미를 찾을 수 있는 국가적, 혹은 전 세계적 차원의 어떤 거대한 서사에 의해 역사의 틀이 더 이상 만들어지지 않는다면 우리는 어떻게 특정한 역사를 계속 쓸 수 있는가?

3장

무엇의 역사인가?

이념에서 사물로

역사는 인간을 다루기 때문에 역사의 '대상'은 '인물'이나 '장소'의 역사보다 더 자명하게 보일지도 모른다. 마르크 블로크Marc Bloch는 1944년 역사의 기능을 다룬 자신의 책 서문에서 이러한 취지의 고전적 언급을 다음과 같이 적었다. "훌륭한 역사가는 동화의 거장과도 같다. 그는 인간 육체의 향기를 느낄 수 있는 어느 곳에서든지 자신의 이야기의 기원이 있다는 것을 안다."[1] 당시에는 그 의미가 덜 분명해 보일 수도 있었기 때문에 이러한 직유법은 놀랍다. 그는 '아래로부터의 역사'를 주장하고 있는데 당시 역사학에서 그러한 시각은 기준이 되지 못했다. 동화 속 괴물들이 인간을 잡아먹고 싶어할 때 그들의 지위나 직업을 상관하지 않듯이 역사가들은 모든 종류의 인간에 대해 차별 없이 동등하게 관심을 가져야 한다.

역사는 분명 인간을 다룬다. 다음의 장들에서 더 상세하게 설명하겠지만 과거에 대한 탐구는 인간 정체성에 관한 질문(우리는 지난 세대의 사람들과 어떻게 비슷하며, 어떻게 그들과 다르게 되었는가?)과 의미의 창조에 관한 질문(우리의 선조들은 세계를 어떻게 인식했는가?)을 중심으로 진행된다. 인간은 폐물들을 수집하는 것에서부터 수학공리의 발견, 성관계에 이르기까지 수많은 방식으로 세상에 관여하고 있다. 그들의 행동은 자연환경, 날씨, 동물의 생태, 그리고 그들 자신의 육체 같은 것들에 의해 제공되는 기회와 장애물들과 같은 물질조건에 의해 영향을 받는다. 그리하여 역사가 언제나 궁극적으로 인간에 관심을 가지는 한 역사가들은 과거의 사람들이 그들 주변의 세계와 상호작용하는 수많은 방식을 자신들의 연구 '대상'으로 오랫동안 분류해왔다.

전통적으로 역사의 '대상'은 역사의 '인물'과 밀접하게 겹쳐 있다. 1세기 혹은 그보다 오래전, 역사의 주체가 남성 엘리트였던 시기에 과거의 기록은 남성이 다른 남성들과 세계를 어떻게 지배하게 되었는가에 집중되었다. 예를 들면 교회의 역사 혹은 위대한 예술가, 사상가, 과학자의 역사에서 기록된 바와 같은 군사적·정치적 업적을 중심으로 하는 제도적·지적인 성취에 관심을 가졌다. 역사의 대상에 관한 이 장의 서술은 역사의 인물과 더불어 전개된다고 말할 수도 있을 것 같다. 예를 들어 여성에 대한 강조로 가족의 역사가 시작되었고, 노동자에 대한 관심은 노동사라 불리는 어떤 것을 가져왔으며, 이전 시대의 게이와 레즈비언의 발견은 '성의 역사'를 출범시켰다. 역사의 인물과 대상의 관계는 이렇게 상당히 밀접하지만 몇몇 문제를 제기하기도 한다. 먼저 일부 대상은 그에 상응하는 인물이 없다는 사실을 지적할 수 있다. 예컨대 환경사는 특정한 인간집단과 무관하며, 경제사는 경우에 따라 사람들을 전혀 드러내 보일 수 없고, 지성사와 문화사는 매우 추상적인 형태를 띨 수 있다.

이 장의 이야기는 새로운 인물들과 더불어 등장하는 새로운 대상에 대한 직선적 설명보다 더 복잡하고 또한 더 흥미롭다. 역사가들은 그들 스스로가 정신적 영역에서부터 물질적 영역에 이르는 위계질서, 즉 종교와 사상의 역사를 맨 위에 두고 농업이나 광업 같은 주제를 맨 아래 위치시키는 것과 같이 보통 위계가 정해져 있는 인간 행동의 광범위한 영역을 다룬다는 것을 오랫동안 인식해왔다. 이러한 위계질서는 '보다 고상한' 지적 영역의 역사가 독자적 학과로 분리되는 식으로 19세기부터 시작된 학문세계에서 신성시되었다. 예술, 종교, 문학, 철학의 역사는 오랫동안 전통적인 인문학 교과과정에서 중심이었지만 농업, 어업의 역사는 그렇지 않았다. 그렇지만 최근 반세기 동안 음식, 의복, 사물, 소비문화, 육체의 습관과 행동, 자연환경, 그리고 통상적으로 '하찮게' 여겨졌던 그 밖의 문제들을 다루는 책들이 역사 연구서의 일부분이 되었고, 정치활동 혹은 종교 갈등에 관한 연구에 못지않은 중요한 연구로 간주되었다.[2]

바로 앞의 두 장은 기존의 위계질서에 대한 도전을 설명했다. 사회, 정치 엘리트들에 대한 전통적 강조는 가난하고 드러나지 않은 사람들에 대한 관심의 증가로 대체되었고, 유럽 중심적 함의의 기본 설정이었던 국가는 그 외의 지리적 설정에 자리를 내주기 시작했다. '대상'과 관련한 이 장은 동일한 방식으로 전개되지는 않는다. 즉 1960년대와 1970년대에 이데올로기적 이유에서 많은 역사가들은 농민, 노동자, 노예, 여성에 관한 연구가 소수의 백인 남성 엘리트의 연구보다 민주적이고 진보적인 사회에서 더 중요하게 다루어져야 한다고 주장했다. 그리고 20세기 말과 21세기 초에 걸쳐 또 다른 세대의 역사가들은 정치적 이유에서 국민국가와 관련한 역사 연구의 우위에 대해 의문을 제기했다. 그렇지만 인간의 경험 영역이 관심의 대상인 곳에서 음식, 가구, 혹은 숲이 역사가들에게 더 정치적으로 긴급한 관심사항이라고 주장하면서 '이념', '종교', 혹은 '과학'을 이데올로기적으로 공격한다면 그것은 완전히 바보 같은 짓이 될 것이다. 이데올로기적 스펙트럼의 어느 한쪽에서 유아 출생률의 역사가 하찮은 것이라든가 지성사가 엘리트적이라는 이유로 폐기되어야 한다는 주장이 불쑥 제기될 수도 있지만 역사가들의 압도적 다수는 경험의 모든 영역, 행동과 창조의 모든 형태가 인간의 과거를 이해하는 데 중요하며 현명한 방식으로 연구될 수 있다고 믿는다.

이러한 영역에서의 역사 연구의 갱신은 보다 낮은 대상을 위한 보다 높은 대상에 대한 공격으로 성취되지 않았고, 인간 경험의 영역을 더 밀접히 결합시킨 방법론적 혁신을 통해 이루어졌다. 이 장은 최근 수십 년 동안 역사가들이 전통적으로 '보다 고상한' 영역을 더 물질적으로, 그리고 '보다 낮은' 영역으로 간주되는 영역을 더 문화적으로 전환시켰다는 주장과 아울러, 인간은 자신들이 원하는 대로 세계를 주조할 수 있는 무한한 능력을 가지고 있다는 이념에 대한 도전을 바탕으로 역사의 일부 하부영역에서의 전환과 새로운 영역의 등장을 서술한다. 이탈리아 르네상스기에 최초로 규정되었던 휴머니즘에 대한 고전적 정의에 따르면 남성은 삼라만상에서 예외적 지위를 차지했다. 즉 저 높은 곳의 신과 천사에서부터 밑바닥의 비생명체에 이르는 존재의 사슬에서 인간은 영혼세계와 물질세계 사이의 교차점에 위치하기 때문에 신적 존재에 유일하게 가깝게 다가갈 수 있거나 보다 저열한 동물적 본능에 굴복할 수도 있다(물질적 영역에 보다 근접해 있는 여성은 이와 상응하는 자유를 결코 누리지 못했다). 선택의 어려움이 남성의 위대함, 세계를 자신의 의지에 굴복시키는 능력을 결정한다.[3] 최근 수십 년간의 역사 연구는 고급과 저급의 분류를 재조정하고 한계 혹은 해로운 결과 없이 주변의 세계에 영향을 미친다는 인간의 능력에 대해 적지 않은 의구심을 제기함으로써 이러한 고전적 인간관을 조금씩 무너뜨려왔다. 이 장은 환경사와 같은 역사 연구의 새로운 대상의 출현을 추적하지만 동시에 전통적인 연구 영역이 몇몇 새로운 접근방식에 의해 어떻게 갱신되었는지도 기술한다.

변화하는 관념사

역사가의 관심 중에서 가장 추상적이고 가장 파악하기 어려운 대상이 가장 유래가 깊은 역사 중의 하나인 관념사다. 이 용어는 익숙한 것이지만 그 의미는 도전적인 무언가를 제공한다. 즉 관념사 혹은 일련의 관념들의 역사를 쓴다는 것의 의미는 무엇인가? 상식적인 대답은 관념을 생물학적 현상처럼 취급하자는 것이다. 즉 관념은 유전형질과 같이 한 사상가에서 다음 사상가로 계승되거나 전염병처럼 퍼진다. 따라서 역사가들의 과제는 한 사상가로부터 다음 세대로 전해지는 관념의 전달과 변용 과정을 추적하는 것이다. 20세기 초반 미국에서 관념사 분야를 창설했던 아서 러브조이Arthur Lovejoy는 《관념사연구학보》를 창간했다. 1940년 첫 호에서 그는 "근대사상에 대한 고전사상의 영향,

미국의 문학, 예술, 철학, 그리고 사회운동에 대한 유럽의 전통과 저술의 영향"을 탐구하는 논문들을 투고해달라고 요청했다.[4]

　관념사에 대한 전통적인 접근은 관념을 구체화함으로써, 즉 관념을 대상으로 접근함으로써 때때로 진행된다. 러브조이는 다른 무엇보다도 '단위관념unit ideas'이라는 용어를 고안한 것으로 유명하다. 그는 기본적인 철학이념을 구성하는 요소들이 존재하며, 사상가들은 수 세기에 걸쳐 이 요소들을 상이한 방식으로 결합시켰다고 생각했다. 그의 가장 유명한 저서《존재의 대연쇄: 관념사 연구The Great Chain of Being: A Study of the History of an Idea》(관념idea을 단수형으로 표시한 것에 주목하라)에서 그는 유구한 서양의 관념의 창조를 세 가지 단위관념의 일련의 재배치를 통한 위계적 '존재의 연쇄'로 설명했다. 그 기본 관념은 플라톤이 최초로 정식화한 '충만함'과 아리스토텔레스로부터 차용한 '연속성'과 '변화'다.*[5] 이러한 방식의 시각에 따르면 관념은 사상가들이 가지고 노는 건물 블록과도 같으며, 가끔 천재가 나타나서 그것들로부터 어떤 놀라운 것을 만들어내기도 한다. 실제로 러브조이와 다른 사람들도 같은 맥락에서 작업하고 있는 것이었다.

　관념사의 전통은 프랑크Frank와 프리치 마누엘Fritzie Manuel의 서양에서의 유토피아에 관한 고찰(1979)에서부터 '행복', '천재', 그리고 '상식'의 개념에 관한 최근의 연구에 이르기까지 매력적인 연구물을 만들어왔고 그러한 성과들을 계속 생산해내고 있다.[6] 여전히 교과서와 교

---

* 플라톤은 우주를 "상상될 수 있는 모든 것이 존재해야만 되는 장소"로 생각했다. 이에 따르면 우주는 그 자체로 부족한 것이 없는 '충만'한 상태다. 반면에 아리스토텔레스는 지상의 사물은 그 사물의 본성을 규정하는 내적 요소의 운동과 다른 사물의 운동에 의해 끊임없이 변화한다고 보았다.

과과정에서 흔히 볼 수 있는 가장 단순한 형태로서 관념사는 인간 지식의 누진적 과정에 중요하게 기여했던 위대한 사상가들의 일련의 전기로 구성되어 있다. 즉 마키아벨리는 종교로부터 정치를 분리했고, 이로 인해 홉스가 계약정부라는 전제를 도출해냈다. 이어 로크는 민주주의를, 루소는 더 근본적이고 평등주의적 목표를 수용하여 후대의 마르크스에게 영향을 미쳤다는 식이다. 직선적이고 목적론적인 형태를 가장 분명하게 드러낼 때조차 관념사는 맥락에 대한 어느 정도의 관심을 언제나 포함하고 있었다. 즉 마키아벨리의 저술을 이해하기 위해서는 16세기 이탈리아 도시국가에 관한 어떤 것을 알아야 할 필요가 있고, 인간의 동기와 정부의 기원에 관한 홉스의 거친 시각은 잉글랜드의 과격한 내전과 같은 그의 세대의 경험과 분명 연관이 있다는 식이다. 그러나 더 전통적인 시각에서 '시대를 초월하는' 사실 그 자체에서 위대함을 찾을 수 있는 관념의 출현을 얘기할 때 '맥락'은 단지 배경으로서만 기능한다.

연구 분야로서 확립된 이후 수십 년 동안 관념사는 수 세기에 걸쳐 상대방의 이념과 대화하며 그것을 기초로 새로운 이념을 만들고 경우에 따라서는 그것을 반박하는 위대한 최고 사상가들의 계보로서 이해되었다. 1960년대에 젊은 학자들, 그중에서도 가장 이목을 끌었던 옥스퍼드의 역사가 쿠엔틴 스키너Quentin Skinner 같은 연구자들은, 그러한 관념사는 사상의 거인으로 이후에 추앙된 사상가들만을 주목했으며 당시에는 중요했지만 이제는 잊힌 인물들을 무시했다고 지적하면서 전통적 시각을 공격하기 시작했다. 간단히 말하자면 지금까지의 지성사는 비역사적이고 엘리트주의적이라는 것이다. 〈관념사의 의미와 이해〉(1969)라는 글에서 스키너는 이념의 자율성을 주장하는 '내재적' 방법과 '맥락'에 대한 전통적 접근 모두를 과거의 관념에 대한 부적절한 접근방식으로 비판했다.

예를 들어 진보 혹은 평등과 같은 관념들이 특정한 시대에 출현하여 때때로 "시야에서 사라졌다가" 투쟁을 통해 자기 자리를 찾게 되었다는 생각은 어리석다고 그는 지적했다. 또한 사상가 X가 Y세기 이후의 발전의 토대를 제공했다는 주장("루소는 전체주의의 창시자다")이나 자신들 저술의 어떤 함의를 "보지 못했다고" 사상가들을 비난하는 것도 마찬가지로 어리석은 일이라고 지적했다. 사상사 연구자들의 임무가 사상가의 저술에 일관성을 부여하거나 전체 저술의 '근본적 의미'를 규명하는 것이 되어서는 안 된다.[7] 관념사 연구에서 근본주의적 접근을 통렬하게 비판하면서 스키너는 전형적인 맥락적 해석에 대해 비판적이긴 했지만 비교적 우호적이었다. '역사적' 접근은 홉스를 최초의 위대한 '부르주아' 사상가로, 혹은 로크를 초기 자본주의 이론가로 해석하는 식으로 투박한 환원주의적 해석을 빈번하게 초래했다고 그는 지적했다.[8]

스키너 자신은 사상가가 살았던 시기의 지적 배경에 대한 깊은 이해를 바탕으로 한 맥락적 접근을 옹호했다. 그는 다음과 같은 예를 제시한다. 마키아벨리가 "군주는 유덕하지 않을 수 있는 방법을 배워야 한다"라고 썼을 때 우리는 그 의미를 다양한 방식으로 해석할 수 있다. 즉 많은 다른 저술들에서 반복되는 기억할 만한 문구로서, 급진적 언명으로서, 혹은 농담으로서 말이다. 광범위한 영역의 동시대 저술을 충실하게 이해하지 않고서는 어떤 의미가 올바른지 선택할 수 없을 것이다. 왜냐하면 "텍스트의 이해는 (…) 그것들이 의미하는 바가 무엇이 었는지, 그리고 그러한 의미가 어떻게 받아들였는지에 관한 양자의 이해를 전제하기 때문이다."[9] 예를 들어 우리의 현실세계에서 "시계를 갖고 있나요?"라는 질문에 대한 올바른 대답은 (인색한 뉴잉글랜드인에 관한 오래된 농담에서와 같이) "네"가 아니라 "네, 2시 45분입니다"이다. 다른 문화 혹은 있을지도 모를 다른 행성에서 온 누군가는 이에 대한 논리적 대답은 단순히 "네"라고 생각할 수도 있다. 그렇지만 그 질문의 맥락을 이해했다면 그 말을 "시계를 갖고 있다면 지금이 몇 시인지 알려주세요"라는 뜻으로 받아들일 것이다. 이러한 종류의 내재적 지식을 관념사 연구자들이 이해하려고 노력해야만 한다고 스키너는 주장했다. 부연하자면 모든 텍스트는 당대의 일련의 지식에 기초해 특정 상황에서 제시된 표출이자 문화적 기대를 가지고 있는 청자를 목표로 한 표출인 것이다. 철학자는 플라톤이나 홉스의 저술이 가지고 있는 '영속적' 의미에 관심을 가질 수도 있지만, 관념사 연구자들은 각각의 텍스트가 그 시대의 다른 텍스트와의 대화에 어떻게 참여하는지를 발견해야만 한다. 방법론적으로 스키너의 시각은 제일의 텍스트에 의존하며 그것에 호응하여 만들어진 광범위한 분야의 덜 유명한 다른 저술들과 함께 제일의 모든 텍스트를 읽을 필요성을 암시한다. 즉 이것은 해석의 목적을 위해 유명한 저술들을 그들의 고독한 지위로부터 떨어뜨린다는 점에서 관념사의 '민주화'로 이해될 수 있는 맥락적 분석의 형태다.[10]

스키너와 같은 사람들의 도전의 결과로 관념사와 같은 용어는 대체로 선호도에서 멀어졌다. 다른 하위분야에서와 마찬가지로 지성사가

정확히 무엇이 의미하는지와 관련하여 어떤 합의도 존재하지 않지만 오늘날 연구자들은 스스로를 '지성사 연구자'로 규정하고 싶어한다. 피터 고든Peter Gordon은 지성사를 "지식인과 관념에 대한 연구, 그리고 시간의 변화에 따른 사상 유형에 대한 연구"로 간략하게 정의했다. 또 다른 학자는 사상의 유형과 흐름뿐만 아니라 사상가의 전기, 서적과 독서의 역사, 대학과 좀 더 비공식적인 지식인 단체와 같은 조직들의 역사까지도 포함하는 것으로 규정했다.[11] 오늘날 대다수의 사상사 연구자들이 러브조이가 했던 식으로 관념사를 경직되게 연구하지는 않는다는 점이 유일한 공통점처럼 보인다. 일부 저서는 너무나 추상적이고 사색적이어서 철학을 닮았다고 얘기할 정도로 사상사의 다양한 유형이 계속해서 발전하고 있다. 그러나 1960년대 이후 최신의 사회사가 출현함에 따라 사상사는 전반적으로 구체적인 사회현실에 기반을 둔 구체적인 연구방법의 방향으로 이동해왔다.

이러한 경향을 보여주는 징후 중의 하나가 '관념의 사회사'라고 불리는 분과의 출현이다. 이 분야의 선구자는 18세기 프랑스 역사가로 가장 잘 알려진 로버트 단턴Robert Danton이다. 1971년에 발표된 그의 초기 논문 중의 하나에서 단턴은 관념사의 고전적인 질문을 제기했다. 즉 계몽주의와 프랑스혁명 간의 관계는 무엇인가? 그 질문에 대한 대답은 관념사의 대다수 학자들을 포함하여 모두에게 언제나 분명해 보였다. 즉 프랑스 계몽주의의 급진적 사상가들은 교회, 군주정, 귀족층을 신랄하게 비판하는 저작들을 집필하고 (불법적으로) 출판함으로써 프랑스 구체제의 현상유지를 어렵게 했다. 단턴은 이러한 깔끔하게 떨어지는 이야기에 존재하는 다수의 큰 결점들을 지적했다. 즉 핵심 **계몽철학자**

중에서 그 어느 누구도 군주정의 정당성을 결코 의심하지 않았고, 대다수는 귀족이거나 귀족층과 밀접하게 관계를 맺고 있었으며 그들 중의 어느 누구도 어쨌든 혁명의 발발 순간까지 살아 있지 않았다. 지금까지 규정되어왔듯이 계몽주의는 사상적 권위에 도전했지만 정치·사회질서에 도전하지는 않았다. 그리고 프랑스혁명 직전에 유통되었던 가장 급진적인 문헌을 집필한 사람들은 볼테르나 루소 같은 이들이 아니었다. 단턴은 경찰 문서고와 서적상의 기록들을 샅샅이 조사했는데, 1780년대의 베스트셀러에는 《잠옷을 착용한 수녀》 혹은 《앙투아네트의 오락》과 (여왕에 대한 참고서적) 같은 제목의 가십성의 음란서적 다수가 포함되어 있었다. 이러한 책들이 어디서부터 유래했는지 알기 위해 그는 18세기 문인세계의 사회학을 탐구하여 이러한 이른바 팸플릿의 작가들이 2급 저술가라는 사실을 발견했다. 즉 이들은 귀족층의 후원을 받는 지식인 살롱과 같은 희귀한 공간에서 성공할 수 없었던 주변부 작가였고, 자신의 울분을 에로틱하고 추문으로 가득한 팸플릿 전집을 통해 쏟아냈다. '계몽주의 최전성기'의 고전적 저서들이 아니라 이러한 저술들이 프랑스혁명의 발발과 급진화를 위한 화약이었다고 그는 주장했다.[12]

단턴은 1970년대 이후 자신의 '삼류 작가' 테제를 심화·확장했고 이에 관한 비판과 수정도 뒤를 이었다.[13] 단턴이 애초의 주장을 어느 정도로 유지하고 있는지를 차치하고 그의 저작은 역사가들이 도서관을 떠나 문서고를 헤집고 다닐 때 이념과 사건 사이의 관계에 대한 우리의 이해가 어떻게 변화할 수 있는지를 보여준 초기의 영향력 있는 저서였다. 광범위하게 정의된 지성사 분야는 책과 팸플릿의 생산과 유포, 그리고 인쇄소, 저자, 출판사, 베스트셀러, 대중적 작품, 연애소설의 역사 등을 추적하는 학자들의 공동작업까지도 포함한다. 그것은 독서의 역사와 같은 매혹적인 전문분야로까지 확대되고 있다. 즉 역사의 어느 시점에서 사람들이 독서를 시작했고, 그들은 어떠한 종류의 사람들이었는가? 그들은 어떠한 감정을 느끼고 어느 정도로 집중하면서 같은 책을 여러 번, 아니면 다양한 종류의 책을 혼자, 혹은 모여서 소리를 내거나 조용하게 읽었는가?

　다양성의 경향은 다른 분야와 마찬가지로 지성사 분야에서도 영향을 미칠 정도로 생겨났다. 1970년대 이후 페미니스트 역사가들은 과거의 지적 세계에 대한 여성들의 기여를 조명해왔다. 메리 울스턴크래프트Mary Wollstonecraft 등의 초기 페미니스트 사상가들은 로라 바시Laura Bassi와 같은 근대 초기 이탈리아의 여성 지식인, 18세기 프랑스와 19세기 독일의 살롱의 여인들, 즉 그 시대의 지적 활동에서 결정적 역할을 했던 교양 있는 여주인이자 중재자들 모두가 인류의 사상사에 자신들의 자리를 요구할 자격이 있다고 지적하며 이들을 칭송했다.[14] 요약하자면 수많은 텍스트와 주장들, 그리고 지적 연결망의 구체적인 세계, 책 및 그 외의 자료들과 관련한 생산과 소비의 경제활동, 저술가들의 세계관, 독자들의 감각적이고 감정적인 세계에 대한 지적 관심의 정착 등이 관념사를 변화시켜왔다. 어느 학자가 지적했듯이 관념사는 더 이상 '머리로만 하는 역사'는 아니다.[15]

토머스 쿤의 과학혁명

그 차이가 머릿속에서 쉽게 떠오르기는 하지만 관념과 더불어 역사에서 파악하기 어려운 또 다른 대상이 과학이다. 과학은 다수의 사람과 집단이 관여하는 데서 드러나듯이 지적 활동 중에서 가장 '사회적'이었다. 과학의 결과는 추상적일 수도 있지만 실험, 연구소, 구체적 적용과 같은 과학활동의 대다수의 기술은 철학자 혹은 정치 이론가의 보다 고독하고 사색적인 활동과는 뚜렷이 대비된다.[16] 게다가 과학은 '지식'과 동의어로 종종 사용되지만 관념은 '견해'로 평가절하된다. 즉 최선의 정부 형태, 혹은 선한 삶의 본질에 관한 다양한 견해는 어떤 특정한 시기에 영향을 미칠 수 있고 그래야만 한다고 우리는 쉽게 동의한다. 반면에 그 대답이 임시적이고 진화한다고 하더라도 과학은 중력에 관한 올바른 이해 혹은 유전자에 관한 궁극적 설명을 지향한다고 생각한다. 정통의 서양사상사 이상으로 과학사는 전통적으로 앞선 천재의 업적을 후대의 천재가 개선하면서 서로의 어깨에 기대는 천재들의 계승과도 같은 서사적 이야기로 구성되어 있다. 19세기 후반부터 냉전기에 이르기까지 자신들의 이야기를 종교적 불확실성에 대항시키고자 했던 다수의 과학사가들은 과학 진보의 과정을 "훨씬 더 광범위한 포괄 법칙이 적용될 수 있는 경험적 발견의 축적"으로 묘사했다.[17]

다양한 방식으로 과학사는 20세기 중반 이후 역사의 다른 분야와 동일한 방식으로 진화해왔다. 즉 일직선적인 위로부터 아래로의 접근방식에서 탈피하여 과거에 누가(간단히 말하자면 위대한 상층계급의 남성 천재) "과학을 했고" 어떻게 했는지를 다루는, 좀 더 절충주의적 시각으로 옮겨갔다. 그렇지만 과학사는 한 권의 책이 초래한 비정상적 충격에 부응하여 그 과정을 다른 분야보다 급격하게 바꿨다는 점에서 특별하다. 1962년 하버드의 물리학자 토머스 쿤Thomas Kuhn은《과학혁명의 구조》를 출간했다. 이 책은 과학사회학에 관한 논문집으로 20세기 후반 인문, 예술 분야에서 가장 빈번하게 인용되는 책이었다.[18] 책 그 자체는 혁명적이었고 그 영향은 책의 서술 과정과 유사했다. 즉 쿤은 과학지식의 변화가 지금까지 믿어왔던 대로 점진적으로 일어나지 않았으며 과학혁명이라고 부를 수 있는 개념적 도약을 통해 일어났다는 주장을 제시했다. 책의 가장 유명한 전제 중의 하나는 과학자들이 '패러다임' 안에서 연구를 진행한다는 것인데, 쿤은 패러다임을 "과학자들의 공동체에 일정 시기 동안 표준적 문제와 해답을 제시하며 보편적으로 인정된 과학적 업적"으로 정의했다.[19] 쿤이 '정상 과학Normal Science'의 시기라고 명명한 대부분의 시간 동안 지배적 패러다임은 도전받지 않았고 실제로 가끔은 드러나지도 않았다. 그렇지만 경험적 연구의 축적은 마침내 예외적 현상들을 드러내며 기존 패러다임에 부합하지 않는 결과들을 만들어낸다. 위기 상황은 낡은 패러다임과 '공약 불가능한'* 근본적으로 새로운 패러다임의 창조를 통해서만 해소될 수 있다.

그러한 격변의 가장 유명한 극적 예시는 폴란드의 천문학자 니콜라우스 코페르니쿠스가 천체 운동에 관한 당대 수치의 오류는 '태양이 지구 주위를 돈다'가 아니라 그 반대라고 가정함으로써 해소될 수 있다고

---

* 쿤은 패러다임을 사물을 보는 방식 또는 문제의 인식과 해법에 관한 특정 과학자 집단의 공통된 이해로 규정했다. 과학의 변화 과정에서 새로운 패러다임이 나타나면 두 패러다임을 평가할 수 있는 공통의 기준은 존재하지 않는데 이때 등장한 개념이 공약 불가능성이다.

제시했던 16세기 중반에 일어났다. 천동설에서 지동설로의 전환(근본적으로 공약 불가능한 패러다임)은 과학혁명의 교과서적인 예시다. 쿤의 주장은 과학이 영구적 진리를 제공하는 것이 아니라 역사적으로 결정된 과도기적 패러다임의 맥락 안에서 유효한 임시적 해답만을 제공한다는 함의 때문에 논쟁적이었다.

지식사회학의 기념비적 저서인 《과학혁명의 구조》는 과학사 분야의 연구 방향을 재정립하는 데 특별히 중요했다. 쿤은 과학혁명을 촉진시킨 개인에 관한 흥미로운 연구를 진행했다. 그들은 대체로 젊었고 자신들이 변화시킨 분야의 외부자 혹은 신참자였다(흥미롭게도 쿤 자신도 사회과학의 공식 교육을 받아본 적이 없는 과학자였다).[20] 그렇지만 책의 더 중요한 취지는 과학적 연구와 변화가 개인의 문제라기보다 공동체의 문제라는 것을 이해하는 데 있었다. 즉 특정한 시기와 장소의 과학자들은 무슨 이유에서, 그리고 어떻게 특정한 패러다임을 합리적이고 생산적인 것으로 수용하는가? 그리고 그러한 패러다임은 어떻게 작동하지 않게 되며, 그 이유는 무엇인가? 역사학이 '신사회사'로 전환하기 시작할 즈음에(E. P. 톰슨의 걸작은 《과학혁명의 구조》가 나온 다음 해에 출판되었다) 쿤의 책은 과학의 변화를 이해하는 데 있어서 천재적 개인보다 집단의 구조와 역학이 더 중요하다는 메시지를 명료하고 설득력 있게 전달했다.

쿤의 '공약 불가능성' 개념에는 더 논쟁적인 두 번째 메시지가 포함되어 있다. 몇 년 후 쿤은 이 개념의 기원을 첫 과학사 수업을 준비하면서 경험했던 예기치 못한 각성에서 찾았다. 역학에 관한 아리스토텔레스의 저술들을 검토하던 중에 그는 논리학에서의 기술과 생물학에

서의 관찰로 수 세기에 걸쳐 추앙받던 뛰어난 사상가도 물리학 분야에
서는 너무나 많은 실수를 저질렀다는 사실에 놀랐다. 하버드대학 연구
실의 창문을 바라보면서 그는 돌연 직관적으로 그에 대한 해답을 얻었
다. 즉 운동에 관한 아리스토텔레스 이론의 그 어떤 항목도 뉴턴 이후
의 시각에서는 어리석게 보일 수 있지만 그 둘을 함께 바라본다면 아
리스토텔레스의 역학은 "뉴턴의 역학에 도달하기까지 파괴되고 수정
되어야 하는 (…) 통합된 전체"로서 완전하게 일관된 체계다.[21] 《과학혁
명의 구조》는 쿤이 지적했듯이 과학 분야에서 이미 진행되고 있는 진
화에 대한 강력한 이론적 틀을 제공했다. 과학사가들은 점진적 역사로
부터 멀어지고 있었다. 즉 그는 "과학사가들은 이전 과학이 오늘날 과
학의 유용성에 미친 항구적 기여를 추구하기보다 당대에 그 과학이 가
지고 있던 역사적 통합성을 보여주려고 시도해야 한다"라고 지적했
다.[22] 결별과 단절을 강조하는 쿤의 함의는 과학사가 단선적 '진보'의
역사가 아니라 계승적 세계관의 역사라는 것이다. 그러한 계승적 세계
관은 일관성을 잃어버리기 이전까지는 자신의 일관성을 가지고 있다
(비록 쿤이 스스로를 과학의 진보에 대한 신봉자로 확고하게 스스로를 규정했지만
이러한 전통에서 저술하는 역사가들은 '진보'보다는 과학의 '변화'를 얘기하는 것
을 선호한다[23]). 쿤의 접근법은 때때로 구성주의constructivism라고 불리는
전통을 출범시켰다. 한 학자는 구성주의를 "과학의 지식은 이미 주어
져 있고 인간 행동과 무관한 자연질서의 단순한 현시가 아니라 가용의
자료와 문화적 자원을 가지고 만든 인간의 창조물이라는 믿음"이라고
규정했다.[24]

　　구성주의는 특히 그 초기부터 차선과 차악의 실천 사이의 경계와 과

학적 결과의 유효성과 유용성을 의심함으로써 과학의 권위를 훼손시켰다고 비난받은 쿤과 비슷한 생각을 가진 학자들과 함께 저항에 직면했다. 간단히 말해 무책임한 상대주의 입장을 취했다는 비판이었다.[25] 그러나 구성주의자들은 자신들이 진실 혹은 유용성의 문제에 개입하려고 하는 것은 아니라며 재빠르게 대응했다(그리고 그들은 17세기에서가 아니라 바로 지금 자신들의 잘못을 바로잡으려 한다는 것을 마찬가지로 신속하게 구체화했다). 그들의 목표는 '대칭성 명제symmetry postulate'라고 알려진 중립적 입장을 취함으로써 과학의 '진리' 문제를 잠시 유보하긴 하지만 특정 역사적 맥락에서 지식이 생산되고 검증되는 방식을 설명하는 것이다. 대칭성 명제는 역사가 혹은 사회학자로서 그들의 역할이 상이한 과학적 견해들 사이에서 옳고 그름을 판결하는 것이 아니라 서술하는 것이라고 전제한다.[26]

과학사의 연구에 있어서 이른바 쿤식 혁명의 궁극적 결과는 수 세기에 걸친 '과학의 진군'을 묘사했던 거대 담론을 퇴각시키고 특정 제도, 일군의 사람들, 그리고 (가장 특징적으로) 경쟁적 패러다임이 서로 대립하는 위기의 순간에 대한 '스냅사진식'의 연구를 선호한다는 점이다.[27] 과학사가 누가 옳고 혹은 틀렸는가를 걱정하지 않고 과학의 이념을 맥락에서 이해하는 문제로 규정되자, 구성주의자들에게 특히 그랬는데, 학자들은 과학적 논쟁의 특정 사건과 관련한 심층적 사회문화적 연구를 생산하기 시작했다.

역사적 맥락에서의 과학

이러한 유형의 맥락을 따지는 가장 최초의 연구 중의 하나가 고전으로 자리를 지키고 있다. 스티븐 샤핀Steven Shapin과 사이먼 셰이퍼Simon Shaffer의 《리바이어던과 배기펌프》(1985)는 진공상태가 존재할 수 있는지의 여부와 그 사실을 설득력 있게 제시하는 방법과 관련한 1660년 대 초반의 로버트 보일Robert Boyle과 토머스 홉스 간의 대립을 다루고 있다. 막 30대에 들어선 저명한 과학자 보일은 갓 출범한 영국의 고등과학왕립협회의 창설 멤버였다. 협회는 이전 세기 프랜시스 베이컨 경이 옹호하던 노선을 따라 근대과학의 집단적이고 실험적인 연구에 전념하고 있었다. 절대적 통치에 대한 옹호로 악명이 높았던 《리바이어던》의 저자인 72세의 토머스 홉스는 무신론자라는 혐의를 받아 괴롭힘을 당하고 있었고, 경직된 견해와 오만한 태도 때문에 협회로부터 제명당한 상태였다.[28] 1658~1659년 보일은 어마어마하게 값비싼 기계(한 학자의 표현에 따르면 "그 시대의 입자가속기")를 실험하게 됐는데, 정교한 목재와 황동을 끼워넣은 30쿼트의 유리구면체로 만들어진 이 배기장치의 목적은 진공의 존재를 확인하기 위한 것이었다. 1660년에 그는 《물리역학의 새로운 실험》을 출간했는데 여기서 그는 이 기묘한 기계로 행해진 43회의 실험을 기술하면서 자신의 성공을 자랑스러워했다. 다음 해 홉스는 《물리학의 대화》라는 소책자를 통해 보일의 실험 결과뿐만 아니라 과학적 진실에 도달하는 기초가 되는 실험의 전체 원칙에 대해서도 문제를 제기했다.

현재적 관점에서 볼 때 실험적 가설에 대한 보일의 열정과, 그 실험들이 과학적 확실성으로 이끄는 길이 아니라는 홉스의 주장 사이에는 아예 경쟁이 성립하지 않는 것 같다. 즉 보일이 승자고 홉스가 패자이며, 더 이상 말이 필요 없어 보인다. 그러나 샤핀과 셰이퍼는 과학적 논쟁과 같은 그러한 순간이 우리가 당연시하는 과학적 실천의 많은 측면이 자명한 증거로 굳어지기 이전에 생겨났기 때문에 우리의 가정에 대한 질문 제기가 가능하다고 주장했다. 부연하자면 홉스는 과학적 실험이 태동한 지 얼마 되지 않았다는 이유 때문에 그것에 대해 공격할 수 있었다. 현재 우리와의 시간적인 거리 때문에 17세기의 맥락은 사실의 문제가 "실체에 거울을 비춤으로써" 확립되지 않았다는 것을 더 잘 이해하도록 해준다. 보일의 경우에 실험의 유효성과 그가 기술한 최종 '사실들'은 현대의 현미경이나 망원경과 같이 감각을 '통제하는' 기구뿐만 아니라 왕립협회 회의실에서 신중히 채택된 증인들이 지켜보는 가운데 행해진 실험의 공개적 성과 여부에 달려 있었다. 보일은 또한 이러한 결과를 유사한 성향의 실천가들을 목표로 한 특별한 양식의 (예의 바르고 겸손하고 간소한) 서술을 통해 실제 독자들에게 전파했다. "실험을 통한 사실 입증의 객관성은 특정한 담론의 형태와 특정한 사회적 유대 양식의 가공품이었다"라는 것이 샤핀과 셰이퍼의 결론이다.[29]

홉스는 방법론적 이유뿐만 아니라 철학적 이유에서도 보일에 대해 설득력 있는 반론을 제기했다. 진공 혹은 '비물질적 실체'라는 관념에 적대적이었던 그는 그러한 관념이 자신이 매우 불신하는 집단인 성직자들의 손에서 악용될지도 모른다고 우려했다. 그는 또한 보일이 수행한 일련의 실험이 기껏해야 자연철학의 궁극적 진실의 확정과 무관하다고 간주했다. 홉스에게 신뢰할 만한 유일한 과학은 당시에 '기하학'

으로 불리고 그 논리적 진실이 이성적 사고능력을 가진 누구에게나 명확해 보였던 수학의 연역법이었다. 과학 실험은 다양한 결과를 만들어 낼 수도 있지만 수학적 증명의 진실은 반론이 불가능했다.[30] 20년간의 내전과 독재로부터 막 벗어난 나라에서 예상될 수 있듯이 과학에 대한 주장은 지속적으로 정치 원칙에 대한 투쟁으로 옮겨갔다. 즉 보일과 그의 추종자들은 자신들의 실험 공동체를 책임 있게 행사된 자유의 체현으로 간주한 반면, 홉스는 정치체에서와 같이 과학에서도 오직 유일한 원칙만이 공동체의 평화와 안정을 보장할 수 있다고 믿었다. 샤핀과 셰이퍼는 "지식의 문제에 대한 해답은 사회질서의 문제에 대한 해답이다"라는 도발적인 결론을 내렸다.[31] 요약하자면 그들은 배기펌프 논쟁의 사례를 실험과학의 젊은 옹호자에게 패배한 퇴행적 괴짜의 이야기라는 틀에 맞추려 하지 않고 경쟁적 세계관 내에서 '진실'을 만들어내려는 투쟁으로 설명하고자 했다.

과학적 통찰은 현명한 사상가의 추상적 사고에서 유래한다는 전통과 대조적으로 최근의 과학사 세대들은 과학적 진리의 생산을 특정 사회와 제도의 역학 내부에 위치시켜왔다. 우리 모두가 지식을 제공하는 사람들에 대한 확신을 기초로 그것을 발전시켜나가기 때문에 '진실'은 '신뢰'와 분리될 수 없는 개념이라고 그들은 주장한다(여러분이 읽고 있는 이 책에도 주석이 있는데, 이것은 학문적 신뢰도가 있는 사람의 저술에 의존하고 있는 누군가에게 책의 저자를 믿도록 하기 위해 고안된 장치다[32]). 과거의 사회에서 신뢰를 위한 명성은 어떻게 확립되었는가? 스티븐 샤핀은 배기펌프 연구의 후속 연구, 즉《진실의 사회사: 17세기 영국의 예절과 과학》이라는 연구서에서 이에 대한 구체적인 사례를 제시한다.[33] 실험과학은 엘리트 수행집단, 즉 상층 토지 소유 계급의 일원인 '신사계층'이 수행하고 있었기 때문에 17세기 영국에서 융성했다고 그는 주장한다. 이들은 서로를 신뢰했고 사회에서 전반적으로 도덕적 권위도 가지고 있었다. 신사계급의 성원들은 경제적으로 독립적일 뿐만 아니라 겸손과 성실이라는 기독교 가치에 대한 실질적 신봉자라고 간주되었기 때문에 신사계급의 소속감은 신뢰성을 부여했다. 신사는 그 어느 누구에게도 신세를 지지 않으며 그의 말은 스스로에 대한 보증이었다. 어느 신사를 진실되지 못하다고 비난하는 것은 심각한 공격이었기에 유일하게 떠올릴 수 있는 대응은 결투뿐이었다. 협회의 성원들이 모두 신사로서 서로를 신뢰하고 그들의 과학적 발견들이 그들의 사회적 지위에 의해 수용되었기 때문에 왕립협회는 '진리' 추구에 유리한 환경이었다고 샤핀은 주장한다.

과학사가 시어도어 포터Theodore Porter가 일련의 주목할 만한 연구에서 보여주었듯이 2세기 후 신뢰성은 신사 지위가 아니라 숫자를 가지고 증명하는 전문가들을 통해 확립되었다. 즉 19세기의 영국, 프랑스, 미국을 비교하면서 그는 학회가 더 커지고 성원들이 더 젊어지고 더 민주화될수록 학회를 관리하는 엘리트들은 시민계층을 납득시키거나 조종하기 위해 '신뢰의 기술'로서 통계에 더 의존하게 된다는 것을 증명했다. 즉 정책을 정당화하기 위한 숫자에 대한 의존은 그들의 사회정치적 강인함보다는 취약성에서 기원했다고 그는 주장했다.[34] 간단히 말해 구성주의자들은 과학사를 순수한 이념의 영역에서부터 사회정치적 삶의 복잡한 현실로 옮겨왔다. 이러한 시각은 놀림조의 제목을 가지고 있는 샤핀의 최근 논문 모음집에 요약되어 있다.《절대 순수하지

않다: 마치 육체를 지닌 사람들에 의해 생산되고 시간, 공간, 문화, 그리고 사회에 적절히 위치되고 있는 듯하며 신뢰성과 권위를 위해 투쟁하는 과학에 대한 역사적 연구》.[35]

과학이 무엇인지, 그리고 그것을 수행하는 사람은 누구인지를 정의함으로써 과학사가 '지상으로' 내려오게 된 또 다른 방식들이 가능해졌다. '근대적' 과학의 출현과 관련한 전통적 서술은 과학의 진리를 '마법' 혹은 '미신'과 같은 신뢰할 수 없는 믿음의 잿더미로부터 성장한 것으로 규정했다. 그러나 20세기 후반부터 많은 창의적 연구가 '좋은' 과학과 '나쁜' 과학이라는 범주가 3세기 혹은 4세기 전에는 거의 엄격하지 않았다는 것을 보여줌으로써 둘 사이의 경계를 없애는 데 전념했다. 연금술과 같은 '비술'의 탐구와 합리적 과학 사이의 구분은 18세기에 시작되어 확고해졌지만 그 이전에는 훨씬 더 모호했다. 리처드 웨스트폴Richard Westfall과 돕스B.J.T.Dobbs 같은 학자들은 일반적으로 과학혁명의 정점으로 간주되는 만유인력의 법칙과 같은 뉴턴의 정의를 가능케 한 지적 돌파구는 연금술과 같은 '암흑의 예술'에 대한 위대한 과학자의 열정적이고 광범위한 연구에서 기인했다고 지적했다.[36]

'과학'과 '근대성' 사이에는 연관이 있고, 우리가 과학이라고 부르는 것은 '전통'사회에서 융성할 수 없었다는 부수적인 믿음이 과학과 마법 사이의 의례적 구분보다 훨씬 더 견고했었다. 서양의 학자들은 아시아와 중동의 과학적 전통이 자신들과 유사한 사고의 범위 안에서 작동한다고 오랫동안 인정해왔지만 '아프리카 과학'이라는 표현은 오랫동안 모순어법으로 간주되었다. 즉 치료와 예언 같은 행동을 과학적 사고를 올바르게 지배한다고 여겨졌던 추상적 사고와 비교하는 것은 불가능해 보였다.

그렇지만 쿤이 과학의 변화를 공약 불가능한 패러다임의 계승으로 기술했던 시기 무렵에 아프리카 연구자 로빈 호턴Robin Horton은 현재 고전으로 평가받는 일련의 논문들을 발표했다. 그는 이 논문들에서 자신이 "전통적인 아프리카의 사고"라고 규정한 것들이 유럽의 과학과 많은 이론적 자산을 공유하고 있다고 지적했다. 예를 들어 아프리카의 우주론은 서양의 과학이 은유의 수단으로 쓰는 자연적 혹은 무생물적 요소들과 마찬가지로 통일시키고 단순화하는 기능을 한다. "원자, 분자, 파동과 같이 (…) 신은 다양성에 통일성을, 복잡함에 단순함을, 혼란에 질서를, 변칙성에 규칙성을 부여하는 데 기여한다."[37] 전통 사회에서 고도로 구조화되고 예측 가능한 인간세계는 이론을 만들 수 있는 적합한 토양이었다고 그는 주장했다. 반면에 복잡한 사회세계는 그러한 확신을 제공하지 않을뿐더러 사물의 이론적 본질에 도달하기 위해 무생물 및 자연의 대상을 고찰하는 사상가도 제공하지 않는다.[38] 호턴의 명제는 그 독특함으로 오랫동안 논쟁의 대상이었지만 '이론'이 특별한 형태의 사회에서만 발생한다는 관념을 해체함으로써 그의 연구는 치료와 같은 아프리카의 과학적 실천에 대한 연구를 풍성하게 만드는 여건을 마련했다.[39]

결과적으로 과학의 전통적 정의에 대한 도전은 과학자들을 어떤 낡은 실험실의 틀 안에서 활동하는 교육받은 전문가라는 일반적인 견해를 위협해왔다. 시기와 장소에 따라 그런 사람들은 존재하고 모임을 가지고 협력하며 소통하기도 한다. 그렇지만 과학의 세계는 우리가 한때 생각했던 것보다 훨씬 더 광범위하고 다양했다고 역사가들은 주장한다. 근대 초 유럽의 과학은 거장들이 자신의 발견을 후원자들에게 '선보였던' 궁전과 귀족의 저택에서 발생했다.

예를 들어 갈릴레오는 자신의 연구를 후원자인 코시모 일 디 메디치 대공의 식사시간에 큰 소리로 발표했고, 새롭게 발견한 목성의 위성을 '메디치의 별'로 명명하면서 그에게 선사했다. 즉 유명한 천문학자의 지위, 경력, 생계가 후원자를 위한 과학의 생산에 달려 있었고 그의 연구 주제도 그러한 사실에 의해 정해졌다.[40] '과학'은 놀라울 정도의 사실적인 회화, 그림, 조각으로 자연세계를 재생산하기 위해 그것을 면밀히 조사했던 수공업자와 예술가의 작업장뿐만 아니라 "호기심으로 가득한 작은 방"과 광범위하게 자연적·인공적인 경이로운 물건들을 수집했던 지배자와 부자들의 개인 박물관에서도 발생했다.[41]

간단히 말해 지식인 사회의 석학만이 과학을 생산하는 것이 아니라 매우 구체적인 필요와 사명을 가진 다양한 부류의 사람들이 과학을 수행했다는 것이다. 이들은 궁정에서 연구를 수행하여 부유한 친구들을 감동시키고 정교한 자기 조각을 구워냈으며 아내와 가족으로부터도 다양한 형태의 드러나지 않는 지원을 받았다.[42] 과학은 이론뿐만 아니라 실천에도 의지하면서 정신은 물론 육체에도 관여한다. 그리고 과학은 물론 가장 간단한 물병에서부터 수 킬로미터에 이르는 분자 충돌가속기인 보일의 장치에 이르기까지 언제나 사물들을 그 중심에 놓는다.

사물에 대한 새로운 역사

반세기 전만 하더라도 사물은 역사가들의 학술서에 거의 등장하지 않았다. 가구, 의복, 식탁도구와 주방도구, 그리고 음식은 고고학자, 골동품 전문가의 영역이자 도자기의 제작 연대를 정확하게 알아맞히며 안락의자의 양식을 확인하거나 오랫동안 잃고 있는 친구에게 옛날 요리법을 시도해보려는 열정적인 보통 사람들의 영역이었다. 자체의 규칙을 만들어내고 문헌이 부족한 역사 영역에 대해 자료를 생산해냈던 고고학을 제외하고 역사학자들은 물질문화에 대한 연구를 박물관의 학예사와 시대극의 무대 디자이너의 영역으로 멀리하며 대체로 무시했다. 과거의 물건들은 기껏해야 흥미롭게 보일 수도 있지만 파발마와 침실용 변기를 지나칠 정도로 상세하게 설명하는 낡은 양식의 사회사 형태에나 대체로 적합한 사소한 소재였다. 1960년대와 1970년대의 신사회사가들 역시 그러한 문제에 관심을 갖지 않았다. (남성) 수공업자, 농민, 노예들의 이야기를 쓰면서 그들은 소비자보다는 생산자에 관심을 집중했는데 소비자 문화에 대한 그 시대의 깊은 회의 때문이기도 했다. 즉 1960년대의 신세대 좌파 역사가들은 생산은 신뢰를 상징하지만 부자와 제대로 배우지 못한 여성들의 시간 낭비인 쇼핑은 소외를 의미한다는 세계관 안에서 활동했다.

역사가들은 어떻게 사물을 제한적 의미의 무시해도 되는 요소가 아니라 그 자체로 의미를 가지는 대상으로 보게 되었는가? 이에 대한 대답을 쿤의 방식으로 제시할 수 있다. 즉 사회사와 경제사의 성장은 물질문화에서 변화의 중요성을 어떤 맥락에서 더 이상 무시할 수 없게

된 연구를 태동시키고 새로운 설명의 패러다임을 요구한다. 17세기 네덜란드와 18세기 영국과 같이 고도로 상업화된 사회를 연구하는 학자들은 사이먼 샤마Simon Schama가 "풍요함의 곤욕스러움"이라고 명명한 현상, 즉 전례 없는 소비재의 범람에 직면한다. 그리하여 그들은 당대의 정치적 · 산업적 혁명과 동등한 18세기 '소비혁명' 테제를 제시하기 시작했다.[43] 여성사와 젠더사 또한 의심할 바 없이 큰 역할을 했다. 페미니스트 역사가들은 사적 공간이 공적 세계와 마찬가지로 사회적 · 정치적 연관이 있다고 주장했다. 문학이론에 영향을 받은 문화사가들은 '수행performance'과 '자기 만들기self-fashioning' 같은 용어를 동료들에게 소개하면서 과거 사회에서 사람들이 수용했던 소품과 의복들은 소득 및 직업과 마찬가지로 그들의 정체성에 중요했다고 지적했다.[44]

결과적으로 사물과 물질문화에 대한 연구는 역사가들이 사회관계를 설명하는 열쇠로서 '계급'과 같은 거대한 추상적 개념에 대한 믿음을 상실하기 시작한 1980년대와 1990년대에 두드러졌다. 커피 혹은 직물, 그릇과 벽지 같은 소비재이든지 아니면 킬트 혹은 의복과 같이 집에서 만든 물건이든지 간에 구체적 사물로 시작하는 것이 주제를 정해진 설명 방식에 끼워 맞추지 않고 사회관계의 광범위한 영역을 탐구하는 전도유망한 방식이라고 제시되었다. 간단히 말해 이것은 사회사의 새로운 방식이었다.

사물들은 어떤 이야기들을 전하는가? 유럽 역사가들은 18세기가 분수령이었다는 것에 동의한다. 즉 동판화 혹은 그림, 가구와 기묘한 태피스트리와 같이 무게가 나가는 몇 가지 물건으로 빈약하게 장식되어 있는 17세기 상층계급의 집 안과, 덮개를 씌운 안락의자, 다채로운 벽지, 자질구레한 장신구가 넘쳐나는 1세기 후의 유사한 가정을 비교해 보면 적어도 빈곤하게 살지 않았던 사람들의 물질적 환경에서 굉장한 무엇인가가 발생했다는 것을 깨닫게 된다. 이러한 변화 이유를 설명하는 방식과 관련하여 끊임없는 논의와 분석이 있어왔다. 도자기 생산업자 조시아 웨지우드 같은 판매와 생산의 천재로부터 구대륙을 새로운 '사치품'으로 넘쳐나게 만든 확대일로의 식민지 무역의 영향, 사람들이 가정에서 만든 생산품이 아닌 소비재를 구입하기 위해 점점 더 열심히 일했다는 초기 산업혁명의 이념에 이르기까지 다양한 이유가 제시되었다.[45]

소비의 영역에서 원인과 결과는 분리하기가 어렵다고들 하지만 18세기의 소비혁명을 동시대인들은 분명 전통적 위계질서의 쇠락과 연결시켰다. 예를 들자면 18세기 프랑스의 유언검인 재판소 기록에 대한 연구에 따르면 그 세기 말 무렵의 중상의 노동계급 출신 여성들이 수십 년 전의 여성들보다 더 많은 의복을 소유했다. 즉 그들의 옷장에는 치마, 페티코트, 조끼만이 아니라 일체형의 치마도 걸려 있어서 그들은 엘리트 계층 여성의 스타일에 좀 더 접근할 수 있었다. 그들은 또한 이전 세대의 여성들이 상상할 수 없었던 실크스타킹도 구입했다. 프랑스와 그 밖의 곳에서 패션의 의미는 달라졌는데, 여성들이 레이스와 리본으로 꾸미듯이 귀족 남성들이 지위의 표시로 옷을 중시하는 의미에서부터 남성이 아닌 여성과 관계 있는 개인적 스타일의 표현(프랑스인들에게는 민족의 표현)으로 점차 이동했다.[46]

역사가들은 소비재, 문화, 행동에는 사회적 차원뿐만 아니라 정치적 차원도 존재한다는 것을 보여왔다. 예를 들어 콜린 존스Colin Jones는 프랑스혁명의 사회적 기원을 시장의 평등주의적 역학에 참여했던 당대 신상품에 대한 소비자들의 연결망인 '구매의 거대한 사슬'에서 찾았다. 이와 유사하게 티머시 브린Timothy Breen은 미국혁명의 기원을 지금껏 식민지 개척자의 삶에 대단히 중요했던 영국 제품에 대한 1765년 불매운동의 동원력으로 소급했다.[47] 다른 맥락에서 리자베스 코언Lizabeth Cohen은 2차 세계대전 이후 정치가와 기업의 지도자들이 미국 평등주의의 전형적인 표현으로 치하했던 수십 년간의 소비자 호황은 백인들이 제대군인원호법*과 신新세법으로 불균형하게 혜택을 누렸던 고도로 분화된 시장을 은폐하기 위한 위선이었다고 주장한다.[48] 소비의 정치적 기원과 결과는 시간과 장소에 따라 광범위하게 다양했을 뿐만 아니라 상품을 획득하고 '소비하는' 의미 또한 그러했다. 즉 역사가들은 위계질서를 강화하는 구매와 소비의 과거 유형, 즉 지위를 유지하거나 선물경제에 참여하기 위해 상품을 획득하고 사용하는 유형과, 물건의 소유로 정체성의 변화가 가능하다고 상상하는(이 자동차는 나를 섹시하게 보이게 해줄 것이다!) 소비자 욕망의 무정부적 잠재력이 광고 전문가에 의해 끊임없이 조작되는 새로운 소비자 문화를 구분한다.[49]

지금까지 언급된 상품에 관한 역사적 연구는 그것을 총체적인 것으로 바라본다. 즉 지금까지의 연구들이 의복, 가구, 사람들의 일상의 습관에 대해 생생하게 자세히 전달했지만 그러한 연구들은 동시에 어떤 상품에 대한 욕구, 소유, 심지어 불매운동이 특정 사회의 사회적 · 정

---

* 2차 세계대전에 참전한 미국 군인들에게 제대 이후의 고용 기회와 교육의 기회를 확대하기 위해 루스벨트 대통령이 서명한 법안. 이 법으로 특히 제대군인들이 대학 진학의 기회를 얻어 중산층으로 성장할 수 있었다.

치적 역학에 어떤 차이를 가져왔는지를 이해하고자 한다. 그러나 상품의 누적적 영향에 집중하는 대신에 특정 상품에서 시작하여 그로 인해 야기된 사회적 세계의 재구성을 시도한다면 어떻게 될까? 일부 역사가들이 박물관 학예사의 방법과 유사한 이러한 방법을 채택했다.

그중 가장 유명한 것이 2001년 로럴 대처 울리히 Laurel Thatcher Ulrich의 책 《홈스펀의 시대: 미국 신화 창조의 물건과 이야기들》이다. 울리히는 박물관 전시물에 달려 있는 희박한 정보에서부터 좀 더 광범위한 맥락까지의 정보를 점차적으로 다루면서 1676년(인디언 바구니)부터 1837년(미완성의 스타킹)까지 12개의 물건을 중심으로 책을 구성했다. 예를 들어 인디언 바구니는 '숲의 원주민'인 앨곤킨족의 여성이 선물로 받은 우유 한 잔에 대한 감사의 표시로서 수비대 장교의 아내 디나 페너Dinah Fenner에게 1600년대 말에 선사되었다는 설명문과 함께 1842년 로드아일랜드역사협회에서 전시되었다. 기부자 가족의 역사에 대한 울리히의 힘겨운 복원으로 바구니의 공식 출처와 관련한 분명한 모순이 드러났고(젖당을 싫어하는 부족의 성원이 우유를 얻기 위해 내려온 이유는 무엇인가?) 나무껍질, 양모, 옥수수 껍질의 재료로 구성된 물건이 영국과 앨곤킨 부족의 직조 방법을 어떻게 수렴시켰고 로드아일랜드의 폭력적 정착과 필립 왕 전쟁*의 잔혹함에서 디나 가족이 어떤 역할을 했는가라는 더 광범위한 역사와 결부되었다. 간단히 말해 바구니는 아메리카 원주민과 영국 식민 이주자의 역사를 글자 그대로 결합시키며 남성 폭력의

---

* 1675~1678년 뉴잉글랜드 지역의 아메리카 인디언 왐파노아그 부족과 아메리카로 이주한 영국 식민주의자 사이에 벌어진 전쟁. 메이플라워호를 타고 이주한 초기 식민주의자들은 왐파노아그 부족의 추장 마사소이트와 우호적인 관계를 유지했고 그의 아들 메타코메트도 필립이라는 영국식 이름을 받아들였지만 식민 이주자들의 지속적인 영역 확장으로 필립 왕 전쟁이 발생했다.

이야기를 약화시키는 여성 평화주의자의 이야기를 수반한 채 우리에게 전해진 것이다.[50] 다른 물건들과 더불어 울리히의 책은 1850년대에 시작하여 '홈스펀의 시대'라는 신화에 편입된 복잡한 역사를 간직한 수제품의 목록을 소개한다. 식민지 아메리카에서 여성들이 생산한 수제품은 공장의 출현과 가정 밖에서 이루어지는 여성의 노동에 대한 위안의 수단으로 제시되었다. "홈스펀의 신화는 탐욕과 전쟁이 아메리카의 과거에서 너무나 많은 부분을 차지한다는 것을 잊도록 해주기 때문에 사라지지 않았다. (…) 사람들은 자신의 일과 스스로 내리는 선택을 통해 역사를 만들기도 하지만 스스로 기억하고자 선택하는 물건에 의해서도 역사를 만든다"라고 울리히는 결론지었다.[51]

지금까지 이야기한 사물을 중심에 놓은 역사는 물건을 그냥 물건으로서 접근한다. 인간은 물건을 만들어 사용하고 팔거나 교환하고 그것을 전시하고 선망하며 움직이지 않는 그 창조물에 대해 얘기한다. 그렇지만 사람과 물건 사이의 관계가 오직 한 방향으로만 작용하는가라는 질문이 최근 역사가들 사이에 제기하고 있다. 현재 우리의 일상에 점점 더 늘어나는 스마트 기기의 확산은 인간과 비인간 사이의 경계를 생각해보게 할 뿐만 아니라 물건이 제작자에게 영향을 미칠 수 있는지, 심지어 그들을 새롭게 만들어낼 수 있는지의 여부와 만약 그렇다면 어떻게 그럴 수 있는지를 묻게 한다. 이러한 방식에 따른 결실이 풍부한 연구 분야의 하나가 음식의 역사다. 이는 자연과 문화를 동등하게 포함하는 매우 특별한 '사물'의 범주다. 음식은 물질문화의 역사에서 분리되어 문화적 의미를 지니는, 어디에나 나타나는 필수적인 상품이다. 음식은 필수품이자 사치품이기도 하고 가장 사적인 방식으로 소비되어 사라지기 때문에 본질상 단명한다.[52] 피자 혹은 스파게티의 유혹에 시달리는 소비자들을 보여주는 제산제 광고("당신은 좋아하는 음식과 싸우고 있나요?")가 상기시켜주듯이 음식은 우리를 살찌게도 하고, 혹은 아프게도 하고 우리의 미각과 열망을 형성하면서 적어도 반+독립적으로 우리의 몸에 작용하는 상품이다.

〈제국을 맛보기〉라는 획기적인 논문에서 마시 노턴Marcy Norton은 음식이 인간 문화에 미치는 구체적인 영향을 역사화했다. 노턴은 이런 질문을 제기했다. 어떻게 유럽인들은 처음에는 불쾌감을 주고 자신들의 나라에서는 없던 맛을 가진 중앙아메리카의 초콜릿을 받아들이고 결국은 그것을 열망하게 되었는가?[53] 상투적인 대답은 스페인 사람들이 원산지의 맛을 제거하고 설탕을 첨가함으로써 낯선 음식을 '바로잡았다'는 것이다. 초콜릿이 유럽인의 입맛에 맞게 되자마자 사람들은 초콜릿의 중독적인 자극성에 열광하게 되었다. 이런 식의 초콜릿 전파를 18세기 스페인 문헌사가들이 최초로 구체화했지만, 노턴은 면밀히 검토해보면 그러한 시각을 유지하기 힘들다고 생각했다. 신세계의 스페인 사람들은 원주민의 환경이 그들을 압도하는 곳에서 초콜릿을 접했고 카카오 소비라는 물질문화를 하인들, 특히 여성들을 통해 알게 되었다. 집과 공공장소에서 그들은 이 음료를 원주민의 방식—때때로 옥수수를 섞고 꿀과 매운 고추로 맛을 내며 카카오 반죽과 물의 혼합물을 한 용기에서 다른 용기로 특정 높이에서 따를 때 생기는 거품을 경우에 따라 그대로 위에 두른 채 따뜻하거나 차가운 상태의 음료로 실내에서 마시는 방식—으로 마셨다. 그들은 원주민과 유럽인이 서로 대면했던 종교적 예식의 장소에서 이 목적을 위해 제작된 옻칠을 한 호리병박 같은 특별한 용기로 이 음료를 마셨다.

고국으로 돌아갈 때 스페인의 병사, 선원, 성직자들은 중앙아메리카 원주민의 방식으로 준비하고 소비했던 초콜릿을 가져갔다. 노턴은 다음과 같이 지적한다. "초콜릿이 유럽으로 확산되던 초기에 크레올, 아메리카 원주민, 스페인 사람들이 소비하던 초콜릿의 유형에는 거의 차이가 없었다. (…) 유럽의 초콜릿은 아메리카의 초콜릿과 유사했을 뿐만 아니라 아메리카의 초콜릿 그 자체였다."[54] 스페인 사람들이 음료 형태의 초콜릿을 받아들였을 때조차 일부 스페인 사람들은 그것이 가지는 아메리카 우상숭배와의 연관성* 때문에 자신들의 동료를 신세계 크레올의 속성인 문화적 타락으로 유혹하여 이교도의 길로 빠지게 할 수도 있다고 우려했다. 간단히 말해 상투적 견해는 유럽인들이 초콜릿을 자신들의 입맛에 맞게 순화시켜 그것을 통제하고 지배했다는 것이지만, 노턴은 초콜릿이 그 소비자를 '원주민화했다'는 식으로 원주민들의 문화에 직면한 식민주의의 취약성을 주장한다. 이 경우에 미각은 기대와는 반대 방향으로, 즉 "피식민주의자로부터 식민주의자로, '야만인'으로부터 '문명인'에게로" 전해졌다.[55]

초콜릿의 복잡한 역사는 두 세계 사이의 접촉뿐만 아니라 이와 같이 기존 위계질서를 전복하면서 문화가 인간의 의지와 준독립적으로 음식을 통해 이동하는 방식을 보여준다. 미각의 자율적 힘에 관한 노턴의 분석은 사물이 역사에서 적극적인 주체일 수 있다는 좀 더 일반적인 주장의 특별한 예시다. 군주의 머리 위에 있는 왕관 혹은 결혼식에

---

* 종교적 의식의 장소에서도 초콜릿을 소비했기 때문에 이교도적인 우상숭배의 전통과도 연관이 있다고 생각했다는 의미다.

서 교환되는 반지와 같은 의례의 물건들은 개인의 신분을 전환시킨다. 활자 발명 이후 책과 신문은 오락과 정보 전달에만 머물지 않았다. 베네딕트 앤더슨이 지적했듯이 그것들은 과거에는 상상할 수 없던 다른 독자들과의 수평적 동료의식을 창조했다. 분할 유리창은 사람들로 하여금 공적 세계와 사적 세계를 분리하는 의식을 첨예화했다고 일부 역사가들은 주장한다.[56] 사람들은 자기 주변의 세계를 인식하는 방식에 영향을 주는 물건들을 끊임없이 고안해낸다. 예를 들자면 15세기와 16세기부터 유럽인들은 엘리트들의 삶에 중요한 물건이 된 시계를 점점 더 정확하고 아름답게 만들었다. 그렇게 되자 인간과 동물의 육체, 그리고 우주 그 자체도 시계와 같이 움직인다고 일반적으로 묘사될 정도로 시계는 사람들, 특히 철학자와 과학자들이 자연에 관해 다르게 생각하도록 만들었다. 제시카 리스킨Jessica Riskin이 지적했듯이 시계와 관념의 상호연관성 연구는 지성사를 물질문화에 연결하는 방법론을 내포한다. 즉 일부 물건들은 "관념과 분리될 수 없다. 왜냐하면 사람들은 끊임없이 그것들을 사고를 위한 기준과 예시로 사용하며, 그 결과로 (암시적 혹은 명시적) 철학적 원칙을 기초로 하여 기계를 디자인하고 제작하기 때문이다."[57]

우리가 물건은 인간의 창조물이고 그렇기 때문에 완전히 우리의 통제 아래 있다는 익숙한 전제에서 출발하거나 아니면 물건은 그 제작자에게 예기치 않은 방식으로 영향을 미칠 수 있다는 덜 익숙한 관념을 수용하거나 간에, 인간과 인간의 물질적 창조물들은 '문화'의 영역이라는 사고가 언제나 있어왔다. 그렇지만 동물의 세계를 포함한 자연환경의 경우는 이와 달랐다. 자연환경은 인간계의 시간에 상응하지 않는 일시적 영역 안에서 방해받지 않은 채로 진화한다면 인간 없이도 존재할 수 있고 융성할 수도 있다.

자연과 인간이 아닌 그 밖의 주체들

———

역사라는 용어 자체에는 내재적으로 한정하는 것이 있다. 즉 학계에 고용된 역사가들은 환경 안의 자연적 유기체를 연구하는 '자연의 역사'와는 그 시초부터 내재적으로 대립하는 학문인 '인간의 역사' 학과에서 일하고 있다는 것이다. 수 세기 동안 자연세계에 대한 인간의 우위는 당연시되었다. 서양의 문화에서 그러한 생각은, 인간은 "바다의 물고기, 공중의 새, 가축, 지상 위의 모든 것, 지상 위를 기어 다니는 모든 곤충들보다 우위에 있어야" 한다는 〈창세기〉의 신의 천명으로부터 유래했다.[58] 자연은 더 열등한 영역이므로 인간의 지배를 받는 게 합당하다는 성서적 견해는 장-자크 루소로부터 헨리 데이비드 소로로 이어지는 작가들이 정식화한 18세기 낭만주의적 전통을 기점으로 점차 대체되었다. 이들에 따르면 자연세계는 인간 타락에 대한 실제적 대안으로 추앙되었다. 앤드류 이센버그Andrew Isenberg가 지적했듯이 19세기 중반까지 대부분의 학자들은 '조화롭고 자율적인' 자연과 목적 지향적이고 역동적인 인간세계를 첨예하게 구분했다. 수동적이고 불변하는 자연, 그리하여 피해자로서의 자연의 위상이라는 관념은 19세기 후반과 20세기 초반 환경사 분야의 초기 저작들에 내재해 있었다. 인간 행동의 배경으로 오랫동안 거의 주목받지 못한 채로 자연계는 애초에는 인간

의 오만과 탐욕의 취약한 대상으로 역사에 진입했다.[59]

환경사라고 알려지게 된 분야는 자연의 정복을 중심으로 기원 신화가 전개되는 미국에서 처음 형성되었다. 19세기 미국에서 광야에서의 고난과 용감한 정착을 통해 탄생한 국가라는 프레더릭 잭슨 터너 Frederick Jackson Turner 식의 승자의 역사는, 자연에 대한 인간의 파괴적 영향을 강조하며 점차 인기를 얻어가던 비관론자들의 역사 서술과 경쟁했다. 이들 비관론자들은 존 뮤어John Muir와 알도 레오폴드Aldo Leopold 같은 초기 환경보호주의자들의 시도에 공감을 표했다.[60] 이 분야는 1970년대에 태동하여 오늘날의 형태를 형성한 이후 정치의 특정 안건, 즉 환경보호라는 안건에 역사 서술의 다른 영역보다 더 밀접하게 연관되었다. 환경사의 대다수 종사자들이 환경보호주의자들의 목적을 아마도 지지할 테지만 환경사가 성숙해지면서 더 복잡해지자 주도적 연구자들이 보건대 그것은 정치적 격렬함의 일부를 상실했고 낭만적 환상도 내던졌다.[61] 예를 들어 환경사의 초창기에 열렬히 지지받았던 주장, 즉 오직 서양인들과 자본주의만이 자연자원을 무분별하게 고갈시킨 주범이라는 주장은 면밀한 검토의 대상이 아니다. 높은 인구 밀도와 산업화가 다른 어떤 것보다도 자연에 더 많은 해를 끼쳤다는 사실은 의문의 여지가 없지만, 예를 들어 아메리카 원주민도 기회만 있으면 물고기 남획과 과도한 사냥을 어떤 양심의 가책도 없이 저질렀다는 사실이 연구 결과 밝혀졌다. 동물 환생에 대한 원주민들의 믿음이 들소와 같은 동물에 대한 무분별한 대량학살을 실제로 촉진했을 수도 있다.[62] 유럽-미국 문화의 특별한 측면이 장시간에 걸쳐 전 세계적 환경파괴를 야기한 사실을 축소하지는 않더라도 환경사가들은 유대교-기

독교의 규범이 환경에 관한 한 다른 문화의 규범보다 사악했다는 견해와 현재 거리를 두고 있다.[63]

정치와의 적지 않은 연관성을 유지하고 있지만 환경사 분야는 최근 들어 분석적으로 더 복잡해졌다. 이는 폴 서터 Paul Sutter가 지적했듯이 "분석의 범주로서 자연이 가지는 어려움" 때문이다. 초기의 연구가 '자연'과 '문화'의 뚜렷한 구분을 전제했다면 최근의 연구는 대체로 "모든 환경은 혼성적"이라는 견해를 지지하여 순수하고 오점이 없는 자연이라는 신화를 거부한다. 예를 들어 환경사의 첫 세대가 미국 서부의 댐 건설을 파괴행위로 서술했다면, 두 번째 세대는 그러한 개입을 "'제2의 자연'의 창조로서, '유기적 기제'로서 (…) 강을 창조"하는 것으로 규정하고 싶어한다고 서터는 지적한다. 인간과 자연의 관계를 '혼성적' 혹은 상호작용하는 것으로 바라봄으로써 환경사가들은 "자연과 문화 사이의 견고한 경계를 점차 확장하는 경계로 대체할 수 있었다."[64] 예를 들어 자연환경이 도시를 형성하거나 아니면 환경이 도시를 형성하는 방식을 보여주거나 또는 도시의 외형적 환경이 상이한 계급의 사람들에게 미치는 사회적으로 불평등한 영향을 드러내는 데 전념했던 도시환경사라는 성장 중의 하위분과는 '환경'은 '자연'을 의미한다는 가정에 대해 진지하게 도전했다.[65]

환경사는 인간/자연의 관계에서 권력과 행동주체에 관한 흥미로운 질문을 제기함과 동시에 인간 행동의 단순한 배경이라는 이전 지위로부터 자연세계를 구해냈다. 이 장에서 논의했던 지금까지의 주제와 달리 자연은 인간 행동의 결과가 아니다. 그리고 우리의 자연환경은 취약하기도 하지만 동시에 위험스러울 정도로 강력하다(지진, 사람과 동물의 쇄도, 세균). 그리하여 환경사의 대다수 정의는 인류와 자연 사이의 역동적이고 상호적인 관계를 강조한다. J. R. 맥닐John Robert Mcneill의 말을 빌리자면 "환경사는 자연은 존재할 뿐만 아니라 변화한다는 인식에 동의한다. 게다가 자연은 스스로 변화하기도 하지만 인간 행동 때문에 변화하기도 한다. 그런 과정에서 자연은 인간의 역사가 전개되는 맥락을 변화시킨다."[66]

환경사의 최근 고전들은 인간과 자연 각각을 어느 정도까지 작용 주체로 보는가에 있어서 상당히 차이가 있다. 생태적 복원주의에 고무되었던 초기 저작들은 인간 행동의 파괴적 영향을 매우 빈번하게 강조했다. 이러한 경향은 17세기와 18세기 아메리카 원주민으로부터 유럽인의 지배라는 이행이 초래한 뉴잉글랜드의 환경적 영향을 기록한 윌리엄 크로논William Cronon의 기념비적 저서인《땅의 변화》(1983)와 같은 가장 정교한 학문적 성과에서조차도 마찬가지였다.

유럽인들은 특히 광범위한 탈산림화를 통해 뉴잉글랜드의 생태를 극적으로 변화시켰다. 그렇기는 하지만 크로논은 이 과정을 악당들과 희생자들의 이야기라는 도식이 아니라 일련의 문화적 실천에서 또 다른 문화적 실천으로의 이행 및 그것이 지역 환경에 미친 영향에 대한 분석 도식으로 설명하려고 했다. 아메리카 원주민들은 가장 풍성한 식량을 공급해주는 지역을 찾아 계절마다 이동함으로써 변화하는 계절에 적응했다. 그들은 물고기 산란철에는 폭포 주위에 모여 살았고, 사냥철에는 더 넓은 지역으로 흩어졌으며, 때로는 정착해서 곡물을 경작했다. 유럽인들보다 음식 저장의 문제에 크게 신경 쓰지 않았던 원주민들은 며칠이나 음식 없이도 돌아다닐 수 있는 자신들의 능력에 자부심을 가지고 있었다. 기아선상에서 살아남을 수 있는 이러한 능력으로 그들은 주민 수를 제한함으로써 가능한 상대적 풍요로움을 역설적으로 확보했다. 유럽인들은 아메리카에 도착해 자신들의 정착 전통과 재산권에 대한 이해, 토지의 '개선'에 대한 도덕적·경제적 명령, 천연재를 자원보다는 상품으로 바라보는 자신들의 입장에 따라 토지를 개편했다.[67] 상이한 문화에 속한 사람들이 이주해오면서 이질적인 식물과 동물이 유입되었을 뿐만 아니라 이에 따른 문화적·생태학적 변화가 전반적으로 일어났다. "돼지는 단순히 돼지가 아니라 무엇보다도 울타리, 민들레, 그리고 재산이라는 매우 특별한 정의와 연관되는 생물이었다"라고 크로논은 지적한다.[68] 인간이라는 작용 주체가 촉발한 이야기―유럽인들이 뉴잉글랜드라는 이름으로 부르게 된 지역에 도착한 것―를 하고 있지만 크로논은 전편에 걸쳐 인간과 자연 사이의 역동적이고 상호적인 관계를 세심하게 강조한다. 예를 들어 탈산림화는 계절의 공기와 토지의 온도에 영향을 미쳐 나무와 동물종의 구성을 변화시켰고 홍수와 가뭄을 초래했으며 늪지를 만들었다. 이 모든 것이 인간의 삶에 심오한 영향을 끼쳤다.[69]

크로논의 초기 고전은 환경사의 그 외 많은 연구와 마찬가지로 문화적 만남의 이야기라는 사람들의 사건으로 시작한다. 이 분야의 다른 한쪽 끝에는 자연환경이 그 안에서 살아가는 사람들의 운명을 전적으로 결정한다는 저서들이 있다.

예를 들어 재레드 다이아몬드Jared Diamond의 《총, 균, 쇠》는 명확하고 매력적인 문체와 도발적인 주장으로 1997년 출간 이후 광범위한 대중적 성공을 거두었다. 논쟁적이지만 진지한 학문적 성과인 다이아몬드의 베스트셀러는 왜 유라시아 사회가 근대에 들어와 세계의 나머지를 지배할 수 있었는가라는 질문에 대한 대답을 제시했다. 왜 "아메리카의 원주민, 아프리카인, 오스트레일리아의 토착민들이 유럽인들과 아시아인들을 몰살시키고 종속시키거나 전멸시키는 사람들이 되지 못했는가"라고 그는 묻는다.[70] 문화적 혹은 유전적 우월성 이론을 신중하게 반박하면서 그는 유럽인들과 아시아인들이 지리적으로, 환경적으로 운이 좋았다고 주장한다. 대부분 온화한 지역에 위치하며 동서로 가장 큰 대륙인 유라시아는 식물과 동물종이 비정상적으로 풍부했다. 사람들이 대륙 전체로 퍼져나가면서 이러한 식물종과 동물종은 더욱 풍부해졌다. 지구에서 가장 생산성 높은 자양분 덕택에(지중해로부터 대륙 전체로 퍼져나간 크고 저장 가능한 씨앗을 가진 목초) 인접 지역에서는 사람과 동물들이 급격히 늘어났다. 동시에 다른 대륙으로 건너갔을 때 치명적일 수도 있는 천연두, 홍역, 인플루엔자 같은 바이러스에 사람들은 항체를 획득하거나 개발해나갔다. 시간이 흐를수록 높아가는 인구 밀도로 인해 유럽인들은 상비군—총과 쇠—같은 특별한 부문을 발전시킬 수 있었고, 이는 그들에게 또 다른 강점을 선사했다. 간단히 말해 유라시아의 장점을 설명하기 위해 코카서스 혹은 아시아인들에게 있을 것이라고 추정되는 유전자의 우월성이니 기독교, 자본주의, 혹은 중국의 노동윤리니 하는 것을 거론할 필요는 없다. 많은 사람들이 다이아몬드의 완고한 환경결정론을 반박했지만 그의 주장은 역사에서 자연환경의 힘에 대해 관심을 갖고 인간만을 중시하는 오만을 버리는 데 도움을 준다.

자연에 대한 인간사회의 영향을 강조하는 입장과(그럴 경우 자연은 예측하기 어렵고 통제하기 힘든 방식으로 반응한다) 지리와 생물이 핵심역할을 한다는 다이아몬드의 주장 사이의 어딘가에 자연의 작용을 때때로 놀라운 방식으로 강조한다 하더라도 작용주체로서 인간과 자연을 결합하는 역사 연구가 있다. 앨프리드 크로스비Alfred Crosby의 저서 《생태제국주의》(1986)는 그 주장이 광범위하게 알려질 정도로 고전이 되었다. 다이아몬드와 달리 크로스비는 다른 세계를 정복하려는 유럽인들의 욕망으로 시작하지만 왜 유럽이 명백한 어려움들을 이겨내고 성공할 수 있었는지를 설명하려고 한다. "유럽 이주민들과 그들의 후손은 어디에나 있었는데 이는 설명을 필요로 한다"라고 그는 지적한다.[71] 바이킹들은 그린란드를 탐냈고, 십자군은 성지를 잡아챘으며, 제국주의의 광신자들이 아프리카와 카리브해에 정착하려 했듯이 유럽인들은 노력했지만 많은 지역에 정착하지는 못했다. 그렇지만 그들은 크로스비가 '신유럽'이라고 명명한 지역, 즉 구대륙의 기후와 비슷하고 인구 밀도가 낮은 북아메리카, 남아메리카의 남부, 오스트레일리아와 뉴질랜드 같은 지역에서만 광범위한 규모로 정착했다. 유럽의 탐험가와 정복자들의 최초 소집단은 원주민 전사들에게 수적으로 열세였지만 그들은 눈에 보이지 않지만 궁극적으로 격퇴하기 힘든 생물학적 원군, 즉 잡초, 토끼·돼지 같은 번식률이 높은 가축, 그리고 무엇보다도 병원균과 더불어 도착했다. 북아메리카, 남동 오스트레일리아, 브라질, 아르헨티나에 도착한 유럽인들과 그들과 "함께 온 다양한 생물군상"은 그들 앞에 있는 모든 것을 쓸어버렸다. 토착 식물은 공격적인 유럽산 풀들의 신속한 번식을 이겨낼 수 없었고, 남아메리카의 연약한 과나코는 소와 말 때문에 초원에서 사라졌으며, 그동안 고립되어 있던 주민들은 유럽의 발진티푸스와 홍역에 굴복했다. 크로스비의 표현대로 수 세기 안에 태양은 민들레의 제국에서 지지 않았다.[72] 신세계에 대한 구세계의 정착과 정복의 역사는 간단히 말해 인간 이외의 유럽 협력자들의 역할을 고려하지 않고는 설명할 수 없다.

역사에서 인간 이외의 매개자에 대한 가장 훌륭한 예시 중의 하나가 맥닐의 《모기 공화국》이다. 이 책은 18세기 후반 카리브해의 지정학에서 아주 작지만 종종 치명적인 생명체의 역할을 추적한다. 저자는 자신의 책이 "모기 결정론을 지지하는 연구서는 전혀 아니다"라는 단서를 달았지만 독자들은 그 당시와 그 지역의 권력투쟁에서 이집트 숲 모기가 수행한 역할을 알고 나면 왜소해진다.[73] 이집트 숲 모기의 암컷은 황열병(시기에 따라 황열병 혹은 흑토병으로 다양하게 불리는)의 매개체다. 대서양 무역과 근대 초 카리브해의 사탕수수 농장과 항구는 이집트 숲 모기가 서식하기에 좋았다. 배 위에는 물웅덩이가 많았고 신분 상승의 기회를 갖지 못한 병사, 계약노동자, 그리고 노예로 구성된 대규모 집단은 다채로운 '피의 식량'을 모기들에게 제공했다. 죽음을 실어 나르는 이러한 작은 생명체의 지속적인 존재는 그리하여 여행, 전쟁, 플랜테이션 경영과 같은 인간의 행동과 밀접한 관계를 갖지만 그로 인한 피해는 인간 집단마다 달랐다.

모기 활동의 지정학적 영향은 맥닐이 '면역성의 차이'로 부른 것에서 유래했다. 즉 황열병에 일찍 노출된 집단은 저항력을 키우게 되고 질병과의 접촉 상황을 조절할 수 있다면 취약한 신참자들에 비해 이점을 누릴 수 있다. 예를 들어 스페인 사람들은 18세기에 전반적으로 허약한 상황이었고 영국과 프랑스 같은 부유하고 야심만만한 경쟁자들이 그들의 카리브해 소유지들을 위협했다. 그렇지만 그들은 질병에 대한 면역을 키웠을 뿐만 아니라 바닷길의 전략 지점, 즉 아바나, 상후안, 카르타헤나 등의 지점에 난공불락의 석조 요새를 건설했다. 경험을 통해 스페인 사람들은 요새의 도움으로 다른 유럽 국가의 해상공격을 한 달 혹은 그 이상으로 만灣에 가두어둔다면 병원균이 그들을 위해 싸워준다는 것을 알고 있었다. 실제로 그런 일이 발생했다. 1740년대 초에 카리브해에 파견되었던 영국의 병사들 중 74퍼센트가 사망했지만 전투에서 사망한 비율은 단지 6퍼센트에 불과했다. 또한 북아메리카에서 파견된 병사들 중에서 전체 사망자는 65퍼센트였지만 단지 3퍼센트만이 전투에서 사망했다. 7년 전쟁 동안 북아메리카에서 사망한 전체 수보다 더 많은 수의 영국 병사들이 1762년 아바나 포위공격 때 황열병으로 사망했다.[74] 조국의 허약함에도 불구하고 해충 동맹군 덕택에 스페인은 자신들의 제국을 유지할 수 있었다. 모기는 전쟁의 방향뿐만 아니라 혁명의 방향도 바꾸어놓았다. 왜냐하면 투생 루베르튀르Toussaint Louverture,* 시몬 볼리바르Simon Bolivar** 같은 반란군의 지도자들은 황열병에 대한 적의 취약성을 전략적으로 이용했기 때문이다. 맥닐의 이야기에서 자연—모기뿐만 아니라 날씨, 곡물, 그것들의 풍성함을 가능케 하는 인간의 몸—은 국제관계를 만드는 힘도 가지고 있다.

모기의 역사적 역할에 대한 맥닐의 연구와 더불어 이 장에서 설명한 학문 연구의 모든 경향은 존재의 사슬이라는 이념에서 인간을 영혼과

---

* 프랑스로부터 아이티의 독립운동을 이끈 아이티의 혁명가.
** 지금의 볼리비아, 베네수엘라, 콜롬비아, 에콰도르, 페루 등의 영토를 스페인으로부터 독립시킨 라틴아메리카의 해방자.

물질의 영역 사이의 중계자이자 생명체의 위계질서에서 맨 위를 차지하는 존재로 제시했던 인본주의라는 전통적 교의를 동요시키고 실제로 치명적으로 약화시켰던 방식에 주의를 기울이게 했다. 성장하고 있는 분야인 동물의 역사는 인간사회에서 동물이 차지하는 다원적이고 변화하는 지위를 추적한다. 즉 사냥꾼의 먹이, 양육되고 학살되며 두려움의 대상이자 길들여지고 보호받으며 숭배의 대상인 동물 말이다.[75] (많은 경우에 과거에 '보다 높은 위치'의 동물들—예를 들어 매, 개, 사냥꾼과 전사의 말—은 '하인'들보다 높은 지위를 누렸다.[76]) 동물을 연구하는 역사가들은 과거와 현재에 '인간'의 의미는 인간에 대한 정복과 죄악을 통해서뿐만 아니라 인간과 다른 생명체 사이의 변화하기 쉽고 감정적으로 정해진 경계선을 통해서도 드러날 수 있다고 주장해왔다. "언젠가는 어떤 역사가도 자연의 체계를 언급하지 않거나 지구에 함께 살고 있는 다른 생명체에 대한 감사 없이 사람들과 그들의 사회가 자체의 맥락으로 순수하게 이해되는 것처럼 쓰지는 않을 것이다"라는 크로논의 희망을 실현하는 방향으로 대체로 우리가 나아가고 있는 것처럼 보인다.[77]

인문학의 전통적 과목의 적대자들은 구식의 교육과정이 '사망한 백인' 혹은 '창백한 남성'만을 다룬다고 지적하면서 그것을 조롱했다. 역사가들의 주제는 절대다수가 생기가 없는 채로 남아 있지만—예외도 존재한다—지난 수십 년 동안에 다른 유형의 인간 집단들이 백인 남성들과 함께 했다. 역사의 '인물'은 과거 사회의 인식 가능한 모든 행위자 집단으로 확대되었다. 이러한 확대로 다른 질문을 제기하고 다른 사료들을 발굴하기 위한 역사가들의 생산적 도전이 가능했다. 육지에서 해양으로, 국민국가에서 변경으로, 단일한 장소에서 국가를 뛰어넘는 지구적 확대와 같은 역사가들의 '공간' 재구성으로 백인들은 더욱 주변으로 밀려났다. 이 모든 것은 또한 유럽 중심주의에 대한 도전을 수반했다.

마지막으로 여성들이 자신들의 역사적 지분을 요구하고 있을 뿐만 아니라 이 장에서 설명했듯이 정신 대 물질이라는 낡은 위계질서에 대한 생산적 거부 때문에 남성은 더 이상 관심을 독점하지 못한다. 위대한 사상과 발명은 사물, 육체, 사회적 지위, 야망의 실제 세계와 관련이 깊고 인간은 어느 곳에 있든 사물, 음식, 동물, 그리고 자신들의 환경을 형성하고 또한 그것들에 의해 형성된다는 것을 이제 우리는 인식하고 있기 때문이다.

유사한 격변으로 인해 역사학 내의 가장 오래된 주제 중의 하나, 즉 종교의 역사도 완전히 새로운 모습을 갖게 되었다. 종교기구, 영적 지도자, 신학 논쟁이 한때 중심이 되었던 종교사는 오랫동안 사회사와 문화사의 다양한 경향을 흡수하면서 신자들의 삶으로 그 관심을 전환했다. 동시에 대부분의 신앙이 단식, 금욕, 고통뿐만 아니라 청각, 시각, 후각 등의 육체적 경험도 종교적 경험의 계기로 수용하기 때문에 종교사가들은 오랫동안 과거 사회의 비물질적 경험의 육체적 맥락을 연구하는 선구자들이었다.[78]

그렇다 하더라도 많은 역사 연구서, 아마도 그중 대다수는 종종 구식의 방법론에 의한 전통적 주제를 여전히 중시한다. 학계 내부와 외부 모두에서 정치사, 군사사, 외교사, 지성사는 1960년대 이후 역사학의 전개에 의해 생산적 동요를 경험했지만 여전히 융성하다. 역사가 집단은 천성적으로 과거를 존경하는데, 여기에는 자신들 연구 분야의 지난 학문적 연구 성과도 포함된다. 또한 그들은 시대에 뒤처진 질문과 방법론이라는 목욕물로 씻어낸 견고한 연구 성과의 아이를 내다버리기를 주저한다. 다른 학문의 종사자들보다 역사가들은 학문적으로 과도한 유행의 독재에 더 많이 저항하는 경향이 있다. 책의 서문에서 지적했듯이 역사 연구는 주제와 방식에서 거의 무한대로 열려 있지만 다양한 시기에서 특정한 주제, 질문, 논쟁들을 중심으로 모이는 경향이 있는 것도 사실이다. 다음에서 다루게 될 주제는 그러한 역사 연구의 본질과 역동성, 그리고 역사 기술 이면에 있는 질문과 이해관계다.

4장

역사는 어떻게 생산되는가?

연대기 기록자에서부터 대학 교수까지

누구나 역사를 쓸 수 있다. 아니 더 정확히 말하자면 몇몇 기본 선행 조건(문자 해독 능력, 시간, 책과 사료의 확보)을 가지고 있는 누구나 과거의 특정 국면에 대한 사실을 기록할 수 있다. 이런 측면에서 역사는 다른 학문과 비교할 때 남다르다. 즉 역사는 장비, 실험실 혹은 정교한 연구 계획안을 필요로 하지 않으며, 고도의 전문화된 개념이나 기술적 용어들에 대한 완전한 이해를 전제하지는 않는다.

광범위한 존경을 받고 있는 유명한 역사가 애덤 호크실드Adam Hochschild는 자신이 역사를 쓰는 방식을 다음과 같이 기술했다. "역사를 쓰는 특별히 새로운 기술이 있다면 나는 분명히 그것을 발견하지는 못했다. 내가 지키려고 노력하는 모든 깨달음은 매우 오래된 것이다. 광범위하게 독서하라. 빅토리아 시대 영국 역사가 영G. M. Young은 '사람들이 말하는 것을 들을 수 있을 때까지 읽으라'고 말한 적도 있다. 정확하기 위해 필사적으로 노력하라. 당신이 모르는 것이 어느 정도인지 기억하라. 당신의 독자를 계속해서 읽게 만들 수 있는 방식으로 쓰라."[1]

역사의 생산은 어려운 언어와 읽기 힘든 문서는 문제가 안 되는 사람에게도 물론 간단한 과제가 아니다. 너무 적거나 너무 많은 사료들의 위치를 확인하고 검토하는 작업은 상상력, 창의력, 흔들리지 않는 끈기 등이 특별히 결합되어야 가능하다. 가장 숙련된 종사자들도 별개의 기록 더미들을 우아한 산문으로 전환하는 연금술을 쉽게 터득하지는 못한다. 그렇지만 역사 연구와 저술의 비전문적 특성은 대학에서 배우는 모든 과목 중에 역사가 대중적으로 가장 인기가 높은 이유다. 실천으로서의 역사는 학문적이고 대중적 외양에서뿐만 아니라 박물관 전시, 기념비, 역사 유적지 등으로 제공되는 '공공역사'의 형태에서와 같이 대학 내외부에서 동시에 어느 정도 융성하다는 면에서 예외적이다.

대중적 역사와 전문적 역사는 다양한 방식으로 연결되어 있지만 그 각각은 과거의 기술을 다른 방향으로 끌고 간다. 단순화하자면 전문적 역사가 새로운 정보를 생산하고자 한다면 대중적 역사는 광범위한 대중에게 역사를 전파하려고 한다. 이 장은 대중적 역사가, 공공의 역사가, 학계의 역사가 등으로 알려진 사람들에 의한 역사의 생산을 다룬다. 또한 현대 문화에서 과거를 재현하는 다양한 방식 사이의 유사성과 차별성의 일부를 살펴본다. 그러한 모든 재현은 어떤 경우에는 다른 경우에서보다 더 분명할 수도 있지만 결국 관점의 선택인 것이다. 이 장은 역사가들이 자신의 주제를 선택한 이유와 학계의 역사가 비록 단지 암묵적이긴 하지만 학계 종사자들의 토론이 만들어놓은 틀을 언제나 벗어나지 못하는 이유를 설명한다. 마지막으로 이 장은 역사 서술의 기초 자재, 즉 사료를 설명하고 한때 논쟁의 여지가 없었던 '문서 보관소'와 '문서' 같은 개념들이 논쟁적으로 바뀌게 된 방식을 살펴본다. 간단히 말해 이 장은 역사 '생산물', 즉 베스트셀러 전기물에서부터 기록영화, 학술서의 이면에서 어떤 일이 벌어지고 있는가를 설명하려고 한다. 이러한 형태의 모든 역사 생산물이 때때로 격렬한 논쟁을 촉발한다면, 그것은 많은 사람들이 범상치 않은 이유로 과거에 대해 본능적으로 관심을 가지기 때문이다. 부연하자면 논쟁과 이견은 역사학에 생명력을 부여하고 현재와의 연관성을 유지할 수 있게 해준다.

오늘날 역사가라는 단어는 역사 교수를 떠오르게 하지만 그러한 관련은 2세기도 채 안 되는 비교적 최근의 현상이다. 19세기까지 역사는 대체로 (거의 언제나 남성인) 만능의 '지식인', 즉 부유하고 여유 있는 신사계층, 관리들, 정치가들, 그리고 종종 이러한 정체성의 일부를 결합한 사람들의 몫이었다.[2] 유럽 계몽주의 시대의 일류 역사가로 현재도 인정되는 두 저술가의 예를 들자면, 영국의 에드워드 기번은 평범한 의원이었고, 프랑스의 볼테르는 루이 15세 궁정에서 짧은 기간 동안 불행한 궁정 역사가라는 대단치 않은 정치이력을 가지고 있긴 하지만 어떤 기관에도 얽매이지 않으면서 꽤 부유했고 저술가로서도 성공했다.

19세기 이전에 역사가들은 이런저런 방식으로 정치계와 빈번하게 관련을 맺고 있었다. 수 세기에 걸쳐 역사가라는 지위는 공인으로서 경력을 쌓아가고 있는 동안이나 그것을 마친 이후에 자신들이 습득한 것을 다른 사람들과 나누거나 이해하기 위해 종종 역사서를 집필했던 저명한 개인들의 차지였다. 1세기의 로마 역사가 타키투스는 원로원의원과 로마의 아시아 속주 지사로 있던 기간 사이에 그리 머지않은 시대의 기록인 《역사》와 《연대기》를 집필했다. 피렌체 공화국의 관리였던 니콜로 마키아벨리는 메디치가가 1512년 도시를 재탈환한 이후에 투옥되고 고문을 당했는데, 이런 권력의 변화와 관련된 자신의 개인적 경험을 바탕으로 역사와 정치학에서 저명한 저서를 집필했다. 정치가가 역사서를 쓰는 전통은 20세기까지 이어졌다. 윈스턴 처칠은 2차 세계대전과 전후 어려운 시기의 영국을 이끌어가면서 여러 권으로 구성된 《영국인의 역사》를 썼다(1937년에 집필하기 시작하여 1956~1958년에 출간했다).

과거 사회에서 역사가들은 종종 정부기구에 공식적으로 소속되었다. 예를 들면 중국에서 정부 후원의 역사 저술은 한漢 왕조 치하의 2세기에 시작되어 특히 (7세기에서 9세기의) 당唐 왕조 치하에서 번성했다. 당의 황제들은 궁정에 역사편찬위원회를 설치했다. 이 기구는 나중에 왕조의 공식 '국가 역사'의 자양분이 되는 궁정의 일기, 행정 기록, 일과의 생산을 감독했다. 유사하게 근대 초의 인도에서 무굴의 황제들은 다수의 문관을 채용했는데, 그들 중의 일부는 왕조의 연대기를 작성했고 다른 사람들은 재산권을 확정하는 문서를 작성할 때와 같은 다른 목적을 가지고 과거를 기록했다.[3] 한편 특별히 볼테르보다 기질적으로 덜 비판적인 사람들이 차지했던 '왕실 역사편찬자'라는 지위는 전근대 유럽 왕실에서 탐나는 자리였다. 권력의 행사와 역사의 연관은 국가와 사회가 분리되지 않았던 전근대사회에서 자연스러웠다. 즉 역사는 위대한 사람의 삶의 기록이었고, 민족 혹은 대중의 역사는 아직 출현하지 못했다.

많은 사람들이 평판 혹은 양피지에 말을 새겨 넣는 지난 시대의 최초 기록자들을 상상하지만, 역사가 언제나 문자로 기록된 것은 아니다. 고대 아일랜드, 유고슬라비아, 폴리네시아, 아프리카 서부의 베냉에서는 서사적 이야기 혹은 왕조의 기록들을 되새기는 전문 공연자들이 역사를 말로 보존하고 전승했다. 페루에서 구전역사가들은 예를 들자면 왕의 통치 연도뿐만 아니라 그가 공정하거나 용감한지의 여부 같은 양적 정보와 질적 정보 모두를 되새기는 데 도움을 얻고자 키푸quipu로 불린 줄의 길이에 따라 색깔과 매듭이 다른 기억장치를 사용했다. 폴리네시아와 서부 아프리카에서 역사가들은 아버지에서 자식에게로 지식을 전달하는 전문 가수의 계보를 잇고 있었는데, 이들 각자는 일종의 걸어 다니는 참고서적이었다. 이들 '그리오griots'는 왕의 계보와 같은 역사를 대관식 혹은 추장들의 회합과 같은 특별한 경우에 암송했다. 서부 아프리카 아칸 부족의 속담에 따르자면 "옛날 것들은 귀 안에 남아 있다."[4] 역사가들의 사회적 정체성과 실천은 속세를 떠난 학자라는 일반적 이미지가 전달하는 것보다 훨씬 더 다양했다.

서구 사회에서 19세기는 역사 기획의 본질과 조직 모두에서 분수령이었다. 미국혁명과 프랑스혁명이 '민족'의 역사가 '국민'의 역사라는 이념을 구체화했을 뿐만 아니라 나폴레옹 전쟁에 뒤이은 제도적 격변으로 지식의 조직과 관련한 중요한 변화가 일어났다. 혁명의 시대가 가져다준 결과 하나는 국가 관료제의 급속한 팽창과 그에 따른 공직자 양성을 위한 기구의 필요였다. 이것은 국가의 과거를 앎으로써 국가에 대한 계몽적 충성심을 고양하는 과제를 포함했다. 근대적 국립대학의 창설 혹은 확장이 그 결과였는데, 그러한 대학의 전형이 1810년에 창설된 베를린대학이다.

이보다 오래된 대학들이 다른 유럽 국가들에서 이미 존재했지만(이탈리아와 스페인의 대학뿐만 아니라 옥스퍼드, 케임브리지, 소르본 등이 모두 중세에 설립되었다) 19세기 독일 대학은 과학적 조사와 민족주의라는 두 가지 강력한 이념에 일찍부터 헌신했다는 점이 달랐다. (역사가는 과거를 "있는 그대로 기술해야 한다wie es eigentlich gewesen"라는 유명한 선언을 남긴) 레오폴트 폰 랑케Leopold Von Ranke로 대표되는 19세기 초의 독일 역사가들은 자신들의 사명이 더 오래된 대학에서와 같이 교육에만 있지 않고 독창적 연구를 통해 새로운 정보를 생산하는 것이라고 보았다.[5] 이전 세대의 역사가들, 즉 볼테르나 기번 등이 종합적 기술과 글 쓰는 기술로 칭송받았다면 당시 최고 명성을 누리고 있던 자연과학과 역사학을 제휴시키려고 노력했던 그들의 19세기 동료들은 '연구'를 역사가의 핵심 과제로 추앙했다. '과학적'인 역사의 가장 중요한 구성 요소인 사료를 19세기 중반부터 새롭게 열정적으로 강조하기 시작했는데, 그 결과 민족의 역사 연구를 위한 주축으로서 대대적인 사료집이 출판되기 시작했다. 즉 《게르만 역사사료집》, 《미간행 프랑스 역사사료집》, 《그레이트브리튼과 아일랜드의 연대기와 회고록》은 모두 1860년대 이전에 착수되었다. 이러한 사료집을 가지고 역사가들은 자신들의 시도가 순수문학의 사변적 혹은 장식적 영역에 속해 있지 않다고 세계에 선언했다. 즉 자신들의 작업은 과학자들의 작업과 마찬가지로 견고하고 논쟁의 여지가 없으며 신뢰할 만한 '연구'를 생산할 것이라는 주장이었다.[6]

더 이상 부유한 아마추어의 여가가 아닌 대학에 근거를 둔 역사는 법학 혹은 의학과 유사한 분야로 진화했는데, 이는 학계의 전문가에게 기대되는 표식들을 필요로 했다. 독일의 역사가들이 최초의 전문 학술잡지 《역사연보》(1859)를 창간해 또다시 선두에 나섰고, 다른 나라들이 오늘날에도 존재하는 대표 학술지를 1870년대와 1890년대 사이에 출간하면서 그 뒤를 따랐다(《프랑스역사학보》, 《영국역사학보》, 《미국역사학보》). 또다시 독일을 필두로 대학들은 역사학 박사학위를 수여함으로써 학위가 없는 신사학문의 전통과 단절했다. 하버드는 연구에 기반을 둔 최초의 역사학 박사학위를 1873년에 수여했고, 독일의 방식을 신중하게 모방하여 1876년에 설립된 존스홉킨스대학은 19세기 말까지 역사학위에 관련된 시장을 거의 독점하다시피했다(옥스퍼드는 1917년까지, 케임브리지는 1920년까지 역사학 박사학위를 수여하지 않았다). 역사학 박사학위는 최근의 발명품일 뿐만 아니라 그 숫자 또한 오랫동안 보잘것없었다. 1870년대에 미국에는 단지 12명 내외의 역사학 교수가 있었을 뿐이며, 1900년 이후에야 매년 20명 이상이 박사학위를 취득했다.

헨리 애덤스Henry Adams는 자서전에서 자신은 박사학위도 없었고 역사도 몰랐지만 거의 전적으로 개인적 친분에 의존하여 1870년에 하버드의 중세사 분야의 조교수로 고용되었다고 쓰고 있다. "내가 교수직에 부임하여 동료 교수들의 얼굴을 바라보는 바로 그 순간에도 내가 기억할 수 있는 한 나는 중세와 관련하여 한 시간 정도만을 투자했을 뿐이다."[7] 그렇지만 1900년을 기점으로 수십 년 전부터 역사학술 잡지, 학위, 영국왕립역사협회(1868)와 미국역사학회(1885) 같은 전문 단체들을 통해 오늘날 우리가 알고 있는 바와 같은 전문 역사의 기초가 마련되고 있었다.[8]

새로운 '전문적', '과학적' 역사는 19세기를 지나는 동안 대부분 대학을 기반으로 했고, 그 결과 민족주의적 이념을 지닌 세속 민주주의 국가에 더 긴밀하게 속박되었다. 프랑스, 독일 같은 국가들에서 역사 연구는 국가가 직접 지원하며, 교사와 그 밖의 공무원들을 양성하는 데 헌신하는 대학에 점점 더 한정되었다. 예를 들어 20세기 초반 독일의 역사가들은 1차 세계대전 발발의 원인과 책임을 설명하기 위해 정부와 긴밀히 협력했다.[9] 국가와 학문기관과의 공식적 관련은 미국과 영국에서 덜 뚜렷했지만 두 나라에서도 교수집단은 통치집단과 긴밀히 연결되어 있는 소수의 동질적 엘리트였다.[10]

예를 들어 19세기 후반 미국에서 부유한 기부자들은 채용 결정과 정통 교과과정에 직접적으로 영향을 미쳤다. 한편 역사 교수집단의 지도자들은 흑인뿐만 아니라 가톨릭, 켈트족, 라틴족, 셈족의 후손들보다 아리아 인종이 더 우월하다고 믿는 재건기 이후의 신념 '앵글로색슨주의'를 열렬히 수용했다. 이러한 민족적 맥락 안에서 '객관적' 진실 추구에 헌신하는 자율적 역사 전문가들에 대한 믿음이라고 할 수 있는 전문가주의는, 학계의 역사가들이 학계와 정치계의 소수 엘리트의 견해를 반영하여 과거에 대한 이견 없는 애국적 서사를 증진시킬 것이라는 기대와 모순적으로 공존했다.[11]

역사 저술의 거의 대부분을 전문적으로 조직된 학자들이 검토하기 시작하면서 '학계'와 '대중적'(혹은 '비전문적') 역사가 사이의 구분이 작동하기 시작했지만 수십 년 동안 그 경계선은 모호했다. 미국역사학회가 출범하고 처음 수십 년 동안 회원의 절반만이 교사였고 대략 4분의 1이 대학 수준의 기관에 몸담고 있었는데, 이는 회원의 4분의 3 이상이 대학 교수집단에 속해 있는 오늘의 현실과 대비된다.[12] 20세기 고등교육과 독서 대중 양측 모두의 급속한 확대로 역사서는 점점 더 '학문적'과 '대중적'인 범주로 뚜렷이 구분되었다.[13]

대중적 역사와 공공의 역사

무엇이 이른바 대중적 역사와 학계의 역사를 구분하는가? '대중적' 역사가들 중에 다수가 학계 내에서 뚜렷한 위치를 차지하고 있기 때문에 흔히 얘기하듯이 그들의 정체성을 가지고 말할 수는 없다. 베스트셀러 역사책 저자 목록에는 바버라 터크먼, 데이비드 매컬로프David McCullough, 도리스 컨스 굿윈Doris Kearns Goodwin 같은 대학 교수가 아니면서 성공을 거둔 역사가들과 더불어 사이먼 샤마, 조지프 엘리스Joseph Ellis, 질 레포르Jill Lepore, 데이비드 해킷 피셔David Hackett Fisher, 제임스 맥퍼슨James McPherson, 리처드 에반스Richard Evans와 같이 선도적 대학의 교수들이 올라 있다.[14]

성공을 거둔 대중적 역사의 두드러진 특징은, 분명하고 유려한 문장과 어떤 사전지식이나 관련 논쟁을 알지 못하는 비전문가들도 다가갈 수 있는 주제를 선정한다는 것이다. 대중적 역사의 또 다른 요소는 자주 보이기는 하지만 필연적인 요소는 아닌데, 그중 하나가 서사의 형태다. 거의 모든 대중적 역사는 이야기를 포함하고 대부분은 전쟁사와 같은 매우 큰 범주─가장 빈번하게는 전역戰役과 전쟁의 기록─와 역사전기를 포함하는 이야기로서 쓰인다. 잘 쓰인 역사전기는 여러 차원에서 독자들을 끌어당긴다. 즉 전기는 유명하거나 혹은 그렇지 않은 비상한 개인에게 관심을 가지며 세세한 일상과 유동적인 심리 묘사를 포함하고 대체로 잘 알려진 조연들을 등장시킨다. 그리고 무엇보다도 예측 가능한 승리와 반전이 있는 이야기의 형식으로 전개된다. 역사전기의 광범위하고 지속적인 인기─대부분 전기 형태인 링컨에 관한 책의 종수는 현재 대략 1만 6000권으로 추정된다—는 독자들이 다른 사람의 삶의 이야기와 쉽게 관계를 맺고 그 과정에서 소중한 역사 정보를 얻을 수 있다는 사실에 기인한다.[15]

대중적 역사책의 주제는 학술적 역사의 주제보다 좀 더 친숙하다. 이러한 점을 놀랍게 생각해서는 안 된다. 학자들은 분명 지식의 경계까지 스스로를 몰아가서 오래된 것들에 대해 새로운 주제 혹은 방법론을 찾는 것을 과업으로 삼는다. 이에 반해 대중을 지향하는 저자들은 이미 알려진 이야기를 기반으로 독자들에게 다가갈 필요가 있기 때문에 헨리 8세와 그의 아내들, 개인적 혹은 집단적 모습의 미국 건국의 아버지들, 나폴레옹 보나파르트, 제3제국, 그리고 두 차례의 세계대전에 관한 책들이 끊임없이 쏟아진다. 학계 역사가들의 다수가 위대한 지도자와 무훈에 대한 관심을 거두어들인 지 이미 오래되었음에도 정치가들과 장군들의 전기는 역사 베스트셀러 목록에서 여전히 큰 부분을 차지하고 있다. 뛰어난 역사학자인 고든 우드Gordon Wood는 조지 워싱턴에 대한 또 다른 전기를 평가하면서 10년 전, 특히 보통 사람들 사이에서의 인종, 계급, 젠더 관련 긴장에 대한 동료 학자들의 열의는 더 광범위한 대중의 기호에 부응하지 않는다고 지적했다. "판매 부수만을 볼 때 대다수 미국인들은 나라를 건국한 백인 남성, 즉 대다수 교수들이 쓰고 싶어하지 않는 바로 그 주제에 관해 읽고 싶어한다는 것이 분명해 보인다."[16]

역사를 전공하지 않은 독자들의 보수적 취향에 대한 우드의 결론은 전체적으로 진실일 수도 있지만 많은 예외도 존재한다. 과학사에서 거의 알려지지 않은 인물들에 대한 데이바 소벨Dava Sobel의 책들—《경도》

(1995), 《갈릴레오의 딸들》(2000) — 은 여러 달 동안 베스트셀러 목록에 올랐다. 19세기 시카고 건축가 대니얼 버넘Daniel Burnham과 연쇄살인마 홈스H. H. Holmes의 뒤얽힌 이야기를 다룬 에릭 라슨Erik Larson의 책(《백색 도시의 악마》, 2003)과 올림픽 육상선수이자 2차 세계대전의 생존자 루이스 잠페리니Louis Zamperini를 다룬 로라 힐렌브랜드Laura Hillenbrand의 전기(《언브로큰》, 2010) 또한 훨씬 더 광범위한 인기를 얻었다. 역사책이 대중적 찬사를 받기 위해서 유명한 사건 혹은 주인공이 언제나 필요한 것은 아니다. 탄탄한 연구와 뛰어난 문체는 필수적이다. 그렇지만 훨씬 더 결정적인 것은 서사의 형태다. 대부분의 경우에 비전문 독자들은 잘 짜여 있고 마음 졸이게 하는 이야기를 기대하고 거기에 가장 잘 반응한다.

바로 거기에 대중적 역사와 학문적 역사 사이의 근본적 차이가 존재한다. '비학문적' 역사를 쓰고 읽는 동기 중 가장 흔한 것은 근본적 호기심이다. 즉 특정 주제에 관해 알고 싶다는 직선적 열망이 저자와 독자 모두를 자극한다. 그다음으로 예를 들어 빅토리아 여왕에 관한 다른 전기를 쓰고자 하는 누군가는 그 계획을 출판사가 받아들이게 하려면 새로운 시각 혹은 근본적으로 새로운 정보를 어느 정도 가지고 있어야 한다. 실제로 그러한 예들을 독특한 접근방법 혹은 주장을 가지고 있는 대중적 역사에서 쉽게 발견할 수 있다. 도리스 컨스 굿윈의 《적대자들과의 협력》은 이전 경쟁자들과 협력하려는 링컨의 결단이라는 프리즘을 통해 링컨의 1860년 행정부의 정치사를 복원했다. 1989년에 출판된 이후 베스트셀러의 자리를 지키고 있는 사이먼 샤마의 《시민들: 프랑스혁명의 연대기》는 피로 물든 1793년 공포정치기의 과격함은 온건하다고 알려져 있는 혁명 초기에 형성되었다고 주장하면서 혁명과 관련하여 첨예한 비판적 견해를 드러냈다. 3장에서 논의한 바 있는 재레드 다이아몬드의 《총, 균, 쇠》는 일관된 서사 형태를 따르지도 않았고 일국의 역사에 갇혀 있지 않으면서 지리적 결정론이라는 강력한 테제를 제시하지만 베스트셀러 목록에 올라 있다는 점에서 특이한 경우다. 대중적 역사는 때때로 강력한 입장을 드러내기도 하지만 그것이 제기하는 논쟁은 학계의 역사가들 사이에서 논쟁을 야기하는 복잡한 문제들보다 더 직선적이다(예를들면 나폴레옹 보나파르트는 혁명적 영웅인가 아니면 전제적 독재자인가?). 그렇지만 전형적으로 비학계의 역사서는 독자들에게 건전한 정보와 탁월한 문체를 제공하는 정도에 따라 평가받고 성공 여부가 결정된다.

학계 외부에서 생산되는 대중적 역사에는 중요하고 영향력 있는 책들이 다수 있다. 대다수 학계 역사가들은 자신의 저서가 저널리스트이자 논픽션 작가인 애덤 호크실드Adam Hochschild의 저서 《레오폴드 왕의 유령》과 같은 충격을 주리라고 단지 꿈에서만 상상할 수 있을 뿐이다.[17] 1998년에 초판이 나온 호크실드의 책은 벨기에의 왕 레오폴드 2세가 중앙아프리카의 넓은 지역 콩고자유국을 어떻게 획득했고, 1885년부터 1908년까지 어떻게 통치했는지에 관한 충격적인 기록이다. 콩고자유국은 왕의 사유재산으로 벨기에 정부의 통치가 미치지 못하는 지역이었다. 유명한 탐험가 헨리 모턴 스탠리Henry Morton Stanley가 선전활동을 도와준 덕택으로 국제적 지지 아래 광범위한 토지를 확보한 다음, 레오폴드와 그의 대리인들은 왕의 개인금고를 상아와 고무 무역의 이익으로 채운다는 유일한 목표를 위해 지역민들을 대상으로 야만적인 착취를 20년 넘게 자행했다. 콩고 주민들은 자신들을 굶주리게 하고 때리고 불구로 만드는 관리들과 감독자의 통제 아래서 노예노동과 다를 바 없는 노동을 해야 했다. 벨기에의 병사들은 자신들의 상관—그들 중의 일부는 해골로 자신들의 정원을 장식하는 반사회성 인격 장애자였다—에게 마을 전체를 없애버리라는 명령을 수행했다는 증거로 절단한 손이 가득 든 바구니를 선사했다. 작업을 거부하는 남성들의 아내와 아이들의 사지를 산 채로 절단하기도 했다. 호크실드의 추산에 따르면 이 기간 동안 지역 인구의 절반, 대략 1000만 명이 강제노동, 기아로 인한 질병, 혹은 공공연한 살인으로 목숨을 잃었다.[18]

호크실드의 책에 들어 있는 정보 대부분은 저자도 인정하듯이 다른 학자들에 의해 이미 밝혀진 것들이지만 이름 없는 출판사들의 두꺼운 책에 묻혀 있었다(가장 중요한 저서 일부는 과거에 플랑드르에서만 확보할 수 있었다). 호크실드는 레오폴드 왕, 그의 대리인, 점점 늘어나는 인권의 십자군단을 생생하게 서술하는 데 대부분을 할애한 전문가적인 서사로 연구의 질을 높였다. 인권의 십자군단은 벨기에의 잔혹함을 폭로하고 그들에게 대항하는 운동을 성공적으로 전개하여 왕이 자신의 영토를 포기하게 만들었다. 아프리카계 미국 역사가이자 활동가인 조지 워싱턴 윌리엄스, 영국계 아일랜드 정치가 로저 케이스먼트 경, 작가 아서 코넌 도일과 조지프 콘래드, 리버풀 선박회사의 서기로 일하면서 단지 선원과 무기만을 싣고 벨기에의 영토가 목적지였던 배가 부를 가득 실은 채 돌아온 것을 최초로 목격한 영국 언론인 에드먼드 모렐 등이 그 십자군단의 구성원이었다.

《레오폴드 왕의 유령》은 수십만 권이 팔렸고, 1999년 번역판은 벨기에서 거대한 영향을 미쳤다. 자신들 조국의 제국주의적 과거가 상대적으로 관대하다고 생각하고 있던 사람들은 큰 충격에 휩싸였다. 벨기에의 핵심 제국주의 박물관은 벨기에의 공적 영역에서 제국주의의 기억을 탐구하기 위한 전시회를 즉각 계획했고, 오늘날까지도 지속되는 해당 주제와 관련한 역사 연구와 기록영화가 봇물처럼 그 뒤를 이었다.[19] 호크실드의 책은 대다수 학문적 역사들이 제시하는 복잡한 일련의 주장들 주위를 맴돌지 않았다. 책의 파급력은 오늘날에도 분명한 파생효과를 가지는 도덕적으로 꼭 필요한 이야기를 탁월한 문체와 결합함으로써 가능했다.

학계 밖에서 생산되고 소비되는 모든 역사가 책의 형태를 띠고 있지는 않다. 역사적 사실을 기반으로 할 수도 있지만 예를 들면 지어낸 대화로 그것을 보충하기도 하는 엄청난 범주의 역사영화들(최근에는 비디오게임들까지)을 논외로 하더라도 '진실'에 가장 강력하게 호소하는 대중적 장르가 역사 다큐멘터리다. 역사 다큐멘터리는 피리, 바이올린, 현악기의 고조된 음으로 만들어진 '절실하거나' 감상적인 배경음악과 부합하는 이미지, 문서, 풍경 등을 매력적으로 혼합했다. 논쟁의 여지가 있지만 지난 세기의 가장 영향력 있는 미국 역사가는 켄 번스Ken Burns다. 그는 더벅머리의 천진난만하고 열정적인 영화 제작자였다. 남북전쟁, 재즈, 야구, 금주법 같은 주제를 다룬 그의 다큐멘터리는 수천만 명이 관람했다.[20] 과거를 다룬 다큐멘터리는 여러 방식으로 진실에 대한 강력한 환상을 생산한다. 다큐멘터리 제작자의 존재는 대개 드러나지 않는다. 대다수의 역사 다큐멘터리 제작자는 제3자의 신과 같은 목소리의 내레이션을 선호하여 자신들의 제작 과정이나 의제를 마이클 무어가 하듯이 드러나게 만들고 싶지 않기 때문이다. 시청자들은 다큐멘터리의 영상, 즉 이미지, 문서, 구체적 조형물 등을 1차 사료로서 직접 접촉하듯이 체험한다. 그리고 그러한 다큐멘터리는 공평무사하게 보이는 전문가의 짧은 말 한 토막을 믿음직스럽게 전달하는 '다큐멘터리 진행자'의 진지한 논평으로 보통 끝을 맺는다.[21]

　다큐멘터리의 대단한 인기뿐만 아니라 '실감효과'는 일부 학계 역사가들의 분노를 야기했다. 사이먼 샤마와 같은 영국 '텔레비전의 유명인사'는 (아마도 시기하는) 동료 학자들의 비판 대상으로서 정기적으로 거론된다. 미국에서 광범위하고 두드러진 성공을 거둔 켄 번스Ken Burns 또한 집중적인 공격을 받았다. 남북전쟁 시기를 연구하는 대표 학자들은 남북전쟁을 다룬 번스의 다큐멘터리를 날카롭게 비판해왔다. 번스의 필름은 전쟁의 기원을 노예제와 인종차별로 축소하고 전쟁 이후의 재건기 동안 전쟁의 결과가 가져온 폭력성 또한 축소했다는 것이다. 에릭 포너Eric Foner, 레온 리트왁Leon Litwack 같은 19세기 미국을 다루는 몇몇 저명한 역사가들에 따르면, 번스는 아프리카계 미국인을 대부분의 이야기에서 배제하여 백인에 대한 백인의 형제살해에 뒤이은 구원과 같은 멜로드라마로 남북전쟁을 축소했다.[22] 평생을 자유주의자로 살았던 번스는 남북전쟁의 영웅 커스터와 셔먼에 의한 아메리카 원주민의 학살(그의 영화 〈서부〉)에서부터 토머스 제퍼슨의 노예 소유와 그들에 대한 냉정한 대우, 흑인 운동선수에 대한 장기간의 배제와 노동계급 출신 운동선수의 착취(《야구》)에 이르기까지 미국 역사의 갈등과 잔인함을 충분히 인식하고 있었다. 그러나 과거의 편견과 억압을 그려냈다고 하더라도 번스의 궁극적 메시지는 애국적 낙관주의다. 즉 미국 역사와 문화의 강점은 다양성으로부터 재즈, 야구, 민주주의로 대변되는 위대함, 그리고 비극으로부터 더 큰 단결을 끌어내는 능력이라고 그는 주장한다. 그의 다큐멘터리는 미국 문화의 공통적 핵심에서 '감정적 합의'라고 그 자신이 명명한 것을 추적한다.[23]

그러한 이상주의는, 비판적 연구에 헌신하는 학자들이 가까운 미래에 대해서도 훨씬 덜 낙관적이면서 국가의 과거에 대한 '감정적 합의'를 거의 조장하지도 않는 학계의 시각과 거의 부합하지 않는다. 학계의 일부 역사가들은, 번스의 기획이 역사를 향수가 주입된 멍청한 유희로 만드는 지루한 '유산' 사업의 일부라고 무시한다. 2001년에 큰 주목을 받은 논문 〈미국 역사가 쉬워졌다〉에서 프린스턴의 역사가 숀 윌렌츠Sean Wilentz는 당대의 대중적 역사를 "수동적인 향수병의 쇼"라고 통렬히 비판했다. 그가 통렬히 비난했던 건 데이비드 매컬로프의 시어도어 루스벨트, 해리 트루먼, 존 애덤스를 칭송하는 전기물("구경꾼들이 좋아할 만한 또 다른 장르")과 켄 번스의 다큐멘터리 〈남북전쟁〉이었다. 〈남북전쟁〉은 "상세함에서 타의 추종을 불허하고 이야기 전개 방식에서 공감을 불러일으키지만 전쟁의 기원과 의미에 관한 역사적 평가에서 결정적으로 감상적이고 공허하다."[24]

유사한 맥락에서 '유산'이라고 알려진 역사에 대한 보통 사람들의 접근방식 ─국가 유적지의 보호와, 환경과 사건의 재창조─이 일부 학자들의 비판을 받게 되었다. '유산 산업'에 대해 가장 활발하게 반대의 목소리를 높이는 학자 데이비드 로언솔David Lowenthal은 얼마나 많은 창작이 소중한 국가 유적지에 행해졌는지를 지속적으로 지적한다. 즉 관광객에게 인기 있는 플리머스 바위로 불리는 돌 조각은 19세기까지 유서 깊은 조각으로 알지 못했던 것이다. 그리고 많은 사람들이 찾아가는 이스라엘 민족주의의 상징인 마사다의 역사와 관련해서도 적지 않은 의구심이 장기간 전해지고 있다. 이곳은 1세기에 약 960명의 유대인 방어자들이 로마 포위군에 항복하기보다는 자결했다고 알려져 있는 황량한 고원 위의 폐허다.[25] 그렇지만 로언솔의 요점은 날조 혹은 왜곡된 채 유통되는 역사유적 그 자체가 아니라 과거를 독선적이고 배타적으로 이용하는 유산의 기능이다. 즉 "역사는 모두를 위한 것이지만 유산은 우리들만을 위한 것이다."[26] 성부터 격전지까지 사려 깊게 관리되는 유적지는 통찰과 논쟁이 아니라 영적 교감과 존경을 증진한다. 즉 '있는 그대로' 과거를 보존하려고 하면 할수록 논쟁은 더욱더 차단된다. 로언솔에게 유산은 역사의 대립물이다.

많은 역사유적지들이 과거의 일면적 혹은 정화된 모습을 제시함으로써 존경과 향수를 불러온다면 그러한 것을 피할 수 없지만은 않다. 여기에 해당하는 사례는 남북전쟁의 격전지에서부터 리치몬드, 버지니아의 공공장소, 토머스 제퍼슨의 몬티첼로 저택에 이르기까지 미국의 가장 존중받는 일부 역사유적지에 미국 흑인노예의 실상을 점점 더 분명하고 자주 논쟁적으로 소개하는 것이다. (정화된 '하인'이라는 용어로 더 이상 가려지지 않는) 몬티첼로의 노예 존재는 제퍼슨의 노예 샐리 헤밍스와의 관계 및 자녀와 마찬가지로 공개적으로 인정되고 거론되었다. 이러한 진화가 몇몇 지역에서는 저항을 불러일으키기도 했지만 대다수 방문객들은 저택의 사회적 실체와 관련한 더 정직한 묘사를 알고 있었다.[27]

가장 논쟁적인 것은 버지니아주 윌리엄스버그의 식민지 시대 체험

박물관에서 있었던 노예제 재현이었다. 1979년 이후 미국의 흑인들이 이곳의 최초 거대한 노예마을의 주민들의 모습을 재현했을 때 일부 방문객들은 불쾌감을 느꼈다. 1994년 노예경매를 재현한다는 결정은 가장 첨예한 논쟁을 불러일으켰다. 상이한 구성 집단 사이에서, 그리고 집단 내부에서도 다양한 견해가 표출되었다. 전미유색인지위향상협회(NAACP)와 같은 일부 자유주의적 단체들은 이러한 시도를 인종적인 이유로 반대한 반면, 학계의 전문가들과 미국 흑인의 일부를 포함한 동등한 정도의 진보단체들은 노예체험이 끔찍한 실상을 효과적으로 전달한다는 이유에서 그러한 재현을 옹호했다. 그렇지만 지지자들은 노예경매의 재현에 담긴 심각한 문제를 잘 인식하고 있었다. 많은 행동가들과 구경꾼들은 그렇게 수치스러운 어떤 것이 무대에서 재현되는 것을 잘했다고 여겨야 하는가? 역사적 정직함과 유희 혹은 착취 사이에 어떻게 확고한 경계선을 그릴 것인가?[28] 분명 역사유적지는 그것이 갖고 있는 진실성과 그것이 대중에게 제시되는 방식 모두와 관련하여 논쟁을 야기하기도 하고 풍성하게 할 수도 있다.

공공의 역사라고 불리는 것을 구현하는 또 다른 장소인 역사박물관에 대해서도 같은 말을 할 수 있다.[29] 현재의 공공박물관은 르네상스기의 독립 과학자들이 수집한 진기한 물건창고 같은 개인 소장품과 연구기관 양자에서 유래했다. 예를 들어 미국의 스미스소니언박물관은 19세기 영국 과학자의 유품 덕택에 지리학자, 고고학자, 인류학자의 발견에 대한 보고寶庫로 설립되었다. 주도적 학자들이 수집품 처리와 관련하여 스미스소니언의 '지나친 단순화'를 점점 더 비판하게 되었던 20세기 초반에 와서야 박물관은 학문 연구에서 대중교육으로 박물관의 무게중심을 이동했다.[30] 스미스소니언이 애초의 학문적 소명으로부터 멀어졌던 같은 시기에 개인이 주도하는 박물관들이 생겨났다. 19세기 후반과 20세기 대부분의 기간 동안 다수의 미국 역사박물관과 역사유적지는 식민지 시대의 윌리엄스버그를 조성한 존 록펠러와 같은 지역의 열성 팬, 아마추어, 박애주의자들 덕택에 만들어질 수 있었다. 그러한 주도의 산물은 전형적으로 대통령의 생가, 의복 전시, 공예품과 같이 가내와 일상의 문제에 집중했고, 교육과 유희의 경계선을 흐리게 했다. 이 때문에 미국역사학회 같은 전문조직은 평범한 교양을 가진 관객들을 목표로 한 지나치게 감정적이고 '여성적인' 전시로 보이는 것들과 오랫동안 거리를 두었다.[31]

일반 대중은 역사를 재현하는 어떤 다른 형태보다 박물관에 더 잘 반응하는 듯했다. 로이 로젠츠바이크Roy Rosenzweig와 데이비드 델런David Thelen이 1990년대 초 808명의 미국인 표본집단을 대상으로 "1에서 10까지 점수를 매길 때 자신이 과거에 연결되었다고 느낄 때는 언제인가?"라는 설문조사를 실시했다. 그 결과 "역사박물관 혹은 역사유적지를 방문할 때"가 두 번째로 높은 점수를 받았고, "가족들과 모일 때"가 가장 높은 점수를 얻었다. 과거를 묘사하는 진실성을 묻는 질문에서는 응답자의 80퍼센트가 박물관에 가장 높은 점수를 주었다. 이는 대학의 역사 교수(54.3퍼센트)와 고등학교 교사(35.5퍼센트)를 훨씬 앞서는 것이지만 놀랍게도 할아버지와 할머니(69퍼센트)를 근소한 차로 앞서는 것이었다.[32] 응답자들이 제시한 평가에 따르면 책, 다큐멘터리, 혹은 학교 수업보다 박물관은 방문자들에게 편견에 의해 오염되지 않은 과거의 실체와 직접 접촉한다는 확신을 주었다. 문화유물과의 직접 접촉은

"다른 사람이 내린 결론을 듣는 대신 스스로 결론을 내리게" 한다고 한 설문 참가자는 대답했다. 또 다른 응답자 역시 박물관은 "어떤 관점을 우리에게 제시하려고 하지 않는다. (…) 우리 스스로가 결론을 내리면 된다"라고 동의했다. "우리가 앉아 전시물을 바라볼 때 우리 스스로의 감각이 작동하게 된다"라고 또 다른 중년 여성은 지적했다.[33]

과거의 구체적인 문화유물과의 밀접한 대면은 강력한 감정적 반응을 분명 유도해낸다. 세계적 지도자의 자필 편지 혹은 우리에게 전해지지 않았을 수도 있는 보통 사람들의 휘갈겨 쓴 이름이 적혀 있는 결혼계약서라든지 원사료를 다룰 때 숙련된 연구자조차도 맥박이 빨라지는 것을 느낄 수 있다. 모든 박물관은 고도의 의식적인 선택들의 결과를 전시하기 때문에 이러한 과거와의 대면에서 방문자들은 실체를 놓칠 수도 있다. 루드밀라 조르다노바Ludmilla Jordanova는 박물관은 "정화되고 수선되고 '복원되고' 포장된, 사려 깊게 선택된 대상들을 전시하고, 대상과의 거리와 대상의 침묵을 호도하면서 '은밀한 방식으로 작동한다'"라고 신랄하게 썼다. 박물관의 전시는 예를 들자면 과거의 삶이 지저분하고 위험하거나 아니면 이상적으로 단순하고 안전하다는 식으로 묘사되는 단순하고 멜로드라마적인 이야기 전개를 종종 반복한다고 그녀는 주장한다. 역설적으로 박물관 전시의 구체성과 가시성 그 자체가 방문객에게는 보이지 않는 신중하게 계산된 선택과 전시의 전략을 은폐하는 데 기여한다.[34]

그렇지만 박물관 전시가 야기하는 논쟁 때문에 그것에 관여하는 선택이 분명하게 드러나는 순간이 있다. 2차 세계대전의 막바지에 일본에 원자폭탄을 투하했던 결정과 관련하여 1993~1995년 스미스소니언 항공우주박물관의 전시계획이 발표되었을 때 촉발된 싸움은 미국에서 최근에 일어난 가장 고통스러운 사건이었다.[35] 1995년 2차 세계대전 종전 50주년을 기념하는 행사는 에놀라게이Enola Gay를 그 중심에 두고 있었다. 에놀라게이는 히로시마에 '원자폭탄'을 투하할 때 사용된 B-29 폭격기다. 대략 7만에서 8만 명의 일본인 사망자와 수천만 명의 심각한 부상자를 초래했다. 1980년대 이후로 참전용사들은 박물관의 폴 가버Paul E.Garber 보존시설에 안치되어 있던 에놀라게이를 전시하도록 박물관에 촉구해왔다. 에놀라게이 전시계획이 1990년에 진지하게 검토되기 시작했지만 다양한 관련자들 사이의 긴장이 초창기부터 등장했다.

마틴 하윗Martin Harwit은 1987년부터 박물관장으로 재임하고 있던 뛰어난 천체물리학자이자 전후 세대의 일원이었다. 그는 이 전시와 또 다른 전시를 항공기 전시공간이라는 항공우주박물관의 단순한 활용에서 벗어나 좀 더 역사적으로 구성된 전시공간으로 전환시키는 시도로 간주했다. 반면에 박물관이 폭탄 투하와 연관된 논쟁적인 결정과 더불어 에놀라게이 전시를 계획하고 있다는 소식이 알려지자 참전군인회는 "남녀 군인들의 용기와 희생적 헌신이 (…) 미국의 현세대와 미래 세대를 위한 영감으로서 제시될 것이다"라는 박물관의 애초 사명을 지적하면서 완강한 반대에 나섰다.[36]

학계 역사가들의 도움을 받아 박물관 학예사가 작성한 300쪽에 달하는 전시 안내서가 1994년 1월에 나왔다. 전시 안내서는 유럽에서의 전쟁 종식 및 일본의 침략과 잔학행위에 대한 설명을 포함한 태평양전쟁의 확대를 열거함으로써 그 배경을 먼저 소개했다. 가장 논쟁적이었던 건 두 번째 부분으로 학술적 논쟁에서 제기된 질문과 주장들을 종합하여 원자폭탄 투하 결정을 집중적으로 다루고 있었다. 즉 원자폭탄은 독일에 투하되었어야 하는 것이 아닌가? 미국은 일본의 평화를 위한 주도권을 무시했는가? 핵의 참화는 전쟁 종식 이외에 소련을 목표로 한 '핵 외교'의 개시 행위로서 어느 정도로 기여했는가? 안내서는 또한 폭탄이 투하되지 않았을 때 일본 상륙작전이 초래할 수 있는 (5만에서 50만 명에 달하는) 미국인의 대략적 전사자 수와 관련한 논쟁도 언급했다. 마지막으로 박물관은 사망한 일본인들을 가슴 아프게 떠오르게 하는 히로시마의 유물들, 즉 원자폭탄이 떨어진 정확한 시간을 보여주는 손목시계, 갓난아이의 옷, 여학생의 도시락 등도 전시할 예정이었다.

전시계획이 알려지자 공군협회, 재향군인회, 그리고 다양한 참전군인 조직의 회원들은 자신들의 전장에서의 활동뿐만 아니라 생존 자체까지도 평가절하하는 것으로 보이는 계획안에 분노했다. 그들은 원자폭탄이 자신과 동료들의 생명을 구했다고 믿고 있었다. 그들이 보기에 전시 안내서는 미국 육군과 공군의 희생보다 일본인들의 고통을 우선시했다. 박물관 직원들이 비판을 완화하기 위해 안내서를 급히 수정하자 논쟁은 대중 언론으로 번졌다. 언론은 박물관 학예사와 학계 조언자들보다 참전군인들에게 우호적이었고, 하원의원들은 하윗의 사임을 요구했다. 1995년 1월 30일, 스미스소니언 총무 마이클 헤이먼Michael Heyman은 전시계획을 취소하고 하윗은 관장직에서 5월 2일 사임했다. 비행기 동체만이 1995년부터 1998년까지 계속 전시되었다.

단일한 전시계획이 야기한 에놀라게이 사건은 역사박물관(그리고 그 외 박물관)에서 상설전시와 특별전시 간의 불화 잠재성을 공개적으로 드러냈다. 전시 대상의 선택과 그에 대한 안내 책자는 책과 논문의 내용이 그렇듯이 많은 주장을 담고 있다. 에놀라게이의 경우에 전시를 둘러싼 논쟁이 광범위한 이데올로기적, 세대 간 갈등의 결과로 분출하기는 했지만 전시의 특별한 성향은 대개 전문가만 알아볼 수 있다. 즉 당시 2차 세계대전의 참전용사들은 여전히 수적으로 많았고 활동적이었던 반면, 애국적 군인정신에 회의적인 전후 베이비붐 세대의 성원들 다수가 학자와 박물관 직원으로 자리를 잡기 시작했다.

　단일 전시를 둘러싼 논쟁 이상으로 일부 역사박물관의 존재 자체와 목적은 심금을 울리는 논쟁을 야기할 수 있다. 예를 들어 '문명화 사명'의 정당한 부산물로서 제국주의적 약탈품을 자랑스럽게 전시하는 유럽인들에 의해 대체로 식민화되었던 '후진적'으로 여겨지는 국가들의 '원시적' 관습과 예술을 전시하는 박물관에 대해 20세기까지 서구 국가의 그 어느 누구도 반대하지 않았다. 그렇지만 제국주의의 약탈행위에 대한 인식이 커지는 상황에서 유럽 국가들이 제국의 전성기 때 획득한 보물들을 전시한다면 과연 어떻게 전시해야 하는가? 2006년에 문을 연 프랑스 파리의 '제1의', 즉 '원초적' 예술을 전시하는 박물관과 2013년에 개관한 마르세유의 '유럽과 지중해 문명박물관'은 전시물이 제국주의적 과거에 대한 프랑스의 연결을 축소하거나 무시했다는 이유로 공격받았다. 즉 역사적 언급의 **부재** 자체는 해석의 선택과 다를 바 없다는 것이다.[37]

　훨씬 더 문제가 되었지만 벨기에는 콩고자유국을 세계에 알린 천연자원과 원주민들의 예술과 기술을 전시하기 위해 레오폴드 2세의 테르뷔른 영지에 건설한 호화 박물관을 여전히 가지고 있다. 왕립콩고박물관은 1905년에 개관하여 식민지의 생산품, 아프리카의 물건들, 박제 동물들, 거대한 지도, 콩고에 '안전'과 '복지'를 가져다주는 벨기에의 우화적 형상들을 전시했다. 20세기를 통틀어 벨기에 왕에 의해 살해되거나 불구가 된 수백만 명의 콩고인들에 대한 언급은 한 마디도 없었다. "그것은 마치 베를린에 홀로코스트 얘기는 전혀 없으면서 유대인의 예술과 문화를 다루는 거대 박물관이 있는 것과 같다"라고 호크실드는 지적했다.[38]

이러한 상황은 2001년 신임 관장의 임명과 더불어 변화하기 시작했고, 2005년 박물관 개관 100주년 전시회의 제목은 〈콩고의 기억: 식민 시대〉로 정해졌다. 한 역사가는 이 전시회를 "미온적이고 내키지 않는 수정주의 안에서의 연습"으로 서술했다. 즉 '교류'와 '조우'라는 제목을 내걸고 전시회는 벨기에의 정복을 벨기에와 콩고 양자 모두에게 대체로 이로운 것으로 묘사한 반면, 일상적 잔학행위를 간헐적으로 일어났던 과도함으로 그릇되게 재현했고 제국주의에 희생된 주민들의 수를 과소평가했다.[39] 탈제국주의의 반성에 관한 테르뷔른박물관의 열의 없는 전시는 박물관의 역사적 출발 자국이 새겨놓은 뿌리 깊은 편향을 제거하기가 얼마나 어려운지를 보여준다.

따라서 대중적 역사의 일부 형식은 다른 어떤 것보다도 논쟁을 야기한다. 토머스 제퍼슨을 다룬 가장 최근의 베스트셀러 전기 혹은 2차 세계대전에 관한 다큐멘터리는 항공우주박물관이 기획했던 에놀라게이 전시와 같이 논쟁적인 해석을 제공할 수도 있다. 그렇지만 책을 구입하고 역사 채널을 보는 것은 그 어떤 공공기관 혹은 공공재정이 개입되지 않은 개인의 결정이다. 반면에 박물관은 공적으로 재정원조를 받으며 모국뿐만 아니라 다른 나라들에게도 모국의 과거를 재현한다는 의미에서 공공의 기구다. 또한 이러저러한 국립박물관은 오직 하나만 존재하기 때문에 박물관은 지식의 독점체다. 시민과 그들을 대표하는 정치인들은 세금으로 자금지원을 받은 '그들' 건물의 전시물이 제공하는 서사에 분명한 이해관계를 가지고 있다. 역설적이게도 가장 큰 반향을 일으킨 논쟁은 가장 접근하기 어려운 대중적 역사의 형태를 중심으로 발생하기가 쉽다. 대부분의 사람들이 거기에 접근하려면 비용과 시간을 들여 멀리 떨어진 도시로 여행을 가야 한다. 그렇지만 납세자들의 돈, 정치, 가시성의 결합인 '공공'의 역사는 과거를 어떻게 재현할 것인가라는 논쟁의 핵심 영역이 되었다.

정통 학설과 수정주의: 논쟁은 어떻게 역사를 형성하는가

박물관장이 자신의 직위를 위협할 수 있는 논쟁을 유발하거나 환영하는 경우는 거의 없다. 반면에 학계의 역사가들에게 아무리 예의 바른 논쟁이고 아무리 사소한 견해 차이라 하더라도 그것들은 연구를 추진하는 동력이 된다. 그 과정에서 그들은 경력을 쌓아간다. 실증주의의 이상이 절정에 달했던 19세기와 20세기 초, 유럽과 미국의 주도적역사가들은 역사 분야는 이상적으로 과거의 특정 측면에 대한 확실하고 반박 불가능한 서술로 종결되는 수집 가능한 모든 증거들로 채워져야 한다고 믿었다. 알려진 모든 사실이 수집되고 그것들이 '객관적'으로 재현된다면 논쟁할 필요가 있겠는가?[40] 6장에서 다루겠지만 완전하고 객관적으로 파악할 수 있는 과거라는 관념은 수십 년 전부터 통용되지 않는다. 오늘날 역사적 지식은 새로운 질문, 새로운 정보, 새로운 해석 시도의 조합을 통해 진보한다는 일반적 견해가 우세하다. 우호적 논쟁과 경력을 위협할 수도 있는 난타전에 이르기까지 기존 연구 성과에 대한 이견은 대부분의 역사 연구와 저서에 활력을 불어넣는다.

대부분의 경우 토론의 용어와 핵심사항만을 이해하는 데도 역사학 분야의 지식이 필요하기 때문에 역사 관련 학문적 논쟁은 대체로 대학 밖에서는 알려져 있지 않다. 예를 들자면 1990년경에 근대 초 영국 역사 분야의 주도적 학자들은 자작 세이 앤드 실Viscount Saye and Sele* 이 1647년 영국 의회에서 한 역할에 대해 치열하게 다퉜다. 즉 그와 그를 지지하는 귀족집단이 어느 정도로 하원을 통제했는가? 더 큰 쟁점은 1640년대 영국혁명에서 귀족의 역할에 관한 것이지만 이 질문은 그 분야의 전문가들에게 특히 중요하다. 그렇지만 주도적 학자들이 서로를 공격했던 논문들은 그 분야 밖의 사람들에게는 거의 알려지지 않았다.[41] 학문적 논쟁이 대중적 무대로 전해지는 경우는, 그 논쟁이 사람들의 관심 분야를 건드렸기 때문이고 대다수의 사람들이 이해할 수 있는 용어로 구성되었기 때문이다.

나치 독일의 역사는 정기적으로 대중의 영역으로 들어온 연구 분야 중 수위에 있는 예시일 것이다. 제3제국과 홀로코스트는 명백한 두 당사자, 즉 유대인과 독일인뿐만 아니라 수백만 명의 조직적 학살을 자

---

* 영국의 귀족작위로 1624년 윌리엄 파인스에게 처음 부여된 이후 6대 자작 리처드 피네스가 1781년에 사망하면서 폐지되었다.

행한 진정 '근대적'이고 '문명화'된 유럽 국가의 이념에 대해 공포에 떨었던 엄청난 수의 보통 사람들에게도 심정적으로 중요했다. 이 분야의 뛰어난 학문적 성과는 보통 강한 감정과 의견을 가지고 이 역사 영역에 접근하는 일반 대중에게 쉽게 호소할 수 있는 근본적으로 도덕적이고 심리적인 쟁점들에 대체로 모여 있다.

이 분야의 대립적 해석으로 인한 열정을 극적으로 보여주는 예는 1990년대에 출판된 두 권의 책이다. 크리스토퍼 브라우닝Chrisopher Browning의 《아주 평범한 사람들: 101예비경찰대대와 유대인 학살》(1992)과 대니얼 요나 골드하겐Daniel Jonah Goldhagen의 《히틀러의 자발적 사형 집행자들: 평범한 독일인과 홀로코스트》(1996)가 바로 그것으로, 후자는 대체로 브라우닝에 대한 응답으로 쓰인 책이다. 두 학자 모두 철학자 한나 아렌트의 유명한 구절 '악의 평범성'이 포착하고 있는 문제와 씨름했다. 즉 대체 무엇 때문에 "우리와 다를 바 없는 사람들", 법을 준수하는 시민, 독실한 신앙인, 헌신적인 가족 성원들이 그들에게 어떤 해도 끼치지 않은 사람들이 학살당하는 것을 방관하거나 혹은 적극적으로 협조했는가?

브라우닝의 연구는 1942~1943년에 걸쳐 열두 곳에서 대략 3만 8000명의 폴란드 유대인에 대한 학살 집행명령을 수행했던 101예비경찰연대의 근무자 125명에 대한 1960년대의 사법재판 기록을 기초로 한다. 브라우닝 이야기의 주역은 실제로 '보통 사람들'이었다. 즉 그들은 함부르크 같은 도시 출신으로 적당한 생활을 유지하고 있는 중년 남성들이었으며 대부분은 육체노동으로 삶을 꾸려나가는 민간인이었다. 그들 중 단지 4분의 1만이 나치당원이었다.[42] 1942년 7월 13일, 1

차 작전 시기에 그들이 폴란드에 체류한 기간은 3주 미만이었다. 빌헬름 트라프Wilhelm Trapp 대령은 그날 아침 그들을 소집해 매우 불쾌한 과제를 수행하도록 지시했다. 즉 이웃마을 주세푸프Jósephów에서 여성, 어린이, 그리고 일할 능력이 없어 보이는 노인들 약 1만 5000명의 유대인을 죽이라는 것이었다. 당황한 기색을 감지한 상관은 나이가 좀더 많은 사람들은 과제를 수행하지 못할 것 같으면 빠져도 좋다고 말했다. 처음에는 대략 500명의 대원 중 단지 12명만이 참여를 거절했다. 그다음 날에는 대략 10퍼센트에서 20퍼센트가 늘어난 수의 대원들이 심정적으로 받아들이기 힘든 과업에서 빼달라고 요청했다.[43] 부대가 1943년 11월까지 추가적 대량학살을 수행해나가는 과정에서 동일한 양상이 지속되었다. 즉 브라우닝이 설득력 있게 주장했듯이 비록 소집된 대원들이 '의무'를 회피했다는 수치심 말고는 작전에서 빠졌다는 이유로 불리한 일을 당했다는 그 어떤 증거도 없음에도 단지 소수의 대원들만이 지시를 수행하지 않았다.

101연대의 기록은 홀로코스트와 관련한 기록들 중에서 특별하다. 브라우닝이 지적했듯이 "사건의 진행에 따라 매우 극적으로 형성되었으며 적어도 일부 가해자들에 의해 매우 공개적으로 논의된 선택의 문제를 나는 이전에 대면한 적이 없다."[44] 수십 개의 심문 기록에서 브라우닝은 가해자들 진술의 불가피한 왜곡을 고려하면서 있음직한 동기를 추출했다. 잔인한 전쟁의 배경, 적에 대해 독일인이 취약하다는 인식, 유대인에 대한 뿌리 깊은 경멸감, 이 모든 것이 그러한 극악무도한 행동을 가능케 하는 데 일정 부분 기여했다. 그러나 브라우닝은 최종적으로 예비연대의 동학에서 결정적인 요인을 지적한다. 대량학살을 수행한 대원들의 80~90퍼센트는 임무 앞에서 주춤거리고 그것을 거부할 수 있는 선택의 가능성에도 불구하고 순응주의, 권위에 대한 존경, 그리고 불쾌한 의무를 거부할 때 동료들부터 축출될지도 모른다는 두려움 때문에 그렇게 행동했다. 그들은 특별히 유대인을 살해하고 싶지는 않았지만 바로 그 순간에 자신들이 속한 세계를 구성하는 상관들과 동료들로부터 따돌림당하는 것을 더 싫어했다.[45] 브라우닝의 결론은 따라서 '악의 평범성'에 관한 것이라기보다 집단적 순응성의 무시무시한 영향이었다.

반유대주의의 동기를 전면에 내세우지 않는 브라우닝의 결론에 대해 하버드대학의 젊은 정치학자 대니얼 요나 골드하겐은 대중지에 신랄한 서평으로 분노를 드러냈다. 브라우닝은 예비연대 대원들의 진술을 액면 그대로 수용했고, 그로 인해 "독일의 유일하고 뿌리 깊은 인종적 반유대주의를 일반적 사회병리학적 현상의 표출로 축소했다"라고 골드하겐은 비난했다. 이들은 전반적으로 "평범한 보통 사람들"이 아니고 "비정상적 정치문화의 보통 사람들"이라고 지적했다.[46] 광적으로 잔인한 반유대주의가 독일 문화에 수 세기에 걸쳐 중심 요소로 자리 잡고 있었다고 간주한 골드하겐은 4년 후 《히틀러의 자발적 사형 집행자들》을 출간했다.

이 책의 테제는 단순하고 명확하다. "독일인의 반유대주의적 신념이 홀로코스트를 유발한 핵심 동인이다. (…) 이 책의 결론은 반유대주의가 수천 명의 '보통 독일인'—그리고 만약 그들이 적당한 장소에 배치되었다면 수백만 명 이상—을 유대인 학살에 나서게 했다는 것이다."[47] 저자는 중세 이래로 깨지지 않는 독일의 전통이 된 반유대주의적 '절멸주의’가 이렇게 광범하게 공유된 대량학살 충동의 원천이었다고 주장한다. 그것은 수 세기를 거치면서 “거의 보편적으로 공유된” 견해였는데, 유대인의 영향력은 위험하고 유대인은 독일 사회에서 제거되어야 한다는 것이었다.[48] 합리적이고 계몽적이라고 간주되는 문화에서 살고 있던 그렇게 많은 사람들이 어떻게 그런 일을 저지를 수 있었을까, 학자들이 고민하는 바로 그 순간에 핵심을 놓치게 된다고 그는 주장한다. 독일인들은 “정상적”이지 않았고 “우리와 같은 사람”들이 아니었다고 그는 주장한다. 즉 그들의 문화는 반유대주의로 얼룩져 있었다.

브라우닝이 사용했던 동일한 사료를 파고들었지만 골드하겐은 정반대의 결론을 내렸다. 즉 학살에 관여했던 예비경찰연대의 압도적 다수는 동료들의 압력, 복종, 혹은 자신의 경력 때문에 학살에 가담했다기보다 섬뜩할 정도로 냉담하고 잔인한 행동을 묘사한 기록이 드러내듯이 유대인을 학살하기 위한 적극적 욕망을 가지고 움직였다는 것이다. 그의 서술은 유대인을 향해 방뇨하고 그들을 땅바닥에 기게 하고 자신들의 무덤을 스스로 파게 하는 독일 병사들의 모습과, 유대인 희생자의 박살난 머리를 보며 농담하는 예비연대 대원들의 끔찍한 행위들에서 절정에 달한다. 그리하여 그는 자신들의 행동을 내키지 않아했고 혐오했다는 진술은 전후의 자기변호에 불과하다고 무시했다.

브라우닝과 골드하겐의 저서는 동일한 사료를 조사하고 동일한 질문을 제기했으나 매우 상이한 결론에 도달한 두 학자의 고전적 예를 추가한다. 이 주제에 대한 골드하겐의 시각은 또한 역사에서 ‘수정주의’라고 알려진 과정, 즉 어떤 시기나 사건에 대한 기존의 이해를 전복하려는 연구계획의 예시이기도 하다. 문외한에게 반유대주의가 홀로코스트를 초래했다는 생각은 자명해 보일 수 있다.

그렇지만 골드하겐의 직설적 테제는 수십 년에 걸쳐 이 문제의 복잡성을 강조하는 뛰어난 학자들의 생각과 위배된다. 이 분야의 선두 역사가들은 대량학살의 과정은 유대인 증오로부터 제거로 나아가는 직선이 아니라 많은 우발적 사건들이 개입된 굴곡의 과정이라고 본다. 그리고 절대다수의 독일인들은 적극적 공모가 아니라 비난받을 만한 무관심에 죄의식을 느끼고 있다는 데 대부분 동의한다.[49] 골드하겐의 수정주의는 그의 책이 거의 모든 동료 학자들로부터 강력한 비판을 받았기 때문에 자신의 연구 분야를 실제로 진전시키지는 못했다. 그렇지만 그는 더 광범위한 대중에게 울림을 주는 방식으로 자신의 테제를 정교화했다. 즉 《히틀러의 자발적 사형 집행자들》은 미국에서 15만 부가 팔렸다.[50] 최종적으로 브라우닝은 학계의 존경을 획득한 반면, 골드하겐은 상당한 대중적 찬사를 받으며 학계에서 멀어지고 많은 돈을 벌었다.

홀로코스트 연구 분야와 이 특별한 논쟁의 용어들은, 이 문제가 명확하고 절박한 도덕적·사회적 고려와 관계가 있기 때문에 특별한 역사적 배경지식이 없는 독자들도 이해할 수 있다. 브라우닝과 골드하겐은 이 문제와 관련한 사실들, 즉 수백 명의 평범한 독일인들이 거부할 수도 있었던 잔혹한 행위에 가담하는 데 동의했다는 사실에는 이견이 없지만 두 사람은 첨예하게 상이한 문제의식을 가지고 이야기를 전개했다. 즉 브라우닝은 어떻게 특정 환경이 보통 사람들을 그토록 잔혹한 범죄에 가담하도록 이끌었는가를 이해하려고 했고, 골드하겐은 일반적인 인간의 동기에 초점을 맞추기보다는 한 사회의 반유대주의와 관련한 특별한 유해성을 문제시했다. 두 경우 모두 학계 밖의 대중의 정신과 마음을 쉽게 끌 수 있는 질문들을 던졌다.

그렇지만 상아탑을 벗어나 큰 반향을 일으킨 역사 논쟁은 흔치 않은 것이다. 학계 역사가들의 주장은 보통 전공 분야를 넘어서지 못하지만 그러한 주장들은 학문적 연구의 충만함과 역사적 문제의 생기를 유지시키는 데 중요하다. 이러한 이유로 대학의 학부와 대학원 과정 모두에서 역사전공 학생들은 논문 혹은 주장의 형태로 자신의 연구를 제시하도록 훈련받는다. 미래의 역사가들은 증거를 발견하고 제시하는 것만으로는 충분하지 않다고 배운다. 즉 연구 결과는 존경받을 만한 것이라도 누군가 이전에 했던 주장에 대한 도전이거나 사소하게라도 이전의 모습을 변화시키는 보완재로서 제시되어야만 한다. 다른 학문 분야에서도 그렇지만 전문 역사가들 사이에서의 이견은 범위와 어조 모두에서 엄청나게 다양하다. 일부 분야에서 이견은 우호적이고 점잖지만 지도교수의 경쟁자 혹은 경쟁자의 제자들을 공격하는 데 대학원생까지 동원하면서 적대적 진영으로 갈라서기도 한다. 어떤 경우에는 이견이 이념적 확신 혹은 방법론적인 입장에서 기인한다(1960년대와 그 이후의 전통주의자와 신사회사가들의 대립, 1990년대와 그 이후의 포스트모더니스트와 그 외 모든 사람들의 대립). 어떤 경우 분쟁은 개인적 야심 혹은 직업적 시기심에서 기인하기도 한다. 가장 흔한 경우로는 이러한 여러 가지 동기들이 중첩되어 발생한다. 그럼에도 불구하고 이견은 최상의 경우 계몽적일 수도 있고 변화의 동력이 될 수도 있다.

변화를 이끈 수정주의의 고전적 예는 1970년대에 시작하여 그 이후까지 지속된 프랑스혁명사에 대한 철저한 해부다. 이 상황을 토머스 쿤의 과학혁명(3장을 보라)의 맥락에서 설득력 있게 설명할 수 있다.[51] 쿤의 설명대로 이 분야의 연구는 태양이 지구 주위를 돈다는 식의 거부할 수 없는 상식처럼 보이는 매우 뿌리 깊은 틀 안에서 아주 오랫동안, 즉 19세기 이후 지금까지 수행되어왔다.[52] 이 경우에 마르크스주의를 희석한 설명이라고 할 수 있는 '정상 과학'은 1789년의 혁명을 성장하고 있는 부르주아지―초기 자본주의에 의해 부유해지고 계몽주의 이념에 고무되었지만 정치권력을 획득하지 못한―와 반동적 왕권의 보호 아래 부당한 특권을 놓지 않으려는 소멸해가는 귀족계층 사이의 불가피한 충돌의 결과로 간주했다. 18세기 프랑스와 관련하여 가장 잘 알려진 많은 사실들이 이러한 설명에 잘 부합하는 듯 보였다. 프랑스 경제는 호황이었고 볼테르와 같은 자유분방한 계몽사상가는 귀족과 군주제를 비판하는 데 열을 올리고 있었으며, 1789년 5~6월에 절정에 달한 정치적 위기는 비특권층의 권리를 소리 높여 주장하는 중산계급 전문가의 '국민의회'를 거쳐 궁극적으로 혁명을 촉발했다.

쿤의 서술에서와 같이 이러한 설명은 문제 제기 전까지는 완벽해 보였다. 1964년 우상을 거부하는 영국의 학자 앨프리드 코번Alfred Cobban은 지금까지 역사가들은 프랑스혁명을 잘못 알고 있었다고 주장하는 책《프랑스혁명의 사회적 해석》을 출간하여 코페르니쿠스와 같은 역할에 뛰어들었다.[53] 재기가 번득이는 짤막한 장들에서 코번은 그 이후의 다른 역사가의 말을 빌리자면 "프랑스혁명은 정치적 결과를 가져온 사회혁명이 아니라 사회적 결과를 가져온 정치혁명이다"[54]라고 주장했다. 곧 이 분야의 역사가들은 지배적인 패러다임에 부합하지 않으면서 이전까지 간과되었던 모든 종류의 잘 알려진 사실들을 주목하기 시작했다. 프랑스는 부유한 나라였을지도 모르지만 어떤 종류의 자본주의도 주변적이었던, 압도적으로 전통적인 농업경제를 벗어나지 못했다. 지배적 가치는 확고하게 귀족 중심적이었다. 즉 사업가나 은행가가 돈을 벌었을 때 그의 우선적 욕망은 성城, 왕실의 관직, 가짜 작위를 사서 귀족층으로 진입하는 것이었다(볼테르가 바로 그랬다). 반면에 귀족계층은 한결같이 반동적이지만은 않았다. 즉 계몽사상의 저자들은 자신의 책을 구입하고 검열관으로부터 자신을 보호해주며 살롱에서 자신에 대해 떠드는 귀족들의 지지 없이는 거의 살아남을 수가 없었다. 왕실은 탄압과 관용 사이에서 우왕좌왕했지만 특히 루이 16세(재위 1770~1789) 치하에서는 귀족계층을 지지하기보다는 정치 영역에서 확실히 그들과 충돌하면서 계몽주의적 개혁을 체계적으로 수행하려고 했다.

결과적으로 마르크스주의의 영향을 받은 프랑스혁명에 대한 '정통' 견해는 '수정주의적' 해석에 자리를 내주었고, 이러한 견해는 매우 광범위하게 수용되어 더 이상 수정주의적으로 간주되지 않는다. 이 분야의 대다수 학자는 1789년의 대격변이 부르주아 계급의 성장에 기인한 것이 아니라 중요한 문화적 전환과 결합된 구체제의 정치적 몰락에서 기인했다는 것에 현재 동의하고 있다.[55] 이러한 시각에서 프랑스혁명은 대체로 우연적이었던 그 원인이 아니라 (정치적 기능 상실이 가장 큰 문제였다) 그 결과에서 더 큰 의미를 찾을 수 있다. 즉 프랑스혁명은 프랑스, 유럽, 그리고 세계에 20세기까지 이어지는 혁명과 민주주의의 모범이었다.

특정 역사 문제에 대해 상식적으로 보이는 '정통' 견해가 도전받고 처음에는 직관에 반하는 '수정주의적' 설명에 의해 대체되는 유사한 예들은 그 외 많은 역사 분야와 질문에서도 발견된다. 예를 들어 소련과 미국이 수십 년 동안 군사적으로 대치했던 냉전의 역사(1945~1991)는 여러 차례 재해석되어왔다. 2차 세계대전 직후 미국의 정치가와 역사가들은 냉전의 기원과 관련하여 소련의 공격적 전략, 특히 동유럽에 대한 적대적 진영 구축에 책임을 돌리는 '정통주의적' 해석을 전개했다. 1960년대와 1970년대에 비판적인 좌파 성향의 지식인들은 기존의 해석을 뒤엎은 '수정주의적' 해석을 내놓았다. 이제 미국인들은 '자유수호'라는 위대한 선언 아래 제국주의적 야심을 위장하는 침략자로 종종 간주되었다. 세 번째 '탈수정주의' 시기에서는 냉전의 설명에서 이데올로기를 제거하고 현실정치에 관여하는 합리적 주체로서의 강대국이라는 절제된 견해를 제시함으로써 절충점을 찾으려 했다. 더 최근에는 새롭게 공개된 사료 덕분에 학자들은 동서의 축을 벗어나 냉전을 바라봄으로써 여러 방식으로 냉전 연구 분야를 다양하게 만들고 있다. 즉 지리적 '주변부'의 시각을 검토하는 것에서부터 유엔과 같은 비국가적 주체와 조직의 역할에 대한 강조, 약소국의 주체적 역할의 복원, 문화적 · 이데올로기적 요소의 재고에까지 나아가 있다.[56]

정통해석과 수정주의는 정치적 내용물을 담고 있지는 않다. 프랑스혁명의 경우 정통주의적 해석은 좌파였고 수정주의는 우파였던 반면, 냉전 연구사에서는 그 반대다. 또한 기존 견해에 대한 도전이 언제나 정치적 자극에 의한 것만은 아니다. 홀로코스트에 대한 골드하겐의 수정주의적 해석은 명확한 좌파 혹은 우파의 의제가 아니라 알려졌듯이 홀로코스트의 생존자인 그의 아버지의 강력한 영향과 진지한 유대인의 정체성에서 분명 기인했다. 기존 해석에 대한 모든 도전이 정치 혹은 또 다른 열정적 신념에 의해 추동되지는 않지만 수정과 재해석의 과정은 역사 연구와 질문을 살아 있게 만드는 열정과 에너지를 항상 제공한다.

학문 연구의 갱신이 전임자들의 연구를 공격하는 새로운 역사가들의 등장을 언제나 의미하지는 않는다. 사실 어느 분야에서나 저명 연구자의 저서에 대한 공격 시도는 다른 누군가가 틀렸다는 것을 증명해야만 인정받을 수 있다는 학계의 낡아빠진 제로섬 견해에 점점 더 뿌리를 두고 있는 듯하다. 앞선 장들에서 이미 살펴보았듯이 역사 연구는 최근 수십 년 동안 변화해왔지만 새로운 역사의 주체, 새로운 공간에 대한 관점, 새로운 대상들을 고려하면서 색다른 방식으로 변화해왔다. 즉 혁명은 여성의 관점에서 다르게 보이며, 노예의 관점에서 경제 호황은 다르게 보인다. 또한 국민국가는 중심의 관점이 아닌 변경의 관점에서 보면 필연적이지 않다. 해석의 변화는 따라서 학계의 어떤 역사가가 다른 역사가의 해석을 반박할 때와 같이 '내부에서' 일어날 수도 있고 혹은 누군가가 전체 그림을 다시 그리게 하는 (사회, 성, 인종, 지리적 차원의) 변경의 관점을 제시할 때와 같이 '외부에서' 일어날 수도 있다.

자료와 문서보관소는 역사를 만드는가

여기까지 온 독자들은 이런 질문을 제기할지도 모르겠다. 즉 역사가들이 이전에는 알지 못했던 어떤 것을 말해주는 자료들을 발견할 때 역사는 변화하는가? 이 질문에 대한 간단한 대답은 그렇지는 않다는 것이다. 고고학이 잃어버린 성궤를 찾아 길을 개척해나가는 인디아나 존스가 전부는 아니듯이, 역사 연구는 "모든 것을 설명"하거나 "모든 것을 변화"시키는 자료를 우연히 발견하는 게 전부는 아니다. 즉 놀랄 만한 자료의 발견은 대개 혁신적 연구의 원인이라기보다 결과다. 누군 가가 히틀러가 홀로코스트를 명령한 문서를 발견했다면 그것은 분명 신문 헤드라인을 장식할 수도 있겠지만 그것이 결과적으로 홀로코스트의 연구 분야를 변화시키지는 못할 것이다. 왜냐하면 대량학살이 매우 복잡한 일련의 원인과 변화하는 상황에 달려 있다는 것에 거의 모든 사람이 동의하기 때문이다. 역사가들은 연구 과정에서 수많은 '환희의 순간'을 접하지만 그것이 가능하려면 그 분야에 대한 학습과 자료의 잠재성을 인식하게 만드는 주제에 대한 몰입이 결합되어야 한다. 어떤 학자에게는 '와' 하는 흥분으로 자료를 읽는 순간이 있겠지만 다른 사람들은 혼란스러워하거나 재미없어하며 아마도 그것을 멀리할 수도 있다. 예외적 자료는 존재하지만 비범하게 창조적 역사가가 그것으로 무엇을 할 수 있을지 고안해낼 때 비상한 지위에 도달한다.

최근의 미국사 연구에서 가장 유명한 자료 중의 하나는 메인주의 산파 마사 밸러드Martha Ballard가 50세였던 1785년부터 사망한 1812년까지 쓴 일기다. 1980년대 이전에도 이 자료는 수십 년 동안 지역의 학자와 출산의 역사 연구자들에 의해 인용되면서 알려져 있었지만 대체로 "잡동사니 정보"를 반복하는 데 불과하다고 무시되기 일쑤였다.[57] 실제로 일기의 어느 쪽을 펼쳐도 만나게 되는 날짜들은 색다르게 흥미를 유발하지만 곧 지루해진다(원래의 수기 원고와 타이핑된 원고 모두 인터넷에서 볼 수 있다). "1791년 6월 7일: 서리가 내린 맑은 아침. 콩, 옥수수를 심기 위해 괭이질을 했다. 딸들과 파세나는 가까이에 있는 햄린스 씨와 화이트 부인, 서키 노크로스 부인에게 갔다. 나는 그들과 리버모어스 씨에게도 갔다." "6월 8일: 맑음. 리버모어스 부인은 여기서 옷을 만들고 있었다. 슈벌 힌클리스 씨 부인도 있었다. 나는 집에 있었고 아이들 모두와 함께 식사했다. 조나는 아침식사 후 차를 마셨다. 사이러스가 돼지와 함께 집으로 돌아왔다." 그런 하루하루가 계속 이어져 대략 1만 개 이상의 날짜가 짧게 등장한다. 극적인 사건이 마침내 발생한다. 아이와 어른들이 출산의 과정과 질병으로 사망하여 밸러드는 출산 여성들을 돕기 위해 비가 오나 눈이 오나 케네벡강을 건너는 힘든 여정에 나선다. 그 과정에서 그녀는 자신이 보게 된 부검 소견서에 대해서도 기술한다. 또한 그녀는 이웃의 부인을 강간한 혐의에서 벗어났지만 다시 기소당한 판사에 대해 기술한다. 또 누군가가 살해되었던 것이다. 이러한 이야기를 하면서도 밸러드는 그런 사건들에 대한 감정을 간혹 암시하는 정도로 그치면서 비명碑銘에나 어울리는 건조한 방식으로 기록했다. "세비지 씨가 도착했다. 포스터 부인이 노스 판사를 포함한 여러 남자와의 간음을 인정했다고 진술했다. 큰 충격이었다."[58]

이렇게 가능성이 없어 보이는 자료들을 가지고 역사가 로럴 대처 울리히는 《산파 이야기》라는 여성사에서 기념비적인 저서를 완성했다. 27년간의 날짜를 하나하나 검토했을 뿐만 아니라 그 시기를 세금명부, 토지증서, 재판 기록, 다른 일기들, 심지어 소설들로 보완해가면서 울리히는 눈에 띄지는 않지만 인상적인 여성의 활동과 18세기 말 그녀가 속한 공동체의 생활을 종합하여 지난 시대를 훌륭하게 복원해냈다. 수천 개의 기록에 내재되어 있는 정보로부터 울리히는 814명 아이의 출산을 도우면서 자기 아이 9명을 출산했고, 부검을 도왔지만 지역의 남성 의사들에게 가려버린 놀랄 만한 산파의 이야기를 추출해냈다. 또한 남편과 아내가 분리되어 있는 지하경제에서 일하면서 각각 구매, 판매, 거래를 하는 세계의 이야기뿐만 아니라 혼전 성관계가 일반적인 곳에서 자녀들은 대체로 스스로 배우자를 선택하여 결혼이 거의 소란을 일으키지 않는 세계의 이야기를 추출해냈다. 여기에 외부로부터 방문자가 지속적으로 들어오고 여성들은 함께 일하지만 친밀한 우정은 부재해 보이는 세계의 이야기도 더했다.[59] 울리히의 근성과 인내 덕분에 매일 기록한 일기에서 세계 전체가 살아났다. "사료로서의 일기의 어려움과 가치 모두는, 바로 그것이 놀랄 만큼 한결같다는 것에서 찾을 수 있다"라고 울리히는 지적한다. "일기는 활용하기가 매우 어렵고 매일의 기록에서 어떤 특별한 것이 없다는 이유 때문에, 어떤 면에서는 강력하다."[60] 울리히의 책은 사료의 잠재성을 직관적으로 알아차려 사료를 '창조'하는 역사가의 훌륭한 예다. 더 일반적으로 사료는 질문과 함께 출현한다. 즉 사회사와 여성사가 등장하지 않았더라면 그 누구도 별 볼일 없는 18세기 뉴잉글랜드 여성의 일기를 검토하면서 수년을 보낼 생각을 하지는 못했을 것이다.

사료를 창조하는 역사가의 역할을 강조한다고 해서 사료의 실질적 존재와 획득 가능성의 중요성을 부정할 수는 없다. 체제의 변화 시기에 사료 접근에 대한 통제를 강화하거나 완화할 때, 혹은 시간의 경과에 따라 문서고가 개방되거나 반대로 인위적 혹은 자연적 재앙으로 사료가 사라질 때 연구의 모든 분야는 결정적으로 영향을 받는다. 역사가들이 증거를 가지고 질문하는 것이 아니라 어떤 질문을 통해 자신들의 증거를 '만드는' 것도 사실이지만 사료의 존재 자체가 역사의 한계를 가리키는 것 또한 사실이다. 최근에 그러한 명제에 대해 비판적으로 사고하는 집단이 출현하기도 했다. 즉 무엇을 '사료'로 인정할 것이며, 그 근거는 무엇인가? 어떤 문서를 보관해야 할지를 누가 결정하는가? 그리고 기록되지 않은 과거의 역사는 어떻게 되는가?

역사 집필과 관련한 표준 지침서는 보통 다음과 같이 사료의 범주에 속하는 목록을 제시한다. 이야기와 회고록, 중앙과 지방정부의 기록, 신문, 종교재판소와 사법재판소, 사적 문서와 일기, 다양한 유형의 이미지, 영상과 음성 기록물 등등.[61] 언급한 사료들에 대한 비판적 평가가 필요하다는 충고와 편향 혹은 왜곡을 바로잡는 방법과 관련한 조언이 보통 그 뒤를 잇는다.[62] 가장 훌륭한 사료를 찾아 최상의 근면함과 책임감, 그리고 비판적 신중함을 가지고 그것을 활용해야 한다는 것을 누구도 부정할 수 없기 때문에 사료 문제는 역사 연구의 가장 전문적인 측면일 수밖에 없다.

최근 수십 년 동안 이 문제는 더욱 복잡해졌다. 먼지 쌓인 문서보관소에 학자가 찾아가는 것이 역사 연구의 표준적 견해다. 사료의 전산화로 "문서보관소 방문"이 점점 더 인터넷에서 가능해지고 있지만 대다수의 경우 이러한 역사 연구에 대한 표준적 견해는 여전히 유효하다. 그렇지만 정확히 문서보관소란 무엇인가? 그것을 만들고 그 안에 보관되어야 하는 것을 누가 결정했는가? 사회 내에서 권력을 가지고 있던 개인과 집단이 오늘날 우리가 문서보관서라고 부르는 것을 항상 만들어왔다. 즉 문자와 그 밖의 자원에 접근할 수 있는 사람들이 자신들의 과거 기록을 보존해야 한다고 믿었다. 수 세기 동안 지배적 개인과 가문들, 통치기구, 종교와 교육기구들이 소유권과 권력으로의 접근을 확립하며 중재와 처벌을 기록한다는 현실적 이유와 자신들의 행동과 결정이 기억할 만한 가치가 있다는 신념에서 기록을 남겨왔다. 서구의 근대적 역사 서술과 연관 있는 그 외의 모든 것과 마찬가지로 혁명의 시대(1780~1850년대)는 새롭게 만들어진 국민국가가 자신들의 집단기억을 위한 저장소로 국립문서보관소를 창설함으로써 결정적인 전환점을 제공했다. 예를 들어 프랑스 국립문서보관소는 "왕국의 헌법, 시민들의 권리, 그리고 법률을 확립시킨 행동의 저장소"로서 새로운 체제와 더불어 1790년에 출범했다. 이러한 국가기구의 창설은 통일(단일한 보관소)과 민주적 투명성(적어도 이론적으로는 정부 기록에 대한 무제한적 접근)의 두 원칙을 공포함으로써 새로운 질서의 이념을 드러냈다.[63] 다른 유럽 국가들도 곧 뒤를 따랐다.

문서보관소는 근대국가를 규정했고, 국가는 사료 접근을 통제함으로써 국가의 과거를 형성하는 대단한 권력을 가지고 있다. 즉 정부는 광범위한 이유를 근거로 무엇이 기밀자료이며 그 기간을 얼마로 할지를 결정하는데, 이는 국가의 과거를 기록하는 데 중요한 결과를 초래한다. 아이티의 학자 미셸-롤프 트루요Michel-Rolph Trouillot가 지적했듯이 문서보관소는 또한 역사 쓰기를 위한 가능한 조건을 창조함으로써 근대의 '역사가 길드'의 윤곽을 그려낸다. 그렇게 함으로써 그들은 역사 연구에 권위를 부여한다. 즉 "문서보관소의 힘은 아마추어 혹은 전문 역사가와 사기꾼의 차이를 결정한다."[64] 문서보관소는 단지 사료의 수동적 보관소가 아니라 앙투아네트 뷔르통Antoinette Burton의 말을 빌리자면 "성숙한 역사의 행위자"이기도 하다. 후자의 지적은 예를 들자면 사료의 보관이 외국의 지배를 강요하고 유지하는 장기계획과 분리될 수 없는 식민지 문서보관소의 경우에 확연하다.[65]

사료가 수집되고 보관되는 방식은 따라서 역사가 어떻게 쓰여야 하는지를 암묵적으로 결정한다. 19세기에 설립된 서구의 국립문서보관소는 정치사와 제도사를 서술하기 위한 도구였다. 관심 대상의 기구가 정부에 반대할 때조차도 지도자들의 활약과 사람들 삶의 가장 계획적이고 공적인 측면—예를 들자면 노동, 선거권, 혹은 시민권 조직—이 사료의 우선순위였다. 보통 사람들의 삶을 재구성하려는 역사가들은 울리히의 《산파 이야기》에서처럼 힘겹게 사료를 다면적으로 재구성하거나 그것의 이면을 읽어내는 전략을 동원해야만 했다. 예를 들어 선교사 혹은 탐험가들이 '야만인들'을 대면한 기록은 역사의 일면만을 우리에게 전해주지만 행간을 읽어냄으로써 우리는 다른 측면의 재구성을 시도할 수 있다.

사회사가들은 자신의 원래 목적과 무관한 정보를 위해서도 사료를 일상적으로 활용한다. 이 경우의 고전적인 예라고 할 수 있는 재판 기록은 문맹자들의 일상생활과 사회적 태도를 알려주는 보고임이 증명되어왔다. 재판 기록을 생성한 판사와 심문관들에게는 유무죄의 판결이 중요하지만 사회사가들은 피고 혹인 증인들의 진술의 끝에 드러나 있는 그것과는 무관한 세부 묘사를 찾으려 한다. 예를 들자면 14세기 초 주교 자크 푸르니에Jacques Fournier는 남서부 프랑스의 작은 마을 몽타유 주민들을 심문하기 위해 종교재판소를 열었다. 주민들의 다수는 카타리즘Catharism*이라고 불리는 이단에 빠져 있었다. 푸르니에의 종교재판소는 종교사가들에게 잘 알려진 풍부한 기록이었지만 1970년대에 프랑스의 사회사가 에마뉘엘 르로이 라뒤리Emmanuel Le Roy Ladurie는 종교적 신념에 관한 증거를 찾기 위해서뿐만 아니라 이전에는 결코 시도되지 못했던 중세 농촌의 사회생활을 재구성하기 위해 사료를 샅샅이 뒤졌다. 마을 사람들은 자신들의 종교적 견해와 이웃의 종교적 견해까지도 드러냄으로써 잃어버린 세계에 대한 전망을 가능케 했다. 예를 들어 한 여성은 "햇볕 아래에서 아이들의 이를 잡으며" 수다를 떠는 두 이웃에 대해 얘기했다. "그들 네 사람 모두는 자신들의 집 지붕 위에 있었다." 푸르니에 주교는 사람들이 장작더미에서 화형을 당할 때 어떻게 고통을 참을 수 있는지에 대한 여성들의 대화에 당연히 관심을 가졌다("어떻게 그렇게 무식할 수 있어? 당연히 신이 모든 고통을 떠안으시지"). 그러나 이 같은 이야기는 위생과 사회적 관계에 대한 정보를 제공하기도 한다. 즉 다른 사람의 머리에서 이를 잡는 행위는 연인, 가족, 친구들 사이의 친밀함과 정보 교환의 순간으로서 지속적인 유대의 과정인 것이다.[66] 이것과 그 외 다른 사건들이 위생, 성관계, 사회적 성의 역할에 대한 마을 사람들의 입장부터 10대 남성 양치기의 세계관에 이르는 모든 것을 선명하게 재구성하는 재료들이다. 간단히 말해 사회사는 공식 문서의 주변과 '버려진 것들'에서 가장 풍요로운 증거를 종종 발견해낸다.

그렇다고 하더라도 트루요가 상기시켜주었듯이 모든 이야기는 전해

---

* 신약의 하느님은 선한 하느님이고 구약의 하느님은 악한 하느님이라는 이원론적 관념을 가지고 있던 분파.

지지 못하거나 다른 이야기의 층 아래로 묻혀버린 이야기들을 희생하면서 드러나기 때문에 역사는 침묵 위에서 만들어진다. 트루요의 《과거를 침묵시키기》는 러시아 인형처럼 각각의 이야기에 포함되어 있는 또 다른 일련의 이야기에 관한 장으로 시작한다.[67] 책은 상수시Sans-Souci라는 이름의 아이티 북부 언덕 위에 있는 우아한 18세기 궁전의 잔해를 묘사하는 것으로 시작한다. 궁전은 1804년 아이티 북쪽 지역의 왕이 된 아이티 혁명의 영웅 앙리 크리스토프Henry Christophe(앙리 1세)가 지었다. 카리브해의 역사는 다른 지역의 역사에 의해 오랫동안 가려져 있었기 때문에 아이티 밖의 역사가들은 이 궁전을 거의 알지 못했다. 그리고 상수시('걱정이 없다'라는 뜻의 프랑스어)는 1740년대 후반 베를린 외부에 그 이름으로 로코코풍의 유명한 궁전을 지은 프로이센의 프리드리히 대제를 상기시켰다. 앙리의 재위기간이나 그의 서거 직후 아이티를 찾은 서양의 방문객들은 이름을 근거로 아이티의 왕이 프리드리히의 궁전을 모방해서 자신의 궁전을 지었다고 생각했다. 그렇게 생각하는 직접적 증거는 없지만 앙리는 유럽의 역사에 매우 정통했고 왕국 내에 거주하는 다수의 독일 주민들을 알고 있었다. 그렇지만 트루요가 보여주었듯이 프로이센과의 추정적인 연관성은 아마도 아이티 농촌 지역의 이름을 딴 상-수시라는 실존 인물의 존재를 은폐해왔다. 플랜테이션의 노예였던 장-바티스트 상-수시Jean-Baptiste Sans-Souci는 노예 반란군에서 사령관의 지위까지 올라가 앙리의 지휘하에서 프랑스와 싸웠다. 1802년경 '전쟁 안에서의 전쟁'이 앙리와 같은 (아이티 출생의) 흑인 크레올 프랑스군 출신 지휘관들과, 상-수시와 같은 아프리카 출신의 지도자가 이끄는 군대 사이에서 발생했다. 협상을 구실로 앙리는 한때 자신의 부하였던 상-수시를 회담장에 나오게 해서 그를 살해했다. 왕의 궁전이 자신이 살해한 적과 같은 이름을 가졌다는 것이 기묘한 우연일까? 궁전과 살해 장소 사이의 공간적 중복을 지적하면서 트루요는 우연은 아닐 것이라고 결론 내린다. 즉 "왕은 자신의 오랜 적과 융화하기 위한 전환의 의식儀式을 치르려 했던 것 같다."[68]

각각의 상수시 이야기는 또 다른 이야기를 은폐한다. 즉 독일의 유명한 궁전은 아이티의 궁전을 가리고, 유럽 추종자로서의 앙리 왕의 이야기는 아프리카인 장-바티스트 상-수시의 죽음을 압도한다. 서양의 역사가들이 앙리가 아니라 프리드리히를 기억하듯이 아이티의 역사가들도 자신들의 위대한 민족해방 전쟁 안에서 일어난 아이티 태생의 크레올과 아프리카 태생의 '콩고인'의 전쟁을 기억하지 않기로 선택했다. 역사 기록에서 어떤 사실은 중심으로 부각되지만 "소음기가 권총의 소리를 죽이듯이" 다른 것들은 억제된다.[69] 그 당시의 유럽과 미국의 방문자들이 남긴 기록과 같이 눈에 띄는 사료들은 찬탄받는 유럽의 양식을 본받아 궁전의 이름을 지은 아이티 왕의 이야기로 역사가를 당연히 이끈다. 살해당한 아프리카 경쟁자의 이야기를 드러내려면 침묵당한 이야기에서 더 많은 것을 파낼 수 있는 창의력이 필요하다.

통용되는 서사에서 감춰진 이야기를 끄집어내는 것이 언제나 가능한 것은 아니다. 우리의 많은 질문—17세기 이로쿼이* 여성은 사회 내에서 자신들의 위치를 어떻게 바라보았는가?—에 대해 대답을 줄 수 있는 사료들은 희귀하거나 아예 존재하지도 않는다. 글자가 없었던 사회와

---

* 뉴욕주에 살았던 아메리카 인디언.

권력을 갖지 못한 민중이 특별히 먼 과거의 흔적을 거의 혹은 전혀 남기지 않았다는 것을 가정하기 쉽지만 연구자들의 창의성과 인내는 이러한 회의주의가 틀렸음을 자주 증명해왔다.

예를 들어 중앙아프리카 전문 역사가들은 적도 아프리카나 반투 대호수의 다우림多雨林 지역의 사회들은 수백 년 혹은 수천 년 동안 변화하지 않았다는 신화를 역사언어학이라는 방법론에 의지하여 탐구해왔다.[70] 이 방법론은 지역의 언어로 소통할 필요가 있었던 언어학자 혹은 선교사들의 기록과 같은 18세기의 가장 이른 기록 혹은 19세기의 기록으로 거슬러 올라가면서 작업하는 것이다. 그러한 기록에 남아 있는 단어들은 그 단어들이 기록되었던 시기의 사회, 경제, 정치의 실체를 어렴풋하게나마 보여주지만 그 이상의 역할도 한다. 즉 2개 이상의 별개의 언어가 유사한 용어들을 가지고 있다면 이들 용어들을 통해 역사가들이 더 이른 시기의 삶의 유형을 종합할 수 있는 원래의 뿌리언어를 추적해볼 수 있는 것이다.[71]

예를 들자면 동부 아프리카의 쿠시어군의 두 갈래에서 당나귀의 연관 단어가 발견되고 그 갈래 언어들이 최초 언어의 바로 그 단어에서만 연결된다면 역사가는 동부의 원原 쿠시어를 말하는 사회에서 당나귀의 존재를 추정할 수 있다.[72] 초기와 후기 언어에서 의미 범주 사이의 차이를 가지고 아프리카 역사가들은 특히 어떤 부족들은 '시간의 변화와 상관없이' 살아왔다는 신화를 파괴할 수 있었다. 역사언어학의 방법론은 대단히 노동집약적이며 그 결과는 종종 생소할 정도로 전문적이지만 역사의 재구성에서 상상력과 끈기의 가치를 분명하게 과시했다.

최근의 시기를 연구하는 역사가들만이 구술사로 알려진 방법론을 통해 자신들의 사료를 창조함으로써 기록의 빈자리를 직접 메울 수 있는 수단을 가진다.[73] 지난 시기를 살아남은 사람들을 체계적으로 면담함으로써 과거를 포착하려는 이 방식을 주류 역사가들은 오랫동안 의혹의 눈길로 바라보았다. 면접자들은 주된 관심과 편향을 갖기 쉽고 피면접자들의 기억과 동기는 신뢰할 수 없으며, 말 역시 일반적으로 신뢰할 수 없고 주관적이어서 문서 기록보다 훨씬 뒤처진다는 것이 그들의 주장이었다. 2001년에 나온 역사 연구 안내서조차도 "구술자료는 다른 수단에 의해 검증될 수 있는 정도에서만 역사가들이 신뢰할 수 있고", 면담은 "그 자체가 하나의 해석, 즉 최대한 주의를 기울여 분석되어야 하는 자료"라는 단서를 달고 있었다.[74]

다수의 역사가들은 과거의 문맹집단에 대해 암묵적 편견을 갖는 것과 마찬가지로 문헌자료가 구술자료보다 좋다는 생각을 이제 거부한다. 문서자료의 모든 유형이 사실은 연설, 의회에서의 토론, 법정 진술과 같이 말을 하는 순간을 기록한 것이다. 그러나 구술사가들은 왜곡과 주관성의 위험에도 불구하고 면담이 과거의 파악하기 어려운 일부 '진실'에 접근하는 기회를 제공한다기보다 그 시기를 살아냈던 사람들의 과거의 의미를 파악하게 한다는 점에서 그 방법론을 수용한다. 증언에서의 실수와 분명한 왜곡, 녹음된 연설의 특이성—말의 속도, 멈춤, 주저함 등등—에도 불구하고 구술자료들은 감정과 태도에 대한 단서를 제공한다. 구술사의 선도 연구자가 지적했듯이 "구술자료가 역사가에게 강요하는 유일하고 소중한 요소는 (…) 화자의 주관성이다."[75]

구술사의 실천은 역사가들이 연구를 수행하면서도 자신들의 자료를 만들어나가는 유일한 사례라는 점에서 여타 방법론과는 또한 다르다. 면담을 수행하는 역사가들은 전형적으로 자신의 역할에 자의식을 가지고 접근하며 자신의 존재와 질문의 내용이 저술의 내용을 크게 변화시킬 수도 있다는 점을 충분히 인식하고 있다. 1950년대 혁명과 집단화의 경험에 대해 산시성陝西省의 외딴 마을에서 중국인 동료와 여성들을 면담하며 수년을 보냈던 게일 허새터Gail Hershatter는 외국의 학자인 자신에게 쏠렸던 관심 때문에 당황했다. 그녀가 이전에 방문했던 가정을 다시 찾아가 소중한 가족의 초상 옆에 놓여 있는 액자 속 자신의 사진을 보게 됐을 때 그러한 당혹감은 특히 더했다.[76] 눈에 띄는 자신의 존재를 최대한 드러나지 않게 노력하면서 허새터는 중국혁명이 여성을 위해 무엇을 했는가에 관한 일반적 서사를 전복시키는 데 구술사를 활용했다.

1949년 권력을 장악한 이후 공산당은 자신들이 여성을 은폐된 '내부의' 노동에서 해방시켜 남성의 영역으로 간주되던 공적 유급노동과 정치활동 참여의 동반자로 격상시켰다고 주장했다. 즉 여성들은 이제 남편과 함께 밭을 갈고 일부 여성들은 '노동 영웅'으로서 지도부에 들어갔다.[77] 다수의 여성들에게 이러한 상황은 확실한 진전이었다. 그렇지만 마을의 여성 노인들과의 대화에서 허새터는 혁명적 '진보' 이면의 암울한 측면들을 발견했다. 남편의 동등한 배우자로서 함께 밭일을 마친 여성들은 이제 집안에서 가족을 위해 야간 바느질 같은 전통적 의무를 수행해야 했다. 이러한 노동은 공식적으로 사라졌다고 간주된 '내부의' 노동이었다. "전기가 들어오지 않을 때 나는 등불을 켜고 바느질을 했어요. 아들이 잠에서 깨면 일으켜 세워 소변을 보게 하고 다시 자리에 눕혔고요. 아들이 입을 옷을 만들기 위해 나는 자정이 넘도록 일했지요. 낮에는 집단농장에서 일했고요. 잠잘 시간도 없었고 비참한 생활이었죠."[78] 샤오 가이예Xiao Gaiye라는 여성의 말이었다. 다른 여성들도 당 회의, 밭일 중간의 휴식과 같은 짧은 자투리 시간에 바느질을 해야 했다고 말했다. 그렇게 두 전선에서 일한 결과로 얻은 것은 피로였다. 이 같은 여성들의 삶은 국가가 공인한 진보의 서사에 부합하지 않았다. 유아 사망률의 감소는 혁명의 업적이었지만 어머니들은 여전히 부족한 자원으로 더 많은 아이들을 키워야 했다. 여성들의 기억 방식은 남성들의 그것과는 달랐다. 여성들의 기억은 대약진 운동의 '이전'과 '이후'의 공식적 기억이 아니라 12개의 띠동물과 관련된 아이들의 출생 연도에 연결되어 있었다. 허새터의 면담이 없었다면 엄청난 정치적 격변의 시기에 이러한 여성들과 이들의 외딴 공동체의 경험은 사라졌을 것이고, 정치적 변화와 관련한 남성 엘리트 및 도시의 경험에만 편향되어 1949년 혁명의 사회적 결과에 대한 우리의 이해는 상당히 빈약해졌을 것이다.

지금까지 얘기했듯이 역사는 묘사와 설명을 번갈아가며 드러내며, 설명은 종종 토론에 의해 형성된다. 베스트셀러 전기와 전쟁을 다룬 역사서도 관점 혹은 가치 판단을 포함할 수밖에 없고 빈번하게 명확한 주장을 제시하기도 하지만 '단지 이야기로서의' 역사는 대중적 역사 서술의 일부 형태에 남아 있다. 책과 다큐멘터리의 생산, 박물관의 전시는 어느 정도의 가시적 선택을 불가피하게 포함하고 가장 '공적' 역사의 형태인 박물관과 역사유적은 가끔 신랄한 논쟁의 대상이 되기도 한다. 학계의 역사가들은 연구와 해석을 추진하는 동력으로 논쟁을 기꺼이 수용한다. 즉 학부 학생부터 석좌교수에 이르는 모든 연구자의 야망은 새로운 무언가를 말함으로써 대화의 물꼬를 트는 것이다. 대부분의 경우 역사가가 제기하는 질문은 (연구 프로젝트를 위한 사료가 아닌) 사료의 탐색을 이끈다. 역사 연구는 경우에 따라서는 엄청난 행운과 더불어 집요함과 인내, 창조적 상상력을 요구한다. 대부분의 경우 아주 좋은 사료를 '우연히' 발견하는 데는 수년이 걸리며, 제기하는 질문으로부터 사료는 발견된다. 구술사 같은 예외적인 경우에 연구자들은 필요한 사료들을 실제로 만들어냄으로써 이러한 주장을 논리적인 극단으로까지 가져갈 수 있다. 그렇지만 사료가 전혀 남아 있지 않은 많은 질문들이 존재할 것이고, 기록할 만한 가치가 없다고 여겨지는 삶을 살아왔던 사람들의 이야기는 영원히 묻혀버린 채로 남아 있을 것이다.

5장

원인이 중요한가
의미가 중요한가?

인과관계와 역사

1961년에 초판이 나와 여전히 역사학 입문서로 가장 많이 읽히는 E. H. 카Edward Hallet Carr의 《역사란 무엇인가》에는 기억할 만한 함축적 문장이 있다. "역사 연구는 원인에 대한 연구다."[1] 대부분의 사람들은 이 문장에 직관적으로 동의한다. 즉 "어떤 일이 일어났는가"의 이야기는 "그 일이 왜 발생했는가"의 고찰과 분리될 수 없다. 전투에서 패한 장군, 상관을 굴복시키는 파업 참가자, 정부를 전복시킨 반항자들을 인과관계를 어느 정도 고려하지 않고 설명할 수는 없다. 이러한 상식적 관점에서 볼 때 미국의 선도적 역사학술지가 내건 2015년 공개토론의 주제와 부제는 놀랍게 다가올 수도 있다. "역사의 변화를 설명하기: 혹은 원인들이 사라진 역사."

토론 첫머리에 《미국역사학보》의 편집자는 "얼마 전까지도 역사가들은 일반적으로 '원인'을 역사 분석의 요소로 간주했다"라고 지적하면서 뛰어난 전문가들로 구성된 토론단의 의견 교환을 유도했다. 종교개혁, 유럽의 제국주의, 자본주의의 성장, 혹은 프랑스혁명의 원인을 규명하기 위한 학술서와 논문들이 넘쳐나지만 "주류 역사가들이 '원인'과 인과관계의 맥락에서 사고한 지도 꽤 오랜 시간이 지났다"라고 그는 덧붙였다.[2] 역사학계 외부의 사람들에게 인용부호가 씌워진 채 '원인들'이라는 단어가 등장한다는 사실은 아마도 이해하기 어려울 것이다. 즉 어떻게 역사에서 원인들의 탐구가 매우 신뢰를 얻지 못해 원인이라는 단어가 "역사가들이 그 일을 더 이상 하지 않는다는 것을 안다"라는 방어적 방식으로 사용될 수밖에 없는가? 원인들의 문제는 무엇이고, 만약 역사가들이 그 원인들을 확인하고 묘사하는 일을 더 이상 하지 않는다면 무엇이 그것을 대체했는가?

이러한 질문들에 대답하기 위해 이 장은 언제나 두 방향으로 유도되어 왔던 역사해석의 방식을 논의한다. 해석의 두 방식은 묘사 대 설명, 공시적 묘사(사건들이 어떻게 동일한 순간에 서로에게 관계하는가) 대 통시적 묘사(상황이 시간에 따라 어떻게 변화하는가), 혹은 이 장의 제목처럼 의미 대 인과관계와 같이 다양하게 규정되었다. 역사를 쓰는 그 어느 누구도 이러한 것들이 실제로 분리될 수 있다고 말하지는 못할 것이다. 전쟁의 패배, 파업의 승리 혹은 정부 전복에 대한 통시적이고 세세한 인과관계의 서술은 저자가 서술의 어느 부분에서 병사들의 수와 양성, 노동조합의 목표와 지도자, 혹은 체제 반대파의 사회적 구성과 이데올로기에 대한 공시적 묘사를 위해 잠시 멈추지 않는다면 독자들에게 전혀 납득되지 못할 것이다. 대다수의 역사가들은 자신의 저서 안에서 묘사, 진술, 그리고 해석을 융합시키기 위해 거의 대부분의 시간을 보낸다. 가장 최상의 경우 이러한 것들이 매우 정교하게 잘 융합된다면 독자들은 이러한 다양한 지적 작업 사이에서 불편함을 느낄 정도의 편향을 경험하지는 않을 것이다. 그러나 이 장은 분석적으로 이러한 요소들을 분리하는 것이 중요하다고 주장한다. 왜냐하면 그것은 역사적 기획을 이해하는 데 도움을 주기 때문이다.

인과관계의 분석은 카가 《역사란 무엇인가》를 쓰던 시기에 실제로 역사 연구의 중추였다. 그 이후 수십 년간 강조점을 다른 곳에 두는 새로운 경향이 출현했다. 즉 위대한 사건의 기원에 대한 관심은 줄고 사건에 관여한 사람들이 스스로의 행동을 어떻게 믿고 있었는가에 대한 관심이 늘었다. 또한 과거의 얼마나 많은 수의 사람들이 지점 A에서 지점 B로 어떻게 옮겨갔는가에 대한 관심은 줄고, 그들이 처음에는 지점 A에서, 그리고 나중에는 지점 B에서 자신의 세계를 어떻게 경험했는가에 대한 관심이 늘었다.

더 최근의 방법론은 '미시사' 혹은 '문화사'라는 이름으로 등장했다. 이러한 새로운 경향을 실행하는 역사가들 중의 일부는 인과관계의 고려를 원칙적으로 거부하며 더 단순하게는 그 실행의 과정에서 인과관계를 무시하기도 하지만, 그 밖의 다른 역사가들은 여전히 변화와 의미를 조화시키기 위해 노력한다. 원인 혹은 의미를 강조하는 두 전략이 이론상 혹은 실제로 양립 불가능한지는 분명하지 않다. 1980년대와 그 이후의 문화사의 성장은 위대한 사건의 원인들을 발견하고 순서를 정하는 역사가들의 고전적 관심사에 대한 불만이 대두됐다는 하나의 징후였지만 이것만이 유일한 것은 아니었다. 인과관계의 맥락에서 역사를 사고하는 것은 국가 중심의 전통적 서구의 문제의식에 어느 정도로 구속되어 있는가? 인과관계가 초국가적 지구사의 새로운 환경에서 혹시라도 기여하는 바가 있는가?

역사가들은 자신이 서술하는 사건의 원인들을 밝히는 데 언제나 몰두해왔다. 거의 3000년 전에 호메로스는 트로이전쟁의 발발 원인이 헤라와 아테나 두 여신의 분노를 산 파리스 때문이라고 보았다. 파리스는 불화의 여신이 악의적으로 짜놓은 대회에서 두 여신의 라이벌인 아프로디테를 선택했었다. 기원전 5세기에 그리스 역사가 헤로도토스는 그리스-페르시아전쟁의 기원을 인간의 다양한 욕구에서 찾았는데, 페르시아 왕 크세르크세스의 과도한 야망이 그중 핵심이었다. 헤로도토스와 거의 동시대 사람인 투키디데스는 펠로폰네소스전쟁의 발발을 오늘날의 역사가들도 그렇게 하듯이 근본 원인(아테네 권력의 성장)과 유발 사건들(더 강력한 도시국가들이 도시국가 에피담노스의 분쟁에 말려들어간 것)을 구분하여 설명했다. 고대세계의 사건들은 역사가들에게 정치 변화의 원인과 본질에 대한 성찰을 유발했다. 기원전 2세기 폴리비오스는 정치 변화의 순환 유형을 제시했다. 이에 따르면 국가는 전제정에서 군주정, 과두정, 귀족정, 민주정, 대중정치, 그리고 다시 전제정으로 돌아간다. 각각의 변화는 지배자와 피지배자 사이의 심리적 역학관계에서 기원한다. 예를 들면 왕의 후계자들이 자의적이고 이기적인 행동을 함으로써 피지배자들을 소외시키는 뿌리 깊은 우월의식을 발전시킬 때 군주정은 과두정으로 변화한다.[3]

역사가 결말이 없는 '진보'의 이야기로 인식되지 않는 한 개인의 성격과 행동이 인과관계에서 중요하게 부각된다. 자신들의 정치체제의 몰락을 염려했던 로마 공화정 후기의 역사가들은 당대인들을 선행으로 유도하고 악행으로부터 멀어지게 할 수 있는 일종의 중력 역할을 하는 선행 혹은 악행의 전형을 제공하기 위해 과거를 바라보았다. 기원전 1세기에 활동했던 살루스트와 리비우스 같은 역사가들은 독자들이 그런 방식으로 모범적 시민이 되어 만연한 부패로부터 공화국을 구하기를 바랐다.[4] 매우 오랫동안, 그리고 전 세계적으로 매우 상이한 맥락에서 역사는 우연하게도 과거에 살았지만 그들의 세계는 역사가의 세계와 전혀 차이가 없는 것으로 여겨지는 유명한 사람들의 유용한 이야기의 집대성으로 이해되었다.

현재의 역사가가 경험하고 있는 인물 및 사건들과 유사하고 지침 혹은 경고로도 활용 가능한 과거 인물과 사건의 집대성이 곧 역사라는 견해는 18세기까지도 서구에서 사라지지 않았다. 그렇지만 계몽시대와 그것의 마지막을 훌륭하게 장식했던 민족혁명은 현재의 세계인 대다수에게 친숙한 '역사'의 형태로 과거를 쓰는 것을 결정적으로 변화시켰다. 이탈리아의 잠바티스타 비코, 프랑스의 샤를 드 몽테스키외, 스코틀랜드의 윌리엄 로버트슨 같은 18세기 사상가들은 차별적 특징을 지닌 '시대'의 계승으로 과거를 구분하는 '시대적' 역사라는 새로운 이론을 전개했다. 즉 그들 각각은 신권정치시대, 귀족정치시대, 민주주의시대, 무정부시대로, 수렵채집시대, 목축시대, 농업시대, 상업시대로, 미개시대, 야만시대, 상업시대로 구분했다.[5]

이러한 도식은 경험이 아니라 추측에 근거한 것이지만 세기말의 민주혁명과 근대적 민족주의의 등장과 결부되면서 처음에는 요한 고트프리트 헤르더Johann Gottfried Herder와 같은 독일 사상가들에 의해 정식화되었지만 일반적으로 '역사주의'라고 불리는 사상의 출현에 기여했다. 과거는 현재와 근본적으로 다르며, 역사는 사건의 일반적 측면보다는 독특한 측면을 다룬다는 것이 역사주의의 생각이다. 통치자의 용기 혹은 허약함이 또 다른 상황에 쉽게 전이되거나 적용될 수 있다는 역사 방식과는 대조적으로 역사주의적 시각에서 보자면 독일의 발전은 영국 혹은 프랑스의 발전과 양립할 수 없다고 간주되었다.[6]

2장에서 살펴보았듯이 서구의 근대적 역사철학의 탄생은 18세기 후반과 19세기의 유럽과 미국에서 민족주의의 출현과 일치했다. 갓 출현한 국가사는 지금도 그렇듯이 매우 중요한 사건들에 집중했다. 그 사건들 중에는 매우 상징적인 것들도 있고(영국인들에게는 아쟁쿠르 전투, 러시아인들에게는 스탈린그라드의 포위, 프랑스인들에게는 잔 다르크의 승리와 순교), 상처를 남기고 변화를 가져온 것들도 있으며(혁명, 대규모 전쟁, 반식민주의 전쟁), '신세계'에 대한 스페인의 정복 혹은 북아메리카 이주자들의 서쪽으로의 팽창과 같이 좀 더 지속적인 사건들도 있었다. E. H. 카는 독일 종교개혁의 원인, 프랑스혁명의 기원, 1차 세계대전의 장기적 원인 같은 주제가 역사가들에게 가장 중요하고 명망 높은 연구 영역이었던 시기에 역사는 "원인에 대한 연구"라고 자신 있게 선언했다.

인과관계는 역사의 탐구에서 사라지지 않았고, 전혀 그럴 것 같지도 않다. 예를 하나 들자면 원인들을 분류해내고 그것들의 순서를 확정하는 것은 학생들에게 역사 분석을 습득시키기 위한 여전히 유용한 방법 중의 하나다. 1917년 10월 러시아혁명의 원인들 중에 가장 중요한 원인과 가장 덜 중요한 원인은 무엇인가? 혁명은 극적인 인플레이션, 급속한 산업화, 불어난 도시 노동계급의 점점 더 열악해진 노동조건과 생활조건 때문에 일어났는가? 러시아가 1차 세계대전에 참전하지 않았더라도 혁명이 일어났을까? 참전 결정은 1905년 러일전쟁에서 패배한 것과 어떤 연관이 있는가? 레닌이 예외적으로 능력 있는 지도자였던 반면 차르 니콜라이 2세는 특히 무능했다는 사실에 우리는 어느 정도의 강조점을 부여해야만 하는가? 갈수록 열악해지는 농민들의 생활 조건은 이렇게 촘촘히 연결되어 있는 원인들 어디에 위치시켜야 하는가? 마르크스주의의 확산과 서구 유럽 사회주의의 사례는 또한 어떻게 영향을 미쳤는가? 신비에 싸인 사기꾼 라스푸틴에 대한 황후 알렉산드라의 집착, 혹은 왕위 계승자가 혈우병을 앓고 있는 허약한 아이였다는 사실이 어떤 식으로든 영향을 미치지 않았겠는가? 중요한 사건으로부터 거슬러 올라가면서 그것을 가능케 했던 요인들의 순서를 정하고 분류하는 것은 특정 요인에 대한 일반 요인, 모든 것에 관계할 수 있는 먼 기원에 대한 직접 유발 요인, 사건의 반反사실적 가정에 대해 실제로 일어난 것의 중요도를 결정하는 데 훌륭한 연습의 기회를 제공한다. 학생, 학자, 혹은 독자가 과거뿐만 아니라 현재를 이해하기 위한 과정에서 얻는 깨달음은 역사 연구를 가장 강력하게 주장할 수 있는 이유 중의 하나다.

법칙과 유형을 찾아서: 사회과학적 역사와 비교

학생들과 그 이외의 사람들이 이러한 종류의 연습을 통해 습득하지 못하는 것은 '역사의 법칙'이라고도 부를 수 있는 어떤 것이다. 결정론적 인과관계의 사고가 최고조에 달했던 19세기 이후 다양한 지적 조류가 역사를 과학으로 격상시키려고 했다.[7] 역사가들이 이전부터 자신들의 작업이 대학 내 다른 동료들의 작업과 마찬가지로 엄격하고 구체적으로 쓸모가 있다고 주장함으로써 역사학에 권위를 부여하는 데 열성적이었지만, 자연과학과 역사학의 유사성은 아주 설득력 있는 주장은 아니다. 과학자들은 예언의 목적을 위해 인과적 법칙을 정식화하지만(원인 A는 B라는 결과를 가져올 것이다), 역사가들은 사건의 원인을 소급하여 결정한다(사건 B는 원인 A에서 결과한 것이다). 다루기가 더 용이한 변수들을 가지고 연구하는 과학자는 실험을 반복할 수도 있지만, 역사가들은 본질적으로 재생 불가능한 사건들을 다룬다.[8] 역사는 보편적으로 적용 가능한 법칙, 항상 동일한 결과를 가져오는 법칙을 제공하지 않는다. 역사학과 사회과학의 연구자들은 기껏해야 개연성의 법칙을 거론할 뿐이다. 이것은 19세기 알렉시스 드 토크빌이 처음 정식화한 것으로 혁명은 억압적 체제가 개혁을 착수하기 시작할 때 발생하기 쉽다는 가정 같은 것이다. 그러나 심리학과 같이 역사에서는 기껏해야 연역이 아니라 귀납이 허용될 뿐이다. 즉 특정 시간과 장소에서 인간의 행동은 너무나 번잡하기 때문에 보편적 법칙에 억지로 끼워 맞춰지지 않는다.[9]

자연과학과 역사학 간의 유사성은 결코 대단한 유인력을 갖지 못했지만 역사 연구는 종종 사회과학에 기여해왔고 그것으로부터 영감을 얻기도 했다. 18세기 이후 광범위한 영역의 학문에서 시간에 따른 사회진화의 차이와 관련한 일반적인 설명을 제공하기 위해 역사적 증거를 이용하는 것은 하나의 전통이었다. 몽테스키외의 《법의 정신》(1748)은 비교사회학의 첫 번째 중요 저서로 종종 평가된다. 이 책은 지리, 역사, 문화, 법에서의 결정인자를 통해 세계 여러 지역에서의 공화정, 군주정, 전제정의 출현을 설명한다. 역사사회학과 비교정치학 분야의 보다 최근의 고전들은 '독재' 혹은 '혁명'과 같은 현상의 본질을 이해하기 위해서는 역사 전반에 걸친 반복 유형을 찾아낼 필요가 있다고 보고 상이한 역사적 상황들을 과감하게 비교해왔다.

역사사회학의 두 고전이 20세기 중반에 출현했다. 배링턴 무어Barrington Moore Jr.의 《독재와 민주주의의 사회적 기원》(1966)과 테다 스코치폴Theda Skocpol의 《국가와 사회혁명》(1979)이다. 전 세계의 근대화를 필연적으로 간주한 무어는 경제 · 정치의 근대화로의 이행(산업화와 대중정치)이 유럽과 아시아의 상이한 국가들에서 민주주의, 파시즘, 혹은 공산주의라는 상이한 정치형태를 초래한 이유를 역사에서 찾았다. 이러한 다양한 결과는 사회집단들 사이의 힘의 균형과 그로 인한 동맹관계에 기인한다고 무어는 주장했다. '부르주아 혁명'의 고전적 사례를 경험한 영국, 프랑스, 미국 등의 사회는 구시대의 농업 엘리트를 중립화하고 민주주의를 제도화하기 위해 초기 산업화를 이용했던 부유한 다수의 중산계급을 보유하고 있었다(무어는 이러한 상황이 남북전쟁이 시작될 무렵 미국에서도 발생했다고 여겼다). 대조적으로 독일이나 일본에서 파시즘이 나타난 것은 대중운동을 제압하면서 산업 지도자를 흡수할 수 있었던 전통적 토지 엘리트의 지속적인 영향력의 결과였다. 근대화 과정에서 사회적 힘의 균형이 토지 엘리트 대신 혁명적 농민에게 쏠린다면 러시아와 중국에서와 같이 공산주의가 출현했을 것이다.[10] 무어의 책은 한 나라의 특정 경로가 아니라 정치적 결과와 관련한 일반명제를 해명하기 위해 역사적 자료에 의존한 사회과학자의 고전적 예다.

12년 후 무어의 제자였던 정치학자 테다 스코치폴은 프랑스혁명, 러시아혁명, 중국혁명을 야심차게 비교분석한 책《국가와 사회혁명》을 출간했다.[11] 혁명을 계급투쟁의 결과로 간주했던 이전의 대다수 학자들과 달리 스코치폴은 이러한 '고전적' 혁명의 기원을 일차적으로 구체제 국가들의 내부 모순과 궁극적 붕괴에서 찾았다. 즉 이 모든 경우에서 국제적 경쟁의 불가피성과 많은 돈이 들어가는 외국과의 전쟁으로 인한 재정 압박이 국가의 붕괴를 가속화했다. 지주들의 착취행위로부터 보호하지 못하는 정부의 무능력에 분노한 농민이 외국과의 경쟁으로 악화된 국가의 구조적 허약함마저 압박할 때 혁명은 일어났다. 스코치폴은 그리하여 국가가 성공적 혁명동학의 기원과 결과에서 핵심 주체라고 주장했다.

무어와 스코치폴의 고전적 저서는 사회학자와 정치학자들이 실행하는 사회과학적 역사가 (대다수의) 역사학과에서 진행되는 일과 어떻게 차이가 나는지를 보여준 예시였다. 두 저서와 같은 책의 목적은 역사적 상황의 특이성을 추출하는 것이 아니라 동일한 현상의 여러 사건들에 적용할 수 있는 일반명제를 확정하기 위해 비교 가능한 여러 사건들을 종합하여 유사성과 차별성을 분류하는 것이다. "파시즘은 경제의 근대화 과정 중에 완고함을 버리지 못하는 전통 엘리트 때문에 출현했다" 혹은 "기능을 하지 못하는 국가들이 비용이 많이 들어가는 전쟁의 대체적 결과인 극심한 재정 압박을 받을 때 혁명은 일어난다"가 그러한 일반명제의 예다.

역사 연구의 비교를 수용하는 사회과학자는 구체적인 사례에 면밀한 관심을 보일 수도 있지만, 그들 연구의 본질상 일반 진술을 끌어내기 위해 유일하고 특정한 사실들로부터 본질적이고 비교 가능한 정보들을 분류할 필요가 있다. 혈우병에 걸린 연약한 러시아 황태자에게 관심을 가질 여유가 그들에게는 없다. 반면에 역사가들은 전형적으로 자신들 연구 분야의 특정 세부사항을 중시한다. 클레이튼 로버츠Clayton Roberts가 지적하듯이 "역사가들은 전쟁 일반이 아니라 마른 전투*를 연구한다. 또한 그들은 계몽주의 전체가 아니라 계몽주의의 원인을 탐구한다. 그들은 독재자 전체가 아니라 히틀러의 부상을 연구한다. 역사가들은 일반적인 것들을 사회과학자들의 몫으로 남겨둔다."[12] 그렇다고 역사가들이 엄격하게 사고하지 않는다는 의미는 아니지만 그들의 사고는 다른 방식으로 진행된다. 즉 역사가들은 과거 특정 시점에 일어난 일련의 복잡한 사건들에 질서를 부여하고 그것들의 의미를 찾아내려고 한다. 그들의 목적은 하나의 역사적 상황에서 다른 상황에도 적용할 수 있는 일반화를 추출하는 것이 아니다.

일부 역사가들은 표면적으로는 역사사회학과 유사해 보일 수도 있는 비교역사학이라고 불리는 무언가를 수행한다. 상이한 지리적 환경에서 유사하게 나타나는 역사 현상에 대한 주목할 만한 설명은 아메리카 남부와 아프리카 남부에서의 인종관계, 독일과 이탈리아의 파시즘, 프랑스와 영국의 복지제도 발전, 북·남아메리카와 카리브해에서의 노예제도 연구 등을 들 수 있다.[13] 그렇지만 역사사회학자들이 파시즘 혹은 노예제에 관한 일종의 이상적 본질을 찾기 위해 비교에 의존한다면, 역사가들은 매우 상이한 목적을 가지고 비교를 수행한다. 대부분의 경우 역사가들은 상세히 고찰할 수 있는 두 무대, 더 좋게는 두 무대

---

* 1914년 9월 6일부터 10일까지 파리 외곽에서 벌어진 전투. 연합군의 승리로 독일의 진격은 저지되었지만 1차 세계대전을 참호전으로 전환시키는 계기가 되었다.

의 특성 모두를 조망할 수 있는 경우로 비교를 제한한다. 역사적 비교의 장점은 상이한 문화를 깊게 침잠함으로써 얻을 수 있는 장점과 동일하다. 즉 익숙한 상황을 낯선 방식으로 바라보게 함으로써, 그러지 않았더라면 당연하게 간주했을 수도 있는 것에 대한 이해를 예리하게 만들고 다르게 설명하게 만든다.[14]

이러한 전략의 가장 성공적인 예시 중의 하나가 18세기와 19세기에 융성했다가 거의 동일한 시기에 폐지된 인적 구속의 두 형태를 비교한 피터 콜친Peter Kolchin의 《부자유 노동: 미국 노예제와 러시아 농노제》(1987)다. 차르 알렉산드르 2세는 1861년에 농노제 폐지법령을 공포했고, 미국 의회는 1865년에 노예제를 불법화했다.[15] 노예제의 유산이 미국에서는 여전히 어려운 문제로 남아 있는 반면, 농노제는 폐지 이후 러시아에서 거의 흔적을 남기지 않은 이유가 무엇인가라고 콜친은 묻는다. 그는 두 체제 사이에는 얼마간의 구조적 유사성이 있었다고 지적한다. 즉 두 체제 모두 토지는 풍부하지만 노동력은 부족한 유럽 '중심'에서 떨어진 변경에서 16세기와 17세기에 출현했다. 그리고 두 체제 모두 '위로부터' 강제적으로 폐지되었다. 두 체제에서 주인들은 예속민의 노동과 삶을 완전하게 통제했다.

그러나 콜친은 유사성보다 농노제와 노예제의 차이를 더 부각한다. 농노들은 개인적으로 거의 접촉이 없는 부재지주들을 위해 보통 거대한 영지에서 노동했다. 개인적인 자유를 박탈당한 채 그들은 자율적인 촌락공동체와 지주들이 전혀 해체하려고 하지 않았던 가족의 성원이었다. 미국의 노예들은 훨씬 더 적은 규모의 농지에 거주하면서 대다수는 주인과 개인적인 친분이 있었다. 노예의 주인들은 가부장적 '의

무' 혹은 개인적 이해를 명분으로 종교적 규범과 실천의 강요, 길들이기 위한 채찍질, 결혼의 무효화, 여성 노예들에 대한 성적 착취, 가족 해체 등의 방법으로 그들의 삶에 잔인하게 개입했다. 인종은 두 체제 사이의 커다란 차이를 가져온 요인이었지만 농노의 삶이 장기적 사회문화적 유형을 벗어나지 못한 반면, 아프리카 태생의 노예와 그 후손들은 급격한 문화적 단절을 겪었다는 사실 또한 그러한 차이를 낳게 한 요인이었다.

아마도 가장 눈에 띄는 점은 두 체제의 종식에 관한 콜친의 비교다. 러시아의 전제주의적·위계적인 전통의 맥락에서 차르에게 오랫동안 복종했던 지주들은 1861년 해방령을 반대하지 않았지만, 미국의 보다 민주적이고 다원적인 문화를 경험했던 남부의 지주들은 자신들의 생활방식을 지키기 위해 전쟁을 불사했다. 즉 역설적으로 '더 자유로운' 사회에서 노예제를 근절하기가 더 어려웠다. 미국의 흑인들은 처음부터 국가로부터 배제되었다는 고통스러운 유산을 지금까지도 경험하고 있지만, 러시아의 농노는 자신들이 결코 분리된 적이 없던 농민층에 신속하게 다시 통합되었다.

콜친의 책이 보여주듯이 풍부한 증거자료를 통한 비교는 지속적으로 높은 분석 수준을 요구하기 때문에 비교 가능한 상이한 두 사례를 해명하는 데 도움을 준다. 과거에 대한 많은 기술이 기록과 서술의 직접적 욕구에 의해 가능했지만, 비교사는 어떤 곳에서는 이렇게 일어난 일이 다른 장소에서는 왜 상이하게 일어났는지를 체계적으로 물을 것을 요구한다. 비교사가들의 목표는 간단히 말해 자신들이 연구하지 않는 사건에도 적용할 수 있는 법칙을 만드는 것이 아니라 둘 혹은 그 이상의 비교 가능하지만 차별적인 역사 현상들의 특이성과 관련한 가장 심오한 이해를 제공하는 것이다.

마르크스주의와 아날학파

———

역사가들이 본질을 찾기보다는 과거의 하나 혹은 그 이상의 특정 맥락을 심오하게 탐구하면서 사회과학자들과는 매우 다른 방식으로 연구한다 하더라도 그들은 또한 분석을 위한 지침으로서 경제학자, 사회학자, 정치학자, 인류학자 등 사회과학자들이 제공하는 모델에 수 세대 동안 의존해왔다. 명확하게 마르크스주의자라고 주장하는 역사가들의 수는 언제나 적었지만 근대의 역사적 분석에서 마르크스주의보다 영향력 있었던 이론은 존재하지 않는다. 계급투쟁이 추동하는 역사 및 진보하는 생산양식의 변화가 형성하는 사회에 대한 마르크스의 분석은 정치적 혹은 방법론적인 신념과 무관하게 모든 근대 역사가들의 연구에 지울 수 없는 흔적을 남겼다(1장과 2장 참조). 마르크스주의 역사는 1960년대경부터 1980년대까지 이전 장에서 살펴본 바 있는 사회사, 지구사, 탈식민주의 역사의 발전에 중요한 동력을 제공하면서 전 세계적 영향력의 정점에 있었다.

오늘날 마르크스주의는 그것의 많은 전제들이 너무나 완전하게 수용되고 있기 때문에 역설적이게도 예전에 비해 인기가 덜하다. 즉 보수적 성향의 많은 학자들도 물질적 요소가 역사 변화의 중심이며 불평등한 사회집단들 사이의 관계는 근본적으로 적대적이라는 것을 의심

없이 받아들인다. 예를 들자면 완강한 반공산주의적 국가를 포함한 전세계의 고등학생과 대학생들은 프랑스혁명이 점점 더 부유해지는 친자본주의적 '부르주아지'가 존재이유를 상실한 타락한 귀족집단으로부터 정치권력을 쟁취한 사건이라는 마르크스주의적 견해를 수십 년 동안 배워왔다. 냉전시대의 미국인들조차 수염이 덥수룩한 이 독일인의 사상의 영향에서 벗어나지는 못했다.

　당연하게 학자들은 역사 분석과 관련한 마르크스 사상의 특이점 및 적용과 관련하여 수십 년에 걸쳐 논쟁을 벌여왔다. 마르크스는 자신의 어떤 저작에서도 역사와 관련한 명확한 이론을 제시하지 않았고, 핵심 논쟁들에 대한 자신의 생각을 바꾼 데다 모호했기 때문에 논쟁의 여지는 많다. 가장 잘 알려진 논쟁 중의 하나는 인간의 운명이 경제적 요소에 의해 결정되는 정도에 대한 것이다. 마르크스와 그의 동료 엥겔스는 역사를 세계정신 또는 시대정신의 전개라고 설명했던 철학자 헤겔의 당시 지배적인 견해에 반대하면서 '유물론적' 역사라는 생각을 제시했다. 마르크스의 역사철학의 중심에는 초월적 정신이 아닌 인류의 생산력이 놓여 있었다. 마르크스주의자들 모두가 경제적 생산력과 생산관계를 역사의 동력으로 간주하지만 변화의 과정에서 인간 의식의 역할과 관련해서는 첨예하게 의견이 갈린다. 마르크스의 저작은 그 자신이 가장 핵심적으로 사로잡혔던 문제, 즉 다가올 자본주의의 정치적 패배와 관련하여 이론적으로 상이한 두 방향을 향하고 있었기 때문에 해석상 많은 논쟁의 여지를 제공한다. 즉 그는 어떤 때는 역사의 비인격적 요소가 인간의 행동과 무관하게 자본주의적 생산양식을 끝낼 것처럼 쓰기도 하지만,* 또 다른 글에서는 의식적 주체로서 노동자들에게 많은 여지를 부여한다.[16]《루이 보나파르트의 브뤼메르 18일》의 거의 초반부에 있는 극적인 문장이자 가장 빈번하게 인용되는 마르크스의 다음 문장은 그의 사고에 들어 있는 이러한 긴장을 증언한다. "인간은 자신들의 역사를 만들지만 그들이 바라는 대로 역사를 만들지는 않는 다. 즉 그들은 스스로가 선택한 조건 아래에서 역사를 만들지는 않는 다. 주어지거나 물려받는 현재의 조건 속에서 역사를 만드는 것이다. 지나간 세대로부터의 전통은 사람들의 머릿속에 악몽과 같이 살아 있 다."[17] 역사결정론에 대한 마르크스의 환각적 은유의 영향력을 벗어나 지 못한 독자들은 처음의 간단한 몇 단어들을 쉽게 잊어버릴 수 있다. "인간은 자신들의 역사를 만든다."

20세기 중반 E. P. 톰슨에 의해 집약된 영국의 영향력 있는 마르크 스주의 역사학파는 남녀 노동자가 자신들의 생활, 문화, 의식의 경험 을 통해 경제 변화를 추진해나가는 방식을 서술함으로써 노동자를 의 지를 박탈당한 꼭두각시로 묘사하는 것을 반대했다.[18] 노동자들은 산 업화의 불운한 희생자가 아니라 공동체와 정의라는 뿌리 깊은 규범을 가지고 잔혹한 신세계에 맞섰던 저항의 주체였다. 톰슨의 유명한 표현 대로 노동계급은 "스스로를 만들어나가는 주체였다."[19] 더 일반적으로 경제적 '토대'와 법·정치·문화의 '상부구조' 사이의 관계를 결정하 고 마르크스가 자신의 더 논쟁적인 저술에서 옹호했던 일종의 기계적 결정론으로부터 벗어나는 것이 섬세하게 사고했던 역사가들의 정신을

---

* 카를 마르크스는 생산력과 생산관계의 모순이 자본주의 체제의 붕괴를 가져온다고 생각했다. 이 러한 생각에서 인간의 주체적 의지는 자본주의 체제의 붕괴를 가능하게 하는 필연적 요소로 보지 않는다.

수 세대에 걸쳐 지배한 문제다. 그렇지만 가난한 사람들의 고통, 저항, 정치적 변화의 궁극적인 원인에 관해서는 어떠한 이견도 존재하지 않았다. 20세기 미국 대통령 후보의 유명한 말을 빌리자면 "바보야, 문제는 경제야"였다.

20세기 중반 역사의 중요한 동력은 사회경제적 동력이라는 마르크스주의자들의 가정을 역사해석에 관여하는 모든 중요 학파가 공유했다. 2차 세계대전 이후 역사 연구에서 가장 영향력이 컸던 새로운 시도는 《경제와 사회사연보》라는 자신들 최초 학술지의 명칭에서 이름을 따온 프랑스의 아날학파였다.[20] 스트라스부르에서 활동하던 두 젊은 역사가 뤼시앵 페브르Lucien Febvre와 마르크 블로크가 1929년에 학술지를 창간했다. 이들은 경제, 지리, 인류학과 같은 광범위한 사회과학의 영역으로부터 차용한 방법론을 역사학에 도입함으로써 정치사의 우월적 지위에 도전하기 시작했다. 1930년대에 블로크와 페브르는 학술지의 발행지를 파리로 이전했다. 블로크는 레지스탕스 활동을 하다가 1944년 게슈타포에 의해 처형되었다. 그럼에도 불구하고 아날학파로 알려진 학제간 역사방법론은 프랑스뿐만 아니라 전 세계에서 가장 중요한 단일의 신생학파로서 1940년대부터 1970년대까지 융성했다.[21]

아날의 역사가들은 역사 변화의 동력에 대한 마르크스주의자들의 관심을 공유하지 않았고, 개별 인물과 사건에 대한 전통 역사가들의 강조도 공유하지 않았다. 그 대신 그들은 과거 사회의 모든 측면이 전례 없는 깊이와 복잡함을 통해 상호 연결되는 방식을 기술하기 위해 경제학, 지리학, 인류학과 같은 다른 학문에 의존했다. 그들은 때때로 자신들의 이상을 '전체사total history'로 표현했다. 가장 유명한 아날학파의 저서로는 두 권으로 구성된 1000쪽 분량의 저서 《펠리페 2세 시대의 지중해와 지중해 세계》(1949)가 여전히 자리를 차지하고 있다. 책의 일부 초고를 독일 포로수용소에서 완성한 저자 페르낭 브로델은 학술지의 편집자로서 전후에 명성과 권력을 얻었고 세계적으로 가장 유명한 역사가 중 한 명이 되었다.[22] 시간과 장소에 대한 서사시적 기록인 이 책은 분량, 의도, 파급력 측면은 물론 역사적 시간과 장소의 무한함 속에서 인간 행동의 덧없음과 관련한 브로델의 견해 때문에 톨스토이의 《전쟁과 평화》에 비교되어왔다.[23] 브로델의 대작은 상이한 시간 틀 안에서 여러 층의 웨딩케이크같이 각각 진화해나가는 과거 사회의 상이한 측면들의 모습을 나열했다. 케이크의 맨 아래에는 인간의 삶을 형성하고 빙하의 움직임처럼 천천히 진화하는 토양, 기후, 그리고 육로와 해로에 관한 지구사가 있다(브로델은 이것에 '부동의 역사'라는 모순어법적인 명칭을 부여했다). 중간층에는 수십 년의 주기로 변화하는 사회경제적 활동이, 맨 위에는 정치적 사건과 같이 빠르게 변화하는 영역이 위치한다. 브로델은 지중해 주변의 건조하고 햇볕이 강한 토지와 더불어 그곳에서 수 세기 동안 이루어진 생활방식과 같이 큰 그림을 중시한다. 중요도가 가장 덜한 것이 맨 위층의 사건들, 즉 외교, 전쟁, 정부다. 브로델은 이후의 저서에서 이것들을 "표면적 방해물, 역사의 파도라는 강한 등에 업혀 운반되는 거품 조각"이라고 묘사했다.[24]

브로델 이후 프랑스의 아날학파 역사가들은 역사의 자연환경에 대한 브로델의 관심을 공유했지만 출생 및 사망 기록, 혹은 가격과 교역 형태에 대한 다량의 양적 자료를 빈번하게 활용한 사회경제적 연구에 점차 관심을 기울였다. 아날학파는 인류학과 심리학에 자극받아 종교적 준수에 관한 장기간의 역사, 혹은 유년기, 공포, 죽음에 대한 입장에 관한 고전적 연구와 같이 획기적인 문화 연구를 내놓기도 했다.[25] 그러나 아날학파 역사가들과 그들의 추종자들에게 실재적 과거의 위계는 분명했다. 즉 경제와 사회의 기초 세계가 문화와 '사건'의 찰나적 영역보다 우위에 있다는 것이다. 소수의 아날학파 역사가들이 마르크스주의를 수용하지만 대부분은 마르크스 이데올로기의 속박이라고 간주하는 것과 거리를 유지한다. 그렇지만 그들의 목적이 다르고 그들의 문제의식이 정치적이라기보다 지적이며 그들의 분석이 역동적이라기보다 정적이라 하더라도 그들은 과거의 사회경제적 결정인자가 최우선적으로 중요하다는 신념을 마르크스주의자 역사가들과 공유했다. 즉 사람들의 식탁에 무엇이 오르는지가 (혹은 오르지 않는지가) 그들이 무엇을 생각하는가보다 언제나 우선순위를 차지했다.[26] 마르크스주의자들과 마찬가지로 그들 또한 '거대사', 즉 더 긴 시간 주기, 거대한 자료, 수천의 역사적 등장인물 등을 지향했다.

다층적 인과관계의 역사와 사건의 귀환

마르크스주의와 아날학파 등의 영향 때문에 20세기 중반의 다수 역사가들은 인성, 심리, 신념, 혹은 행실로 인한 사건보다 심층적인 사회경제적 인과관계의 요소를 중시하는 경향이 있었다. 1961년 E. H. 카가 "모든 역사적 주장은 원인의 우선순위 문제를 중심으로 전개된다"라고 썼을 때 그는 역사적 인과관계에 대한 입장이 당시의 정치적 신넘에 부합하는 경향이 있다는 사실을 암시하고 있었다. 즉 보수적 '이 상주의자'는 특정 역사적 과정의 불가피성과 관련하여 마르크스주의 에 영향을 받은 카와 같은 '결정론자'에 반대하여 인성, 이념, 우연의 역할을 강조했다.[27]

《역사란 무엇인가》에서 카는 역사의 인과관계에 대한 자신의 견해 를 설명하기 위해 일상에서 일어날 수 있는 사례를 거론한다. 존스라 는 남자가 어느 날 밤 다소 취한 상태에서 브레이크에 문제가 있는 차 를 몰고 집으로 돌아가고 있다. 시야가 좋지 않은 모퉁이 길을 돌 때 그 는 담배를 사기 위해 길을 건너고 있던 로빈슨이라는 남자를 치어 죽 게 했다. 로빈슨의 사망 원인은 무엇인가? 카의 견해에서 역사는 "역 사적 중요성의 측면에서 이루어지는 선택의 과정이다." 그리하여 단지 일반화가 가능한 원인만이 역사적으로 중요하다.[28] 사고 원인이라고 할 수 있는 음주운전, 고장 난 브레이크, 시야가 확보되지 않은 모퉁이 등은 일반화 및 개선이 가능하기 때문에("시야가 가린 모퉁이는 보행자에게 위험하다") 카의 견해에서 "합리적이고 실제적" 원인이다. 그러한 요소 들은 음주운전 금지, 안전속도, 가로등과 관련한 교훈을 주기 때문에 역사적으로 중요하다. 즉 그러한 요소들을 통해 역사는 도덕적 교훈을 준다. 반면에 로빈슨의 흡연 욕구는 (하찮은 것의 반사실적 예시의 경전이라 고 할 수 있는 클레오파트라의 코의 길이가 로마의 운명을 결정하지 못했듯이) 그 의 사망 '원인'이 아니다. 갑자기 볼일을 보려는 어느 한 사람의 결심, 혹은 매력적인 여성에 대한 어떤 사람(마르쿠스 안토니우스)의 욕망에 기 초하여 역사의 일반화를 만들 수는 없다. 마르크스주의에 영향을 받은 '확고한 결정론자'였던 카는 우연적 혹은 '부수적' 원인들을 중요시하는 것은 논리적으로도 윤리적으로도 잘못된 것이며, 역사에서 도덕적 교훈을 제거하는 것이라고 주장했다.[29]

존스와 로빈슨의 운명적 만남은 매우 이해하기 쉬운 매력적인 비유여서 교실에서의 토론 소재로 수십 년 동안 사용되었다. 그러나 합리적 원인과 우연적 원인 간의 차이를 카는 예리하게 구분하지 못했다. 그는 역사에서 중요한 원인들은 교훈 혹은 예측을 제공하는 경우일 뿐이라고 생각했다. 때문에 후대의 역사학자들과 역사철학자들은 인과관계에 대한 그의 견해가 매우 협소하다고 단호하게 비판해왔다.[30] 좀 더 대중적이고 보편적인 견해는, 역사에서 분명 **모든** 원인들은 비록 그 중요도가 동등하지 않다 하더라도 어떤 식으로든지 중요하다고 주장한다. 즉 어떤 사고가 언젠가는 도로의 그 구간에서 발생했을지도 모르지만 담배를 피우려는 로빈슨의 욕망이 그 **특정한** 충돌사고가 발생하기 위해 필요했다는 것이다. 어떤 사건의 확인 가능한 원인들이 모두 어떤 식으로든지 중요하다면 역사가의 과제는 그 원인 중의 어떤 것을 배제하는 것이 아니라 그것들을 어떻게 분류하여 우선순위를 매길지를 결정하는 것이다.

모든 사건은 잠재적 원인의 끝도 없는 심연에 다시 연결되기 때문에 분류에 착수하기 전이라도 역사가는 어디에서 끊을지 결정해야 한다. 루이스 개디스Lewis Gaddis가 지적했듯이 그 어느 누구도 진주만의 폭격 원인을 "소용돌이치는 거대한 연기구름 속에서 태평양이 형성되고 일본열도가 최초로 융기한 시점"으로까지 소급하지 않는다.[31] 역사가가 다섯 달, 5년, 50년, 혹은 그 이상을 거슬러 올라갈지는 그의 철학적 혹은 방법론적 확신의 결과일지도 모르지만 통상 그의 주제에 단순하게 달려 있기도 하다. 즉 1789년 프랑스혁명의 원인을 찾는 경제사가는 1세기 동안의 물가상승을 추적할 것이다. 사상사가는 계몽사상의 파괴적 영향을 서술하기 위해 수십 년을 거슬러 올라갈 수도 있다. 전통 정치사 연구자는 혁명 직전의 몇 년 혹은 몇 달간의 루이 16세와 그의 각료들의 개인적 결함과 실패한 정책들에 집중할 것이다. 역사가들은 자신들이 발견한 것을 이미 알려진 몇몇 인과관계의 해석과 관련지으면서 대부분의 시간을 자신들의 다양한 공간에서 행복하게 작업한다. 그렇게 함으로써 그들의 연구는 수정되거나 완성될 것이다. 통합적 저서를 쓸 때나 강의를 할 경우에만 그들은 어떤 원인들이 더 중요하고 그 이유는 무엇인지를 묻는 어려운 질문을 대면해야만 한다.

역사가들은 보통 다른 원인들을 무시하고 어느 하나의 원인에만 매달리지 않고 어떻게 다양한 요인들이 시간을 두고 축적되어 돌이킬 수 없는 지점에 이르게 되었는가를 설명하려고 한다. 근대 초 영국을 다루는 탁월한 역사가 로런스 스톤Lawrence Stone은 어떻게 영국인들이 군주제를 전복시키기 위한 전쟁에 나섰으며, 궁극적으로 찰스 1세를 처형하게 되었는가를 기술한 《영국혁명의 원인들, 1529~1642》라는 간결하고 유명한 책에서 바로 그렇게 작업했다.[32] 그는 경제, 사회, 이념, 정치 분야의 원인들을 분리하기보다는 100년 뒤까지 소급하는 '전제조건들', 1629~1639년 10년간의 사건들인 '촉진 요인'들, 의회가 찰스를 폐위하기 직전 2년의 사건들인 '촉발 요인'이라는 3개 층의 설명틀로 구성된 혁명이론을 제시했다. '전제조건들'은 토지귀족 및 전문계급의 성장 같은 영국의 경제 및 사회와 관련된, 대체로 광범위한 구조적 변화뿐만 아니라 정부의 무능과 작동 불능 상태를 의미한다. '촉진 요인들'은 반복되는 정치적 위기, 즉 1630년대 종교 및 재정 문제와 관련한 왕정의 고의적 비타협성이다. 마지막으로 봉기의 개연성을 확실성으로 전환시킨 반란의 '촉발 요인'으로는 의회에 대항하여 스코틀랜드의 지지를 확보하려는 음모 및 5명의 하원 지도자 체포 시도 등 1640~1642년의 찰스와 그의 측근들의 어리석은 결정들이 있다.

혁명의 기원을 전반적으로 고찰하면서 스톤은 혁명을 가능케 했던 조건(급격한 경제발전과 같은 사회의 중대한 변화)과 혁명이 일어나게 했던 조건(완고하게 반동적인 엘리트) 사이를 구분하고 위기를 불가피하게 만든 단기적 사건, 결정, 혹은 인성(국왕의 어리석을 정도의 도발적 행동, 카리스마 있는 의회파 지도자의 부상) 등을 제시했다.[33] 가능하거나 일어날 것 같은 사건을 불가피하게 만든 상황의 변화를 어떻게 기술할 수 있는가? 개디스는 예를 들어 물이 끓거나 얼 때, 혹은 단층선이 균열할 때와 같이 안정적 체계가 불안정해지고 변화하게 되는 점을 의미하는 물리학의 '상전이相轉移' 개념을 차용하자고 제안한다. 통상적으로 그러한 변화 지점은 멀리 떨어진 과거의 사건보다는 최근의 사건에 위치해 있다. 즉 진주만 사건의 경우 상전이는 프랑스령 인도차이나에 대한 일본의 점령 혹은 1940년 독일의 프랑스 점령이 아니라 1941년 일본에 대한 미국의 석유수출 금지였다. 1940년의 사건들이 1941년의 조치를 가능하게 했다.[34]

모든 것이 중요하지만 최근의 사건들이 인과관계를 설명하는 데 더 중요하다는 개디스의 상식적 입장은 최근의 지적 분위기를 반영한다. 21세기 초반에 역사가들 사이에서 엄격한 철학적·방법론적 실행은 약화되어갔다. 즉 모든 것이 생산양식의 문제라고 주장하는 마르크스주의자, 이념의 순수한 파급력을 믿는 이상주의자, 이런저런 역사적 사건은 필연적으로 발생할 운명이었다고 주장하는 결정론자, 클레오파트라의 코를 운운하는 우연론의 신봉자를 만나기란 오늘날 흔치 않다. 선택을 강요받는다면 많은 사람들이 역사가가 해석한 카오스 이론을 고수할지도 모르겠다. 즉 저기 어딘가에 법칙은 존재하지만 그 법칙들은 복잡한 변수들을 포함하고 있어서 어떠한 결과도 일련의 사전 조건들의 산뜻한 결과일 수는 없다는 것이다.[35] 클레이튼 로버츠는 역사가의 설명 과정을 묘사하기 위해 '연역'이라는 용어를 제안했다. 즉 하나의 결과를 낳게 한 다수의 요인과 사건들을 추적한다는 것으로 서술과 분석을 결합한 방법론이다.[36] 거대한 인과관계의 틀에 대해 근래 역사가들이 느끼는 불편함은 단선적 사고를 거부하고 프랙털 기하학과 카오스 이론 같은 분과를 지향하는 지난 수십 년간의 과학의 진화와 맥을 같이한다.[37] 비록 역사학 연구가 권력 및 역사적 변화와 관련한 마르크스의 통찰과 브로델의 창조적인 학제간 연구에 의해 지속적으로 풍요로워졌다고 하더라도 역사 서술은 간단히 말해 절대적으로 중요시되던 인과관계의 틀로부터 이탈해가고 있다.

인과관계의 서열에 대한 역사가들의 전통적 집착은 과거에 무엇이 가장 중요하고 왜 그것이 중요한지와 관련한 특정 견해를 미리 전제하고 있는 것이다. 앞선 장에서 빈번하게 언급되었던 혁명—전쟁이 근소한 차로 그다음을 달리고 있다—은 상처를 남긴 기원 사건과 전환점에 대한 유럽 중심적 민족주의의 집착을 반영하고 있다. 그러나 역사에서 원인에 대한 전통적 강조는 결과에 대한 훨씬 적은 학문적 관심을 수반하는 원인과 결과 사이의 첨예한 구분을 또한 내포한다. 역사 관련

일터에서 교수들은 전쟁과 혁명의 원인과 결과를 분석하고 토론한다. 반면 "대중에게 인기 있는 역사가들"은 전쟁과 바리케이드를 세세하게 묘사하는 책을 쓰면서 종종 큰돈을 벌기도 한다. 이것이 오늘날 흔히 볼 수 있는 역할 분담이기도 하다.

원인/결과의 이분법은 보통 사회과학자들에 의해 제기되는 구조와 결과라는 유사한 대비와 관련이 있다. 전문가들조차도 '구조structure'를 정의하는 데 어려움을 겪으면서 예를 제시하는 게 더 쉽다는 것을 안다. 즉 로버트의 경우 구조는 "교회와 국가의 조직, 사회와 경제의 조직, 군과 읍의 조직, 학교와 대학의 조직, 이념과 신념의 조직"이다. 구조는 "합법적 행위, 관습적 행동, 통치와 역할에 부합하는 활동, 그리고 규격화된 결과를 유도"하기 때문에 관료제와 같이 구체적이든 신학과 같이 이념적이든 이론적으로 사회의 안정적 상태를 유지할 수 있게 한다.[38]

간단히 말해 사회구조와 문화구조는 예상 가능한 일정한 유형의 행동과 사건의 반복을 알려준다. 구조는 물론 실제로 안정적이지 않으며, 구조의 영속은 체제의 작동 불능과 마르틴 루터, 마틴 루서 킹, 혹은 유명하지 않은 수많은 마틴Martin들의 행위의 결합으로 정기적으로 위협에 처하기도 한다. 이러한 표준적 시각에서 보면 비텐베르크 교회 정문에 사제들의 예식을 비난하는 글을 게시하는 어떤 사람의 행동*이라든가 셀마 몽고메리 행진**과 같은 특별한 '사건들'은 구조의 작동 불능으로 인한 결과다. 사건들의 결과는 원인과의 관련에서 이해될 수 있다.

그러나 윌리엄 H. 슈얼이 주장하듯이 사건 그 자체는 원인들과 별개로 의외의 결과를 초래할 수도 있다. 인류학자 마셜 샐린스Marshall Sahlins 의 저서를 활용하여 슈얼은 영국의 선장 제임스 쿡의 1779년 하와이 도착과 그 뒤에 발생한 살해와 관련된 세계사의 유명한 사건을 예로 제시한다.[39] 1779년 1월 쿡이 케알라케쿠아만에 도착한 때는 마침 대지를 비옥하게 하는 겨울비가 내렸고 매년 섬을 찾는 재생의 신 로노Lono를 기념하는 겨울 축제 시기와 공교롭게도 일치했다. 쿡은 정확히 딱 맞는 시간에 등장했던 것만은 아니었다. 즉 그는 영적 능력을 지닌 로노가 그래야 했던 것처럼 며칠 후 섬을 떠났다. 그러나 돛대가 부러져 쿡의 배는 예기치 않게 다시 섬으로 돌아갈 수밖에 없었다. 그곳의 통치자는 그것을 자신의 권력에 대한 위협으로 해석했다. 양측 사이에 전투가 벌어져 쿡은 왕의 부하의 칼에 찔려 사망했다. 영국은 바다에서 발견한 쿡의 시신을 의식을 갖춰 수습하는 것으로 해결하려 했지만 로노를 추종하는 일부 하와이 원주민들은 그의 시신을 사망한 왕에 대한 숭배 전통과 결합시킬 것을 요구했다. 쿡의 영적 능력이 쿡의 기억을 숭배하고 영국과의 우호정책을 시작한 떠오르는 왕 카네하메하에게 전이되었다고 그들은 믿었다. 죽은 쿡의 시신에서 카네하메하가 끄집어냈던 영적인 힘과 그에 뒤이은 새로운 동맹관계 덕택에 그는 선박, 총, 전략적 조언과 같은 자원을 획득하여 하와이 전 군도의 정복

---

* 여기서 '어떤 사람'은 루터를 가리킨다. 잘 알려져 있듯이 루터는 교회의 면벌부 판매의 부당함을 비판하는 글을 통해 회개의 삶을 강조하고 고해성사, 즉 사제들에 의해 집행되는 고백과 속죄는 불필요하다고 주장했다.

** 미국 흑인 인권운동의 최고조를 상징하는 1965년 3월 7일의 1차 행진, 3월 9일의 2차 행진, 3월 21일의 3차 행진을 말한다.

이라는 전무후무한 업적을 완수할 수 있었다.

슈얼은 사건이 역사에서 작용하는 방식과 관련한 새로운 이해를 제시하기 위해 이러한 역사에서의 고전적 조우에 대한 인류학자의 분석을 이용한다. 쿡의 하와이 도착 이야기는 '원주민' 문화를 압도하는 유럽의 문제가 아니라고 그는 지적한다. 유럽인들은 원주민 문화를 기술적으로 우월한 자신들의 의지에 따라 재단했지만, 하와이 원주민들은 영국인의 도착 사건을 자신들 문화의 범주로 통합시켰다. 쿡을 자신들의 종교전통에 흡수함으로써 강력하게 위협적이면서 자신들과는 다른 외부자의 도착을 의식 면에서 대응 가능한 것으로 만들었다. 즉 하와이 원주민들은 "쿡 선장을 통해 유럽의 영적 능력을 길들였다."[40] 그러나 쿡을 인격화된 신으로 받아들이는 과정에서 카네하메하와 그의 신하들은 이 사건으로부터 변형된 형태로 출현한 영적 능력에 대한 하와이 원주민들의 개념을 또한 확장시켰다. 즉 이전 통치자 그 누구도 카네하메하와 같은 정도로 권력을 구축하지는 못했다.[41] 쿡의 '신격화'는 폴리네시안의 문화-정치적 범주를 지속적으로 변화시켰다. 쿡의 하와이 도착은 따라서 슈얼이 "구조를 전환시킨 사건"으로 부른 전반적 과정의 한 예를 제공한다.[42] 진정으로 중요한 원인들의 극적이긴 하지만 개념적으로 관련 없는 결과로 종종 규정되는 '사건들'이라고 명명된 것들은 시간과 공간의 차원에서 확장된다면 근본적으로 기존의 구조를 바꿀 수 있는 실로 복잡한 사건들이다. 이런 식으로 바라본다면 결과는 원인과 첨예하게 구분되는 것 같지도 않고, 학계의 역사가들이 종종 부여하는 2급의 지위에 더 이상 머물러 있을 필요도 없다.

사건의 전환 능력에 대한 슈얼의 주장은 심오하고 중요한 원인과 피상적이고 부차적인 결과 사이의 첨예한 구분에 대해 역사가들이 최근 불편해하고 있다는 징후 중의 하나다. 이에 따라 우리는 이 장 첫머리의 언급, 즉 현재의 역사 서술에서 인과관계의 전통적 문제가 이전보다 광범위한 호응을 얻지 못하고 있다는 지적을 상기하게 된다. 인과관계의 지위가 하락하게 된 많은 이유를 우리는 이미 2장에서 지적한 바 있다. 국가사의 약화와 '메타서사'로 알려진 거대한 해석 틀의 약화, 지구사의 성장 등이 그 이유다. 연구의 지배적 틀이던 국가사에 대한 지속적인 공격과, 곧 살펴보겠지만 1990년대 문화사의 성장은 전쟁과 혁명 같은 중요한 분기적 사건의 원인을 둘러싼 논의에 관심이 줄었다는 것을 의미했다(홀로코스트의 역사는 예외가 될지도 모르겠다. 이것은 국가의 범주를 초월하여 엄격한 역사적 문제뿐만 아니라 도덕적이고 철학적 문제를 제기하기 위해 종종 거론된다). 장기적 맥락에서 탈식민화 및 그 결과로 유럽 중심적 국가사가 조금씩 무너져 내렸다면, 냉전의 종식은 유사하게 마르크스주의적 메타역사와 자본주의에 대한 마르크스주의적 반영 이미지인 근대화론을 약화시켰다. 지난 수십 년간의 20세기 상황은 누군가가 희망하거나 꿈꾸는 미래, 즉 민족적 운명의 완성, 자본주의의 승리 혹은 몰락을 향해가는 단선적 서사의 전개와 같은 역사의 목적론적 이해를 약화시켜왔다.

극적인 중간역을 지나 명확하게 상상할 수 있는 종점을 담은 이야기의 부재로 인해 '원인'에 대한 전통적 연구는 덜 매력적인 것으로 보이게 되었다. 초국가사와 지구사의 성장은 과정을 강조한다. 예를 들어 대서양 노예무역 같은 것들이 지향하는 복잡한 주제는 윌리엄 H. 슈얼이 인과관계의 '당구공 모델'이라고 불렀던 것에 손쉽게 부합하지 않기 때문이다.*[43] 그렇다고 역사가들이 시간에 따른 변화의 문제를 무시한다는 의미는 전혀 아니다. 그렇지만 이제 역사 연구의 단위가 지구적 맥락에서 지역 공동체를 더 포괄하게 될 것이기에 변화를 설명하는 것은 더 복잡해지고 더 경험적으로 되었으며 장소를 더 특정하게 되었다.[44] 앞서 지적한 바와 같이 역사는 느리게 움직이는 포용력이 큰 기술이므로 그 종사자는 낡아빠진 것이라도 오래된 도구를 내다버리고 싶어하지 않는다. 학부생들은 여전히 미국혁명의 기원을 분류하도록 배우고, 대학원생들은 종합시험에서 영국의 내전 혹은 1차 세계대전의 원인에 관한 오래된 논의들을 다루어야 한다. 그러나 오늘의 역사가들이 몇 개 안 되는 중요한 문제에 연구를 집중하거나 다른 사람의 인과관계의 분석 틀을 비판함으로써 경력을 쌓아나갈 것 같지는 않다. 인과관계에 관한 한 혼란 속의 새로움이 현재 대세다.

의미를 찾아서: 미시사

16세기의 마법 연구로 유명한 이탈리아의 젊은 학자 카를로 긴츠부르그Carlo Ginzburg는 1976년 호기심을 끄는 이상한 제목의 얇은 책을 출판했다. 《치즈와 구더기》는 메노키오라는 별명으로 알려진 범인凡人 도메니코 스칸델라의 이야기를 전하고 있다. 그는 이탈리아 동북부 프리

---

* 대서양 노예무역은 너무나 다양한 내외부의 상호작용에 의해 가능했기 때문에 이는 겉이 너무 딱딱해서 안으로 침투할 수도, 그리고 밖으로 나올 수도 없는 당구공과 같은 통일체로 설명할 수 없다는 의미다.

울리 지역의 방앗간 주인이었고, 이교적 믿음과 관련하여 1584년 종교재판에서 심문을 받았다. 메노키오가 종교재판 심문관에게 단호하게 피력했던 선동적 관념을 이웃 마을 몬테레알레의 주민들도 공유하고 있어 그들을 놀라게 했다. 그는 "성직에 임명되지 않아도 공부를 하면 누구나 성직자가 될 수 있다"거나 "지옥은 성직자들이 만들어낸 것이다"라고 주장했으며, 예수는 "우리와 같은 사람이었지만 더 큰 존엄을 가진 사람이었다"라고 믿었다.[45] 그는 〈창세기〉를 따르지 않고 세상의 기원에 대한 자기 나름의 생각을 심문관에게 드러냈다. 치즈가 우유로부터 만들어지듯이 태초의 혼돈으로부터 거대한 물질 덩어리가 형성되었다는 것이다. 그리고 벌레가 치즈에서 생겨나듯이 이 물질 덩어리에서 천사가 출현했다. 그러한 천사들 중에서는 루시퍼와 그 외의 대천사뿐만 아니라 신도 있었다("신 또한 바로 그 시기의 물질 덩어리로부터 만들어졌다").[46] 심문관은 메노키오의 말을 끝까지 들어주고 그를 관대하게 다루었다. 심문관은 그에게 잘못된 생각을 버릴 것과 3년간의 수감 생활을 명령했다. 15년 후 그는 또다시 불경죄로 고발당해 재판을 받았고, 이번에도 이교신앙의 일부를 드러내어 사형선고를 받았다.

가난했지만 글을 읽을 수 있었던 메노키오는 책에서 자신의 생각 일부를 얻게 되었다고 심문관에게 밝혔다. 그는 가진 책이 많지 않았지만 지역의 다양한 사람들에게서 빌린 책도 있었던 것처럼 보인다. 여기에는 자국어로 쓰인 성경, 종교적 저서들, 여행서, 심지어 코란의 번역본도 있었다. 긴츠부르그는 방앗간 주인이 알고 있거나 혹은 접했을 수도 있는 책들과 그의 진술들을 종합해 인상적인 추리 작업을 해낸다. 그러나 그는 또한 메노키오가 자신이 책에서 얻은 것과 농촌 환경에서 직접적으로 얻은 관념과 경험을 연관시키고 있음을 보여준다. 농촌의 민간전승에 뿌리를 두고 있는 세상의 물질적 기원에 대한 수백 년간 지속된 전前기독교적 관념은 곰팡내 나는 치즈 조각에서 저절로 생겨난 구더기와 같은 일상적 광경과 결합했다.

《치즈와 구더기》는 근대 초 유럽에서 엘리트 계급과 평민계급 사이에 이루어진 문화 유통 방식에 대한 질문을 재구성함으로써 좋은 평판을 얻었다. 그 당시의 대다수 학자들이 지식인과 민중의 세계는 철저히 분리되어 있거나 엘리트 문화가 민중문화에 "떨어져 내려갔다"고 믿고 있었던 반면, 긴츠부르그는 끈기와 상상력이 필요하긴 했지만 하층계급 남성의 사례를 복원해낼 수 있었다. 그 남성은 상층계급의 관념을 흡수했을 뿐만 아니라 그들로부터 자신이 원하는 것을 얻어냈고 책을 통해 알게 된 지식을 농촌문화의 일상경험과 구술전통에 연결시켜 자신의 우주관과 신학론을 창조했다. 메노키오는 철없는 괴짜였을 수도 있지만―그런 유형의 사람의 삶이 기록에 남을 가능성이 더 많다―그의 이야기는 16세기 이탈리아의 '고급'문화와 '하위'문화 사이의 교류와 관련하여 시사적인 무언가를 우리에게 전해준다.

《치즈와 구더기》는 근대 초 유럽 엘리트와 민중문화에 관한 논의에 특별히 시사하는 바가 큰 업적으로서만 환영받는 것은 아니다. 저명한 역사가가 완전히 무명에 가까운 과거 사람의 이야기로 책 전체의 내용을 채운 최초의 사례라는 점이 더 중요하다. '새로운 사회사'는 1970년대 중반에 기반을 잘 다졌지만 '사회'라는 용어는 언제나 '복수'를 의미한다는 것이 당연하게 받아들여졌다. 즉 E. P. 톰슨에 의해 고무된 연구가 계량화로부터 점차 거리를 둔다고 하더라도, 그리고 설사 하층계급 한 사람 한 사람이 역사 과정에서 중요한 역할을 했다 하더라도 '민중'은 본질적으로 집단으로 존재해야만 했다. 반면에 개별적 전기는 언제나 상층계급의 예외적 사람들에게만 허용된 장르였다.[47] 긴츠부르그의 책은 무명에 가까운 한 개인의 삶에서 역사적 의미를 끄집어낼 수 있다는 것을 보여줌으로써 이러한 통념을 타파했다.

평범하지만 극적인 삶을 살았던 메노키오를 기술한 긴츠부르그의 책은 미시사라고 알려진 분야에서 최초로 주목할 만한 책이었다. 미시사는 1970년대에 마르크스주의에 실망한 이탈리아의 젊은 좌파 역사가들 사이에서 출현했다.[48] 1980년대와 1990년대에 긴츠부르그의 책과 유사하게 광범위하게 인기를 끄는 책들이 다수 출판되면서 미시사는 역사책 분야의 한 항목으로 신속하게 자리를 잡았다. 즉 미시사의 성공 사례로는 17세기 뉴잉글랜드인들에게 사로잡힌 아메리카 원주민 여성의 이야기, 신분을 속이고 남편 행세를 한 16세기 프랑스 농민의 이야기, 18세기 파리의 정신병원에 구금된 중국인 통역자의 이야기, 19세기 뉴욕 매춘부의 살해 이야기, 1931년 테네시에서 2명의 백인 여성 강간혐의로 부당하게 기소된 흑인 청년의 이야기 등이 있다.[49] 이전 장에서 거론된 바 있는 몇 권의 책도 이 범주에 속한다. 즉 세계를 여행하는 도밍고스 알바레스에 대한 제임스 스위트의 전기, 중세 마을 몽타유와 그곳 이교도적 주민에 대한 에마뉘엘 르로이 라뒤리의 재현, 마사 밸러드와 그녀의 세계에 대한 로럴 대처 울리히의 기록 등이 모두 역사에서 '잊힌 사람들'의 삶을 다룬 세세한 기록이다.

미시사의 실천자와 논평자들 사이에서는 미시사를 무엇이 구성할 수 있고 구성해야만 하는가를 놓고 첨예하게 의견이 갈린다. 미시사를 개척한 이탈리아의 소수 역사가들 사이에서조차 미시사의 전반적인 내용을 둘러싸고 이견이 존재한다. 즉 긴츠부르그의 일부 동료는 긴츠부르그가 메노키오의 문화적 세계에는 너무 많은 관심을 기울였지만 몬테레알레의 사회상에는 충분한 관심을 기울이지 않았다고 비판했다. 일부 미시사, 특히 이탈리아 전통을 벗어나지 못하는 미시사는 개인보다는 전체 공동체를 강조한다.[50] 미시사의 가장 사려 깊은 실천자들은 단순한 규모의 중요성을 강조한다. 즉 한 개인 혹은 세계의 작은 구석을 매우 세밀하게 들여다보고 관심을 집중함으로써 보다 일반적 영역에서 연구하고 있는 역사가들에게는 보이지 않는 사회사의 본질과 같은 것을 추구할 수 있게 해준다.[51] 이러한 의미에서 미시사는 현미경으로 과거를 들여다보는 일종의 역사 실험실로 간주될 수 있다. 그러나 긴츠부르그가 개척하고 수많은 모방자들이 재생산한 바와 같이 미시사의 가장 잘 알려진 외양을 통해 볼 때 세 가지 명확한 특징이 드러난다. 첫째, 미시사는 유명하지 않은 한 개인이나 집단에 관심을 가진다. 둘째, 미시사 연구자는 긴츠부르그의 사례에서와 같이 엘리트 문화와 민중문화 사이의 관계 같은 좀 더 광범위한 역사 문제를 강조하기 위해 이야기를 활용한다. 셋째, 극적 사건과 삶의 세세한 결을 보여주는 미시사는 도발적 글쓰기와 흥미로운 이야기 전개가 가능하다. 그리하여 미시사의 가장 성공적인 책들은 수업의 참고도서, 심지어 베스트셀러 목록에서도 빠지지 않는다.

1970년대와 1980년대에 미시사는 역사가들에게 혁명적인 새로운 시각을 제공했다. 미시사 책의 초점은 역사적 변화를 설명하는 데 있지 않고 시간의 특정 순간을 살고 있는 특정인에게 세계가 어떻게 보였는가를 제시하는 데 있다. 긴츠부르그는 메노키오 같은 사람이 시간이 지나 이런저런 결과를 가져올지도 모를 전복적 이념을 발전시키고 있다고 암시하지 않았다. 그 대신 방앗간 주인의 분명 비정상적 믿음에서 출발하여, 메노키오가 종교, 습득된 문화, 지역의 민간전승에 대해 가지고 있던 모든 이질적 요소들과 그것으로부터 그가 끄집어냈던 의미들을 찾아 나섰다. 간단히 말해 그의 목적은 어떤 커다란 단선적 역사 서사 안에서 메노키오의 역할을 해석하는 것이 아니라 이교도적 방앗간 주인이 자기 주변의 세계를 어떻게 이해하고 있었는가를 설명하는 것이었다.

의미의 유형과 관련한 동일한 강조가 근대 초 프랑스 문화사의 선두주자가 1984년에 출판한 논문에서 발견된다. 이것은 오늘날까지도 가장 광범위하게 읽히는 미시사라고 얘기할 수도 있다. 로버트 단턴의 〈노동자 폭동: 생세브랭가의 고양이 대학살〉은 20년 후 폭동 참가자 중 한 사람에 의해 알려진 1730년대 후반 파리의 인쇄소에서 발생한 사건의 의미를 고찰한다.[52] 이야기는 인쇄소의 두 견습공 제롬과 레베유가 겪었던 고통을 중심으로 전개된다. 이들은 제대로 먹지도 못했고 사는 곳도 형편없었으며 도둑고양이가 지붕 위에서 밤마다 시끄럽게 울어대는 통에 잠을 설쳤다. 주인의 아내가 기르는 고양이가 자기들보다 훨씬 잘 먹는다는 사실 때문에 고양이에 대한 불만은 점점 커졌다. 어느 날 밤 10대의 견습공들이 드디어 폭발했다. 그중 한 명이 주인의 침실 위 지붕에 올라가 고양이 울음소리를 시끄럽게 흉내 냈다. 주인은 견습공들에게 고양이를 없애라고 명령하면서 아내가 아끼는 고양이 그리스는 죽이지 말라고 특별히 지시했다. 견습공들은 신나게 동네 고양이들을 죄다 잡아들여 곤봉으로 때려 죽였다. 그런데 이 중에는 그리스도 있었다. 견습공들은 다른 노동자들과 함께 '간수, 고해자. 사형 집행인'이 되어 죽은 고양이와 죽어가는 고양이들을 대상으로 모의재판을 열었다. 그들은 즉석에서 만든 교수대에 고양이를 매달았다. 이때 주인의 아내가 나타나 공포에 떨며 비명을 지르자 견습공들은 (거짓으로) 그리스는 죽지 않았다며 그녀를 안심시켰다. 그날 밤 견습공들과 노동자들은 배꼽이 빠지도록 웃었고, 그다음 주 내내 레베유는 동료들에게 그 이야기를 '적어도 스무 번 이상' 들려주었다. 그때마다 그들은 큰 웃음을 터뜨렸다.

인쇄공들에게 우스꽝스럽게 보였던 것이 대다수 현시대의 독자들에게는 그렇지 않다는 것을 지적하며 단턴은 이야기에 개입한다. 즉 고양이를 고문하고 재판하고 처형하는 것, 그리고 이러한 장면을 계속 반복하는 것이 신나는 이유는 무엇이었는가? 어떤 문화가 낯설게 느껴지는 지점은 바로 내부 사람들에게 의미가 넘쳐나게 보이는 어떤 것의 핵심을 알지 못하는 때라고 그는 주장한다.[53] 단턴은 이 별난 사건을 매개로 인쇄소 노동자들에게 폭발적 감정의 힘을 선사했던 여러 층의 상황적 증거들을 열거해나간다. 이 이야기의 이면에 흐르는 긴장의 일부는 사회적인 것이다. 즉 인쇄업의 불황으로 18세기 인쇄공의 도제와 직인의 지위가 하락하여 점점 더 소수의 노동자들만이 독립과 풍족한 생활에 대한 희망을 가질 수 있었다. 노동자들은 자신의 삶에서 신구의 모든 긴장들을 경험했고, 그 긴장들은 또한 그들이 살아가는 세계의 문화적 범주 안에서 표현되었다.

음식과 성에 대한 본능적 욕구를 자유롭게 표현할 수 있고 역할 바꾸기도 합법적이던 사순절 직전의 축제 행사에도 이러한 긴장들이 내재되어 있었다. 이 축제 기간에는 고양이 고문도 때때로 허용되었다. 모의재판도 열렸고, 마찬가지로 각 직종에 부합하는 기념식이 해마다 다양한 시기에 열렸다. 고양이는 근대 초 유럽의 문화적 소재 모든 곳에 등장한다. 보통 성의 어두운 측면(암고양이를 의미하는 프랑스어 'chatte'는 여자의 음부를 가리키는 속어이기도 하다), 마법, 마녀와 연관되었다. 고양이 학살의 주기적 재연은 따라서 인쇄공들에게 많은 것을 표출할 수 있게 해주었다. 즉 노동자로서의 사회적 좌절, 음식과 물질적 안락함에 대한 바람, 결혼하지 못한 남자로서 성에 대한 욕구, 주인을 처벌하고 세상을 뒤집고 싶은 욕망. 이러한 것들이 유발한 폭발적 웃음은 공공연한 저항을 생각할 수 없는 상황에서 명확하지는 않지만 그 의미는 분명했던 폭력행위에 대한 그들의 인식을 부각시킨다.

단턴은 더 광범위하고 익숙한 역사적 구성을 시도하기도 하지만 ("반세기 이후 파리의 수공업자들은 무차별적 학살을 임기응변식의 인민재판과 결합시킨 방식으로 폭동을 일으켰다."[54]) 그의 목적은 프랑스혁명의 기원과 관련하여 무언가를 말하려는 것은 아니다. 이러한 미시사 연구의 초점은 역사의 더 광범위한 영역에서 고양이 학살이 상징하는 것이 무엇인가를 설명하는 것이 아니라 그 당시에 고양이 학살을 자행했던 사람들에게 그것의 의미가 무엇인가를 설명하는 것이다. 단턴과 긴츠부르그 모두 당황스러워 보이는 사건 혹은 사소한 것에서 출발하여(고양이 학살이 그렇게 유쾌했던 이유는 무엇인가? 세계는 원초적으로 치즈 덩어리와 같은 방식으로 형성되었다고 누군가가 믿은 이유는 무엇인가?) 그것을 이질적 문화의 비밀을 푸는 열쇠로 사용한다. 이러한 이야기들을 근대세계를 향한 서사, 즉 '노동자들은 프랑스혁명을 준비해나가고 있었다', '농민들은 종교개혁을 위한 새로운 이념을 흡수하고 있었다' 같은 서사에 어떻게 맞출 것인가를 묻는 대신에 미시사는 우리에게는 수수께끼 같지만 그 맥락 안의 특정 행위자들에게는 의미를 갖는 전적으로 낯선 행동과 믿음을 부각시킨다.

미시사의 실천을 가로막는 문제 하나가 처음부터 있었는데, 바로 대표성의 문제다. 예외적 인물의 단선적 운명을 추적하는 전통적인 전기와 다르게 미시사는 본보기를 지향한다. 즉 미시사의 목적은 그것이 전달하는 특정 이야기가 주변 문화의 맥락에서 유별난 것은 아니라고 제시하는 데 있다.[55] 긴츠부르그는 이러한 목적을 위해 수사적 장식 어구로 《치즈와 구더기》를 마무리한다. 메노키오가 처형됐을 무렵 당국은 마르코 혹은 마르카토라는 지역에 살고 있는 또 다른 남자의 소문을 듣게 됐는데, 그는 영혼은 육체와 함께 소멸한다고 믿는다는 것이었다. "메노키오에 대해서 우리는 많은 것을 알고 있다. 마르코 혹은 마르카토에 대해서, 그리고 살다가 흔적도 없이 세상을 떠난 그와 같은 많은 사람들에 대해서 우리는 아무것도 모른다."[56] 이단을 퍼뜨리는 또 다른 메노키오가 거기 어딘가에 또 있을 수도 있지만 어떻게 우리는 스칸델라(메노키오의 본명)가 상식을 벗어난 괴짜가 아니라고 확신할 수 있는가? 미시사를 주도하고 있는 에드워드 뮤어 Edward Muir가 지적했듯이 "사소한 것에 관심을 갖는 역사가들이 사소한 역사의 생산을 피할 수 있는 방법은 무엇인가?"[57]

단턴은 이러한 곤경에 대한 가장 명쾌한 대답을 문화사와 관련한 자신의 논문에서 방법론적 틀로서 제공했다. 그에 따르면 자신의 방법론은 "개별적 표현은 문화적 표현방식 안에서 일어나며 문화가 제공하는 틀 안에서 사고함으로써 보다 큰 사건을 확인할 수 있고 상황을 이해할 수 있다는 전제로부터" 시작한다.[58] 이러한 시각에서 미시사의 대상이 되는 사건은 더 광범위한 문법의 맥락에서 의미를 가지는 표현이다. 즉 그러한 사건들은 사회의 '문화', 사회의 상호교차적 의미체계를 향해 우리를 인도하는 단서로서 기능한다.[59] 단턴은 과거에 대한 자신의 방법론을 낯선 문화에 대한 인류학자의 설명과 반복하여 비교한다. 그리고 그 과정에서 자신의 프린스턴 동료이자 저명한 인류학자인 클리퍼드 기어츠Clifford Geertz의 영향을 인정한다. 기어츠의 책들은 문화를 중심에 놓는 1980년대와 그 이후 역사의 새로운 방법론을 위한 초석 하나를 놓았다.

클리퍼드 기어츠, 미셸 푸코, 그리고 '신문화사'

문화인류학자이자 인도네시아 연구의 전문가인 클리퍼드 기어츠의 사례 연구는 유명한 인류학 논문에서 자신이 '두꺼운 묘사'라고 이름 붙인 것의 전형이었다.[60] 기어츠가 이 주제와 관련하여 가장 광범위하게 인용되는 논문에서 설명했듯이 두꺼운 묘사는 특정 사건 혹은 행동에 대한 가능한 한 여러 층의 의미를 복원하는 것이다. 평범한 예시로서 그는 철학자 길버트 라일Gilbert Ryle로부터 차용한 눈을 깜박이는 소년의 예를 든다. 이러한 행위의 '얇은 묘사'는 소년은 "오른쪽 눈꺼풀을 빠르게 움직이고 있었다"라고 기록할 것이다. 이러한 묘사는 구체적 사실을 설명하지만 이러한 눈 깜박임에 담긴 사회문화적 의미를 전달하지는 않는다. 달리 말해 소년은 자기도 모르게 깜박거린 것일 수도 있고, 이러한 동작의 사회적 의미를 행동으로 옮긴 것일 수도 있다. 여기서 사회적 의미란 두 사람만이 알 수 있는 의미를 전달하는 것이다. 그와 관련하여 또 다른 소년은 첫 번째 소년을 모방하여 눈 깜박임을 힘들고 어색하게 할 수 있는데, 이것은 또 다른 문화적 신호를 생산하는 것이다.

기어츠에 따르면 민족지학의 중심 목적은 눈 깜박임을 단순히 기록하는 것이 아니라 어떤 종류의 눈 깜박임과 그것의 모방 행동이 행해지고 있으며 또한 그것들이 어떻게 이해되고 있는가의 맥락에서 "의미 구조의 계층별 위계질서"를 재구성하는 것이다. 즉 인류학자는 인간 표정의 특정 형태와 관련하여 가능한 한 가장 풍부하게 의미의 층을 복원해내는 두꺼운 묘사를 하고 있다.[61] 그러한 의미의 유형은 민족지학의 궁극적 목적인 문화를 구성한다. 기어츠는 문화를 공적 의사소통을 통해 완성되는 인위적인 '의미의 망'으로 정의한다. 즉 문화는 사람들의 생각 안에 있는 것이 아니라 평범한 것(눈 깜박임)에서부터 정교한 행위(발리의 닭싸움)까지를 아우르는 사람들 사이의 동작이나 행위로써 증명되는 것이다.[62]

기어츠의 글들은 1980년대 후반 미국에서 '신문화사new cultural history'라고 알려지게 된 새로운 역사 연구의 형성에 필요한 영감의 원천이었다.[63] 과거에 역사가들은 엘리트들의 '고급문화' 아니면 민중의 '대중문화'라는 연구의 대상으로 문화에 접근했었다. 도서관, 민속축제, 종교 의식의 주기, 학교 교육과정 등이 문화의 내용이었다. 즉 그것은 항목별로 구분될 수 있고 서술될 수 있으며 때에 따라서 수량화될 수도 있었지만, 대상이었지 맥락은 아니었다. 반면에 신문화사가들은 기어츠의 '의미의 관계망'이라는 취지에 따라 추상적이고 인류학적으로 굴절된 문화의 개념을 수용했다. 그들의 목표는 그러한 망을 묘사하기 위해 상징체계, 반복적인 문화의 반영물, 규칙적 유형 등을 추적하는 것이었다.

예를 들면 프랑스혁명의 정치문화에 관한 린 헌트Lynn Hunt의 잘 알려진 책은 다음과 같은 질문을 고찰하는 일련의 논문으로 구성되어 있다. 언어적 수사와 언어의 구사가 혁명의 문화에서 그렇게 중요했던 이유는 무엇인가? 애국자처럼 옷을 입는 것이 중요했던 이유는 무엇인가? 마리-앙투아네트에 대한 혁명가들의 노골적 증오의 배후에 있는 문화적 요소는 무엇인가? 혁명가들의 '형제애' 숭배는 어떠한 의미를 내포하고 있는가? 간단히 말해 혁명의 새로운 정치 실천을 뒷받침한 정치와 공공생활에서 드러나지 않은 가정은 무엇이고, 어떻게 그러한 것들이 상징의 창조와 조작을 통해 표현되었는가?[64]

새로운 역사방법론의 실천자 모두가 문화 분석에 대한 기어츠와 단턴의 모델에 동조하지는 않았다. 예를 들어 이탈리아의 미시사가들은 대체로 기어츠의 '의미 관계망'을, 연루되어 있는 역사주체들을 그 안에 가둬둔다며 평가절하했다. 즉 그들은 기어츠의 방법론이 대관식 혹은 닭싸움이 그 순간 거기에 있었던 모든 사람에게 대략 같은 의미였다고 전제함으로써 사회적 차이와 긴장을 제거했다고 비난했다. 또 다른 학자들은 거론했던 인물의 행동을 일반적 언어의 표현으로 간주한 단턴의 견해는 너무 깔끔해서 현실세계의 복잡함과 사람들 경험의 다양성을 설명하지 못한다고 반박했다.[65] 이러한 비난들에도 불구하고 문화적 분석의 지향은 지난 시대의 주체들, 특히 글을 읽지 못하는 사람들에게 접근하는 상당히 설득력 있는 방법을 제시했다. 즉 더 광범위한 문화의 맥락에서 가난한 사람들의 동작과 얼마 남아 있지 않은 말들의 숨은 의미를 탐색하는 것은 엘리트들에게 가능했던 표현의 공식 수단을 갖지 못했던 보통 사람들의 생각에 역사가들이 진입할 수 있는 최선의 방법으로 여전히 유효하다.

1990년대에 가장 영향력이 컸던 신문화사는 과거를 바라보는 데 있어서 심오하고 논쟁적인 전환의 계기였다. 이미 살펴보았듯이 마르크스주의와 아날학파를 포함한 20세기의 주요 역사학파들은 사회사 및 경제사의 '딱딱한 사실들'의 우선순위를 당연시했다. 즉 대다수 역사가들은 문화 영역이 가치 있는 연구 분야이긴 하지만 부차적이고 파생적인 대상, 즉 사회경제적 동학의 '반영'이라고 생각했다. 문화사가들은 경작, 투표, 결혼 같은 인간의 모든 행동이 문화적 코드를 통해 형성되고 구현된다고 지적하면서 이러한 오래된 위계질서에 도전했다. 즉 그들은 '사회'를 쫓아냈던 것이 아니라 문화와 사회를 연결하는 새롭고 유연한 방식을 제시했던 것이다.[66] 핵심은 '문화'가 물질적 조건이나 경험보다 우선되어야 한다는 것이 아니라 그 둘을 분리할 수 없다는 것이다. 즉 세상의 어떤 측면도 문화적으로 구성되지 않은 것이 없고 그것으로부터 분리될 수 없다고 그들은 주장한다. 신문화사가들에게 인간 행동의 범위를 정하는 코드의 해독, 특히 가난한 사람들의 행동을 해독하는 것은 역사를 새롭게 하기 위한 실천 강령이 되었다.

의미를 강조한다고 해서 행동주체인 인간을 무시하는 것은 아니라고 문화사가들은 주장한다. 가장 훌륭한 문화사는 사람들이 문화적 코드 안에 갇혀 있지 않지만 그 안에서 행동하고 또한 그것을 통해 행동하는 방식을 선택한다는 견해를 고수해왔다. 1960년대와 1970년대로 거슬러 올라가는 예시로서 E. P. 톰슨의 18세기 영국 대중의 '도덕경제'에 관한 유명한 논문과 같이 근대 초 대중의 행동에 대한 연구가 있다 (1장 참조). 문화사가들은 인간 행동의 핵심적 역할을 묘사하기 위해 일련의 개념들을 얼마 뒤에 고안했다. 즉 그들은 '실천', '성취', '전유'라는 용어를 썼는데, 이 용어들은 이제 주류 역사학의 용어로 자리 잡았다. 긴츠부르그는 메노키오와 관련하여 '전유'라는 단어를 사용하지 않았지만 그가 묘사한 내용은 그 의미를 내포하고 있다. 즉 방앗간 주인은 지식층이 쓴 책을 읽고 자신에게 흥미로운 내용들을 끄집어내어 이것들을 자신의 문화와 생각에 내포되어 있는 다른 내용과 결합함으로써 그 책들을 전유했다. 그는 다른 독자들과 마찬가지로 책의 원래 의미가 그대로 채워지기를 기다리는 빈 그릇은 아니었다.

책과 독서의 역사는 전통적 문화사에서 행동주체인 인간을 강조하는 새로운 방법론으로의 이행을 보여주는 훌륭한 예시다. 전통적 지성사는 책의 내용을 강조하고, 사회문화사가들은 계량화 및 추적이 가능한 문화 항목으로서 책에 오랫동안 관심을 가져왔다. 책에 대한 뛰어난 역사서는 제목의 위치와 글자 수, 개인과 기관이 소유한 책의 목록, 출판사가 제작하고 판매상이 유포한 책, 혹은 검열관이 금지하고 권력기관이 압수한 책들을 확인하는 데 집중해왔고, 지금도 여전히 그러고 있다.[67] 그렇지만 지난 수십 년 동안 문화사가들은 전형적인 '문화적 실천'인 독서의 역사와 관련한 부가적인 질문들을 제시해왔다. 시간과 공간을 넘어서 독자들은 어떻게 원고와 출판물을 입수할 수 있었는 가라고 문화사가들은 묻는다. 유럽과 북미의 역사가들은 예를 들자면 18세기를 지나는 동안 출판물의 입수 가능성이 폭발적으로 늘어 독서 는 '집약적' 방식에서 '광범위한' 방식으로 전환했다고 주장한다. 독자 들은 대개는 신앙 서적이었던 동일한 텍스트를 여러 차례 꼼꼼히 읽기 보다는 소설과 정기간행물을 포함한 훨씬 광범위한 분야의 책들을 피 상적으로 읽기 시작했다. 단지 무언가를 읽는다는 것이 이제 근본적인 근대적 경험이 된 것이다.[68] 비교적 가까운 과거에도 대부분의 독서는 소리 내어 읽는 행위였고 집단적이었다. 그리고 책들은 로버트 단턴의 지적대로 "읽는 대상이 아니라 바라보는 대상이었다." 즉 2세기 혹은 그 정도가 지나서야 호젓한 독서(처음에는 자위와 같이 경계해야 하는 것으 로 때때로 간주되기도 했다)가 관행이 되었다.[69] 16세기 독일의 추운 도서 관의 목재 대출대에서 서서 책을 읽는 독자들과, 빅토리아 시대의 거 실에서 소파에 앉아 혼자 책을 읽는 독자들은 책을 어떻게 다르게 경 험했을까? 개개의 독자들이 책을 소리 내지 않고 조용히 읽기 시작했 을 때 단어의 의미는 어떻게 달라졌을까?[70] 18세기의 감상적인 소설 혹은 20세기의 연애소설이든지 간에 텍스트에 대한 독자들의 심오한 감정적 · 육체적 반응으로부터 역사가는 무엇을 얻으려 하는가?[71] 간 단히 말해 독자들은 자신이 읽은 책의 내용을 수 세기 동안 어떻게 전 유하고 완수해나갔는가? 독서에 관한 이러한 모든 새로운 역사는 인간 이 문화적 산물을 만났을 때의 행동을 강조함으로써 그들이 수동적으 로 책을 받아들이지 않았다는 것을 보여준다.

기어츠의 눈 깜박임부터 톰슨의 대중, 책의 내용을 자신의 의지 및 욕망과 결합시키는 독자들에 이르기까지 인간은 문화를 구현한다. 따라서 전면에 등장하는 행동주체는 문화사가들에게 대체로 핵심 문제는 아니다. 훨씬 더 중요하면서 때때로 문화사를 논쟁적으로 만드는 것은 시간에 따른 변화의 문제다. 지금까지 언급한 단턴, 헌트. 긴츠부르그, 그리고 내털리 데이비스 같은 그 외 대중적 미시사가들이 쓴 문화사의 선구적 저서들은 모두 논문 혹은 두껍지 않은 분량의 책이다. 빅토리아 시대 런던의 성폭력 문화를 다룬 주디스 월코비츠Judith Walkowitz의 연구와 같이 이 분야의 주목할 만한 두꺼운 책들조차도 대개 유사한 주제로 연결된 논문 모음집이라고 해도 무방하다.[72] 전형적 문화사의 간결성이 말하려는 바는 다음과 같다. 즉 가장 순수한 형태로서 문화사는 인물, 사건, 실천과 같은 핵심 주변에 **시간이 흐른 뒤의 그 시점에** 핵심이 가지고 있는 의미를 명확히 하기 위해 광범위하게 다양한 맥락적 요인들을 결합하는 공시적 연결을 지향한다. 문화사는 이야기를 포함하거나 그것을 중심으로 전개되지만 고전적인 '새로운' 문화사의 분석 방식은 영화 전체가 아니라 스냅사진을 분석하는 것과 유사하다.

다수의 문화사가들은 저명하고 논쟁적인 프랑스의 사상가 미셸 푸코Michel Foucault의 저서에서 공시적 접근을 위한 영감과 이론적 근거를 획득했다.[73] E. P. 톰슨과 페르낭 브로델과 더불어 푸코는 서구의 최근 역사 연구에서 가장 영향력이 큰 인물이다. 그러나 비판자들조차도 톰슨과 브로델의 업적에 대해서는 존경을 표하지만 푸코는 많은 역사가들이 싫어하는 사상가이기도 하다. 여기에는 푸코가 역사가가 아니라는 이유뿐만 아니라 사료에 기초하여 책을 집필한 철학자라는 이유도 있다. 상대적으로 짧은 삶을 살았고(1984년에 58세의 나이로 사망했다) 신비한 인물이었던 푸코는 뛰어난 지적 능력을 가진 박식가였다. 그는 제도적으로는 철학을 공부했지만 정신의학의 역사에 대한 초기의 관심을 발전시켜 근대 초 유럽의 광기에 대한 1000쪽에 달하는 연구로 박사학위를 취득했다. 그의 수많은 저서들 중에는 근대 초와 근대 유럽의 지식체계의 역사를 철학적으로 다룬 《말과 사물》과 《지식의 고고학》, 여러 권으로 이루어진 성의 역사에 대한 성찰이 있다. 그리고 푸코의 걸작으로 평가되는 《감시와 처벌》은 서구 사회에서 범죄에 대한 표준적 대응이 육체적 처벌로부터 감옥으로 옮겨간 과정을 다루고 있다.

광기에 대한 박사논문에서 시작하여 푸코는 역사적 경험을 통한 '과학적' 지식의 본질을 밝히기 위해 통념의 거부도 마다하지 않았다. 그는 1961년 한 언론인에게 "광기는 단지 사회 안에서만 존재한다"라고 말했다. "광기는 그것을 고립시키는 지각의 형태와도 무관하지 않으며, 그것을 몰아내거나 구속하는 배제의 형태와도 무관하지 않다."[74] 푸코는 자신의 초기 저서에서 정신병은 시간에 따라 상이한 방식으로 "문화적으로 구성되었다"라고 말했는데. 이러한 관념이 학계와 그 외부에서 상식적으로 받아들여지는 데는 수십 년이 지나야 했다. 그러한 문화적 구성물의 논리 추적은 과거 지식의 전반적 체계를 검토하는 연구로 그를 이끌었고, 이를 위해 그는 '에피스테메épistémè'*라는 용어를 만

---

* 지식의 단절과 불연속성을 보여주기 위해 푸코가 제시한 개념. 푸코는 르네상스 시대부터 현대까지의 지식체계들을 분석하면서 각 시대의 지식체계는 서로 공통성을 찾을 수 없는 원리들로 구축되어 있다고 주장했다. 에피스테메는 각 시대 지식체계들을 근거짓는 정신적 규칙이라고 할 수 있다.

들었다. 예를 들어 그는 《말과 사물》에서 (가령 정치체제와 인간의 육체 사이의) 교류와 반영의 체제로서 지식이 조직되었던 근대 초의 에피스테메와, 생물학과 정치경제학이라는 근대의 '학문'에서와 같이 인간지식의 요소들을 분리하고 포획함으로써 철저한 분류체계에 기반하고 있는 후기의 방법론과 대조시켰다.

푸코의 에피스테메 개념보다 훨씬 더 영향력이 큰 개념은 언어학에서 차용한 '담론'이라는 용어다. 담론은 내적으로 언어에 의미를 부여하는 상징체계이고 외적으로는 문화 내부에서 유통하는 다양한 '텍스트'로서 좀 더 광범위한 '담론적 구성물'로 전화한다. 지성사가知性史家 존 토스John Toews는 담론을 "화자와 행동가 뒤에서 익명으로 작용하며 어떤 유형의 말과 행동은 허용하고 다른 것은 허용하지 않음으로써 객관적 실체 및 주관적 행위자의 세계를 구성하는 비인격적 공적 구조"라고 설명한다.[75] 예를 들어 19세기 미국의 노예 소유주가 노예를 자신의 '아이들'이라고 부를 때 그 말은 엘리트층이 사회관계를 이해했던 방식으로서 가부장주의라는 더 광범위한 담론을 의미한다. 그러한 사회관계는 "미국의 흑인은 천성적으로 아이와 같다"라거나 "주인은 자신들의 노예를 도덕적으로 이끌 책임이 있다", "주인은 노예에게 체벌할 수 있고 해야 한다" 등으로 구성된 것이었다. 주인계급 사이에서 이러한 담론은 너무나 만연해서 그것이 노예 소유주들의 일상 행동을 지배했다 하더라도 그들은 이러한 담론의 기본 교의를 상기할 필요가 없었다. 현재 광범위하게, 그리고 간혹 무분별하게 사용되는 담론이라는 용어는 기어츠의 '의미 관계망'의 용도와 매우 비슷하게 문화사가들에게 활용되고 있다. 즉 담론은 의미가 좀 더 광범위한 의미체계 안에서 결정될 수 있는 발화로서 언어나 그 외의 표현 형태를 해석하도록 유도한다.

지식체계에 대한 푸코 연구의 핵심에는 근대 사회의 권력의 본질에 대한 질문, 구체적으로는 권력이 인간의 정신에 어떻게 작용하는가라는 질문이 있다. 마르크스주의를 명확하게 거부하면서 푸코는 날카롭게 반직관적인 일련의 글에서 권력은 사회에 집중되어 있지 않고 흩어져 있으며(그는 '권력의 미시기술'을 지적했다) 권력의 영향은 억압적이지 않고 생산적이라고 주장했다.[76] 권력은 모든 곳, 모든 수준, 심지어 가장 친밀한 수준에서도 우리에게 동질성을 강요하기 위해, 우리를 만들어내기 위해 작용한다. 권력은 무언가를 하도록 강요하는 국가 혹은 지배계급이 아니다. 권력은 우리의 교사, 의사, 혹은 우리가 누구인지를 얘기하는 정신병 의사다. 푸코는 《감시와 처벌》에서 이 점을 분명하게 지적했는데, 그의 주장은 근대 초 유럽에서 시행되던 신체적 처벌과 근대적 수용소의 성장이라는 정교한 체제 사이의 차이를 중심으로 전개된다. 채찍질, 낙인, 사지절단, 공개처형은 야만적인 것으로 근대 세계에서 비난받았지만 과거에 이러한 처벌은 주권자, 구경꾼, 그리고 죄인이 모두 참여하는 의식에서 악을 육체에 "새기는 행동"을 통해 세상의 악을 제거함으로써 공동체의 카타르시스에 기여했다고 푸코는 주장했다. 반면에 교도소에 의존하는 근대의 처벌은 개별 수감자의 지속적 감시를 필요로 하고 '교정'이라는 수사를 통해 육체보다는 정신에 영향을 미치기 위해 고안되었다. 푸코는 19세기 영국의 사상가 제러미 벤담Jeremy Bentham이 고안한 이상적 감옥을 기술함으로써 근대적 처벌의 본질을 인상 깊게 예증했다. 그것은 중앙 감시탑에 있는 한 명의 간수가 방에 갇혀 있는 모든 죄수의 일거수일투족을 관찰할 수 있는 체제였다. 벤담은 이것을 판옵티콘으로 불렀다. 푸코에게 판옵티시즘(또 하나의 신조어)은 근대적 권력의 가장 교활한 모든 형태에 대한 은유였다. 즉 판옵티콘 안의 죄수들은 결국 간수의 지속적 감시를 내재화하여 스스로의 영혼에 대한 감시자가 되고 만다는 것이다.

지금까지 수십 년 동안 푸코의 저서는 일부 역사가들에게 대단히 고무적이었던 반면 또 다른 이들은 그의 주장이 사리에 맞지 않으며 심지어 비도덕적이라고 비난했다. 일부 역사가들은 사료의 오용과 역사적 능력의 전반적 결여라는 견지에서 그를 공격해왔다.[77] 그렇지만 또 다른 이들에게 문제는 더 깊은 곳, 즉 그들이 푸코의 무책임한 상대주의와 반목적론으로 간주한 곳에 놓여 있다. 《감시와 처벌》 같은 책의 핵심 목적은 더 이른 시기의 문화를 깔보는 자기우월적인 입장에서 자유주의적 인본주의의 진전이라는 익숙한 서사를 거부하고 같은 이유에서 근대의 '인본주의적' 해결이라는 유익한 영향을 반박하는 것이다. 로런스 스톤 같은 철저하게 자유주의적인 역사가가 보기에 "푸코식 모델의 핵심적 도전은 18세기 계몽주의의 인본주의적 가치와 업적을 향해 있다." 푸코의 통찰이 역사에서의 광기에 대한 "지난 15년간의 연구과제 설정"에 기여했음을 인정하더라도 스톤은 푸코의 연구가 "서구 근대사의 전통적 견해에 거대하고 혼란스러운 영향을 미쳤다"라고 우려했다.[78]

많은 역사가들이 푸코의 저서에서 당혹스러워하는 것은 인과관계에 대한 의도적인 회피 때문이다. 광기의 역사, 정신의학, 형벌제도, 사회과학에 대한 그의 전반적 고찰은 변화의 기원에 대한 설명 없이 어떤 하나의 광범위한 문화적 통합에서 그다음 것으로 옮겨간다. 인과관계는 완전히 의도적으로 무시된다. 푸코는 한때 이것의 원인과 저것의 기원을 확인하려는 과도한 경쟁을 "역사가의 성장을 방해하는 해로운 유희거리"로 조롱했었다.[79] 전통적인 인과관계의 이론 대신에 그는 역사의 변화와 관련하여 자신이 '계보학'이라고 명명한 대안을 제시했다.[80] 가계도라는 잘 알려진 경우처럼 '계보학' 개념은 인간의 탄생과 마찬가지로 어떤 특정 사건에는 하나의 핵심 원인만이 있는 것이 아니라 다수의 상이하고 임의의 분화하는 '시원들'이 있었다고 전제한다. 방해 없는 연속성의 흐름으로 역사를 보는 대신에 푸코는 "불연속과 차이의 범주, 임계치, 파열, 이행의 개념"을 중시하는 과거의 기록을 제안했다.[81] 그의 시각은 전통적 역사에 대한 도전이었다. 즉 원인을 찾는 것은 역사가의 현재를 중심으로 과거를 조직하는 나르시시즘의 형태와 다를 바 없다고 그는 암시했다.

푸코의 저서는 올바르게 말하자면 역사의 학파를 출현시키지는 않았다. E. P. 톰슨과 아날학파 역사가들이 다수의 추종자들을 보유한 반면 지금까지 어떤 역사가도 이론적 명료함, 보기 드문 박식함, 지적인 자극을 독특하게 융합한 푸코를 추종함으로써 조롱받으려 하지는 않았다. 퍼트리샤 오브라이언Patricia O'Brien의 지적대로 그가 "한 사람 이상이 놀 수 있는 공간을 제공했는지"가 불확실했다.[82] 그렇지만 새로운 연구 분야를 개척하고 유서 깊은 문제를 새롭게 바라보기 시작한 그의 영향력은 광범위했다. 예를 들자면 성의 역사와 성 정체성 모든 영역에서 그의 선구자적 자취는 남아 있다. 새로운 주제의 소개와 낡은 주제들을 새롭게 바라보는 것을 뛰어넘어 그는 인과관계를 세련되게 무시하면서도 거부감이 없는 역사 저술의 형태를 정당화하는 데 중요한 역할을 해왔다. 그러한 저술의 형태가 푸코 자신이 그랬듯이 명확하게 인과관계를 포기하지 않는다면 말이다.

푸코에게 자극받은 중요한 역사 연구의 또 다른 예는 토머스 라쾨르Thomas Laqueur의 책 《성행위: 그리스부터 프로이트 시기까지의 육체와 젠더》(1990)다.[83] 이 책은 수 세기에 걸쳐 유럽인들이 여성과 남성의 생물학적·심리학적 차이를 어떻게 이해하고 있었는가를 고찰했다. 고전적 미시사의 방식을 따라 저자는 현대의 독자들을 당황케 하는 세부적인 묘사로 시작한다. 즉 근대 초 유럽인들은 여성의 오르가슴이 임신을 위해 필요하다고 믿고 있었다는 것이다. 우리는 분명 반대의 증거가 넘쳐난다며 항의하고 싶어할 것이다. 성적 만족을 경험하지 않고도 임신하게 됐다고 증언할 수 있는 여성들이 많지 않은가? 강간의 희생자들은 어떠한가? 과학사의 최근 저서들을 통해 우리가 알게된 것이 있다면 그것은 바로 과학적 '사실'이 지배적인 지식의 틀 안에서 존재하며, 스티븐 샤핀이 분명하게 주장했듯이 과학적 신뢰성은 사회적 위치와 젠더에 의해 상당히 좌우된다는 것이다(3장 참조).

라쾨르는 18세기 무렵 유럽인들은 남성과 여성 간의 생물학적 차이와 관련하여 '하나의 성'에서 '2개의 성' 모델로 전환했다는 놀라운 주장을 한다. 대다수의 독자들은 유럽인들이 한때 남성과 여성의 성적 차이는 없다고 생각했다는 그의 주장에 놀란다. 라쾨르에게 '하나의 성'이라는 말은 서구의 고대, 중세, 근대 초의 사회가 여성을 본질적으로 남성과 동일하지만 열등한 존재로 간주했다는 의미다. 예를 들어 16세기의 해부학적 도해에 따르면 여성의 생식기와 남성의 생식기는 동일하지만 질은 남근, 난소는 고환과 같이 내부의 것이 외부로 드러난 것으로 그려냈다. 16세기 프랑스의 외과의사 앙브루아즈 파레Ambroise Paré는 사춘기의 열정으로 웅덩이를 뛰어넘다가 아래쪽 부분의 인대가 파열되어 남성의 성기가 나온 농촌의 어린 소녀 마리의 사례를 보고했다. 한순간에 그 소녀는 게르맹이라는 소년이 되었다. 여성은 "남성이 밖으로 드러낸 만큼을 몸 안에 감추고 있다"라고 파레는 설명했다.[84] 여성은 남성과 동일한 방식으로 성적으로 반응한다고 간주되었고, 여성이 성교 중에 정자 같은 어떤 것을 생산하는지에 대해서는 당시의 저자들이 일치하지는 않았지만 그들 모두는 여성의 '열기'는 임신에 절대적으로 필요하다고 동의했다. 16세기의 음란한 서적들 중 유명한 작품들이 보여주듯이 여성의 성기는 욕망의 영역에 더 가깝게 노출되어 있기 때문에 여성은 남성보다 더 음탕하다고 간주되었다.[85] 18세기가 지나면서 새로운 관념과 이해가 결합하면서 이러한 가정들을 전복시켰다. 즉 19세기 무렵 남성과 여성의 해부학적 구조가 근본적으로 다르다고 간주하는 '2개의 성' 모델이 우세해졌다. 이상적 여성은 이제 영적 존재였고 여성의 내재적 성적 수동성이 신념과도 같이 신성시되었다.

성적 차이의 인식에서 그런 거대한 변화가 일어난 이유와 관련하여 라퀘르는 사회정치적 변화만으로는 육체의 재해석을 설명할 수 없다고 주장했다. 계몽주의, 새로운 과학 이념, 프랑스혁명의 문화적 결과, 혁명에 대한 보수파의 반격, 초기의 페미니즘 그 어느 것도 "새로운 성적 육체의 등장 원인"으로 간주될 수 없다.[86] 육체의 재창조는 이러한 모든 전개에 내재해 있었지만 그것들의 원인도 결과도 아니었다. 라퀘르는 집필 당시의 여러 중요한 변화들을 확인하면서도 그 어느 것도 원인으로 지적하지 않는다. 푸코의 책과 유사하지만 전형적 미시사와 다르게 《성행위》에서의 주장과 대부분의 증거는 1600년부터 1850년까지에 모여 있지만 광범위한 시간을 다루고 있다. 그렇지만 광범위한 시간 영역을 다루고 있음에도 불구하고 문화사의 맥락을 유지하면서 이 책은 인과관계의 문제를 정면으로 다루지 않는다. 핵심은 인간의 성적 차이에 대한 가정을 드러내는 것이지 그러한 의미들이 변화한 이유를 설명하는 것은 아니다.

인과관계를 설명하는 것에 대한 문화사가들의 무관심은 기어츠와 푸코의 문화적 분석에서 포스트모더니즘의 해로운 영향과 유사한 역사의 도덕적 혹은 정치적 책임의 포기를 우려했던 역사가들의 분노를 때때로 유발했다(6장 참조).[87] 고양이 학살, 이교적인 방앗간 주인, 사법적인 처벌 혹은 여성의 몸에 대한 근대 초의 기묘한 관점의 기록이 우리가 과거에서 현재로 어떻게 오게 됐는지를 설명하는 이야기가 아니라면 사람들이 3세기 전에 세계를 다르게 바라보았다고 한들 그것이 무슨 소용인가라고 그들은 물었다. 과거의 근본적 다름을 이해하고 수용하기 위해 대체로 우리를 초대하는 역사의 목적은 무엇인가? 사법적 처벌 같은 어떤 것의 의미만을 강조함으로써 문화적 분석은 학문적 실천에 위험한 상대주의를 초래했다고 비판자들은 불평한다. 반면에 문화사가들은 자신들의 방법론이 과거 사회의 본래 모습을 존중하는 것일 뿐만 아니라 근대적 이해와 해답만이 가치 있다고 믿는 사람들의 아집에 대한 반격이라는 도덕적 가치도 가지고 있다고 믿고 있다.
다수의 역사가들과 그들의 독자들에게 역사학의 윤리적 목적은 인과

관계를 통해 과거와 현재를 연결함으로써 현재를 더 나아가게 하거나 변화시키기 위해 우리로 하여금 그 이야기를 활용하도록 하는 것이다. 원인들은 과거를 현재에 연결시키고 우리를 미래로 인도하기 때문에 그들은 원인들이 중요하다고 주장한다. 반면에 낯선 과거를 그 자체로 탐구하고 받아들이는 문화사가들에게는 문화적 상대주의와 현실 비판의 가능성을 제공하는 데에 교훈이 있다. 예를 들어 3세기 이전에 그어느 누구도 여성이 남성보다 성에 대한 관심이 적다고 생각하지 않았다는 것이 알려진다면 우리는 현재의 그러한 가정에 대해 의문을 제기할 수도 있다. 기어츠 스스로도 문화적 분석은 인류의 전반적 문제를 거론하지 않는다고 인정했다. 그러한 질문에 대한 시공간적 차원의 다수의 대답 방식을 획득함으로써 배양된 인문학적 관점을 제공하는 것이 문화적 분석의 목적이라고 그는 썼다. 문화인류학의 목적은 "우리의 심오한 질문에 대답하려는 것이 아니라 다른 계곡에서 다른 양들을 지키는 다른 사람들이 제기한 질문들의 대답을 우리가 찾도록 하는 것이고, 그렇게 하여 그들 또한 우리가 참고할 만한 기록 생산자로서 포함시키는 것이다"라고 그는 지적했다.[88]

문화사가 전성기를 구가하고 있을 때 일부 학자들은 새로운 시각이 끔찍한 파우스트식 거래와 다를 바 없다고 생각했다. 즉 그들 중 한 사람의 표현을 빌리자면 "우리의 역사적 영혼을 희생하여 의미의 영역에 전 세계를 갖다 바치는" 것으로 우려했다.[89] 오늘날 문화사에 대한 커다란 경고음은 사라졌고, 역사가들은 메피스토펠레스와 같은 푸코에게 생명을 맡긴다는 서약 없이 문화사를 실천할 수 있다는 것을 재확인하고 있다. 한편에 있는 거대한 인과관계적 서사와, 또 다른 한편에 있는 결이 곱고 문화적으로 굴절된 미시사 사이의 첨예한 선택은 최근에 들어와 무뎌진 듯하다. 왜냐하면 역사가들은 자신들의 무기고에 인류학과 담론 분석과 같은 더 많은 무기를 저장해둔 채 절충주의적 입장을 선호하기 때문이다. 대중적 역사의 대다수는 전통적 서사 형태와 여전히 결합하고 있지만 대다수의 학문적 저서는 분석적으로 이런저런 형태를 조금씩 수용하고 있다. 예를 들어 19세기 아메리카 원주민의 역사를 집필하려는 역사가는 산업적·생태적 변화와 같은 광범위한 인과적 전개로 이야기를 풀어갈 테지만, 기어츠식의 분석에 의존한다면 이러한 전개가 지역의 세계관에서 어떻게 작동했는지를 설명하려고 할 것이다. 두 접근법은 이론적으로 양립이 불가능할 수도 있지만 실제로는 그렇지 않다. 자신들의 연구를 분명한 명제로 정돈하고 싶어하는 역사사회학자들과 달리 역사가들은 과거 특정 지역의 혼란한 실체를 추적하는 데 있어서 방법론적 불명확함이 어느 정도 필요하다고 암묵적으로 인정한다.

철저한 인과관계적 틀의 옹호자들과 신문화사 및 미시사에 열광하는 사람들 사이에 한때 불화가 생긴 적도 있었다. 다음 장에서 살펴보겠지만 포스트모더니즘으로 알려진 1980년대와 1990년대의 관련 논쟁은 훨씬 더 지저분했다. 얼마나 오래갈지는 모르겠지만 오늘날 역사가들은 방법론을 둘러싼 난타전에서 벗어나 린 헌트가 '사려 깊은 절충주의'로 명명한 입장을 취하고 있다. 이에 따르면 "상이한 문제들은 종종 상이한 연구방법을 요구하며, 어떤 하나의 방법이 우리가 가지고 있는 모든 질문에 대답할 수는 없다."

21세기 초 역사학의 혁신은 역사를 '세계화'하자는 요구에 의해 추동되었는데, 이는 헌트가 지적했듯이 방법론 혹은 이론이 아니라 하나의 과정이다.[90] 일부 역사가들은 역사학은 현재 스스로를 위해 너무나 평화로우며 방법론에서의 지배적 절충주의는 역사이론의 '순화', 즉 역사학의 비판적이고 분석적인 칼날의 상실과 다름없다고 우려한다.[91] 그러한 우려가 사실이 아니기를 바라며, 설사 그렇다 하더라도 오래가지 않기를 바란다. 다른 학문과 마찬가지로 방법과 시각에 대한 치열한 논쟁은, 역사에서 중요하다. 부연하자면 원인과 결과 중 어느 것이 더 중요한지에 관한 논쟁이나 어떻게 과거에 접근할 것인지에 대한 논쟁은, 우리가 무엇을 하고 있고 역사를 하는 이유를 명확히 하는 데 핵심적인 것이다.

6장

역사는 사실인가 허구인가?

객관성의 부상과 몰락

역사가에게 스스로를 사회과학자로 생각하는가, 아니면 인문학자로 생각하는가라고 물으면 다양한 응답이 나오겠지만 그중에서 가장 흔한 응답은 "둘 다"라는 말일 것이다. 진실을 추구하지만 이야기라는 틀을 벗어날 수 없는 궁극적 혼종 학문인 역사는 인문학 교과과정의 경계에 위치하면서 다른 학문보다 더 어렵기도 하고 더 쉽기도 하다. 한편에서 역사가들은 원하는 정보 모두를 획득할 때까지 사료를 끊임없이 파헤치고, '사실'을 다루는 자신들의 깊이를 앞세워 여타 학문의 동료들을 괴롭히는 콧대 높은 경험주의자들이다. 다른 한편으로 역사책은 흔히 이야기를 중심으로 전개되며, 수년간 광범위하게 읽히는 가장 성공적인 역사책들은 훌륭한 소설에서 볼 수 있는 속성 일부를 대체로 갖추고 있다. 역사학의 본질적 혼종성은 과거를 재구성하는 데 있어서 사실과 허구 사이의 경계에 관한 역사가들의 최근 논쟁의 핵심적 이유다.[1]

표면적으로 역사가 사실 혹은 허구 어느 쪽인가라는 질문은 상식적으로는 대답하기 쉬운 문제다. 즉 적어도 근대적 형식 면에서 사실을 조작할 수 없다는 것이 역사학의 기본 법칙이기 때문에 역사는 허구일 수가 없다. 그러나 역사는 확인할 수 있는 사실을 기초로 해야만 한다는 것이 근대 역사학의 규범이라면 포스트모더니즘의 시각 덕택에 우리는 모든 역사적 기술은 선택의 산물이며 동일한 사건의 상이한 기록 또한 그 역사가가 전문가적 작업 규율과 기준을 존중했다면 마찬가지로 의미 있다고 인식하지 않을 수 없다. 학문적 토론을 거의 접해본 적이 없는 대중 사이에서도 오늘날 역사 쓰기는 모든 증거를 줄 세워놓고 사실들이 '스스로 말하게' 하는 것이라고 믿는 사람은 거의 없다. 그렇지만 과거의 기록은 불가피하게 역사가의 정치적·미학적, 혹은 그 외의 편향에 의해 좌우된다는 데 동의한다고 하더라도 논쟁의 여지는 여전히 많다.

특히 20세기 말 다수의 학문분과를 다양한 형태의 급진적 회의주의에 빠지게 만들고, 역사가들 사이에 특히 신랄한 논쟁을 촉발했던 '포스트모더니즘'이라는 경향이 학계를 강타했을 때 논쟁은 지속되어갔다. 그러나 포스트모더니즘이 촉발한 위기는 자료에 대한 완전한 객관성이라는 입장이 역사가들에게 가능하고 또한 그들의 최종 목표라는 기존의 믿음으로부터 점진적으로 멀어져갔던 최종 단계에 불과했다. 지금은 포스트모더니즘이 20년 전처럼 뜨거운 논쟁거리는 아니지만 그 유산은 역사 서술의 특정 측면을 형성한 지적인 조류로서, 그리고 역사가들의 작업과 그들이 문서보관소에서 추적하는 '과거'와의 관계에 대해 중요한 문제를 제기했던 지적 도전으로서 여전히 남아 있다. 그것은 역사 연구와 저술에 지속적으로 관계하는 문제를 가장 첨예한 형태로 제기했다. 즉 우리가 특정한 정체성과 경험, 그리고 다양한 지적 · 정서적 · 정치적 문제의식을 가지고 사료에 접근한다는 것을 인정한다면 어떻게 우리는 과거를 정확하게, 그리고 믿을 수 있게 재현할 수 있는가? 사료들 사이를 연결하는 데에 어느 정도로 꾸며낸 이야기가 들어가고 들어가야만 하는가? 역사 서술은 어느 정도로 문학적인 기획인가? 역사가는 궁극적 진실과 객관성에 대한 회의주의를 정치적으로 연루된 역사 서술의 목적과 어떻게 조화시킬 수 있는가?

4장에서 이미 지적했듯이 19세기 말 유럽과 미국에서 새롭게 형성된 전문 역사가 집단은 그 당시에 최고의 신망을 받고 있던 과학 분과를 모범으로 삼았다. 즉 1880년대 이후 수십 년간 학계의 역사가들에게 연구의 신뢰성과 명성은 물리, 화학, 생물학의 학자들이 보이는 바와 같은 의심할 여지가 없는 진리를 확립하는 데 달려 있었다. 문학 혹은 예술로서의 역사를 확고히 거부하면서 19세기 후반 미국의 역사가들은 자신들의 사명을 사실에 대한 엄격하고 철저한 숙지로 규정했다. 예를 들어 역사가 에드워드 포츠 체니 Edward Potts Cheyney는 1901년, 미국역사학회 기조연설에서 역사가의 과업은 "사실을 수집하고 그것들을 객관적으로 바라보며 사실 자체가 요구하는 대로 배열하는" 것이라고 선언했다.[2] 존경받는 과학자 아이작 뉴턴이 "자연을 반영하는 거울"로서의 역할을 얘기했듯이 역사가는 과거를 반영하는 거울을 가져야 했다. 그들의 목표는 원사료의 비판적 연구를 통해 모든 사실을 정돈하는 것이 되어야 했다. 즉 역사학자들은 과학적으로 검토된 사료는 오직 하나의 의미만을 생산한다고 가정했고, 역사는 끝이 보이는 학문이라는 암묵적 추론을 때때로 덧붙였다. 1898년 프랑스에서 출판된 대표적인 역사 연구 입문서는 다음과 같이 퉁명스럽게 지적했다. "역사가 이용할 수 있는 사료의 양은 제한적이다. 이러한 상황은 역사과학의 있음직한 진전을 제한한다. 모든 사료들이 알려지고 그 모든 사료들이 이용을 위한 조정의 과정을 통과했을 때 비판적 학문 연구의 과제는 끝나게 될 것이다."[3]

과거에 대한 전문적 연구라는 과학적 이상의 강조는 '역사의 객관성'이라는 이상이었다. 피터 노빅Peter Novick은 역사의 객관성을 "과거의 실체에 대한 헌신, 그러한 실체에 대한 응답으로서 진실에 대한 헌신"으로 규정했다. 즉 그것은 "인식주체와 인식대상, 사실과 가치, 그리고 무엇보다도 역사와 허구 사이의 첨예한 분리"다.[4] 1880년대부터 20세기 중반까지 유럽과 미국의 많은 역사가들, 아마도 거의 대부분은 개인의 편향 혹은 신념으로 인한 왜곡에서 전적으로 자유로운 과거의 연구가 바람직하며 동시에 가능하다고 확신했다. 학계의 그 어느 누구도 그러한 이상을 그럴듯하게 공격하지 않았던 시기에 거기에 동의하기는 쉬웠다. 수십 년 동안 역사의 객관성에 대한 거의 완벽한 동의는, 역사학과가 상층계급 출신의 프로테스탄트 백인 남성 학자들로 채워진 극단적으로 동질적인 작업장이라는 사실과 결부되어 있었다.

19세기 말과 20세기 초반 미국 역사학과의 절대다수의 교수는 중상층 또는 상층계급 출신이었다. 양차 세계대전 사이에 교수직이 비프로테스탄트를 포함한 다소 확대된 배경 출신의 젊은이들에게 개방되기 시작했을 때 앵글로색슨계 백인이 주도하는 조직 내에서 우려의 목소리가 나왔다. 예를 들자면 당시에 유대인은 과학 혹은 더 최신의 사회과학에 진입하는 것은 가능했지만 역사학 분야는 아니었다. 역사학의 과학적 이상에도 불구하고 역사는 인문학적 배경, 즉 특정한 종류의 '문화'를 필요로 한다고 간주되었다. 역사학계의 지도자들은 유대인이 진입하게 되면 '취향' 혹은 '심미적 감각' 면에서 잠재적 퇴보가 일어날 수도 있다며 호들갑을 떨었다. 총명한 젊은 유대인 학자이면서 머지않아 중요한 역사가로 성장한 오스카 핸들린Oscar Handlin, 대니얼 부어스틴Daniel Boorstin, 리처드 레오폴드Richard Leopold 등을 위해 1920년대와 1930년대에 작성된 비공개 추천서에는 추천을 재차 확신시키기 위해 다음과 같은 변호의 글들이 적혀 있었다. 즉 후보자에게는 "인종적으로 관련이 있는 일부 사람들이 드러내는 공격적 특성을 찾을 수 없다." "별나다고 간주할 수 있는 그런 종류의 유대인은 아니다." 혹은 프린스턴 졸업생이기 때문에 "공격적 유형〔의 유대인〕은 아니다." 가톨릭 역사가들은 거의 대다수가 자신들의 믿음과 관련 있는 기관 혹은 신학교에서 가르쳤고 박사학위를 취득한 소수 여성들은 대개 여성들만을 위한 대학에 자리를 잡았다.[5] 가치에 구속받지 않고 공평무사하게 과거를 바라본다는 이상은 미국 선도대학의 역사가들이 대체로 단일한 사회문화적 세계에 속해 있었기 때문에 한때 융성했다.[6]

그러나 역사의 객관성이라는 지배적 이상을 가진 이러한 단일한 집단 내에서조차 20세기 전반에 도전이 없지는 않았다. 1차 세계대전 이전에 이미 미국의 '진보적' 역사가들은 편견 없이 모두가 교감하는 역사라는 이상을 공격하기 시작했다. 찰스 비어드Charles Beard는 자신의 도발적인 책 《미국 헌법의 경제사》(1913)에서 그 작성자들이 재산 소유자인 자신들의 이익을 보호하려고 시도한 친자본주의적 문건이라는 시각에서 미국 헌법을 해석하여 논쟁을 유발했다. 정부와 친정부 성향의 학자들이 전시의 선전을 위해 역사적 증거를 만들어내는 것을 역사가들이 목격하면서 1차 세계대전은 또한 의식의 차원에서도 충격을 안겼다. 이러한 일이 독일에서 가장 분명하게 일어났다는 사실은 튜턴적 학문 기준을 전통적으로 존경했던 이들에게 심각한 타격이었다.

마지막으로 양차 세계대전 사이의 지적 발전의 범위, 즉 지식사회학 같은 새로운 연구 분야의 출현에서부터 올리버 웬델 홈스Oliver Wendell Holmes 같은 학자들의 '법현실주의',* 1880년대 이후 문화인류학의 누적적 영향력 및 위신 향상까지, 이 모든 것이 사회과학에서 상대주의적 풍조의 성장을 가능케 했을 뿐만 아니라 가치중립적 학문 연구의 가능성에 대한 회의주의를 급격히 늘어나게 하는 데도 기여했다.[7]

미국 역사학계에서 역사의 객관성이라는 이상에 대한 더 근본적인 도전은 2차 세계대전 이후 수십 년에 걸친 학계의 광범위한 전환 때문에 가능했다. 200만 명 이상의 제대군인들에게 교육 혜택을 제공한 제대군인원호법으로 인해―이것의 효과는 전후 베이비붐 세대에 의해 증폭되었다―고등교육에 대한 수요가 전례 없이 늘고 다수의 새로운 교수직이 창출되었다. 1930년대에 역사학 박사학위 취득자는 매년 150여 명 정도였다. 1960년대에 들어오면 그 수는 1000명이 넘었다. 한편 미국역사학회 회원 수는 1950년대에 창립 첫해와 비교할 때 60퍼센트 이상 늘었고, 1960년대에는 90퍼센트까지 증가했다. 역사학과 교수직에는 이제 훨씬 더 광범위한 영역의 사회, 인종, 종교적 배경을 가진 젊은 남성들이 (그리고 소수의 젊은 여성들이) 진출했다. 1957년 예

---

* 홈스가 20세기 초 미국에서 제기한 법현실주의는 도덕적 회의주의를 옹호하고 자연법의 원칙을 반대하면서 법을 (현대적 삶의 변화하는) 본질에 적응시키는 수단으로서 법을 활용하려고 했다.

일대학 역사학과장은 "영문학은 여전히 교양 있고 전문적인 부유한 계급으로부터 〔대학원생들을〕 충원하고 있지만 (…) 역사학과는 대체로 낮은 사회계층에게 매력적으로 보이는 듯하다"라며 초조해했다. 관리인, 상인, 점원, 기술공의 자제들이 교수직을 사회적 지위 '상승'의 도구로 이용하기 위해 아이비리그의 역사학과를 지원하고 있다고 그는 우려했다.[8] 그러한 학생들이 비엘리트들의 경험에 주의를 기울이는 세기 중반의 세대를 구성했다. 이들은 노동사 같은 주제와 '아래로부터의 역사'라는 시각을 개척함으로써 역사학을 근본적으로 바꾸려 했다(1장 참조).

1950년대부터 1970년대까지의 젊은 세대들이 이전 세대와 첨예하게 다른 관점과 문제의식을 갖긴 했지만 그들 또한 역사 연구에서 당연시되는 과학적 · 객관적 본질을 대체로 의문시하지 않았다. 상이한 행동주체와 이야기가 그들의 연구에 등장했지만 역사적 사실의 지위에 도전하는 일은 없었다. 귀족적인 원로 교수들이 정치, 군사, 외교 분야의 역사에서 '진실'을 추구했다면, 젊은 세대들은 노동운동, 노동자들의 삶, 혹은 노예제와 관련한 일련의 또 다른 '진실'로 반격했다. 냉전, 매카시즘, 베트남전쟁, 워터게이트 스캔들이 대학가를 정치적 혼란에 빠지게 했을 때도 각각의 진영은 상대편을 과거에 이데올로기적 문제의식을 부과한다고 비난했지만 자신의 연구 대상과 관련한 설명은 진실이라고 여전히 굳건하게 믿고 있었다. 요약하자면 1960년대의 갈등은 첨예하게 상이한 관점을 소개함으로써 역사학에 생산적 동요를 가져왔지만 역사 서술의 진실 주장에 대한 철학적 도전을 야기하는 데는 미치지 못했다.[9]

역사학의 인식론에서 더 큰 소동은 소수이긴 하지만 목소리가 컸던 여성 학자와 미국 흑인 학자들이 1970년대부터 역사학과에 진입하면서 일어났다. 이 집단의 사람들은 역사가의 정체성이 학문 연구의 요소로 공개적으로 인정되어야 한다고 최초로 주장함으로써 과거에 대한 새로운 관점을 제시했다. 역사교수직에서 여성의 수는 1940년대 학위 수여자의 20퍼센트였고 사회적으로 보수적이었던 전후 시기인 1960년대에는 12퍼센트로 줄었지만, 1970년대에 시작된 페미니즘의 '2차 물결'은 훨씬 더 많은 수의 여성들을 강단에 복귀시켰다. 1980년대에 여성은 박사학위 수여자의 3분의 1을 차지했다(2008년에 그 비율은 42퍼센트였다).[10] 같은 세대의 좌파 성향의 남성 동료들이 유대인, 이탈리아, 아일랜드인이라는 인종적 정체성을 설사 가지고 있다 하더라도 암묵적으로만 드러냈던 것과 달리—예를 들어 유대인 학자들은 전형적으로 유대인 역사만을 연구하지는 않았다—많은 수의 여성 학자들은 자신들의 정체성을 연구 대상과 연구방법론에 분명하게 연결시켰다. 여성들의 애정과 인식의 유형은 남성들과 근본적으로 다르다는 것을 보여준 J. D. 위니콧J.D.Winnicott, 엘리너 매코비Eleanor Maccoby, 캐럴 길리건Carol Gilligan 같은 선구적인 사회학자들의 연구를 계승하여 페미니즘을 옹호한 여성 학자들은 성 차별적 경험 때문에(물론 그들 모두가 그런 것은 아니었다) 여성들은 남성 동료들과 다르게 역사를 쓸 수 있고 써야 한다고 주장하기 시작했다. 이러한 상황은 일부 여성 역사가들에게 여성으로서의 '주체성'을 명확하게 인정하도록 했고, 젠더 개념, 심리 분석, 포스트모더니즘과 같은 급진적인 새로운 방법론을 탐구하도록 했다.[11]

거의 동일한 시기에 미국의 급진적 흑인 역사가들이 역사 연구의 내용은 연구를 수행하는 사람의 정체성과 경험으로부터 분리될 수도 없고 분리되어서도 안 된다는 유사한 주장을 펴기 시작했다. 그들 중 가장 급진적인 학자들이 미국 흑인노예 및 그 외 역사적으로 억압받았던 유색인종의 경험을 백인 역사가들은 말할 수 없다고 주장했다. 1960년대와 1970년대 초 대학에서 흑인 인권운동이 전투적으로 벌어졌던 초기에 그러한 우려는 때때로 노예제 관련 학회에서 백인 학자들에 대한 야유와 침묵 강요, 백인 동료가 발표할 때 흑인 학자들의 과시적인 퇴장, 혹은 흑인 연구 과정에 비흑인 강사의 채용 금지 등을 이끌었다. 미국의 흑인과 그 외 소수자들 역사의 정체성 정치를 둘러싼 긴장은 대체로 약화되었지만 소수인종의 역사적 경험을 누가 신뢰할 수 있을 정도로 합당하게 전달할 수 있는가의 문제는 전문가들과 역사 연구에 흔적을 남겼다.[12]

따라서 20세기 말에 이르기까지 미국에서 역사의 객관성에 대한 이상은 역사공동체 내부로부터 타격을 입었다. 즉 '아래로부터의 역사'를 실천하는 역사가들은 가난한 사람들의 이야기가 권력을 가진 사람들의 이야기만큼, 혹은 그 이상으로 중요하다고 주장했다. 동시에 일부 여성 역사가들과 비백인 역사가들은 주변적 집단의 경험은 '지배자의 서사'와 양립 불가능할 정도로 매우 다르다고 주장했다. 가장 급진적인 사람들만이 '주관성'의 수용을 주장했지만, 역사에 관한 상이한 관점들이 축적되면 축적될수록 아무리 정직하고 좋은 생각을 가진 역사가라 할지라도 계급, 젠더, 인종, 민족, 그 외의 편견에 물들지 않은 절대적으로 초연한 입장에서 과거를 이야기할 수 있다고 믿는 것이 점점 더 어려워졌다.

최근의 세계사적 시각은 객관성에 대한 이전 세대의 이상에 마지막 일격을 가했다. 위로부터의 역사, 아래로부터의 역사, 혹은 주변으로부터의 역사 무엇이든지 간에 우리가 오늘날 역사를 쓰는 형태 그 자체는 다른 전통을 압도하는 과거의 기록을 위해 서구의 관습에서 초래된 역사적 과정의 결과에 불과하다는 것을 우리는 점점 더 인식하고 있다. 오늘날의 '역사'가 문자 기록에 의해 확인되는, 세계의 모든 사건들을 포괄할 수 있는 하나의 거대한 시간표라는 상상은 여전히 유효하다. 그러나 대니얼 울프Daniel Woolf와 그 밖의 학자들이 보여주었듯이 오늘날 보편적으로 역사로 간주되는 것은 서구의 일련의 부호나 실천과 다를 바 없다. 이러한 상황으로 처음에는 유럽, 나중에는 미국이 2세기 전 경제적·지정학적으로 지배적이 되었던 바로 그때, 그리고 바로 그런 이유 때문에 다른 사회의 정신적 지형은 식민화되었다.[13]

모든 사회에는 문자나 구술뿐만 아니라 신화, 전설, 서사시, 계보, 민족지학 등 집단의 과거를 재현하는 나름의 방식이 있다. 아프리카와 아메리카 사회에서 기억과 전통은 구두로 전해졌지만 아시아와 유럽은 여러 세기에 걸쳐 문자 기록을 남겼다. 아시아의 역사 서술 전통은 서구의 것보다 앞서 있었다. 즉 "세계의 어떤 문명도 중국처럼 과거를 기록하고 이해하는 데 있어서 지속적으로, 그리고 일관되게 높은 우선권을 부여한 문명은 없다"라고 울프는 지적했다.[14] 역사적 시기에 대한 고대 중국의 시각은 '로마 건립 이후' 혹은 '그리스도의 탄생 이후'와 같이 직선적 시간표가 아닌 상이한 시대의 계승에 근거한 역사로서 서양의 지배적 시각과는 달랐다. 그렇지만 역사가들을 위한 공식 규칙, 실천 사항, 지위와 더불어 역사 서술 또한 더 일찍부터 더 정교하게 발전했다. 이미 기원전 90년에 사마천은 아버지가 시작한 《사기》와 같은 중요한 역사적 과업을 완성했다. 《사기》는 중요 왕조의 연대기, 연표, 제도와 문물을 다룬 글들, 위대한 가문의 연대기, 열전의 5개 부분으로 구성된 종합적 저술이다(사마천은 《사기》를 진정으로 완성하고 싶었기 때문에 황제의 미움을 사게 됐을 때 명예롭게 자살하여 그 과업을 미완성으로 남겨두기보다는 거세라는 치욕적인 처벌을 받아들였다).[15]

무굴제국의 인도와 동시대의 페르시아와 오스만제국에서도 역사 서술은 제후, 왕실, 교회의 권위를 지지했던 근대 초 유럽 왕실에서와 같은 유사한 방식으로 동시에 융성했다. 동시대의 유럽인들은 14세기 이슬람의 학자 이븐 할둔Ibn Khaldūn을 나중에 잠바티스타 비코 혹은 샤를 드 몽테스키외의 전통에서 사회학적 역사의 선구자로 칭송했듯이 이질적 전통의 세련됨을 알고 있었다.[16] 근대 초 유럽인들이 아시아와 이슬람 문화의 문자화된 역사의 전통을 인정했지만 그들은 다른 형식의 역사를 취하는 사회에 과거를 맡기려 하지 않았다. 16세기 역사가 가르실라소 데 라 베가Garcilaso de la Vega는 메스티소의 혈통 덕택으로 잉카 선조들의 구술전통을 스페인어의 페루 역사로 만들어냈다는 점에서 독보적이다. 그러나 그의 이전 세대와 동시대인 대다수는 구술전통을 기반으로 했다는 이유로 과거에 대한 토착민들의 설명을 신뢰할 수 없고 '야만적'이라고 무시했던 것이다.[17] 문자가 훨씬 적었던 대륙 아프리카는 단순히 역사가 없는 장소로 여겨졌고, 20세기까지 많은 사람들이 이러한 견해를 견지했다. 1963년에도 영국의 뛰어난 역사가 휴 트레버-로퍼Hugh Trevor-Roper는 다음과 같은 악명이 높은 말을 했다. "미래에는 아마도 가르칠 만한 아프리카 역사가 어느 정도 있을 것이다. 그러나 현재는 아무것도 없거나 거의 없다. 아프리카의 유럽인들의 역사만이 있을 뿐이다. 나머지는 유럽인 이전의 역사나 콜럼버스 이전의 아메리카 역사와 같이 전반적으로 암흑이다. 그리고 암흑은 역사의 주제가 아니다."[18] 서양식 역사 서술을 위한 특정한 사료가 없다면 대륙 전체의 과거는 간단하게 무시될 수 있었다.

유럽인들이 광범위한 영토를 '발견'하고 그에 대한 소유권을 주장했던 바로 그 순간에 그들은 이전 시대의 지역, 왕조, 종교의 복수 역사를 포괄하는 개념으로서 18세기경 유일하고 '보편적인' 직선적 역사의 개념을 고안했다. 즉 대문자 H의 역사History 개념은 사회들 거의 대부분이 문명을 향한 유일한 지름길을 따라 진전한다는 역사의 전망을 고무시켰다. 동시에 역사성의 다른 양식에 직면한 서구 역사가들은 과거를 묘사하고 재현하는 자신들의 방식을 다른 사회의 열등한 작업과 대조함으로써 자신들의 학문 연구를 더 엄격하게 규정하려고 했다. 그리하여 프랑스 역사가 조제프 드 기네Joseph de Guignes(1721~1800)는 중동과 아시아 역사에 기특하게도 흥미를 보이긴 했지만 중국의 역사 서술을 무미건조하고 따분한 것으로, '아랍의 역사 서술'은 "연대기에 불과하다"고 폄하했다. 유럽 계몽주의 시대의 중요 인물들은 그림과 구술자료들을 치명적 결함이 있는 자료로 무시했다. 이들은 편리하게도 투키디데스와 같은 지난 시대의 유명인사도 구술전통에 의존한다는 것을 잊고 있었다. "인간의 허약한 기억, 과장의 선호, 무기력한 부주의, 이러한 본질이 책과 글쓰기로 고쳐지지 않는다면 역사적 사건의 내용들은 머지않아 왜곡될 것이다"라고 데이비드 흄은 18세기에 지적했다.[19]

19세기와 20세기 초 유럽-미국의 제국주의 전성기에 피식민지 국가의 엘리트들이 받아들일 수밖에 없었던 서구 역사학계의 규범과 관례는 전 세계의 모든 대학에 이식되었다.[20] 오늘날 서구의 모범적 역사 규범을 벗어나 생각하는 것이 비록 불가능하게 되었다 하더라도, 그것을 벗어나지 못하게 만든 역사적으로 조건 지워진 과정을 우리는 적어도 인식하고 있다. 세계적 맥락에서 바라봤을 때 유럽-미국의 학자들이 오랫동안 중시했던 객관성은 서구와 경쟁하는 역사 전통을 제거하려는 수 세기에 걸친 과정의 화룡점정에 다름 아니다. 그 전통은 사료로서의 ('객관적') 문자 기록 가치와, 단일하고 직선적인 과정으로서의 역사의 가치에 대한 근본적 신념과 연결된 이상이었다.

그렇지만 1950년대 무렵 이후 일련의 충격으로 역사가가 궁극적 진리에 도달할 수 있다는 한때의 낙관적(이고 자신만만한) 신념은 흔들리게 되었다. 즉 객관성이라는 이전 세대의 기준은 서구의 역사학계를 주도하는 상층 백인의 특정 관점으로서 학계 내외부 반란자들의 도전을 받았다. 이러한 침식의 과정에서 방법론적·사회학적 전개는 분리될 수 없었다. 즉 비엘리트 인종 출신의 학자들은 엘리트의 정치사 우위에 도전했고, 여성과 비백인들은 백인 남성 학자들에게 "당신들의 진리는 우리들의 진리가 아니다"라고 선언했으며, 세계의 문화와 학계의 세계화는 서구의 역사 규범과는 다른 급진적 새로운 시각을 가능케 했다.

학자들의 정체성과 관점의 변화와 더불어 1980년대에 포스트모더니즘으로 광범위하게 불리는 철학적 도전이 출현해 역사에 대한 전통적 이해에 문제를 제기했다. 포스트모더니즘은 한동안 역사학계를 동요시켰고, 오늘날까지도 일부 진영에서 경계의 목소리를 계속해서 나오게 하고 있다.

포스트모더니즘과 역사:
급진적 회의주의와 새로운 방법

———

  포스트모더니즘은 학계의 인문학 분야를 거센 힘으로 강타한 지적 쓰나미를 서술하기 위해 빈번하게 사용되는 포괄적 용어다. 이 용어는 언어학, 철학, 문학 분야에서 등장하여 자크 데리다Jacques Derrida, 자크 라캉Jacques Lacan, 폴 드만Paul de Man과 같은 이해하기 어렵고 논쟁적인 사상가들의 이름과 관련이 있다. 역사 저술에 영향을 미치고 논쟁을 촉진했기 때문에 여기서 살펴볼 포스트모더니즘의 가장 중요한 측면은 언어와 '텍스트'에 대한 포스트모더니즘의 강조다. 구조주의 structuralism와 포스트구조주의라고 알려진 프랑스의 20세기 지적운동이 학계의 포스트모더니티 계보의 핵심이다.[21] 구조주의는 언어학자 페르디낭 드 소쉬르Ferdinand de Saussure의 20세기 초 저서에서 기원한다. 그는 《일반언어학 강의》(1916)에서 모든 언어는 단어가 지칭하는 대상과의 관계(signified: 기의)에서 그 의미를 드러내는 것이 아니라 다른 단어와의 관계, 즉 기표signifiers에서 의미를 드러낸다고 주장하여 언어학 분야의 새로운 길을 개척했다.

  예를 들어 'cat(고양이)'라는 단어 자체는 털 많은 네 발의 동물과 본질적으로 어떤 연관도 없다. 고양이라는 단어는 'cap(모자)' 혹은 'bat(박쥐)'와 다르다고 이해되기 때문에 영어 사용자에게 어떤 의미를 가진다. 구조언어학은 다른 말로 하자면 언어에 대한 전통적인 통시적 시각(언어가 시간에 따라 어떻게 진화했는가?)에서 벗어나 의미는 단어와 대상 사이의 일치에서가 아니라 정해진 체계 내의 단어들 사이의 차이로부터 유출된다는 복잡한 공시적 관계망으로 전환할 것을 주장한다.

소쉬르의 구조언어학은 언어뿐만 아니라 인류학자, 특히 프랑스의 저명한 민족지학자 클로드 레비-스트로스Claude Lévi-Strauss에게 수용되면서 문화 전반을 이해하는 방식으로도 영향력을 발휘했다. 소쉬르가 언어를 분석했듯이 레비-스트로스는 이항대립적 용어로 구성된 부호로부터 그 의미를 유출하는 관계망으로서 친족관계, 신화, 토템적 체계 등의 문화를 분석하려고 했다. 한 문화 안에서 하나의 요소는 그것의 대립물과의 관계를 통해서만 이해될 수 있다고 레비-스트로스는 주장했다. 즉 '남성'과 '여성' 혹은 '빛'과 '어둠'이라는 관념은 이항대립적인 관계에서만 이해될 수 있듯이 '익히지 않은' 음식의 관념은 그것에 대비되는 '익힌' 음식과의 관계에서만 의미를 가진다는 것이다(최근에 와서도 이와 관련된 예시를 찾을 수 있다. 즉 디지털시계가 등장하고 나서야 우리의 시계가 아날로그라는 것을 알게 되었고, 시스젠더*의 의미는 트랜스젠더의 정체성이 두드러지게 드러난 이후 분명해졌다).

구조언어학과 구조인류학은 20세기 서구 사상의 관계 속에서 영향력 있는 이념들을 소개했는데, 그러한 이념들의 파생물을 우리는 이미 다른 맥락에서 대면한 바 있다. 의미는 '실재 세계'에 내재하지 않고, 자율의 언어적 혹은 문화적 기호를 통해, 특히 그러한 기호 내부의 차이가 작동함으로써 존재하게 된다고 구조주의는 주장한다. 언어 그 자체를 강조(언어학)하거나 아니면 언어로 표현된 개념을 강조(문화인류학)한다는 점에서 구조적 분석은 '실제 세계'보다는 단어와 텍스트의 중요

---

* cisgender. 생물학적 성 정체성이 자신의 성 정체성과 일치한다고 느끼는 사람들.

성을, 기의보다는 기표를 더 중시한다. 같은 이유로 구조주의는 인간의 주체성을 고려의 범주에서 제외한다.[22] 인간 개개인이 아니라 구조가 의미를 생산하고, 따라서 인간은 언어적·문화적 구조의 원인이 아니라 결과이기 때문이다. 즉 우리는 집단적 의미를 가진 기존의 관계망을 통해 생각하고 말할 수 있다―간단히 말해 존재할 수 있다. 구조주의는 이렇게 상징체계에 종속적이라고 간주되는 인간 개개인의 행동과 경험을 신뢰하지 않는다는 기술적 의미에서 '반인간주의적'이다.

1950년대와 1960년대에 매우 영향력이 컸던 구조주의는 인간이 운명의 자율적 주체가 될 수 있다는 인본주의적 관념을 거부하지만 그 방법론은 언어 혹은 문화와 같은 상징체계를 궁극적으로 해명해낸다는 가능성을 인정한다. 구조주의에서 출발했지만 1970년대부터 그것을 대체했던 포스트구조주의 혹은 해체주의로 알려진 이론이 훨씬 더 과격할 정도로 회의적이었다. 포스트구조주의자들(자크 데리다가 가장 유명하다)은 구조주의자들의 통찰을 가장 급진적인 결론으로까지 몰아갔다. 소쉬르 혹은 레비-스트로스 같은 사상가들이 특정한 장소 혹은 시간에 인간의 존재를 지배하는 기호학적 구조, 즉 상징체계로부터 의미를 도출할 수 있다고 확신한 반면, 포스트구조주의자들은 이 문제를 이론적 심연의 극단으로까지 몰고 갔다. 구조주의의 고정적 이항대립을 부정하면서 그들은 특정 용어의 궁극적 의미를 결코 알아낼 수 없다고 주장했다. 왜냐하면 의미는 부재 상태에서 드러나며 한 쌍의 대립적 용어만의 부정('cat(고양이)'는 'bat(박쥐)'가 아니다)이 아니라 무한한 용어의 부정을 수반하기 때문이다. 예를 들자면 남성은 '여성이 아니다'라는 의미일 뿐만 아니라 한정할 수 없는 다른 존재가 아니라는 의미이기도 하다. 즉 남성성 같은 특정 개념은 그것을 정의하는 데 관계하는 잠재적 모든 대립적 용어들에 의해 끊임없이 위협을 받고 그것들을 억제한다. 따라서 의미는 끊임없이 "유동한다." 왜냐하면 하나의 용어는 잠재적으로 이렇게 무한한 대립물을 몰아내는 과정에 "선험적으로 언제나" 관여하고 있기 때문이다.[23]

이러한 높은 수준의 이론은 대다수 역사가들의 관심으로부터 동떨어진 듯이 들린다. 실제로 매우 적은 수의 역사가들만이 데리다 같은 이론가들의 저서에 직접 관심을 보였다. 그렇지만 역사학계 내부에서 구조주의와 포스트구조주의는 1980년대 무렵 과거에 대한 역사가들의 시각과 관련한 논쟁적 주장이라는 함의로서 포스트모더니즘이라는 광범위한 지적 풍토의 형성을 도왔다. 이미 앞 장에서 더 광범위한 포스트모더니즘 범주에 속하면서 역사가들에게 영향을 미쳤던 일부 작가들과 운동에 대해 설명한 바 있다. 예를 들어 구조주의는 미셸 푸코와 클리퍼드 기어츠 같은 사상가들에게 큰 영향을 미쳤다. 그들의 저서는 '담론' 혹은 인간이 빠져 있는 '의미망'을 중시함으로써 '인간'을 간과했다. 더 일반적으로 사료들이 과거의 실체를 보여주는 투명한 창문이 아니라 '텍스트'로 간주되는 과거에 대한 방법론이 1980년대에 서구의 역사 연구에서 출현했다.

'언어적 전환'으로 알려지게 된 '텍스트'에 대한 강조는 역사가들이 포스트모더니즘과 같은 운동에 동조할 수 있었던 관점의 변화였고, 새로운 문화사는 사료들을 사실을 기록한 증거로서보다는 단어와 이야기의 유형으로, 가장 광범위한 의미에서 '허구'의 형태로 읽기 시작했다[24](허구는 본래 '사실이 아닌 어떤 것'이라는 의미가 아니라 '창조되어 모양을 갖춘 어떤 것'이라는 의미인데, 이 둘 사이에는 중요한 차이가 있다).[24] 예를 들어 이러한 전략의 잘 알려진 적용 중의 하나가 재판 기록이다.

과거 사회의 형사재판 기록을 직면한 전통적 역사가는 이러한 자료를 말하자면 다양한 범죄 형태의 빈도 혹은 사법적 처벌의 형태 등을 파악하기 위해 사용하려고 할 것이다. 즉 누가 어떤 범죄를 얼마나 자주 저질렀고, 그들은 어떤 처벌을 받았는가? 그렇지만 언어적 전환의 맥락에서 문화사가들은 법정을 범죄의 증거와 처벌을 찾기 위해서가 아니라 말들, 특히 서사를 생산하는 제도적 환경으로서 접근했다. 검사, 피고인, 변호인들은 사건의 세부사항을 (희망컨대) 배심원, 판사, 혹은 그 외의 당사자들을 설득하기 위한 이야기로 정교하게 가공해왔다. 그렇게 함으로써 듣는 사람이 친숙하게 받아들이거나 광범위하게 퍼져 있는 고정관념 및 대중적 서사에 적합한 이야기와 문화적 범주로 연결시키고자 했다.

예를 들어 중죄를 저지른 자들이 근대 초 프랑스의 왕에게 보낸 사법적 청원에 대한 연구인 내털리 데이비스Natalie Davis의 《기록보관소의 허구》(1987)는 왕실의 사면을 청하는 피고인들은 당시의 친숙한 이야기와 일치시키기 위해 자신들의 범죄에 대한 기록을 조작했다고 주장한다. 책의 첫 머리에서 데이비스는 자신의 방법론적인 전제를 설명한다. 자신이 학생일 때 "과학적 역사가는 사실에 도달하기 위해 사료의 허구적 요소를 제거해야 한다는 말을 일상적으로 들었다"라고 그녀는 지적한다.[25] 이 책에서 그녀는 청원 내용의 '허구적' 측면, 즉 그 이야기들이 그들의 문화에서 효과적으로 받아들여지는 익숙한 이야기로 성형되는 방식을 보여주기 위해 정반대의 제안을 한다. 청원인들의 이야기는 특별한 유형에 속하는 것으로서 상이한 사회계급과 환경에 맞춰져 있는 이야기의 전개와 세부사항을 가지고 있다. 예를 들어 흔한 '농부의 이야기'는 다른 마을의 젊은 남자들이 침입한 결혼식에서 일어난다. 그들은 여자들에게 추근거리고 그중 한 사람이 소란을 일으키다가 청원인의 뺨을 때린다. 청원인은 "불같은 분노"를 참지 못하고 침입자를 살해한다. 청원인이 전달하는 상황과 동기가 정당한 분노라는 친숙한 이야기와 일치했기 때문에 그 이야기는 효과적이었다고(청원인의 절대다수가 사면받았다) 데이비스는 주장한다.[26]

법정 안에서나 언론을 통해서나 범죄 이야기는 포스트모더니즘의 영향을 받은 문화사의 많은 고전적 저서에 소재를 제공해왔다. 예를 들면 주디스 월코비츠의 《무시무시한 환락의 도시》는 1880년대 런던의 '성폭력에 관한 이야기'를 소재로 한다.[27] 그러한 일련의 이야기 중에 여전히 유명한 이야기 하나는 잭 더 리퍼로 알려진 매춘부 연쇄살인범에 관한 섬뜩한 신문 보도다. 이보다는 현재 덜 알려져 있지만 대중지 《팔 말 가제트》의 편집인 스테드W. T. Stead가 1885년 "현대 바빌론의 소녀 재물"이라는 감상적 제목으로 쓴 아동매춘 폭로기사는 그 당시 마찬가지로 큰 충격을 주었다(스테드의 기사는 자신이 괴물로부터 소녀를 구하는 현대의 테세우스라는 맥락에서 미노타우로스의 신화를 자주 암시한다). 첫 회 기사는 손님으로 가장한 스테드가 노동계급의 13세 소녀의 처녀성을 5파운드에 구입하기 위해 그녀의 어머니와 어떻게 흥정했는가를 아주 상세하게 묘사했다. '소녀 재물'의 이야기에 독자들의 공감을 불러일으키기 위해 스테드가 무대연극, 고딕풍의 소설, 춘화, 그리고 도시의 사회개혁가들의 저술과 같은 당시의 대중적 장르를 어떻게 활용했는가를 월코비츠는 보여준다. 월코비츠의 책은 스테드의 관음증적 저널리즘—그의 기사는 또한 잭 더 리퍼를 빈번하게 다룬다—을 다수의 중첩적 사회적 맥락에 위치시킨다. 즉 상층계급 남성의 방관자적 전통, 도시공간에서 이루어지는 여성들의 새로운 활동과 직업, 이러한 성적 공포의 약화 또는 제거와 관련된 페미니스트의 역할 등. 그렇지만 연구의 핵심은 다음의 질문이다. 어떤 이유에서 이러한 특별한 환경이 순결을 더럽힌 아이들과 살해당한 매춘부라는 끔찍한 이야기를 만들어냈으며, 그러한 이야기에 매우 강하게 반응했는가?《무시무시한 환락의 도시》는 사실을 바탕으로 하고 있지만 허구적 요소 또한 중시한 역사 연구의 장르에 속하며, 그 목적은 어떤 이야기들이 특정한 장소와 시간에서 반향을 불러일으킨 이유와 어떤 결과를 초래했는가를 보여주는 것이다.

대다수의 사료가 물론 서사 형태로 전해지는 것은 아니다. 이야기의 특성을 지닌 정치 연설이나 법정 판결은 세금명부, 상품 주문서, 혹은 교구명부보다 훨씬 파악하기가 쉽다. 그러나 이야기는 또한 비서술적 사료 뒤에 숨어 있을 수 있다. 예를 들어 근대 민주주의의 헌법 모두는 '사회계약'의 이야기를 상기시키는데, 그것은 어떻게 (여성이 아니라) 천성적으로 역설적인 남성이 경쟁자를 살해하기 직전까지 갔다가 법률과 정부를 발명함으로써 생존하는 것이 더 낫다고 결정하게 됐는가에 관한 극적인 이야기이기도 하다.[28] 엄격하게 포스트모던적 접근은 예를 들어 일련의 숫자와 같은 가장 추상적인 사료일지라도 모든 사료는 과거의 실체를 반영하는 창이 아니라 사료들을 만들어낸 사회의 문화적 관습과 정신적 범주의 표현이라는 가정을 수반한다. 포스트모던 '시기' 이전에 인구조사를 연구하는 역사가는 어떤 나라의 인구를 확정하기 위해 그것을 이용하거나, 혹은 사료 밖 과거의 '실체'를 재구성하기 위해 그러한 인구조사가 인구수를 어떻게 저평가 혹은 과대평가했으며 또한 그 이유는 무엇인가를 보여주기 위해 그것을 비판한다. 반면에 포스트모던의 시각은 사회적 범주와 위계질서 같은 것이라든지 사람들이 사회공간을 주조하는 방법에 대한 가정을 드러내는 하나의 '텍스트'로서 인구조사에 관심을 기울이거나 인구의 실체 일부와 인구조사 사이에는 아무 관계가 없거나 파악 불가능한 관계로 고려하려고 할 것이다.

언어적 전환은 역사가들에게 모든 사료를 과거의 문제없는 반영이 아니라 문화적으로 형성된 텍스트로 간주하도록 하는 계기를 제공했다. 이러한 시각을 따른다면 16세기의 지도는 구체적 장소의 지리가 아니라 지도 제작자의 정신세계에 관한 것이다. 그러나 포스트모더니스트들이 '텍스트'와 (다시 말하지만 넓은 의미에서) '허구'에 부여했던 대가는 역사가들의 저서로까지 확대되었다. 즉 역사가들이 사료의 허구적 특성에 관심을 기울인 것과 같은 시기에 그들은 과거와 현재의 역사 저서가 글쓰기의 관례에 의해 형성되는 방식에 주의를 기울이기 시작했다. 이러한 문제의식을 지지한 가장 유명한 사람은 역사이론가 헤이든 화이트Hayden White다. 그는 《메타역사: 19세기 유럽의 역사적 상상》(1973)이라는 책으로 명성을 얻었고, 역사이론과 관련한 많은 저술을 통해 여전히 영향력을 미치고 있다.[29]

역사 분야의 모든 저서는 허구를 만들어내는 형식이라고 화이트는 주장한다. 그렇다고 역사가들이 문서 혹은 사료를 창조한다고 주장하지는 않지만 적어도 근대 서양의 양식에서 역사 서적은 가장 광범위한 의미의 글쓰기 문화에서 차용한 서사적 플롯의 여러 형태 중 하나에 불가피하게 집착한다고 주장한다. 사실이라는 형태의 역사적 증거의 존재를 부정하지는 않았지만 그는 역사 기록이 납득되기 위해서는 그러한 사실이 익숙한 플롯을 중심으로 조직되어야 한다고 주장한다 (역사가는 이론적으로 시대 순서에 따라 정보를 단지 나열하는 선택을 할 수도 있지만, 그것은 현재의 문화에서 아무 의미도 없는 '연대기'와 다를 바 없게 될 것이다).[30] 과거에 대한 증거는 이야기의 형태로 우리에게 전해지지 않는다. 즉 우리가 그것에 이야기를 부여한다. 역사의 '사실들'은 그 자체로 해석적 요소를 포함하고 있지 않다. 즉 사실들은 완성을 기다리는 퍼즐 맞추기의 조각과는 다르다. 오히려 사실들은 앨런 먼슬로Alun Munslow가 '퍼즐 맞추기 이전' 상태로 불렀던 것에서 얻어지고, 역사가들은 사실들이 형태를 가질 수 있도록 사실들을 만들어낸다. 즉 "역사적 사실들이 해석을 규정하는 것이 아니라 오직 플롯의 구조가 그것을 할 뿐이다"라고 먼슬로는 지적한다.[31]

《메타역사》에서 화이트는 로맨스, 희극, 비극, 풍자의 네 가지를 서구 문화의 기본 플롯으로 규정했다.[32] 의식적으로 그런 것은 아니지만 역사가들은 이러한 플롯의 유형에 맞추기 위해 이야기를 구성한다. 예를 들어 E. P. 톰슨은 영국 산업혁명을 어려움에 처한 수공업자들이 착취와 가난에 내몰릴 수밖에 없었던 비극적인 이야기로 전달한다. 다른 역사가는 그것을 방해와 오해에도 불구하고 최종 국면에서는 결국 타협하는(모든 사람들의 생활수준이 높아졌다!) 고전적 희극의 양식으로 그려낼지도 모른다. 마르크스주의적 역사가와 민족주의적 역사가는 역경의 시기를 이겨나가는 영웅의 이야기라는 로맨스의 양식으로 기술한다.[33] 화이트는 이러한 플롯이 누구에게나 매력적이라고 주장하지는 않는다. 이러한 플롯은 서구 문화의 가장 친숙한 글쓰기 형태를 기반으로 하기 때문에 서구 역사가들에게 유효하다.[34]

역사가들은 공통의 기술적 언어를 공유하지 않으므로 화이트는 역사 서술의 이러한 '허구적' 일면은 역사가의 가장 강력한 무기라고 주장한다. "기호화, 의견 교환, 논쟁 같은 역사가의 특징적 도구는 교육받은 보통 사람들의 언어다." 따라서 역사가는 "이상한 것을 친숙한 것으로, 불가사의한 과거를 이해 가능한 과거로 만들기" 위한 목표를 성취하기 위해 광범위하게 수용되고 있는 상징적 언어 형태에 의존해야만 한다.[35] 역사가가 과거를 허구화하는 방식을 지적한다고 해서 연구의 철저함, 논리적 일관성, 증거의 적절한 사용 등에 의존하여 좋은 역사와 나쁜 역사를 구분할 수 없다는 의미는 아니라고 화이트는 주장한다. 친숙한 플롯에 어떤 식으로든 집착하는 역사 서술이, 역사가는 사료를 발명한다는 함의를 내포하는 것 또한 아니라고 그는 반복해서 지적한다. 역사가 허구의 도움을 받는다는 인식은 역사의 기획을 훼손한다기보다 역사가들이 자신의 작업에 대해 더 명확하고 정직할 수 있는 기회를 부여하며, 역사학의 가장 큰 강점으로 이어져왔던 것, 즉 평범한 독자들과 연결시키는 역사학의 능력을 이용할 수 있게 한다고 화이트는 주장한다.[36] 사료의 이야기적 특성에 대한 관심과 관련하여 화이트의 저술은, 역사가들이 1차 사료로 사용하는 문서나 역사가들이 집필한 2차 자료나 모든 '텍스트'에 내재되어 있는 조작의 과정을 역사가들이 명백히 인식하게 되었다는 징후다.

모든 것은 구성되었다

1990년대 초 절정에 달했던 포스트모던 역사 서술의 '시기'는 많은 문제에 대한 시각을 결정적으로 재편했다. 그중에서 가장 두드러졌던 것이 사회집단과 정체성에 관한 문제였다. 가장 빠르고 획기적이었던 그러한 전환은 1장에서 지적했듯이 일부 페미니스트 역사가들이 여성사에서 젠더사로 전환할 것을 주장했던 1980년대에 일어났다. 조앤 스콧 같은 역사가들은 여성(생물학적으로 결정된 사람의 범주)의 역사를 젠더사, 혹은 성性 사이의 언어적·문화적으로 규정된 관계의 역사로 개편하기 위해 구조주의자와 포스트구조주의자의 방법론을 활용했다. 스콧의 유명한 논문 〈젠더: 역사적 분석의 유용한 범주〉는 "이념과 사물의 의미와 마찬가지로 단어에도 역사가 있다"라는 말로 시작한다. 사회적 범주로 치환된 문법 용어인 '젠더'는 언어적 기호의 임의성을 적시했다는 점에서 모든 역사가들에게 유용했을 뿐만 아니라 중요했다. 그렇게 함으로써 젠더는 우리가 당연시했던 성적 차이가 마찬가지로 가변적 특성을 가진다고 생각하도록 했다. 일부 언어에는 성의 구별이 있지만 다수는 없다(혹은 2개 이상의 성 구별이 있다). 성을 구별하는 언어만을 볼 때 그러한 성의 구분은 자의적으로 보인다. 즉 침대는 프랑스어에서 남성이지만 스페인어에서는 여성이고, 어린 소녀를 뜻하는 독일어 'Mädchen'은 중성이다. 여기에는 어떤 이유도 있는 것 같지 않다. 문법에서 성은 "내재적 특성의 객관적 묘사라기보다 사회적으로 합의된 차별 체계"라고 스콧은 지적한다. 게다가 남성과 여성 사이의 구별은 시간과 장소에 따라 변해왔다. 소쉬르류 학자들의 의견을 수용

하여 언어학적 용어들이 상호관계에서만 의미를 갖듯이 성은 그 사회에서의 대립과 위계질서에 대해 말하는 방식을 조직함으로써 "사회관계를 정당화하고 구성한다." 남성은 힘 있고 유능하고 합리적인 (등등의) '남성'만이 될 수 있다. 왜냐하면 그들은 언어에 의해 구성되며 언어에 반영되는 방식에서 '여성이 아니기' 때문이다.[37]

역사에 적용된 젠더이론은 사회적 범주의 성질을 변화시키는 데 결정적인 역할을 했다. 즉 역사가들이 무시간적인 생물학적 사실에 근거하여 남성과 여성의 차이를 사고하는 것을 그만두었을 때 그들은 이러한 통찰을 자연스럽게 보이는 다른 종류의 사회적 구별에까지 확대했다. 다양한 인간집단의 피부색과 그 외 육체적 특징 간의 차이보다 어떤 것이 더 자연스럽고 더 분명히 보일 수 있는가? 인종은 상이한 지역 출신의 사람들이 서로 접촉하는 한에서 주목의 대상이었고, 19세기 유럽과 미국에서 그것은 과학적 연구의 집중적인 대상이었다. 미국에서 아메리카 원주민, 아시아인, 히스패닉 등 괴롭힘을 당했던 집단의 역사뿐만 아니라 노예제의 비극적 유산과 흑인에 대한 지속적 차별은 20세기 중반 이후 인종적 편견의 의미와 기원에 대한 광범위하고 정교한 일련의 역사 연구를 산출했다.[38]

그러나 1980년대까지 대부분의 학자들은 연구의 출발점에 존재하는 구체적 실체로서 인종의 존재를 당연시했다. 즉 사람들의 피부색은 검거나 하얗거나 갈색이었다. 진보적 학자의 계획은 다양한 부정적 특징이 피부색과 그 외의 인종적 특성과 어떻게 연관되었으며, 그 이유는 무엇인지를 비판적으로 분석하는 것이었다. 바버라 필즈Barbara Fields 는 〈미국 역사에서의 인종과 이데올로기〉(1982)라는 논문에서 명백히 생물학적 특성으로 보이는 인종에 대해 도전한 최초의 역사가였다. 필즈는 인종의 육체적 특징과 같은 지배적 가정과 부합하지 않기 때문에 일상적으로 무시되는 잘 알려진 사실들을 지적했다. 흑과 백이 피부색이라면 그렇게 많은 예외는 무엇인가? 19세기 유럽인들이 심하게 검지 않은 북아프리카인들을 언제나 검다고 묘사한 이유는 무엇인가? 백인으로 보이는 미국의 '흑인들'이 언제나 있었던 이유는 무엇인가? 한 방울 원칙의 이유는?* 백인 여성은 흑인 아이를 낳을 수 있지만 흑인 여성은 백인 아이를 낳을 수 없다는 것이 미국의 인종적 사고의 핵심이었던 이유는 무엇인가? 이 모든 질문의 대답은 물론 생물학적인 것이 아니라 정치적인 것이다. 필즈는 "인종은 생물학적 사실이자 개인의 육체적 자질이라는 견해는 더 이상 유효하지 않다"라는 전제로부터 그러한 정치적인 것에 대한 연구를 요구했다.[39]

자유로운 흑인들이 살아가고 있는 것을 보았다 하더라도 노예들은 백인 주인 없이는 육체적으로 생존할 수 없다고 확신한 남북전쟁 이전의 대농장주들과 같이 거대한 반대 증거가 그렇게 많음에도 불구하고 인종은 사람들이 가지고 있는 신념의 형태이자 이데올로기라고 필즈는 단언한다. 필즈는 역사가들에게 미국 역사에서 인종을 초월적이고 추상적인 문제로 바라보는 것을 멈추고 그 대신 분리와 편견이 자라나거나 선동되었던 특정 역사적 상황, 특히 재건기의 비극적 사회정치적 역학에 관심을 가질 것을 촉구했다. 필즈는 포스트모던 사상가들의 도움을 받지는 않았지만 인종에 관한 그녀의 결론은 젠더에 관한 스콧의

---

* 20세기 미국의 인종차별을 드러내는 것으로 흑인의 피가 한 방울이라도 섞여 있으면 흑인으로 간주되어야 한다는 주장.

결론과 놀랍게도 유사하다. 즉 "인종은 권력과 지배, 주권과 시민권, 정의와 권리라는 기본적 문제가 제기되고 이해되도록 하는 이데올로기적 수단이 되었다." 인종은 이데올로기다. 그렇지만 그 결과가 현실에서 덜 비극적이라는 의미는 아니라고 필즈는 주장한다. "일단 작동되면 망상은 사실과도 같이 파괴적일 수 있다."[40]

따라서 역사적 관점에서 흑인은 보는 사람의 눈에서 흑인인 것이다. 백인 또한 마찬가지라는 점을 역사가들은 제시해왔다. 얼마 전까지도 백인을 인종의 한 종류가 아니거나 다른 인종들의 비정상적 분리를 가능케 한 '기본' 인종으로 간주하고 대다수의 백인은 언제나 단일범주로 존재한다고 가정하는 것이 일반적이었다. 훨씬 더 복잡한 이야기가 최근의 연구로부터 출현했다. 즉 아프리카와 아메리카 원주민 소수자들과 대면하는 유럽 이민자들의 지속적인 물결이라는 미국의 경험을 통해 역사가들은 다른 인종적 명칭과 마찬가지로 '백인' 또한 단순한 육체적 특질이 아니라는 것을 보일 수 있었다. 2세기 전 영국과 미국의 아일랜드 노동자들은 어두운 피부색과 원숭이 같은 모습으로 묘사되었고, 미국의 또 다른 이민자 집단, 예를 들어 이탈리아인과 유대인들은 언제나 백인으로 당연시되지는 않았다.[41]

산업화 과정의 미국 노동자들은 데이비드 로디거David Roediger가 큰 파장을 일으킨 책에서 주장했듯이, 백인의 정체성이 독립성 상실에 대한 두려움을 피하는 수단이었음을 환기시켰다. 19세기 초 많은 노동자들이 점점 작업장을 떠나 공장의 임금노동자가 되었다. 그렇게 노동에서 실질적 독립을 상실한 그들은 낮은 지위의 흑인 노예와 자신들을 구별하기 위해 자율적인 백인 노동자라는 이상적 정체성을 구성했다.

그들은 또한 '하인'이 아닌 '고용인'으로 불러달라고 주장했고, 자신들의 고용주에 대해서는 '주인'이 아닌 '상관'이라는 말을 채택했다. 백인이라는 정체성은 노동에 대한 실질적 통제 상실에 대한 심리적 보상으로서 "나는 노예가 아니다"라는 초기 산업 노동자의 정체성에 결정적이었다. 남성이 역사 과정 내내 상이한 방식으로 "여성인 적이 없었다"라고 젠더사가들이 단언하는 바와 같이 19세기 초 백인이기 위해서는 '흑인'도 '원주민'도 될 수 없었다고 로디거는 주장한다.[42] 다른 다인종 사회에서와 마찬가지로 미국에서 백인은 단순하고 고정적인 범주가 아니다. 1840년대부터 1920년대까지 유럽으로부터 대대적인 이주가 이루어지던 시기에 앵글로색슨 엘리트는 자신들을 튜턴족, 켈트족, 슬라브족, 히브리족 등 백인종의 위계질서에서 최상의 존재로 간주했다. 이민의 통로가 1920년대에 차단되고 난 이후에야 미국에서 인종은 주로 백인과 흑인이라는 이분법으로 고정되었다.[43] 서구 세계 외부에서 인종은 단순한 생물학적 이원체의 형태를 띤 적이 결코 없었다. 예를 들어 아프리카 역사가의 최근 연구는 19세기 이집트와 잔지바르 같은 지역에서 인종적 범주의 복잡함, 편견, 투쟁을 해명함으로써 서구 사회의 흑인과 백인 범주로부터 벗어날 수 있는 여지를 직설적으로, 그리고 은유적으로 제공했다.[44]

입구의 이방인들

따라서 1980년대와 1990년대에 젠더와 인종 문제에 집중했던 탁월한 역사가들은 '문화적 구성주의'로 알려진 연구의 방향을 개척했다. 문화적 구성주의는 가장 자명하게 생물학적으로 보이는 정체성도 그것에 관해 말하고 쓰고 생각하는 방식에 의해 규정된다고 주장한다(우리는 성적 취향의 문제와 관련한 이러한 시각의 예를 앞부분에서 살펴본 바 있다. 즉 토머스 라퀘르와 조지 차운시는 동성애자와 이성애자 양자 모두의 관계와 정체성이 과거 사회에서 얼마나 가변적이었는가를 보여준 바 있다). 그러한 연구는 사람들이 여성, 게이, 인종적 소수자 집단 등을 상상하고 이해하고 재현했던 방식을 재구성하기 위해 모든 종류의 서술적 자료, 즉 팸플릿, 보고서, 치료 기록, 신문, 희곡, 소설 등의 '텍스트'를 특히 강조했다. 그리하여 이러한 연구들은, 정체성이 그들에 대한 담론과 분리될 수 없다고 주장했다. 사료의 허구적 혹은 '이야기적' 측면을 강조한 연구의 경우에서와 같이 이러한 시각은 포스트모더니즘의 전반적 영향에 힘입은 바 크다. 그리하여 이러한 모든 시각은 합리적인 반대에서부터 신랄한 비난조의 장광설에 이르기까지 많은 비난의 대상이 되었다.

포스트모더니즘이 역사 연구에 미친 영향과 관련하여 가장 타당하면서 극단적이었던 반대자들은 이러한 위협적 이론의 타락한 프랑스적 기원을 비난함으로써 전통적인 프랑스 혐오를 분출할 기회를 잡은 영국의 역사가들이었다. "프랑스어에서 불합리한 것은 언제나 좋게 들린다"라고 정치적·사상적 보수주의자인 케임브리지의 거물 제프리 엘턴Geoffrey Elton 경은 비웃었다. 그는 역사가의 이상을 '진실의 추구'라고 자랑스럽게 규정한 최후의 뛰어난 역사가 중 한 명이었다.[45] 역사방법론 문제에 대해 얘기할 때 격렬한 수사로 이름을 떨쳤던 말기의 엘턴은 포스트구조주의 이론을 전염병, 악마의 유혹, 실체 남용의 형식 등으로 다양하게 설명하는 일련의 강의를 1990년대 초에 실시했다. 포스트모더니즘은 "그 기원이 카리스마적인 성격의 프랑스인들에게 있기 때문에" 마르크스주의보다 더 위험한 "바이러스"라고 했다. 엘턴과 그의 동료들은 역사가로서 자신들의 생존을 위해서뿐만 아니라 "실상은 지적 균열과 다를 바 없지만 더 높은 사고의 형태와 더 심오한 진실과 통찰을 제공한다고 주장하는 악마와도 같은 유혹자들에게 실망한 순진한 젊은이들의 삶을 위해" 싸우고 있다고 그는 주장했다. 그러한 유혹자들 중에는 조앤 스콧 같은 "광적인 페미니스트들"이 있었는데 그녀의 이른바 마르크스주의와 해체주의의 결합은 "환각제를 집어넣은 탄산수"였다.[46] 몇 년 후 엘턴의 젊은 케임브리지 동료이자 근대 유럽사의 명망 높은 흠정교수직 후임자였던 리처드 에번스Richard Evans는 《역사의 변호》라는 책을 통해 훨씬 더 균형감이 있지만 여전히 우려 섞인 견해를 표명했다. 즉 포스트모더니즘을 "저항하기 힘든" 지적 조류이긴 하지만 그 지지자들을 "학문으로 들어가는 입구의 지적 이방인들 (…) 분명하게 적대적 의도를 가지고 그곳에서 빈둥거리는" 자들로 묘사했다.[47]

이들과 그 외의 많은 학자들이 역사에 대한 포스트모던적 시각을 그렇게 심하게 우려했던 이유는 무엇인가? 철저하게 포스트모던적 시각은 과거가 실제로 어떠했는지를 결코 확신할 수 없다고 제시한다는 점에서 일반적으로 역사를 생각하는 방식에 대한 실로 심각한 철학적 도전이었다. 역사가 모두는 '실제 과거'와의 관련을 결코 알 수 없는 단어와 (구두 증언, 이미지, 구체적 인공물 등을 포함한) '텍스트'를 가지고 있다고 포스트모더니스트는 주장한다. 역사이론가 키스 젠킨스Keith Jenkins의 말을 빌리자면 텍스트성textuality은 "활용할 수 있는 유일한 것"이다.[48] 역사는 따라서 그러한 텍스트의 해석으로 구성되기 때문에 역사 형성의 과정은 불가피하게 주관적이다. 이미 지적했듯이 헤이든 화이트 같은 이론가에게 과거를 기술하는 것은 소설과 같이 과거의 사건을 이야기로 만드는 것과 유사하다. 즉 증거를 존중한다 하더라도 역사가들은 언제나 넓은 의미에서 문학적인 기술을 하고 있다. 엘턴에게 역사가의 주관성과 현재의 관심사로부터 출발한 문제의식에 대한 인정은 터무니없는 나르시시즘적 행동, 즉 "사료의 권위"보다 더 높은 곳에 역사가들 자신을 이기적으로 위치시키는 것과 다를 바 없는 것이다.[49]

에번스는 진실과 객관성에 대한 전임자의 시대에 뒤처진 견해를 공유하지는 않는다. 그는 중도적 역사가들이 1990년대에 광범위하게 공유했던 종류의 견해를 피력한다. 아마도 그 당시나 이후 학계의 대다수 역사가들은 과거의 '실체'를 도외시한 포스트모던적 시각이 역사 서술의 핵심적인 도덕적·정치적 근거, 즉 현재를 조명하여 미래를 지향하는 신뢰할 만한 서사의 재건을 약화시켰다고 우려해왔다. 우리가 문제시하는 과거의 존재가 어떻게 우리에게 계몽과 지침을 제공할 수 있는가? 게다가 과거 경험의 실체를 알 수 없다는 새로운 이론은 역사에서 고통을 겪어왔던 모든 사람들에 대한 모독이라고 비판자들은 주장한다. 사실 포스트모더니즘을 비판하는 많은 사람들이 지적했듯이, 특정 공동체는 많은 경우에 실제로 있었던 과거에 대한 믿음이 도덕적으로 절박하다고 말하고 있다. 독일 근대사가인 에번스는 홀로코스트와 관련하여 많은 역사가들이 지적했듯이 다음과 같이 말한다. "아우슈비츠는 하나의 담론이 아니었다. 하나의 텍스트로 아우슈비츠를 보는 것은 대량학살을 하찮은 것으로 만든다. 가스실은 하나의 수사가 아니었다. 아우슈비츠는 진정 본질적으로 하나의 비극이었고, 하나의 희극 혹은 소극笑劇으로 간주될 수 없다."[50]

보다 일반적으로 에번스는 단어와 텍스트에 대한 포스트모던의 강조가 과거의 고통과 억압의 실체에 대한 현재 학계의 자기도취적 선입견에 특혜를 주는 것이라고 비판한다.[51] 보수주의자들만이 포스트모더니즘을 공격하지는 않았다. 좌파 성향의 다수 역사가들도 학계 내의 위험스러운 사태 진전으로 간주했던 것을 비난하는 데 동참했다. 가장 정통적인 마르크스주의자들에게 포스트모더니즘은 추상적이고 단어의 파생적 영역을 선호함으로써 사회경제적 삶의 기반을 무시하고 토대와 상부구조 사이의 물질적 관계를 역전시켰다는 점에서 저주였다.[52] 더 일반적으로 좌파 성향의 다수 역사가들은 실제 사회관계의 피와 땀이 아니라 담론적 구성체 안에서의 권력 작용을 중시하는 이론에 적대적이었다.

페미니스트 역사가들의 대표주자들은 조앤 스콧의 텍스트성에 대한 강조가 과거 여성들의 폭력과 착취의 실제 경험과 관련된 실상을 모호하게 만들었다고 비난하면서 그녀와 명백히 대비되는 주장을 펼쳤다. 획기적인 비판 논문의 제목이 지적하듯이 "여성이 단지 비어 있는 범주라면 내가 밤길을 혼자 걸어갈 때 두려워하는 이유는 무엇인가?"[53] 포스트모더니스트들이 권력이 담론을 통해 사람들을 규정하고 가두어두는 방식을 드러내는 비판적인 정치기획을 자신들의 과제로 삼았다면, 그들과 의견을 달리하는 사람들은 역사가 정치적으로 의미 있고 영향을 가지려면 과거의 고통과 불의의 실체에 대한 믿음에 의존해야만 한다고 반격한다. 좌파 성향의 다수 학자들은 포스트모더니즘이 자기기만적이고 정치적으로 무책임한 지적 유희라는 우려를 보수적 동료 학자들과 공유했다.

1990년대와 그 이후의 대다수 역사가들은 포스트모더니스트들의 일부 통찰을 받아들이지만 그들의 더 급진적인 전제는 부정하는 두 전선 사이의 어딘가에 속해 있었다. 에번스가 1997년에 주장했듯이, 포스트모더니즘을 "대다수 역사가들이 수용하고 있다"는 경고성의 커다란 종소리에도 불구하고 포스트모더니즘적 저서를 실제로 완성한 저명한 역사가는 없었다. 즉 포스트모더니즘의 실험적이고 이론적인 저서는 역사학의 외곽에 제한적으로 머물러 있는 상황에서 역사가들은 포스트모더니즘의 통찰을 빌려왔을 뿐이었다.[54] 다수의 창조적 역사가들이 1980년대와 1990년대에 이야기 혹은 재현을 기대하며 '언어적 전환'을 수용했지만 그들 중 과거의 실체에 대한 불신을 드러낸 사람은 거의 없었다.

그렇다면 포스트모더니즘이 그렇게 큰 소동을 야기한 이유는 무엇인가? 아마도 그 이유는 포스트모더니즘의 기본 전제, 즉 자크 데리다의 유명한 표현을 빌리자면 "텍스트 바깥에는 아무것도 없다"라는 전제를 사실 반박하기가 매우 어렵기 때문이다. 즉 과거의 존재가 매우 그럴듯하지만 궁극적으로 증명 가능하지는 않다는 것이다. 포스트모더니즘의 철학적 도전에 대한 대응으로 그러한 것에 대해 우려하는 역사가들은 18세기 영국 작가 새뮤얼 존슨Samuel Johnson을 대체로 떠올리게 된다. 그는 사물의 존재를 부정하는 사상가의 이론을 반박할 수 있느냐는 질문을 받았을 때 커다란 바위를 강하게 치면서 "나는 그것을 이

렇게 반박한다"라고 말했다.[55]

존슨식의 바위 치기와 관련하여 가장 잘 알려진 역사가들의 글은 조이스 애플비, 린 헌트, 마거릿 제이콥 3명의 선도적 역사가들이 1994년에 출간한 책에 나와 있다. 널리 읽힌 그들의 책 《역사가 사라져갈 때: 왜 우리에게 역사적 진실이 필요한가》는 포스트모더니스트와 그외 문화적 구성주의자들의 회의적 상대주의와, 역사적 진실의 객관적 추구에 대한 시대에 뒤떨어진 믿음 사이에서 중도적 길을 만들어내려고 노력한다. 과학과 역사에서 절대적 진실에 대한 20세기의 도전들을 검토한 후 저자들은 이러한 도전들에 대해 미국의 고등교육에 다른 목소리와 견해를 가능케 한 상징적 징후의 긍정적 발전이자 "역사의 민주적 실천이 (…) 지배적 견해에 대한 회의주의를 고무했다"라며 낙관적으로 끝을 맺는다.[56]

1990년대 초 학계의 위기감은 이들의 견해에 따르면 과학의 무오류성, 진보의 불가피성, 완전한 객관성이라는 목표에 대한 '절대적' 믿음이 붕괴한 탓이었다. 이러한 진리에 대한 커져가는 의심은 민주적 도전이라는 건강한 정신으로부터 싹텄다. 그러나 저자들은 완전한 상대주의로 인한 '냉소주의와 허무주의' 혹은 다문화적 분열의 유혹에 굴복하지 말자고 호소했다. 그 어떤 객관적 실체에 대한 포스트모더니즘의 의심을 거부하면서 그들은 '제한적 객관성'이라고 명명한 입장을 옹호한다. 이에 따르면 역사를 연구하는 사람들의 주관성과, 역사가가 말할 수 있는 것을 제한하는 과거의 객관적 흔적의 존재 모두가 인정된다. 즉 과거는 텍스트와 물질적 유산에 실제로 존재하지만 과거는 '역사'에 그대로 반영되지는 않는다. 왜냐하면 역사를 쓰는 사람들에 의해 역사는 필연적으로 형성되기 때문이다. 그렇다면 '제한적 객관성'은 불가피하게 주관적 역사가와 역사가의 연구를 제한하고 형성하는 자료들 사이의 상호관계에 다름 아니다. 그러나 역사가들은 또한 그들이 활동하는 기관에 의해 사회적으로 교육받고 제한당한다. 그리고 이상적으로 민주적 사회는 학자들을 지적 공동체에 의해 만들어진 규칙과 기준에 종속시키기도 하지만 이견과 회의주의를 북돋우는 학문 연구와 학습을 장려할 것이다. 요약하자면 저자들은 포스트모더니스트의 딜레마에 대한 해결을 학자들의 민주적 기관의 작동에서 실용적으로 찾고 있다.[57]

왜곡과 상상: 어디에 경계를 설정할 것인가

역사가들의 주관은 피할 수 없지만 과거의 흔적과 학문 공동체의 규범에 의해 제약받는다는 애플비, 헌트, 제이콥의 타협적 입장에 대해 오늘날 활동하고 있는 대다수의 역사가들은 대체로 흡족해할 것 같다. 어쨌든 사회사가들과 문화사가들은 텍스트와 재현에 대한 관심으로부터 벗어나 문화가 사람들을 어떻게 형성하느냐가 아니라 사람들이 문화를 가지고 무엇을 하는지에 집중해왔다. 즉 실천과 성취의 개념에 대한 연구가 최근에 활발하게 곳곳에서 나오고 있다.[58] 그러나 진실과 허구의 문제, 사료와 관련한 역사가의 주관성과 자유에 대한 질문들은 사라지지 않을 것이다. 포스트모더니즘적 '위협'이 불러일으킨 열정이 역사가들 사이에서 너무나 강렬했기 때문에 역사와 허구 사이의 첨예한 경계선이 너무 쉽게 희미해졌다는 것은 의심할 여지가 없다. 역사가들은 학계의 그 어떤 집단보다 소설가들과 유사하다는 바로 그 이유 때문에 허구적 측면을 지니는 저술 유형의 침입에 특별히 민감하다. 원칙적으로 역사가들은 사실에 의해 구속받고 창조의 엄격한 규제에 따른다는 것에 동의한다. 그러나 역사가들의 과제는 또한 흩어진 사료들을 모아 그것들을 연결하는 것이고, 뛰어난 역사 저술은 과거를 상상하며 그것을 생생한 문장으로 재창조하는 능력을 필요로 한다. 어떠한 형태의 사료 연결과 상상은 정당하고 어떤 것은 그렇지 않은가에 대해 이견이 종종 발생하며, 경우에 따라서는 논쟁으로 치닫기도 한다.

지난 몇 년에 걸쳐 역사학계는 주기적으로 터지는 조작의 의혹 혹은 사료의 왜곡으로 인한 추문으로 타격을 입어왔다. 역사가들은 이러한 추문에 대해 한목소리로 분개하거나 고통스럽게 분열되기도 했다. 터무니없는 '역사적 과실'의 사례에 대해 역사학계에서는 광범위한 합의가 때때로 존재한다. 예를 들면 2000년대 초 미국 역사학계의 떠오르는 별이자 에머리대학교의 교수였던 마이클 벨레사일스Michael Bellesiles를 둘러싼 추문이 발생했고, 그는 결국 학계에서 추방되었다.[59] 2000년 벨레사일스는 학계의 대다수 역사가들이 단지 꿈만 꿀 수 있을 정도로 대중언론이 열성적으로 서평을 게재하는 정치적으로 중요한 책의 저자였다. 이 책은 또한 미국 역사학계의 최고 권위 있는 상의 하나인 밴크로프트상을 수상했다. 게다가 그는 자유주의자들의 가장 강력한 적 중의 하나인 전국총기협회NRA, National Rifle Association의 공격을 받고 있었기 때문에 자유주의적 동료 학자들로부터 존경과 공감을 얻고 있었다.

식민시대부터 남북전쟁까지의 총 연구서인 벨레사일스의 《미국의 무장: 국가의 총기 문화의 기원》(2000)은 정치적 취지가 즉각적으로 드러나는 놀랄 만한 발견들을 집중적으로 다루었다. 《미국의 무장》은 개인의 총기 소지를 자랑스러워하는 땅이라는 식민지 아메리카의 전형적인 이미지를 뒤집었다. 벨레사일스는 유언장과 물품명세서 같은 공증자료를 연구하여 1765~1790년에 전체 가구의 단지 14.7퍼센트만이 총을 소지하고 있었다는 것을 발견했다. 교환 가능한 부품의 확산으로 총의 대량생산이 가능해진 19세기 중반에 이르면 그 비율은 31퍼센트로 증가했지만 남북전쟁 무렵까지도 총기 문화는 나라 전체에 만연하지 않았다. 미국의 총기 문화는 헌법이 아니라 자본주의에 기원하고 있는 것처럼 보였다.

학계의 평자들은 미국 독립전쟁 세대의 문화에서 총기 소유는 헌법에 의해 인정되었다는 주장의 근거가 되었던 수정헌법 2조를 둘러싼 주장의 함의와 관련하여 예상대로 열광했고, NRA 또한 예상대로 찰턴 헤스턴*이 직접 책과 책의 저자를 비난하는 논쟁에 뛰어들 정도로 분노했다. 학계 측에서 기대했던 주장이자 자기편 감싸기 때문에 벨레사일스의 사료와 방법에 대한 진지한 검토가 지연되었는지도 모르겠지만 전문가들이 결국 그의 숫자표를 검토하는 데 착수했고 2002년 대표적 학술지에 게재된 토론을 통해 중요한 문제들을 제기했다. 예를 들어 18세기의 낮은 비율을 보여주는 표는 사례를 대표하는 수라고 말할수 없고 비율 계산도 틀린 것으로 보인다는 것이다. 그리고 조사된 실

---

* 〈벤허〉, 〈십계〉 등의 영화로 우리에게 잘 알려진 찰턴 헤스턴은 1998년부터 2003년까지 NRA의 회장이었다.

제 지역이 어디인지에 대해서도 명시하지 않은 문제가 있다고 했다.[60] 반박에 나선 벨레사일스는 다음과 같이 변호했다. 문서보관소를 방문한 날짜를 적어두지 않았으며 자신이 발견한 사실을 기록해둔 노란색 A4 크기의 종이철을 공문의 홍수 속에서 분실했지만 어쨌든 자신의 연구는 그러한 표 이외에 훨씬 더 많은 것에 근거하고 있다는 주장이었다. 벨레사일스가 속한 학과에 의해 구성된 외부 위원회는 3개월의 조사 후 연구 과정에서 명백한 조작을 포함한 학자로서의 심각한 위반행위의 증거를 발견했다. 1년도 지나지 않아 벨레사일스는 정년보장 교수직에서 물러났고 그의 수상도 취소되었다. 그리고 출판사는 책의 발행을 중단했다.

벨레사일스의 사례는 모든 유형의 언론, 평론가, 달걀 세례를 뒤집어쓴 학문 공동체 모두를 크게 당황시켰고, 대다수 교수들은 총기협회의 로비가 이런 결과를 만들어냈다며 유감을 표명했다. 그러나 사료를 경솔하게 다룬 벨레사일스의 잘못이 확인되자마자 더 이상 그를 옹호하는 저명한 학자가 없다는 것이 보여주듯이 이 사례가 특별히 분열을 야기하지는 않았다.[61]

홀로코스트의 부정과 같이 부정직하게 사료를 편향적으로 조작했다고 간주되는 사례에서도 분열은 그렇게 심하지 않았다. 근대 독일과 그 외 다른 분야의 역사가들은 홀로코스트를 부정하는 사람들과의 논쟁을 대체로 도덕적 근거와 지적 근거 모두에서 거부했다. 도덕적으로는 그러한 논쟁이 부정하는 사람들의 주장을 널리 퍼지게 하여 그럴듯한 정당성을 그들에게 부여하게 될 것이고, 지적으로는 건전한 학문적 지식의 범위를 벗어난 주장에 응수하느라 시간과 정열을 낭비할 필요가 없다는 것이었다. 즉 지구가 편평하다고 주장하는 누군가와 논쟁하면서 과학자들이 시간을 소비하겠는가라고 그들은 묻는다. 그렇지만 1990년대 후반 홀로코스트를 부정하는 유명인사 데이비드 어빙David Irving이, 최종해결을 반박하는 사람들의 역사를 기록한 역사가 데버라 립스탯Deborah Lipstadt의 책이 자신의 명예를 훼손했다는 이유로 그녀를 런던의 법정에 기소했을 때 대중은 이러한 논쟁을 접하지 않을 수 없었다. 어빙은 결국 소송에서 졌지만 재판에 소환된 전문가 중의 한 사람이었던 리처드 에번스는 그 이후 어빙의 주장을 체계적으로 무너뜨리는 책을 썼다. 에번스는 어빙의 주장이 편향적 자료 선택, 사료의 오독, 의도적 생략으로 가득한 연구에 기반하고 있음을 보여주기 위해 혐오스러운 주장을 상대하기 꺼려하는 전공분야의 한계를 극복하여 어렵고도 유쾌하지 않은 일에 나섰다.[62]

전문 역사가들과 그 외 연구자들이 특히 홀로코스트를 부정하는 사례에서와 같이 광범위하게 비난받는 문제를 좋게 만들기 위해 정직하지 못했을 때, 명백하게 허위적인 조작 혹은 사료의 창조를 거부하기 위해 단결하는 것은 어렵지 않다. 그렇지만 데이비드 에이브러햄David Abraham이라는 소장학자의 논쟁적이고 결정하기 어려운 1980년대 중반의 사례가 보여주듯이 편향성, 부주의, 부정직 사이의 경계를 확정하는 것은 훨씬 더 어려울 수도 있다.[63] 프린스턴대학의 소장 교수 에이브러햄은 독일의 기업과 나치의 성장의 관계를 다룬 책 《바이마르 공화국의 붕괴》를 1981년에 출간했다. 이 전문 연구서는 1920년대와 1930년대 독일의 정치경제에 대한 체제적 긴장과 관련하여 다소 추상적인 마르크스주의적 주장을 제시했지만 큰 출판사에서 간행되어 우호적 평가를 받았다. 프린스턴의 고위 행정부는 학과의 지원에도 불구하고 에이브러햄의 정년보장을 거부했지만 대학 교수직과 관련한 그의 미래는 좋아 보였다.

그렇지만 정년보장이 거부되었을 무렵 에이브러햄은 같은 분야의 2명의 중견 교수, 즉 예일대학교의 헨리 터너Henry Turner와 버클리의 제럴드 펠트먼Gerald Feldman으로부터 공격을 받았다. 에이브러햄은 독일의 대기업과 나치의 객관적 이해가 일치한다고 주장했다. 그렇지만 수년간 이 문제를 연구하고 있던 터너는 거칠게 말하자면 그 반대의 주장을 했다. 에이브러햄의 책을 샅샅이 조사한 다음 터너는 《미국역사학보》와 미국과 유럽의 같은 전공분야의 중요 역사가들에게 에이브러햄의 주장이 존재하지 않는 사료의 명백한 왜곡을 포함한 기만적 연구에 기반하고 있다고 주장하는 편지를 보내는 운동에 착수했다. 에이브러햄이 교수직에 지원하고 상위권 대학의 면접을 제안받았을 때 터너의 지원군 펠트먼은 사료를 왜곡하고 만들어낸 학자의 채용을 경고하기 위해 학과장과 학장을 접촉했다. 많은 사람들은 왜 공개적 서평으로 비판하지 않고 사적인 편지와 전화로 에이브러햄을 괴롭히는가라고 물으면서 터너와 펠트먼의 작전을 못마땅해했지만 추문에 휘말리고 싶지 않은 대학들이 에이브러햄의 교수직 제안을 철회하면서 그들의 의도는 관철되었다. 학문적 사기로 단정되었고 미국의 저명한 대학들도 관여된 학계의 추잡한 정치에 대한 흥미진진한 이야기는 전국적인 언론매체를 통해 널리 보도되었다.

에이브러햄의 문제는 그 스스로가 인정했듯이 터무니없을 정도로 적지 않은 부주의를 저질렀다는 것이다. 즉 비판이 시작될 무렵 문서보관소를 다시 방문한 그는 적어도 하나의 문서 연도를 잘못 표시했고 보고서의 작성자와 수령자를 착각했다는 것을 알게 되었다. 그리고 가장 심각하게는 자신의 주장을 뒷받침하기 위해 스스로 고쳐 쓴 문장과 부연설명에 불과한 것을 사료에서 직접 인용한 것으로 여러 번 제시했다는 것이다. 그는 자신의 실수를 "변명의 여지가 없다"고 인정했지만 의도적으로 사료를 만들어냈다는 것을 부인하면서 개정판에서 실수를 바로잡겠다고 제안했다. 에이브러햄을 지지했던 많은 사람들은 그가 연구에서 철저하지 못했다는 점을 인정했지만 그의 실수가 전반적 주장마저 무의미하게 만들지는 않았다고 주장했다. 그들 중의 일부는 어떤 역사가의 각주도 에이브러햄이 겪었던 바와 같은 적대적인 검사를 통과하지는 못할 것이라고 지적했다. 에이브러햄의 경우에 이러한 검사는 분명 직업적인 경쟁과 이데올로기적 적의가 결합함으로써 가능했다. 최종적으로 에이브러햄의 적들이 승리했다. 즉 에이브러햄은 역사 분야에서 자리를 잡을 수 없었기에 전공을 바꿔 법학 교수로 성공했다.

뼈아픈 도덕적 자기성찰과 쓰라림을 야기했던 에이브러햄의 사례는 역사가들에게 다음과 같은 어려운 문제들을 제기했다. 역사가들에게 수용하기 어려워 보이는 연구에 대해 누가 경종을 울려야 하며, 역사가들은 그것을 어떤 방식으로 해야 하는가? 연구 전체를 무효화시킬 정도의 실수는 어느 정도인가? 무엇보다 에이브러햄의 사례는 "사료의 최우선적 권리"를 믿는 극단적 교조주의자를 제외한 모두에게 독창적 주장을 구성하기 위한 사료 선택의 과정에서 무슨 일이 일어나는지를 생각하게 했다. 실제 사기를 제외하고 그 어떤 역사가가 해석과 왜곡 사이의 경계를 어디에, 그리고 어떻게 설정하는지를 알 수 있겠는가? 무엇을 역사적 상상의 정당하고 바람직한 기술로 간주하며, 역사가는 어느 지점에서 그 선을 넘는가?

역사적 상상, 창조, 그리고 그 한계에 관한 가장 유명한 최신 논쟁은 내털리 데이비스가 쓴 책을 중심으로 대략 25년 전에 일어났다. 이 책은 여전히 광범위한 독자층을 가지고 있으며 수업시간에도 빈번하게 과제로 부여되는 역사의 고전으로 칭송받는 작품이다. 데이비스의 《마르탱 게르의 귀향》(1983)은 1560년대 프랑스의 외딴 농촌에서 일어났던 재판 기록이자 근대 초 농민의 삶을 조망한 책으로 간단히 말해 미시사의 고전이다. 책은 16세기 남서부 프랑스 아르티갓 마을에서 일어난 신분을 속인 사기극을 다룬다. 부유한 농가에서 태어난 마르탱 게르와 베르트랑드 드 롤은 10대 초반에 결혼했으나 부부관계를 맺어 아이를 낳기까지는 8년이 걸렸다. 20대 초반에 마르탱은 아버지의 돈을 훔쳐 달아났다. 8년 후 그는 고향으로 돌아왔다. 여자형제들은 따뜻하게 그를 맞았고 그의 아내는 조금 마지못해하며 그를 맞았다. 그렇지만 마을 사람들이 환영한 그 남자는 사실 행방불명된 마르탱 게르의 아내와 재산을 차지하려는 아르노 뒤 틸이라는 사기꾼이었다(가짜 마르탱은 마을의 한 사람 한 사람에 대한 세부사항을 잘 아는 듯 행세했기 때문에 적어도 베르트랑드를 포함한 마을 사람들은 그의 정체를 의심하지 않았다). 그런데 4년 후 재산 분쟁이 발생할 무렵 마르탱을 의심하고 있던 그의 삼촌이 그를 사기꾼이라고 확신하게 되고 베르트랑드를 대신해 그를 고소했다. 두 차례의 재판이 열렸지만 아르노는 자신이 진짜 마르탱이라고 주장했고, 마을 사람들은 의견이 갈렸다. 진짜 마르탱 게르가 목발을 짚은 채 절뚝거리며 법정에 나타나는 극적인 전개가 있고 나서야 최종 판결이 내려졌다. 아르노는 결국 정체가 드러나 사형선고를 받았다. 그는 베르트랑드와 마을 사람 모두에게 사죄한 후 마을에서 처형되었다. 현명한 사기꾼이 사람들이 알고 보는 것과 관련된 인식을 속일 수 있다는 것을 놀라운 방식으로 보여준 이 우화는 수 세기에 걸쳐 여러 번 재생되었다.

마르탱의 이야기는 훌륭한 것이지만 주로 법원의 관리가 판결 이후 출판한 두 권의 상세한 기록에 의존하고 있고, 재판 기록 자체는 사라졌기 때문에 직접적 자료는 많지 않다. 데이비스는 관련 농가의 세부 사항을 서술하기 위해 마을의 재판 기록을 샅샅이 뒤져 부족한 자료를 보완했으며, 아르티갓 마을 사람들의 삶의 특징 중 많은 부분, 즉 상속 관행, 관습, 세세한 일상생활을 지역의 다양한 마을에 대한 그녀의 연구를 통해 우회적으로 재구성했다. 그녀는 책의 시작 부분에서 "내가 여기서 제시하는 것은 부분적으로 나의 창조물이다. 그렇지만 그것은 과거의 목소리에 의해 엄격하게 검토되었다"라고 밝히고 있다.[64] 우아하게 기술된 이 책은 많은 생각을 하게 하지만 핵심 문제 중의 하나는 상당히 주체적으로 행동한 마르탱의 베르트랑드의 행동에 대한 해석이다. 버림받았던 젊은 아내도 다른 사람과 마찬가지로 속았다고 주장한 기록과 달리 데이비스는 베르트랑드가 돌아온 남자가 마르탱이 아니라는 것을 분명 알고 있었다고 단언한다. 베르트랑드는 바보가 아니었고 남편이 있을 때 사회적으로 더 나은 대우를 받는다는 것을 알고 있었다. 아마도 그녀는 마르탱의 자리를 차지한 유능하고 매력적인 남자를 사랑하게 되었으며 자신의 필요를 채울 줄 아는 영리한 여성이었다고 데이비스는 주장한다.

책의 지속적 영향력의 대부분은 상이한 등장인물들이 어떻게 어떤 일들을 '틀림없이' 경험했는가를 생생하게 묘사한 저자의 재창조 덕분에 가능했다. 마르탱의 부모는 바스크 지역에서 이주해왔다. 따라서 "라부르 출신의 소년이 아르티갓에서 성장하는 것은 아마도 쉽지 않았을 것이다. 언어의 차이가 존재했으며 (…) 분명 마르탱이라는 이름 때문에 그는 놀림을 받았다." 아이를 낳아야 하지만 결혼 초의 성적 무능으로 인한 수치와 강압적 아버지 밑에서 힘겹게 살아야 했던 마르탱은 분명 "기장 밭, 지붕 수리, 재산, 결혼의 울타리를 벗어나는 삶을 꿈꾸었다." 마르탱과 결혼식을 막 치른 젊은 베르트랑드에 대해 말하자면 "그녀가 이러한 말을 했을 것 같지는 않지만 마르탱과 부부관계를 할 수 없다는 사실이 얼마간 그녀에게 위안이었다는 점은 분명해 보인다." 수년 후 그녀가 더 나이를 먹고 좀 더 마음에 드는 '가짜 마르탱'이 등장했을 때 그녀는 암묵적으로 그가 남편 노릇을 하도록 도왔다. 빈번한 대화를 통해 "그들은 만들어진 결혼관계를 지속하기로 마음먹었다고 우리는 추측하지 않을 수 없다."[65] 글을 모르는 이들 농민의 마음과 직접 접촉할 수 있는 어떤 사료도 없기 때문에 동기와 관련한 이러한 모든 가정은 정황정보에 근거하고 있다.

얼마간의 근거에 기반한 데이비스의 추측을 이 분야의 또 다른 학자 로버트 핀레이Robert Finlay는 두고 보고 있을 수 없었다. 그는 《미국역사학보》에서 그녀의 글을 공격했다.[66] 핀레이는 데이비스의 "아마도"와 "그랬을 수도 있다"를 참을 수 없었고, 그가 보기에 역사 기록을 부당하게 자유롭게 다루는 방식의 그녀의 이야기 재해석을 강하게 반대했다. 비판의 핵심은, 베르트랑드가 새로운 남편에 대한 커져가는 애정과 남편이 있는 것이 이익이라는 신중한 계산 때문에 아르노에게 협력한 사기꾼으로 묘사되었다는 것이다(데이비스는 또한 이 지역에까지 미친 종교개혁의 여파를 지적하고 있는데, 이 때문에 베르트랑드와 아르노는 성찬식이 필요 없는 프로테스탄트 결혼을 통해 자신들이 부부로 결합되었다고 간주함으로써 불륜을 행했다는 죄의식에서 벗어났을지도 모른다고 제안했다). 핀레이는 베르트랑드의 표리부동함을 언급하거나 암시하는 사료는 없다고 주장하면서 데이비스가 이야기에 페미니즘적 문제의식을 부과하고 이야기를 "역사소설"로 끌고 가기 위해 사료를 왜곡했다고 비난했다. 데이비스가 묘사한 베르트랑드는 "역사적 재구성이라기보다 창조의 산물이라는 것이 훨씬 더 맞는 것 같다"라고 그는 지적했다.[67]

   핀레이의 논문은 공개토론의 일부분으로 게재되었고, 데이비스는 같은 학술지에 정성을 다한 장문의 반박문을 실어 원래의 책에서보다 훨씬 더 많은 사료를 동원하여 자신의 주장을 보강했다.[68] 《마르탱 게르의 귀향》과 핀레이-데이비스의 논쟁은 흥미로운 역사적 문제를 제기했다. 즉 예를 들어 누군가의 정체성을 거울, 사진, 그 외 현대적 자아의 징후가 존재하지 않은 사회에서 시간이 지난 다음 어떻게 확인할 수 있었겠는가? 사기꾼의 성행위가 데이비스가 믿고 있듯이 베르트랑드에게 비밀을 드러내었을까, 아니면 핀레이가 주장하듯이 사람들이 어둡고 추운 방에서 대체로 옷을 입은 채 은밀하게 성관계를 했던 상황에서 그것은 아무런 영향을 주지 못했을까? 그렇지만 두 사람의 논쟁이 역사에서 상상의 역할에 대한 논쟁으로까지 번졌다는 점에 문제의 핵심이 있었다. "역사 서술의 어느 지점에서 재구성이 멈추고 창조가 시작하는가?"라고 핀레이는 묻는다. 그의 견해를 따르자면 베르트랑드의 역할과 아르노와의 관계의 본질에 대한 데이비스의 핵심 주장 중 그 어느 것도 사료에는 없다. 따라서 그녀는 경계를 넘어 소설을 쓰고 있다. 물론 역사가들도 "아마도"와 "그랬을 수도 있다"를 사료가 없을 때 가끔 동원한다는 것을 그도 인정하지만 최종적으로 추측은 "사료의 최우선적 권리, 사료의 법정 앞에서 굴복할 것이다."[69]

데이비스는 핀레이의 입장을 속 좁은 전통주의로 규정하며 반박했다. 즉 '최우선적 권리'를 가지고 있다는 사료는 단지 하나만을 말하지 않는다고 그녀는 주장했다. 이야기의 주된 사료인 판사 장 드 코라Jean de Coras의 재판 기록은 다르게 읽힐 여지가 많고, 그녀의 읽기는 복잡하고 다층적 이야기를 결합하는 하나의 방식이다. 그녀가 책이 "부분적으로 나의 창조물"이라고 썼을 때 그것은 "내가 달성하기를 희망하는 것과 사료가 생산할 수 있는 것의 간극을 확실하게 인정한 것이다"라고 그녀는 설명한다. "그러나 책의 마지막 쪽에서 독자들은 사료를 이해하는 다른 방식에 대해 생각하도록 충분한 자극을 받을 수 있었다."[70] 간단히 말해 사료에 자신이 선호하는 이야기를 입혔다고 비난하는 핀레이에게 데이비스는 사료는 끝없는 해석을 가능케 하는 본질적으로 모호한 것이라고 대답했다. 부연하자면 자신의 이야기는 사료가 전할 수 있는 많은 이야기 중의 하나일 뿐이다. 어느 역사가에게는 '소설'로의 이탈이 다른 역사가에게는 공감할 수 있고 신뢰할 수 있는 상상의 행위다.

포스트모더니즘을 둘러싼 논쟁은 오늘날 역사학계에서 거의 사라졌다. 한편에서 1980년대와 1990년대의 혁신적 시각과 방법론(문화구성주의, 텍스트와 서사에 대한 관심)은 대다수 역사가들에게 너무나 익숙한 것이 되어버렸다. 반면에 '과거'의 존재 여부가 증명될 수 있는가 하는 대답하기 어려운 문제와 씨름하면서 시간과 열정을 소비하고 싶은 역사가는 오늘날 거의 없다. 그렇지만 객관성, 창조, 과거의 재현 문제와 관련한 지난 수십 년간의 논쟁은 역사학의 본질을 변화시켰다. 역사가들이 자신의 과제는 "사료의 절대적 권리" 앞에서의 복종이라고 상상하던 때로 돌아가기를 기대하기란 불가능하다.

　서사와 상상은 다른 분야의 연구보다 학문으로서의 역사에 아마도 더 중요하다. 왜냐하면 이미 지적했듯이 '역사하기'란 무엇보다도 사실에 기초한 흥미로운 이야기의 창조이기 때문이다. 연구와 과거를 서술한다는 과제는 모순적인 것이다. 한편에서 역사가들은 과거의 사실을 찾기 위한 세심하고 철저한 연구에서 전문가로서의 정체성을 찾고 있다. 다른 한편으로 뛰어난 역사와 월등한 역사적 허구 사이의 경계선은 종종 희미하게 사라진 것처럼 보이기도 한다. 1959년에 초판이 나와 역사 서술의 고전으로 간주되는 개럿 매팅리Garrett Mattingly의 《아르마다》는 다음과 같이 각주가 없는 많은 문장을 수록하고 있다. "그녀의 시종이 창문 밖에서 기즈 공이 다가오고 있다고 소리쳤을 때 여왕은 미친 게 아니냐고 그에게 말했다. 그러나 그녀 스스로가 광신적 숭배자들 사이에서 말을 탄 그 상냥한 남자를 발견했을 때 그녀의 입술은 파래지고 그녀의 목소리는 떨리다 못해 숨이 막혔다."[71] 이 문장이 헨리 8세의 궁정을 무대로 한 힐러리 맨틀Hilary Mantel의 칭송받는 소설과 어떻게 다른지 의문을 가질 수도 있다. 맨틀의 《시체를 대령하라Bring Up the Bodies》의 한 장면에서 전령은 제인 시모어에게 구애하고 있는 결혼한 왕의 편지와 돈 다발을 그녀에게 전달한다. 제인은 편지에 입을 맞추고 뜯지 않은 채 편지와 돈 다발을 그대로 왕의 사자에게 돌려준다. 면밀한 자료조사를 자랑스러워하는 맨틀은 당시 대사의 서신으로부터 이 장면을 그려냈다.[72] 윌리엄 크로논이 주장했듯이 역사와 면밀한 자료조사를 바탕으로 한 역사소설 사이의 구분은 한쪽은 사실이고 다른 쪽은 사실이 아니라거나 역사소설가는 어떤 규칙도 따를 필요가 없다는 것이 아니다(맨틀은 자신의 소설에 역사 왜곡은 단연코 없다고 말한다). 가장 큰 차이는 역사소설가가 역사가들이 접근하기 어려운 과거의 영역, 가장 전형적으로는 등장인물의 내적인 삶과 일상생활에서 이루어지는 비공식적 대화 같은 영역을 재창조할 수 있는 여지가 더 넓다는 것이다. 역사가로서 "증거에 대한 우리의 규칙 때문에 우리가 묘사하는 인간 내부의 정서적 삶과 우리 사이에는 높은 벽이 존재한다"라고 크로논은 지적한다.[73]

그러나 소설가와 마찬가지로 역사가는 이야기의 본질을 결정하는 선택을 끊임없이 내린다. 19세기 미국 대평원의 역사는 진보, 비극 혹은 역경을 헤쳐나가는 승리의 역사로 이어져왔다. 이에 따르면 개척자, 뉴딜정책을 입안한 연방정부, 자연 그 자체는 영웅으로, 아메리카 원주민, 국가, 자본주의는 악마로 묘사되어왔다. 어디서 시작하고 끝낼지를 선택하는 시대의 틀이 서사의 형태와 어조를 결정했다. 유럽 개척자의 후손들이 광대한 미래를 열어젖힌 용기와 인내의 업적을 기록했다면, 인디언 보호구역의 추장 플렌티 쿠스Plenty Coups는 동일한 장소와 시기를 무대로 했던 자신의 자서전(1930)을 다음과 같은 말로 끝냈다. "버팔로가 사라졌을 때 나의 부족원들은 크게 낙담했고, 다시는 활기를 찾을 수 없었다. 그 이후 어떤 일도 일어나지 않았다."**74** 역사는 언제나 다른 누군가의 이야기를 깔고 있어 그것과 충돌할 수도 있는 누군가의 이야기다. 이를 인식한다고 해서 과거에 대한 우리의 기록이 덜 믿을 만한 것이 되지는 않지만 그것을 더 다양하고 심오하고 더 진실에 가깝게 만들 수는 있다.

닫는 말

미국에서 역사의 가치와 관련하여 가장 빈번하게 인용되면서 피상적으로는 매력적이지만 끝없이 문제를 야기하는 문장 하나는 "과거를 기억하지 못하는 사람은 그것을 반복하는 운명에서 벗어날 수 없다"라는 스페인계 미국 작가 조지 산타야나George Santayana의 글이다. 책의 서두에서 보았듯이 과거를 기억하고 그 교훈을 현재에 적용하는 것은 종종 파국적 결과를 초래하기도 했다. 프랑스가 바로 그것을 경험했다. 1차 세계대전에서의 끔찍한 경험 때문에 프랑스는 1940년 동부전선에 마지노선으로 알려진 광범위한 방어체제를 구축하여 교착상태의 2라운드 참호전의 준비에 나섰다. 그러나 마지노선을 피해 북쪽으로 우회하여 밀어붙이는 독일의 신속한 탱크와 군대에 의해 이 선은 빠르게 무너졌다. 즉 과거 전쟁의 '교훈'이 신속하고 치욕적인 패배를 가져다주었던 것이다.

확실히 많은 경우에 과거를 적극적으로 잊어버리려고 하는 사람들은 프랑스로부터 러시아, 중국에 이르는 근대혁명의 모든 사례에서처럼 수천 혹은 수백만의 생명을 희생하여 낡은 생활방식을 부정하는 과거를 반복하지는 않지만 완전히 새로운 형태의 무차별 폭력과 테러를 창조하는 운명에서 벗어나지 못한다. 그러나 과거의 존경 역시 마찬가지로 위험할 수 있다. 하나의 진정한 교회를 그리워한 종교 광신자들, 당당한 전통의 남부를 잊지 못하는 인종주의자, 독일제국의 영광을 회복하는 데 열중한 나치주의자에 의해 학살된 수많은 사람들을 생각해보라. 이상적이고 한 측면만의 과거를 기억하려고 선택한 사람들은 그것을 제거하려는 혁명가들만큼이나 많은 피해를 줄 수 있다.

이 책의 전체 장을 통해 나는 역사 공부가 현재와 미래의 상황에 적용할 수 있는 세련되게 정돈된 격언 형태의 '교훈'을 가르치지 않는다는 대다수 역사가의 입장에 동조해왔다. 어떤 역사적 상황도 이전의 상황을 그대로 복제하지도 않지만 많은 경우 어떤 교훈이 가장 잘 적용될 수 있을지도 불확실하다. 베트남전쟁 시기에 미국의 보수주의자들은 1930년대 유럽의 사례를 근거로 북베트남 독재정권에 대해 군사적으로 대항할 것을 주장했지만 자유주의자들은 1950년대 공산당의 봉기에 의해 프랑스 제국주의자들이 패배해 베트남에서 축출되었다고 지적하면서 철수를 주장했다.[1] 역사의 교훈 개념과 관련하여 합리적 의심을 할 수도 있지만 역사가들의 다수는 본능적으로 그것을 추구하며 더 시기적으로 가깝고 상처가 큰 사건인 경우에는 특히 그렇다. 나치의 대량학살보다 이러한 지적이 더 합당하게 적용되는 사건은 없다. 즉 '홀로코스트의 교훈'을 구글에서 검색하면 수십만 개의 결과를 얻을 수 있다. 이러한 결과에 우리가 놀랄 필요요는 없다. 그러한 규모의 인위적 공포에 직면했을 때 우리는 허무주의에 빠져 자포자기하지 않기 위

해 유용하거나 보상적인 '연구'를 찾아낼 필요를 느끼기 때문이다.[2] 그
렇지만 홀로코스트를 연구하는 대다수의 역사가들은 다른 분야의 동
료들과 마찬가지로 과거가 미래를 위한 손색없는 지침을 제공할 수 있
다는 것에 대해 회의적이다. 즉 "다시는 되풀이하지 않는다"라는 다짐
은 주민들이 생명의 위협을 받을 때 효과적인 동원수단일 수는 있지만
현실에서 똑같은 일은 결코 두 번 일어나지 않는다. 홀로코스트와 그
외 대규모의 역사적 범죄에 대한 각성은 분명 우리의 윤리적 감수성을
날카롭게 하고 유사한 사태에 대한 경계심을 갖도록 하지만 어떤 미래
의 상황도 독일의 1930년대와 똑같지는 않을 것이다. 물론 기념은 대
단히 중요하다. 하지만 홀로코스트를 대표하는 역사가의 결론대로 역
사를 끊임없이 재구성하고 다시 기술함으로써 과거를 생생하게 유지
하는 것도 중요하다. 즉 이 말은 "논쟁과 이견뿐만 아니라 이전의 문제
에 대한 연구, 새로운 질문, 그리고 새로운 시각을 의미한다."[3]

　과거가 최상의 목적에 기여하게 하려면 우리는 과거를 특정 위치에
고정시켜서는 안 되고 그것에 대해 논쟁해야 한다. 이에 따라 이 책의
장들은 질문으로 구성되어 있는데 이는 의심할 바 없이 나의 회의적인
기질을 반영한 선택이자 역사가 어떠한 이견도 없는 권위로 굳어질 때
'역사'는 쓸모없거나 잘해야 지루한 것이 되며 최악의 경우 위험해진
다는 나의 신념을 반영한 것이기도 하다. 마찬가지 이유로 호메로스와
헤로도토스에서부터 오늘날의 최신 경향까지를 다룬 이 책의 내용을
시각의 진보로 제시하고 싶지도 않다. 즉 역사 서술은 점점 더 나아지
는 것이 아니라 현재의 필요와 호기심에 부응하여 이동하고 변화하는
것이다. 혁신과 새로운 시각은 과거의 연구를 신선하고 흥미롭게 유지

시키지만 그것이 특정한 영역 혹은 시각을 철 지나거나 상관없는 것으로 버려야 한다는 의미는 아니다. 린 헌트가 지적했듯이 역사의 어떤 분야도 그것이 더 이상 '설레지' 않는다는 이유만으로 무시되어서는 안된다. 무시되었던 과거의 측면들이 어떻게, 그리고 언제 중요성을 회복하게 될지 우리는 알 수 없기 때문이다. 한 세기 전 무렵에 고대 로마의 역사는 정치적 이해를 위한 핵심적 지침으로 간주되었다. 더 이상 그렇지는 않지만 그것이 다시 언제 유용하게 될지 누가 말할 수 있겠는가?⁴ 30년 혹은 40년 전에 이슬람의 역사와 문화가 서구 국가의 관심에서 오늘날과 같은 중요한 위치를 차지하리라고 예견한 사람은 거의 없었다. 한편 러시아의 과거는 그것이 다시 중요해지고는 있지만 40년 전보다 미국인들에게 덜 긴급한 관심 영역이다. 많은 사람들이 지구사, 초국가사, 환경사를 오늘날의 최신 경향으로 지적하고 있듯이 역사학계의 최신 경향을 지적하기란 대단히 용이하지만 이러한 경향들이 얼마나 역사학을 규정할지, 혹은 어떤 경향들이 그것을 계승할지는 단지 짐작만 할 수 있을 뿐이다.

그러나 역사학의 미래를 알 수 없다고 하더라도 역사학의 영구적 중요성은 논쟁의 여지가 없다. 왜 역사를 공부하는가? 가장 간단한 대답은, 역사는 다른 학문이 할 수 없는 질문에 대한 대답을 한다는 것이다. 예를 들어 오늘날 미국의 흑인들이 공식적 차별의 마지막 흔적들이 반세기 이전에 사라졌는데도 소득, 교육, 건강, 수명, 범죄율 등 모든 영역에서 그렇게 놀랄 정도의 차별을 받는 이유는 무엇인가? 인종주의적 신념에 의지하지 않는다면 질문에 대답하는 유일한 방식은 강제이주와 노예제로부터 남북전쟁 이후의 재건기, 인종분리법, 그리고 수십 년에 걸친 도시정책, 선거권, 사법체계에서의 불평등의 축적으로 이어지는 장기간의 고통스러운 서사를 통한 역사적 방식이다. 현대의 민주적이고 산업화된 사회에 지속되는 또 다른 불평등의 예, 즉 남성과 여성, 부자와 빈자, 집단과 국가 간의 불평등도 역사를 통해서만 설명될 수 있다. 사회과학자들은 오늘날의 문제를 진단하고 정책의 처방을 제시할 수 있지만 단지 역사가들만이 그러한 문제들이 어떻게 유래했는가를 보여줌으로써 심층적으로 그 문제들을 설명할 수 있다. 역사가들은 해답을 제공할 수는 없지만 통시적으로 문제를 바라봄으로써 어떻게 올바른 질문을 하는지를 가르쳐줄 수 있다.

역사는 다른 학문보다 공공의 삶에 더 많이 관여하기 때문에 현세적 시각이 중요하다. 이 책의 또 다른 목적은 역사가 혼종의 영역임을 여러 방식으로 강조하는 것이었다. 즉 역사는 매우 전문적이면서도 비전문적이고, 사실적이면서도 상상을 필요로 하며, 학문적이면서도 대중적이다. 과거의 재창조와 해석은 학술서와 학술 잡지에서도 일어나지만 대중적인 베스트셀러, 텔레비전 다큐멘터리, 역사박물관에서 일어나 많은 사람들에게 그러한 두 세계를 연결시켜준다. 이 책은 역사가 학계를 넘어 그러한 광범위한 매력을 누리는 이유를 제시하려고 시도했다. 즉 과거가 개인, 공동체, 국가에 매우 중요하다는 이유뿐만 아니라 역사학이 이론적 추상화를 넘어 특정한 시간 및 장소와 관련한 생생한 현실에 특권을 부여하기 때문이다. 역사학의 강점은 그렇지만 역사학만을 위한 지식에 전념하면서 역사 서술이 때때로 너무나 서술적이고 경험적으로 전환하기 때문에 또한 약점이 될 수도 있다. 과거에 대한 학문적이고 대중적인 논쟁은 문서보관소의 사소한 기록을 너무나 사랑하는 역사가들에게 무엇이 진정으로 중요한지를 상기시키는 데 중요한 역할을 한다.

이 책은 요약하자면 역사학이 학문으로서 살아 있게 하는 2개의 힘을 강조하고 있다. 하나는 학계와 공공의 세계 사이를 잇는 다리로서의 역할이고, 다른 하나는 역사학과, 학교, 박물관, 심지어 정부 기구 내에서 그것이 만들어내는 논쟁이다. 비관론적 예언자들은 언제나 역사에 대한 관심이 멀어지는 것을 지적해왔지만 그런 일이 일어날 것 같은 암시는 거의 없다. 따라서 책의 말미에 역사의 교훈, 법칙, 위기, 미래에 대한 위대한 선언은 없을 것이다. 앞의 장에서 다루었던 질문과 논쟁이 다양한 모든 형태의 과거에 대해 배우고 주장하기 위한 독자의 흥미와 기술을 날카롭게 했다면 이 책은 그 목적을 달성한 것이다.

감사의 말

　이 책이 범죄의 증거라면 내 동료들의 지문이 책 전체에 묻어 있을 것이다. 곧 언급될 가장 악질인 범죄자들의 것은 물론이고. 노스웨스턴 역사학과에서 가르치던 수십 년 동안 나는 역사에 대해 알고 있는 것의 대부분을 나에게 가르쳐준 이곳의 뛰어난 학자들과 매일 상호작용하는 행운을 누렸다. 이 책은 우리가 공유하고 있는 역사학과 관련하여 나누었던 생생하고 때로는 논쟁적이지만 언제나 생산적이었던 수년간의 교류의 결과다. 책을 쓰는 데는 때로 모두의 협력을 필요로 한다. 몇 년 전에 나는 노스웨스턴의 니컬러스 D. 차브라자 역사연구소의 소장이 되었고, 나의 연구 환경도 더욱 좋아졌다. 소장이라는 위치 덕분에 나는 오늘날 활동하고 있는 최상의 역사가들 일부의 저서와 (또한 그 집단과) 접촉할 수 있었다. 주의 깊은 추적자라면 각 장에서 인용된 많은 저자들과 연구소의 최근 저명한 발표자 명단이 수상스러울 정도로 겹친다는 것을 알아차릴 것이다. 따라서 차브라자 연구소를 만들고 원활한 운영을 도와준 사람들, 즉 닉 차브라자와 엘리너 차브라자, 팀 브린, 엘즈비타 포엘러-피투츠에게 감사를 표한다.

책의 구성을 정하는 최초 단계에서 많은 사람들이 나의 다양한 개요 초안을 읽고 도움이 되는 반응을 보내왔다. 바버라 블룸-제네바즈, 디나 코플먼, 수전 허브스트, 요하난 페트로브스키-시테른, 마이크 셰리, 숀 셰스그린, 데버라 실버먼, 바사대학과 런던 퀸메리대학의 교수, 그리고 시카고대학 출판부의 익명의 여러 독자들이다. 새로운 장 혹은 절을 시작할 때마다 거의 대부분 그 주제에 대해 무언가를 알고 있는 많은 사람들에게 도움을 간청했다. 자신들의 분야를 나에게 친절하게 소개해준 다음의 동료들에게 감사한다. 켄 애들러, 리나 브리토, 빈센트 브라운, 게리 카다바, 피터 헤이스, 도나 하시, 크리스 호드슨, 포레스트 힐튼, 조엘 모키르, 수전 피어슨, 딜런 페닌그로스, 인디라 라만, 마이크 셰리, 스콧 소워비. 당연히 내가 그들의 전문분야에서 차용한 방식에 대해 그들은 아무런 책임이 없다. 나는 여러 장을 읽어달라는 부탁에 관대하게 응해준 사람들에게도 감사드리고 싶다. 피터 고든과 키스 우드하우스는 3장에 대해 조언을 했고, 에이미 스탠리는 책의 유럽 중심주의의 일부를 완화하는 데 도움을 주기 위해 원고의 상당 부분을 친절하게 읽어주었다. 책의 완성을 위해 원고 전체를 읽고 사려 깊고 통렬한 독서의 장점을 알게 해준 4명의 독자들에게 가장 깊이 감사드린다. 나의 동료 데버라 코언, 존 글라스먼, 대니얼 임머바르, 그리고 뛰어난 역사전공자 크리스토퍼 버로스가 그들이다.

이 책은 대체로 교재로 의도되었기 때문에 내가 개요와 생각을 제시하는 행운을 누렸던 학생들의 기여가 특히 소중했다. 그레이엄 혼은 저술 계획과 관련하여 초기에 유용한 반응을 주었고, 초기의 연구 일부를 도왔다. 노스웨스턴의 대학원생들은 대니얼 임머바르가 주도하는 티글 세미나의 맥락에서 책의 개요와 관련한 의견을 나와 나누었다. 상대편의 런던 퀸메리대학 학생들 또한 미리 루빈이 조직한 토론회에서 동일하게 기여했다. 미타 초드허리와 리디아 머독의 초청 덕택으로 바사대학의 사려 깊은 역사전공 수업은 다른 무엇보다도 4장의 내용과 제목을 다시 생각하도록 자극했다.

편집자 캐런 메리칸가스 달링과의 작업은 내내 즐거웠다. 그녀는 사전계획 없이 이 일을 맡게 되었지만 작업의 모든 단계에서 이상적일 정도로 유연하고 우호적이었다. 조엘 스코어는 원고를 완벽한 기술과 세심함을 가지고 교정했다. 숀 셰스그린은 언제나 나의 본능을 믿으라고 격려하면서 유일한 응원부대의 역할을 했을 뿐만 아니라 첫 장에서부터 내가 책을 끝내는 마지막 장까지 원고를 읽고 교정했다. 줄리엣의 애정과 파급력 큰 정열을 표현할 길을 찾기 어렵듯이 그에 대한 감사의 표현은 아무리 해도 지나치지 않을 것이다. 이 책을 또한 문화사 세미나 수업을 들었던 노스웨스턴의 많은 대학원생들에게 바친다. 영리하고 예리한 반응을 보였던 그들의 기대를 충족시키기 위해 수년에 걸쳐 나의 생각을 명확하게 다듬어야만 했다. 이 책은 그 결과다.

여는 말

1. 구성된 대상 대 존재하는 대상에 관한 논점에 대해서는 Gabrielle Spiegel, "History, Historicism, and the Social Logic of the Text in the Middle Ages," *Speculum* 65 (January 1990): 75 참조. 문학과 예술사 분야의 학자들은 기존의 문학과 예술 작품을 뛰어넘어 광범위한 분야의 '텍스트'와 무한한 총체적 '시각 문화'에 이르기까지 자신들의 시각을 확대해왔다. 그렇지만 나는 그들의 학문적 습성은 대상이 변한다 하더라도 지속된다고 주장하고 싶다.

2. William H. Sewell Jr., *Logics of History: Social Theory and Social Transformation* (Chicago: University of Chicago Press, 2005), 1-21.

3. Ibid., 9.

4. Gary B. Nash, Charlotte Crabtree, and Ross E. Dunn, *History on Trial: Culture Wars and the Teaching of the Past*, 2nd ed. (New York: Vintage, 2000), chapter 1, 7-10.

5. Ibid., 1-6, 189.

6. Ibid., chapter 6; Steven L. Kaplan, *Farewell Revolution: Disputed Legacies, France 1789/1989* (Ithaca, NY: Cornell University Press, 1995); Stuart Macintyre and Anna Clark, *The History Wars* (Carlton, Australia: Melbourne University Press, 2003).

7. '기본서 전쟁' 및 '역사전쟁'과 관련한 역사적 맥락에서의 훌륭한 논의에 대해서는 다음을 보라. Daniel T. Rodgers, *Age of Fracture* (Cambridge, MA: Harvard University Press, 2011), 특히 6장.

8. Peter Mandler, *History and National Life* (London: Profile Books, 2002), 145-47.

1장 누구의 역사인가?

1. Robert K. Massie, *Nicholas and Alexandra: An Intimate Account of the Last of the Romanovs and the Fall of Imperial Russia* (New York: Atheneum, 1967)는 수년 동안 베스트셀러였고, 1971년에는 영화로도 제작되었다.

2. Darrin McMahon, *Divine Fury: A History of Genius* (New York: Basic Books, 2013).

3. Gertrude Himmelfarb, *The New History and the Old: Critical Essays and Reappraisals*, 2nd ed. (Cambridge, MA: Harvard University Press, 2004), 39, 43.

4. Thomas Babington Macaulay, *The History of England from the Accession of James the Second*, 3rd ed. (London: Longman, 1849-1861), vol. 1, chapter 3.

5. G. M. Trevelyan, *English Social History: A Survey of Six Centuries from Chaucer to Queen Victoria* (London: Longmans, Green and Co., 1946), 64-65, 314-15, 430.

6. 1940년 이후 프랑스의 아셰트(Hachette) 출판사는 전 세계 과거의 일상생활을 다루는 400개 이상의 제목으로 '일상생활'이라는 매우 인기 있는 전집을 발행하고 있다.

7. 트리벨리언의 전기작가 데이비드 캐너다인(David Cannadine)은, 이 유명한 문장은 문맥과 무관하게 인용되었으며 트리벨리언은 정치와 관련한 자신의 저서를 보완하려는 의도로 계획된 책을 설명할 때만 이 말을 마지못해 받아들였다고 주장했다. Cannadine, *G. M. Trevelyan: A Life in History* (London: HaperCollins, 1992), 224.

8. 소수의 미국 역사가들은 양차 세계대전 사이의 시기에 이미 미국의 흑인, 아메리카 원주민, 노동계급의 역사를 집필했다. 다음을 보라. Ellen Fitzpatrick, *History's Memory: Writing America's Past, 1880-1980* (Cambridge, MA: Harvard University Press, 2002).

9. John Keegan, *The Face of Battle: A Study of Agincourt, Waterloo, and the Somme* (New York: Vintage, 1977), 53.

10. Ibid., 134-43, 141에서 인용.

11. Ibid., 167-84.

12. Robert Darnton, "Intellectual and Cultural History," in Michael Kammen,

ed., *The Past before Us: Contemporary Historical Writing in the United States* (Ithaca, NY: Cornell University Press, 1980), 336, 350-51.

13. "Cliometrics," in Joel Mokyr, ed., *The Oxford Encyclopedia of Economic History*, 5 vols. (Oxford: Oxford University Press, 2003), I: 446-47.

14. 경제사의 출현에 대한 초기의 설명에 대해서는 다음을 보라. D. N. McCloskey, "Does the Past Have Useful Economics?" *Journal of Economic Literature* 14 (June 1976): 434-61. 이와 관련한 더 최근의 설명은 J. W. Drukker, *The Revolution That Bit Its Own Tail: How Economic History Changed Our Ideas on Economic Growth* (Amsterdam: Aksant, 2006)를 보라. 그리고 보다 논쟁적 방식의 이에 대한 설명은 Francesco Boldizzoni, *The Poverty of Clio: Resurrecting Economic History* (Princeton, NJ: Princeton University Press, 2011).

15. Robert Fogel and Stanley Engerman, *Time on the Cross: The Economics of American Negro Slavery* (Boston: Little Brown, 1974).

16. 경제사의 최근 범위에 대한 훌륭한 서술은 모키르의 책 서문을 보라. Joel Mokyr, *Oxford Encyclopedia of Economic History*, I: xxi-xxvii.

17. Ran Abramitzky, "Economics and the Modern Economic Historian," *Journal of Economic History* 74 (December 2015): 1248.

18. J. Morgan Kousser, "Quantitative Social-Scientific History," in Kammen, *The Past before Us*, 437-39, 449-50.

19. Stephan Thernstrom, *The Other Bostonians: Poverty and Progress in the American Metropolis, 1880-1970* (Cambridge, MA: Harvard University Press, 1973).

20. Ibid., 95-96.

21. David Eltis and David Richardson, eds. *Atlas of the Transatlantic Slave Trade* (New Haven, CT: Yale University Press, 2010), 26. 가장 '객관적'으로 보이는 수치상의 증거도 논쟁의 여지를 제공할 수 있다. 엘티스와 리처드슨의 책에 대한 다소 비판적인 서평은 다음을 보라. Stephanie Smallwood, *The William and Mary Quarterly* 58 (January 2011): 253-61.

22. Carl Bridenbaugh, "The Great Mutation," *American Historical Review* 68, no. 2 (January 1963): 326.

23. Stephanie Smallwood, *Saltwater Slavery: A Middle Passage from Africa to American Diaspora* (Cambridge, MA: Harvard University Press, 2007), 5장.

24. Eric Hobsbawm, "Labor History and Ideology," *Journal of Social History* 7 (1974): 374.

25. Ibid., 372.

26. Eric Hobsbawm, "E. P. Thompson," *Radical History Review* 58 (1994): 157.

27. Harvey J. Kaye, *The British Marxist Historians: An Introductory Analysis* (Cambridge: Polity Press, 1984), 6장; Bryan D. Palmer, *E. P. Thomson: Objections and Oppositions* (London: Verso, 1994), 1장.

28. 마르크스주의 역사에 대해서는 5장 참조.

29. E. P. Thompson, *The Making of the English Working Class* (New York: Vintage, 1963), 445.

30. Ibid., 12.

31. Ibid., 382-93, 523-30.

32. Thomas N. Baker, "National History in the Age of Michelet, Macaulay, and Bancroft," in Lloyd Kramer and Sarah Maza, eds. *A Companion to Western Historical Thought* (London: Blackwell, 2002), 185-204.

33. Peter Burke, *The French Historical Revolution: The Annales School, 1929-89* (Cambridge: Polity Press, 1990)와 André Burguière, *The Annales School: An Intellectual History*, trans, Jane Marie Todd (Ithaca, NY: Cornell University Press, 2009)를 보라. 이 분야의 유명한 연구서는 Pierre Goubert, *Beauvais et le Beauvaisis de 1600 à 1730* (Paris: SEVPEN, 1960), Emmanuel Le Roy Ladurie, *Les paysans de Languedoc* (Paris: Mouton, 1966)가 있다. 또한 이 책의 5장 참조.

34. 논쟁의 요약에 대해서는 Lawrence Stone, *The Causes of the English Revolution, 1529-1642* (New York: Harper & Row, 1972), 2장을 보라. 논쟁과 관련한 참고문헌은 이 책 2장의 후주(41-43)에 실려 있다.

35. William Doyle, *Origins of the French Revolution*, 3rd ed. (Oxford: Oxford University Press, 1999); Eugene Genovese, *Roll, Jordan, Roll: The World the Slaves Made* (New York: Pantheon, 1974); James Oakes, *Slavery and Freedom: An Interpretation of the Old South* (New York: Knopf, 1990) 참조.

36. 중산계급 혹은 부르주아지에 대한 중요 저작들이 최근 수십 년에 걸쳐 출간되었다. 그중 뛰어난 연구서들을 일부만 들자면 다음이 있다. Peter Gay, *The Bourgeois Experience: Victoria to Freud*, 5 vols. (New York: Oxford University Press, 1984-1998); Leonore Davidoff and Catherine Hall, *Family Fortunes: Men and Women on the English Middle Class, 1780-1850* (Chicago: University of Chicago Press, 1987); Jorrold Siegel, *Modernity and Bourgeois Life: Society, Politics and Culture in England, France and Germany since 1750* (Cambridge: Cambridge University Press, 2012).

37. E. P. Thompson, "The Moral Economy of the English Crowd in the Eighteenth Century," *Past & Present* 50 (February 1971): 76-136.

38. Ibid., 125.

39. Eric Hobsbawm and Goerge Rudé, *Captain Swing* (New York: Pantheon, 1968); Peter Sahlins, *Forest Rites: The War of the Demoiselles in Nineteenth Century France* (Cambridge, MA: Harvard University Press, 1994); David J. V. Jones, *Rebecca's Children: A Study of Rural Society, Crime, and Protest* (Oxford: Clarendon Press, 1989).

40. Natalie Zemon Davis, *Society and Culture in Early Modern France* (Stanford, CA: Stanford University Press, 1975), 4장; Marcus Rediker, *Between the Devil and the Deep Blue Sea: Merchant Seamen, Pirates, and the Anglo-American World, 1700-1750* (Cambridge: Cambridge University Press, 1987), 245.

41. Jonathon Glassman, *Feasts and Riot: Revelry, Rebellion, and Popular Consciousness on the Swahili Coast, 1856-1888* (Portsmouth, NH: Heinemann, 1995), 170-74.

42. 이 논쟁에 대한 적절한 요약과 결론에 대해서는 Peter Kolchin, *American Slavery, 1619-1877* (New York: Hill and Wang, 1993), 특히 5장을 보라.

43. Genovese, *Roll, Jordan, Roll*. 서장인 "가부장주의에 관하여"(3-7)는 책의 분석 틀을 제시한다.

44. Kolchin, *American Slavery*, 144에서 인용.

45. 이에 대한 예로는 *Journal of Interdisciplinary History* (Autumn 1975), 289-97 에 실린 피터 우드의 서평과 다음을 참조. James P. Anderson, "Aunt Jemima in Dialectics: Genovese on Slave Culture," *Journal of Negro History* 61 (January

1976): 99-114.

46. James C. Scott, *Domination and the Arts of Resistance: Hidden Transcripts* (New Haven, CT: Yale University Press, 1990). 보다 구체적 강조점을 지닌 유사한 생각이 스콧의 이전 저서 *Weapons of the Weak: Everyday Forms of Peasant Resistance* (New Haven, CT: Yale University Press, 1985)에서도 피력되었다.

47. Walter Johnson, *Soul by Soul: Life inside the Antebellum Slave Market* (Cambridge, MA: Harvard University Press, 1999), 176-88. 179에서 인용.

48. 이와 관련한 가장 진전된 언급은 Walter Johnson, "On Agency," *Journal of Social History* 37 (Fall 2003): 113-24를 보라. 또한 다음도 참조. Johnson, "OAH State of the Field: Slavery," http://156.56.25.5/meetings/2004/johnson.html (2016년 2월 3일 검색); Johnson, "A Nettlesome Classic Turns Twenty-Five," *Common-Place 1*, no. 4 (July 2001), http://www.common-place-archives. org/vol-01/no-04/reviews/johnson.html (2016년 2월 3일 검색).

49. Sulamith Firestone, *The Dialectic of Sex: The Case for Feminist Revolution* (New York: Morrow, 1970); Mary O'Brien, *The Politics of Reproduction* (Boston: Routledge and Kegan Paul, 1981).

50. Sheila Rowbotham, *Hidden from History: Three Hundred Years of Women's Oppression and the Fight against It* (London: Pluto Press, 1973). 로보섬의 책은 미국에서 그다음 해에 *Rediscovering Women in History from the 17th Century to the Present*라는 완화된 부제로 출판되었다. Gerda Lerner, *The Creation of Patriarchy* (New York: Oxford University Press, 1986). 또한 이러한 일반적 접근을 유지하는 예시로서 다음을 참조. Judith M. Bennett, "Feminism and History," *Gender and History* I (Autumn 1989): 251-72.

51. Dominique Godineau, *The Women of Paris and Their French Revolution*, trans. Katherine Steip (Berkeley: University of California Press, 1998).

52. Joan Kelly, *Women, History and Theory: The Essays of Joan Kelly* (Chicago: University of Chicago Press, 1984), 19. 켈리는 이 논문을 조앤 켈리-가돌이라는 이름으로 1977년에 처음 발표했다. 이 분야의 전개에 대한 훌륭한 개관은 다음을 보라. Laura Lee Downs, *Writing Gender History* (London: Bloomsbury, 2004).

53. Joan Landes, *Women and the Public Sphere in the Age of the French Revolution* (Ithaca, NY: Cornell University Press, 1988); Lynn Hunt, *The*

Family Romance of the French Revolution (Berkeley: University of California Press, 1992).

54. Luise White, *The Comforts of Home: Prostitution in Colonial Nairobi* (Chicago: University of Chicago Press, 1990).

55. 구체적 예시를 위해서는 다음을 보라. Louise Tilly and Joan Scott, *Women, Work and Family* (New York: Holt, Rinehart and Winston, 1978); Olwen Hufton, *The Prospect before Her: A History of Women in Western Europe, 1500-1800* (New York: Knopf, 1996), 2-6장.

56. Tessie P. Liu, *The Weaver's Knot: The Contradictions of Class Struggle and Family Solidarity in Western France, 1750-1914* (Ithaca, NY: Cornell University Press, 1994), 특히 9장.

57. Stephanie McCurry, *Masters of Small Worlds: Yeoman Households, Gender Relations and the Political Culture of the Antebellum South Carolina Low Country* (New York: Oxford University Press, 1995), 특히 2장.

58. Joan Wallach Scott, "Gender: A Useful Category of Historical Analysis," in *Gender and the Politics of History* (New York: Columbia University Press, 1988), 42. 이 논문의 최초 출판은 1986년 *American Historical Review*를 통해서 였다.

59. Nancy Maclean, *Behind the Mask of Chivalry: The Making of the Second Ku Klux Klan* (Oxford: Oxford University Press, 1994).

60. Margaret Higonnet, Jane Jenson, Sonya Michel, and Margaret Weitz eds., *Behind the Lines: Gender and the Two World Wars* (New Haven, CT: Yale University Press, 1987), 4, 7.

61. Gail Herschatter and Wang Zheng, "Chinese History: A Useful Category of Gender Analysis," *American Historical Review* 113 (December 2008): 1407-9.

62. John Boswell, *Christianity, Social Tolerance, and Homosexuality: Gay People in Western Europe from the Beginning of Christianity to the Fourteenth Century* (Chicago: University of Chicago Press, 1980).

63. Gregory M. Pflugfelder, *Cartographies of Desire: Male-Male Sexuality in Japanese Discourse, 1600-1950* (Berkeley: University of California Press,

1999).

64. George Chauncey, *Gay New York: Gender, Urban Culture, and the Making of the Gay Male World, 1890-1940* (New York: Basic Books, 1994).

65. Ibid., 7.

66. Carroll Smith-Rosenberg, "The Female World of Love and Ritual: Relationship between Women in Nineteenth-Century America," *Signs* I (Autumn 1975): 6-7.

67. Ibid., 27-29.

2장 어디의 역사인가?

1. Masao Miyoshi and H. D. Harootunian, eds., *Learning Places: The Afterlives of Area Studies* (Durham, NC: Duke University Press, 2002). 특히 다음을 보라. Bruce Cumings, "Boundary Displacement: The State, the Foundations, and Area Studies during and after the Cold War," 261-302.

2. 지리적 상상의 역사에 대해서는 다음을 보라. Martin W. Lewis and Kären E. Wigen, *The Myth of Continents: A Critique of Metageography* (Berkeley: University of California Press, 1997).

3. Linda Colley, *Britons: Forging the Nation, 1707-1837* (New Haven, CT: Yale University Press, 1992).

4. Lloyd Kramer and Sarah Maza, eds., *A Companion to Western Historical Thought* (London: Blackwell, 2002), 1-6장.

5. 다음의 예를 보라. David Bell, *The Cult of the Nation in France: Inventing Nationalism, 1680-1800* (Cambridge, MA: Harvard University Press, 2003); Colley, *Britons*.

6. Lloyd Kramer, *Nationalism in Europe and America: Politics, Cultures and Identities since 1775* (Chapel Hill: University of North Carolina Press, 2011), 29.

7. Thomas N. Baker, "National History in the Age of Michelet, Macauley, and Bancroft," in Kramer and Maza, *Companion to Western Historical Thought*, 185.

8. Hugh B. MacDougall, *Racial Myth in English History: Trojans, Teutons, and*

Anglo-Saxons (Hanover, NH: University Press of New England, 1982); Zeev Sternhell, *Neither Right nor Left: Fascist Ideology in France* (Princeton, NJ: Princeton University Press, 1996).

9. Kwame Anthony Appiah, *In My Father's House: Africa in the Philosophy of Culture* (London: Methuen, 1992), 특히 1-2장.

10. George Iggers and Q. Edward Wang, *A Global History of Modern Historiography* (New York: Routledge, 2013), 2장.

11. Leonore Davidoff and Catherine Hall, *Family Fortunes: Men and Women of the English Middle Class, 1780-1850* (Chicago: University of Chicago Press, 1987), 13.

12. Ibid., 450.

13. 지역/국가의 유형은 특히 사회사에 적합하다. 더 광범위한 차원의 주장을 위한 세밀한 고찰의 전략은 학계 역사가들의 전형적인 접근방식이며, 다른 방식으로 상이한 하위분과에도 적용된다. 12명의 과학자들의 연구가 '16세기의 과학적 사고'라는 부제가 달린 책으로 출간된 것도 이러한 예에 속한다.

14. Benedict Anderson, *Imagined Communities: Reflections on the Origin and Spread of Nationalism*, 1st rev. ed (London: Verso, 1991).

15. Ibid., 6-7.

16. Ibid., 22-46.

17. Ibid., 10-11.

18. 《상상의 공동체》와 같은 해에 출판되어 이러한 연구의 방향을 열었던 것은 다음의 책이다. Eric Hobsbawm and Terence Ranger, eds., *The Invention of Tradition* (Cambridge: Cambridge University Press, 1983).

19. Ibid., 1, 4, 7장.

20. Ibid., 2장.

21. Takashi Fujitani, *Splendid Monarchy: Power and Pageantry in Modern Japan* (Berkeley: University of California Press, 1996).

22. Anderson, *Imagined Communities*, 4장과 7장.

23. Jay Winter, *Remembering War: The Great War between Memory and History in the Twentieth Century* (New Haven, CT: Yale University Press, 2006), 3-4.

24. Kramer, *Nationalism in Europe and America*, 73에서 인용. 또한 다음을 보라. John Gillis, ed., *Commemorations: The Politics of National Identity* (Princeton, NJ: Princeton University Press, 1994), 7.

25. Lynn Hunt, *Politics, Culture and Class in the French Revolution* (Berkeley: University of California Press, 1984); Mona Ozouf, *Festivals and the French Revolution*, trans. Alan Sheridan (Cambridge, MA: Harvard University Press, 1991).

26. Thomas W. Laqueur, "Memory and Naming in the Great War," Daniel Sherman, "Art, Commerce, and the Production of Memory in France after World War I," Gillis, *Commemorations*, 150-67, 186-211; Winter, *Remembering War.*

27. David W. Blight, *Race and Reunion: The Civil War in American Memory* (Cambridge, MA: Harvard University Press, 2001), 139.

28. Sarah Farmer, *Martyred Village: Commemorating the 1944 Massacre at Oradour-sur-Glane* (Berkeley: University of California Press, 1999).

29. Henry Rousso, *The Vichy Syndrome: History and Memory in France since 1944*, trans. Arthur Goldhammer (Cambridge, MA: Harvard University Press, 1991).

30. 이 주제와 관련한 문헌은 엄청나게 많다. 영어 문헌의 일부만 거론한다면 필립 커틴, 데이비드 엘티스, 스탠리 엥거만, 데이비드 갈렌슨, 허버트 S. 클라인, 조지프 밀러, 데이비드 리처드슨, 존 손턴 등의 저작이 있다. 이 주제에 대한 생생한 개관을 위해서는 다음을 보라. Eltis and Richardson, eds., *Atlas of the Transatlantic Slave Trade* (New Haven, CT: Yale University Press, 2010). 유용한 참고문헌의 소개를 포함한 전체적 개관을 위해서는 다음을 보라. Klein, *The Atlantic Slave Trade* (Cambridge: Cambridge University Press 2010).

31. John Thornton, *Africa and Africans in the Making of the Atlantic World, 1400-1680* (Cambridge: Cambridge University Press, 1992), 9장.

32. Laurent Dubois, *Avengers of the New World: The Story of the Haitian Revolution* (Cambridge, MA: Harvard University Press, 2004).

33. 이러한 연구방식에 대한 유용한 좌담회 형식의 안내글로 다음을 보라. "Oceans of History," *American Historical Review* 111 (June 2006): 717-80. 이 논문은 지

중해, 대서양, 태평양 역사를 개관하며 이와 관련한 유용한 논문을 소개하고 있다. 또한 다음을 보라. Jerry H. Bentley, Renathe Bridenthal, and Kären Wigen, eds. *Seascapes: Maritime Histories, Littoral Cultures, and Transoceanic Exchanges* (Honolulu: History of Hawaii Press, 2007).

34. Alison Games, "Atlantic History: Definitions, Challenges, and Opportunities," *American Historical Review* 111 (June 2006): 741-57; Bernard Bailyn, *Atlantic History: Concepts and Contours* (Cambridge, MA: Harvard University Press, 2005); Jack P. Greene and Philip Morgan, eds., *Atlantic History: A Critical Appraisal* (Oxford: Oxford University Press, 2009); David Armitage, "Three Concepts of Atlantic History," in Armitage and Michael J. Braddick, eds., *The British Atlantic World, 1500-1800* (London: Palgrave Macmillan, 2002).

35. Bailyn, *Atlantic History*, 83; Greene and Morgan, *Atlantic History*, 6.

36. 이러한 접근방법의 예시로서 다음을 보라. Marcus Rediker, *Between the Devil and the Deep Blue Sea: Merchant Seamen, Pirates, and the Anglo-American Maritime World, 1700-1750* (Cambridge: Cambridge University Press, 1987); Peter Linebaugh and Marcus Rediker, *The Many-Headed Hydra: Sailors, Slaves, Commoners and the Hidden History of the Revolutionary Atlantic* (Boston: Beacon Press, 2013).

37. Bailyn, *Atlantic History*, 12-13; Armitage and Braddick, *British Atlantic World*, 13-14.

38. D. W. Meinig in 1986. Bailyn, *Atlantic History*, 55에서 인용됨.

39. Alfred Crosby, *The Columbian Exchange: The Biological and Cultural Consequences of 1492* (Westport, CT: Greenwood Publishing, 1972).

40. April Lee Hatfield, *Atlantic Virginia: Intercolonial Relations in the Seventeenth Century* (Philadelphia: University of Pennsylvania Press, 2004); Juan Javier Pescador, *The New World inside a Basque Village: The Oiartzun Valley and Its Atlantic Emigrants, 1550-1800* (Reno: University of Nevada Press, 2004).

41. William Cronon, *Changes in the Land: Indians, Colonists, and the Ecology of New England*, 2nd ed. (1983; New York: Hill and Wang, 2003); Strother

E. Roberts, "The Commodities of the Country: An Environmental History of the Colonial Connecticut Valley," PhD diss., Northwestern University, 2011.

42. 다음과 같은 예들이 있다. Natalie Davis, *Trickster Travels: A Sixteenth-Century Muslim between Worlds* (New York: Hill and Wang, 2007); Linda Colley, *The Ordeal of Elizabeth Marsh: A Woman in World History* (New York: Pantheon, 2007); Rebeca Scott and Jean Hébrard, *Freedom Papers: An Atlantic Odyssey in the Age of Emancipation* (Cambridge, MA: Harvard University Press, 2012). 이 주제에 대한 날카로운 논의는 다음을 보라. Amy Stanley, "Maidservants' Tales: Narrating Domestic and Global History in Eurasia, 1600-1900," *American Historical Review* 121 (April 2016): 437-60.

43. James H. Sweet, *Domingos Álvares, African Healing, and the Intellectual History of the Atlantic World* (Chapel Hill: University of North California Press, 2011).

44. 유럽과 북아메리카를 중심으로 하는 '대서양 혁명'에 대한 고전적 연구는 R. R. Palmer, *The Age of the Democratic Revolution: A Political History of Europe and America*, 2 vols. (Princeton, NJ: Princeton University Press, 1959-1965) 이다. 더 상세한 연구로는 다음이 있다. Bernard Bailyn, *The Ideological Origins of the American Revolution* (Cambridge, MA: Harvard University Press, 1967); Durand Echeverria, *Mirage in the West: A History of the Frech Image of American Society to 1815* (New York: Octagon Books, 1966); Laurent Dubois, *A Colony of Citizens: Revolution and Slave Emancipation in the French Caribbean, 1787-1804* (Chapel Hill: University of North Carolina Press, 2004); David Geggus, ed., *The Impact of the Haitian Revolution in the Atlantic World* (Columbia: University of Southern Carolina Press, 2001).

45. Palmer, *Age of the Democratic Revolution*; Jacques Godechot, *France and the Atlantic Revolution of the Eighteenth Century, 1770-1799*, trans. Herbert Rowen (New York: Free Press, 1965). 근대성의 개념에 대한 역사학의 논의는 다음을 보라. "AHR Roundtable: Historians and the Question of 'Modernity,'" *American Historical Review* 116 (June 2011): 631-751.

46. Paul Gilroy, *The Black Atlantic: Modernity and Double Consciousness* (Cambridge, MA: Harvard University Press, 1993).

47. Eugen Weber, *Peasants into Frenchmen: the Modernization of Rural France, 1870-1914* (Stanford, CA: Stanford University Press, 1976).

48. Peter Sahlins, *Boundaries: The Making of France and Spain in the Pyrenees* (Berkeley: University of California Press, 1989), 162-63.

49. Frederick J. Turner, "The Significance of the Frontier in American History" (1894), https://www.historians.org/about-aha-and-membership/aha-history-and-archives/archives/the-significance-of-the-frontier-in-american-history (2016년 1월 22일 검색).

50. 미국 서부를 연구하는 저명한 역사가가 제시한 터너에 대한 설득력 있는 비판으로는 다음을 보라. Patricia Nelson Limerick, *The Legacy of Conquest: The Unbroken Past of the American West* (New York: W. W. Norton, 1987).

51. Pekka Hämäläinen and Samuel Truett, "On Borderlands," *Journal of American History* 98 (September 2011): 338.

52. Jeremy Adelman and Stephen Aron, "From Borderlands to Borders: Empires, Nation-States, and the People in Between in North American History," *American Historical Review* 104 (June 1999): 814-41.

53. Richard White, *The Middle Ground: Indians, Empires and Republics in the Great Lakes Region, 1650-1815* (Cambridge: Cambridge University Press, 1991), xi.

54. Ibid., 77-82.

55. Timothy Snyder, *Bloodlands: Europe between Hitler and Stalin* (New York: Basic Books, 2010).

56. Ibid., xi.

57. Ibid., 156-58.

58. 세계사는 좀 더 중립적이고 포용력이 큰 용어로서 가장 광범위한 규모, 어떤 경우에는 지구적 규모의 역사를 의미한다. 지구사는 좀 더 특별한 의미를 가지고 있다고 이해된다. 즉 그것은 린 헌트가 "세계가 더 연결되고 상호의존적으로 되어가는 과정"으로 정의한 세계화라는 용어와 관련이 있다. Hunt, *Writing History in the Global Era* (New York: W. W. Norton 2014), 52. 간단히 말해 '세계'는 규모를 강조하는 반면, '지구'는 상호의존성을 강조한다. 또한 다음을 참조하라. Pamela Kyle Crossley, *What Is Global History?* (Cambridge: Polity Press, 2008).

59. Jerry H. Bentley, "The New World History," in Kramer and Maza, *Companion to Western Historical Thought*, 393-416.

60. Hunt, *Writing History*, 54-55.

61. David Washbrook, "Problems in Global History," in Maxine Berg, ed., *Writing the History of the Global: Challenges for the Twenty-First Century* (Oxford: Oxford University Press, 2013), 21.

62. Crossley, *What Is Global History?*, 54-65.

63. Ibid., 89-95; Hunt, *Writing History*, 56-57.

64. David S. Landes, *The Wealth And Poverty of Nations: Why Some Are So Poor and Some Are So Rich* (New York: W. W. Norton, 1998); Niall Ferguson, *Civilization: The West and the Rest* (London: Allen Lane, 2011).

65. Kenneth Pomeranz, *The Great Divergence: Europe, China, and the Making of a Modern World Economy* (Princeton, NJ: Princeton University Press, 2000), 7, 12.

66. Ibid., 5장.

67. Ibid., 57 ff.

68. Jerry H. Bentley, "Globalizing History and Historicizing Globalization," *Globalizations* I (September 2004): 70-71.

69. Steven Feierman, "African Histories and the Dissolution of World History," in Robert H. Bates, V. Y. Mudimbe, and Jean O'Barr, eds., *Africa and the Disciplines: The Contributions of Research in Africa to the Social Sciences and Humanities* (Chicago: University of Chicago Press, 1993), 168.

70. Dipesh Chakrabarty, *Provincializing Europe: Postcolonial Thought and Historical Difference* (Princeton, NJ: Princeton University Press, 2000), 27-28.

71. Feierman, "African Histories," 176-77. 문명의 정의는 프랑스의 세계사가 페르낭 브로델이 1987년에 내린 바 있다.

72. Carol Gluck, "The End of Elsewhere: Writing Modernity Now," *American Historical Review* 116 (June 2011): 676-77.

73. Richard Wolin, "'Modernity': The Peregrinations of a Contested Historiographical Concept," *American Historical Review* 116 (June 2011):

743; Chakrabarty, *Provincializing Europe*, 8.

74. 영향력 있는 이 학파의 개괄을 위해서는 Prasenjit Duara, "Postcolonial History," in Kramer and Maza, *Companions to Western Historical Thought*, 417–31.

75. Lynn M. Thomas, "Modernity's Failings, Political Claims, and Intermediate Concepts," *American Historical Review* 116 (June 2011): 727.

76. Ibid, 731.

77. Feierman, "African Histories," 193–99.

78. Chakrabarty, *Provincializing Europe*, 16.

79. Nicholas Dirks, "History as a Sign of the Modern," *Public Culture* 2, no, 2 (1990): 25–32; Arif Dirlik, "Is There History after Eurocentrism?" *Cultural Critique* 42 (Spring 1999): 1–34.

3장 무엇의 역사인가?

1. Marc Bloch, *The Historian's Craft*, trans. Peter Putnam (New York: Vintage, 1953), 26.

2. 이러한 방향 전환과 관련한 중요한 시도가 1980년대에 있었다. 필립 아리에스와 조르주 뒤비가 주도하는 가장 저명한 프랑스 역사가 집단이 5권의 《사생활의 역사 (Histoire de la vie privée)》(1985)를 출간했으며 이 책들은 곧 여러 언어로 번역 되었다.

3. Arthur Lovejoy, *The Great Chain of Being: A Study of the History of an Idea* (Cambridge: Cambridge University Press, 1936); E. M. W. Tillyard, *The Elizabethan World Picture* (London: Chatto & Windus, 1943); Paul Oskar Kristeller, *Renaissance Thought: The Classic, Scholstic, and Humanistic Strains* (New York: Harper & Bros., 1961).

4. Arthur Lovejoy, "Reflections on the History of Ideas," *Journal of the History of Ideas* I (1940): 7.

5. Lovejoy, *Great Chain of Being*, 3–5. 러브조이의 시각에 대한 훌륭한 논의를 위 해서는 다음을 보라. William F. Bynum, "The Great Chain of Being after Forty Years: An Appraisal," *History of Science* 13 (1975): 1–28. Darin McMahon, "The Return of the History of Ideas?" in McMahon and Samuel Moyn, eds. *Rethinking Modern Intellectual History* (Oxford: Oxford University Press,

2014), 15–16.

6. Frank Manuel and Fritzie Manuel, *Utopian Thought in the Western World* (Cambridge, MA: Harvard University Press, 1979); Darrin M. McMahon, *Happiness: A History* (New York: Atlantic Monthly Press, 2006); McMahon, *Divine Fury: A History of Genius* (New York: Basic Books, 2013); Sophia Rosenfeld, *Common Sense: A Political History* (Cambridge, MA: Harvard University Press, 2011).

7. Quentin Skinner, "Meaning and Understanding in the History of Ideas," *History and Theory* 8 (1969): 4–35.

8. Ibid., 39–41.

9. Ibid., 48.

10. 스키너의 가장 유명한 동료들로는 정치사상사 연구자 포콕(J. G. A. Pocock)과 18 세기 프랑스 지성사 연구자 키스 마이클 베이커(Keith Michael Baker)가 있다. 최근에 어쨌든 탁월한 젊은 지성사 연구자는 엄격한 맥락주의와 관련한 케임브리 지학파의 주장에 대한 약간의 부정적 측면을 지적한 바 있다. Peter E. Gordon, "Contextualism and Criticism in the History of Ideas," in McMahon and Moyn, *Rethinking Modern European Intellectual History*, 32–55.

11. Peter E. Gordon, "What Is Intellectual History?," http://projects.iq.harvard. edu/harvardcolloquium/pages/what-intellectual-history(2016년 2월 1일 검색. 허가 아래 인용); Daniel Wickberg, "Intellectual History vs. the Social History of Intellectuals," *Rethinking History* 5 (2001): 383.

12. Robert Darnton, "The High Enlightenment and the Low-Life of Literature in Pre-Revolutionary France," *Past & Present* 51 (May 1971): 81–115.

13. 이와 관련한 예시로는 Haydn Mason, ed., *The Darnton Debate: Books and Revolution in the Eighteenth Century* (Oxford: Voltaire Foundation, 1998).

14. Deborah Hertz, *Jewish High Society in Old Regime Berlin* (New Haven, CT: Yale University Press, 1988); Dena Goodman, *The Republic of Letters: A Cultural History of the French Enlightenment* (Ithaca, NY: Cornell University Press, 1994); Paula Findlen et al., eds., *Italy's Eighteenth Century: Gender and Culture in the Age of the Grand Tour* (Stanford, CA: Stanford University Press, 2009).

15. David Armitage, "The International Turn in Intellectual History," in McMahon and Moyn, *Rethinking Modern European Intellectual History* 233.

16. 보다 추상적 '관념'과 보다 구체적 '과학' 사이의 이 같은 대조는 다양한 방식으로 묘사될 수 있고 묘사되어야 한다. 수학의 전 영역은 이념과 과학 사이에 속한다고 말할 수 있고, 17세기 사상가 르네 데카르트와 같은 수학자는 완전히 추상적 연구를 하는 주요 과학자들을 다르게 보지 않았다. 마찬가지로 과학적 연구의 기초를 탐구하는 과정인 과학철학은 아리스토텔레스부터 칼 포퍼, 토머스 쿤, 이언 해킹까지 이어지는 전통에서 확인된 바 있듯이 관념사의 영역과 과학사를 연결한다.

17. Ken Alder, "The History of Science, or, an Oxymoronic Theory of Relativistic Objectivity," in Lloyd Kramer and Sarah Maza, eds., *A Companion to Western Historical Thought* (London: Blackwell, 2002), 303-9, 306에서 인용.

18. Thomas Kuhn, *The Structure of Scientific Revolutions*, 2판 (Chicago: University of Chicago Press, 1970). Edward Garfield, "A Different Sort of Great Books List: The 50 Twentieth Century Works Most Cited in the *Arts & Humanities Citation Index*, 1976-1983," *Current Comments* 10, no. 16 (April 20, 1987): 3-7. 책의 출판 이후 책의 핵심 용어들('정상 과학', '패러다임', '공약 불가능성')과 당사자 쿤은 적지 않은 학술서의 연구 대상이었다. 가장 최근의 예로는 다음이 있다. Vasso Kindi and Theodore Arabatzis, eds., *Kuhn's "The Structure of Scientific Revolutions" Revisted* (New York: Routledge, 2012).

19. Kuhn, *Structure*, viii. '패러다임' 개념은 쿤 자신도 포함된 열화와 같은 학문적 논의를 유발했다. 쿤은 2판(1970) 후기의 대부분을 그 의미를 명확히 하는 데 할애했다. Ibid., 174-98.

20. Ibid., 89-90.

21. Thomas Kuhn, "What Are Scientific Revolutions?," in James Conant and John Haugeland, eds., *The Road since Structure* (Chicago: University of Chicago Press, 2000). 13-20, 20쪽에서 인용.

22. Kuhn, *Structure*, 3.

23. Ibid., 205-6.

24. Jan Golinski, *Making Natural Knowledge: Constructivism and the History of Science* (Cambridge: Cambridge University Press, 2012), 6.

25. Kindi and Arabatzis, "Introduction," in *Kuhn's "Structure*," 1-12. 구성주의에

대한 지속적인 (그리고 무절제한) 공격에 대해서는 다음을 보라. Paul Gross and Norman Leavitt, *Higher Superstition: The Academic Left and Its Quarrels with Science* (Baltimore: John Hopkins University Press, 1994).

26. Golinski, *Making Natural Knowledge*, 7-9.

27. Ibid., 26-27.

28. Steven Shapin and Simon Schaffer, *Leviathan and the Air-Pump: Hobbes, boyle and the Experimental Life* (Princeton, NJ: Princeton University Press, 1985). 협회에서 홉스를 제명한 이유는 129-39쪽에 기술되어 있다.

29. Ibid., 2장, 77-78에서 인용.

30. Ibid., 3장과 4장.

31. Ibid., 332.

32. 또 다른 믿을 만한 작가가 이러한 장치가 어떻게 생겨났는지에 관한 이야기를 전하고 있다. Anthony Grafton, *The Footnote: A Curious History* (Cambridge, MA: Harvard University Press, 1999).

33. Steven Shapin, *A Social History of Truth: Civility and Science in Seventeenth Century England* (Chicago: University of Chicago Press, 1994).

34. Theodore Porter, *The Rise of Statistical Thinking, 1820-1900* (Princeton, NJ: Princeton University Press, 1986); Porter, *Trust in Numbers: The Pursuit of Objectivity in Science and Public Life* (Princeton, NJ: Princeton University Press, 1995).

35. Shapin, *Never Pure: Historical Studies of Science as if It Was Produced by People with Bodies, Situated in Time, Space, Culture, and Society, and Struggling for Credibility and Authority*(Baltimore: John Hopkins University Press, 2010). Baltimore: Johns Hopkins University Press, 2010.

36. Richard Westfall, *Force in Newton's Physics: The Science of Dynamics in the Seventeenth Century* (London: Macdonald and Co., 1971); Betty Jo Teeter Dobbs, *The Foundation of Newton's Alchemy or "The Hunting of the Greene Lyon"* (Cambridge: Cambridge University Press, 1975); Dobbs, *The Janus Faces of Genius: The Role of Alchemy in Newton's Thought* (Cambridge: Cambridge University Press, 1991).

37. Robin Horton, "African Traditional Thought and Western Science, Part I:

From Tradition to Science," *Africa: Journal of the International African Institute* 37, no. 1 (January 1967): 52.

38. Ibid., 64-66.

39. Steven Feierman, *Peasant Intellectuals: Anthropology and History in Tanzania* (Madison: University of Wisconsin Press, 1990); David Shoenbrun, "Conjuring the Modern: Durability and Rupture in Histories of Public Health between the Great Lakes of East Africa," *American Historical Review* 111 (2006): 1403-39.

40. Mario Biagioli, *Galileo, Courtier: The Practice of Science in the Culture of Absolutism* (Chicago: University of Chicago Press, 1993).

41. Pamela Smith, *The Body of the Artisan: Art and Experience in the Scientific Revolution* (Chicago: University of Chicago Press, 2004); Paula Findlen, *Possessing Nature: Museums, Collecting and Scientific Culture in Early Modern Italy* (Berkeley: University of California Press, 1994); Helmar Schramm, *Collection, Laboratory, Theater: Scenes of Knowledge in the Seventeenth Century* (Berlin: Walter de Gruyter, 2005).

42. 여성과 그 외 '무명 기술자'들의 업적에 대해서는 Shapin, *Social History*, 8장을 보라.

43. Simon Schama, *The Embarrassment of Riches: An Introduction of Dutch Culture in the Golden Age* (New York: Knopf, 1987); Neil McKendrick, John Brewer, and J. H. Plumb, *The Birth of a Consumer Society: The Commercialization of Eighteenth-Century England* (London: Europa, 1982); John Brewer and Roy Porter, eds., *Consumption and the World of Goods* (London: Routledge, 1993).

44. 역사 분야 외부로부터의 중요한 영향에 관해서는 다음의 연구서들을 참조. Stephen Greenblatt, *Renaissance Self-Fashioning: From More to Shakespeare* (Chicago: University of Chicago Press, 1980); Judith Butler, *Gender Trouble: Feminism and the Subversion of Identity* (New York: Routledge, 1990).

45. McKendrick, Brewer, and Plumb, *Birth of a Consumer Society*; Arjun Appadurai, ed., *The Social Life of Things: Commodities in Cultural*

Perspective (Cambridge: Cambridge University Press, 1986); Sidney W. Mintz, *Sweetness and Power: The Place of Sugar in Modern History* (London: Penguin, 1986); Nicholas Thomas, *Entangled Objects: Exchange, Material culture, and Colonialism in the Pacific* (Cambridge, MA: Harvard University Press, 1991); Jan de Vries, *The Industrious Revolution: Consumer Behavior and the Household Economy, 1650 to the Present* (Cambridge: Cambridge University Press, 2008).

46. Jennifer M. Jones, *Sexing in Mode: Gender, Fashion, and Commercial Culture in Old Regime France* (Oxford: Berg, 2004).

47. Colin Jones, "The Great Chain of Buying: Medical Advertisement, the Bourgeois Public Sphere, and the Origins of the French Revolution," *American Historical Review* 101 (February 1996): 13–40; T. H. Breen, *The Marketplace of Revolution: How Consumer Politics Shaped American Independents* (Oxford: Oxford University Press, 2004).

48. Lizabeth Cohen, *A Consumer's Republic: The Politics of Mass Consumption in Postwar America* (New York: Knopf, 2003).

49. Colin Campbell, *The Romantic Ethnic and the Spirit of Modern Consumerism* (Oxford: Basil Balckwell, 1987); Roland Marchand, *Advertising the American Dream: Making Way for Modernity, 1920–1940* (Berkeley: University of California Press, 1986); T. J. Jackson Lears, *Fables of Abundance: a Cultural History of Advertising in America* (New York: Basic Books, 1995).

50. Laurel Thatcher Ulrich, *The Age of Homespun: Objects and Stories in the Creation of an American Myth* (New York: Knopf, 2001), 1장.

51. Ibid., 414.

52. Brewer and Porter, "Introduction," in *Consumption and the World of Goods,* 5–6. 예를 들자면 다음의 연구도 보라. Sidney Mintz, *Tasting Food, Tasting Freedom: Excursions into Eating, Power, and the Past* (New York: Beacon Press, 1997); Rachel Laudan, *Cuisine and Empire: Cooking in World History* (Berkeley: University of California Press, 2013).

53. Marcy Norton, "Tasting Empire: Chocolate and the European Internalization of Mesoamerican Aesthetics," *American Historical Review* 111 (June 2006):

660-91.

54. Ibid., 681-82.

55. Ibid., 670.

56. Leora Auslander, "Beyond Words," *American Historical Review* 110 (October 2005): 1017-18. 베네딕트 앤더슨에 관해서는 2장을 보라.

57. Jessica Riskin, "The Restless Clock," in Paula Findlen, ed., *Early Modern Things: Objects and Their Histories, 1500-1800* (London: Routledge, 2013) 84-101, 97-98 인용.

58. Genesis 1:26, 킹 제임스 성경.

59. Keith Thomas, *Man and the Natural world: A History of the Modern Sensibility* (New York: Pantheon, 1983); Andrew Isenberg, "Historicizing Natural Environments: The Deep Roots of Environmental History," in Kramer and Maza, *Companion to Western Historical Thought*, 372-75, 374에서 인용.

60. Ibid., 374-80.

61. J. R. McNeill, "Observations on the Nature and Culture of Environmental History," *History and Theory* 42 (December 2003): 34; J. Donald Hughes, *What Is Environmental History?* (New York: Polity, 2006), 94-97.

62. Isenberg, "Historicizing Natural Envirnment," 383-84. 환경에 대한 자본주의의 영향과 관련한 여전히 유명한 고전적 서술은 다음을 보라. Donald Worster, *Dust Bowl: The Southern Plains in the 1930s* (New York: Oxford University Press, 1979). 아메리카 원주민과 환경에 관한 반(反)'낭만적' 주장은 다음을 보라. Arthur McEvoy, *The Fisherman's Problem: Ecology and Law in the California Fisheries, 1850-1980* (Cambridge: Cambridge University Press, 1986); Shepard Krech III, *The Ecological Indian: Myth and History* (New York: W. W. Norton, 1999).

63. McNeill, "Observations," 7.

64. Paul S. Sutter, "The World with Us: The State of American Environmental History," *Journal of American History* 100 (June 2013): 96.

65. Ibid., 113-15. 예를 들자면 다음을 보라. Andrew Hurley, *Environmental Inequalities: Class, Race, and Industrial Pollution in Gary, Indiana, 1940-*

1980 (Chapel Hill: University of North Carolina Press, 1995).

66. McNeill, "Observations," 42.

67. William Cronon, *Changes in the Land: Indians, Colonists, and the Ecology of New England*, 2nd ed. (1983; New York: Hill and Wang, 2003), 특히 2장과 3장.

68. Ibid., 14.

69. Ibid., 6장.

70. Jared Diamond, *Guns, Germs and Steel: The Fates of Human Societies* (New York: W. W. Norton, 1997), 15.

71. Alfred Crosby, *Ecological Imperialism: The Biological Expansion of Europe, 900-1900*, 2nd ed. (1986; Cambridge: Cambridge University Press, 2004), 2.

72. Ibid., 7.

73. J. R. McNeill, *Mosquito Empires: Ecology and War in the Greater Caribbean, 1620-1914* (Cambridge: Cambridge University Press, 2010), 6.

74. Ibid., 5장.

75. Harriet Ritvo, *The Animal Estate: The English and Other Creatures in the Victorian Age* (Cambridge, MA: Harvard University Press, 1987); Ritvo, "Animal Planet," *Environmental History* 9 (April 2004), 204-20; Erica Fudge, "A Left-Handed Blow: Writing the History of Animals," in Niegel Rothfels, ed., *Representing Animals* (Bloomington: Indiana University Press, 2002), 3-18; Susan Pearson, *The Rights of the Defenseless: Protecting Animals and Children in Gilded Age America* (Chicago: University of Chicago Press, 2011).

76. 마시 노턴(Marcy Norton)의 또 다른 탁월한 논문을 보라. Marcy Norton, "Going to the Birds: Animals as Things and Beings in Early Modernity," in Findlen, *Early Modern Things*, 53-83.

77. Cronon, *Changes in the Land*, 173.

78. Miri Rubin, "Religion," in Ulinka Rublack ed., *A Concise Companion to History* (Oxford: Oxford University Press, 2011), 317-30. 사회적 · 육체적 경험과 종교적 경험 사이의 관련을 다룬 두 편의 걸작 역사 연구서로는 다음이 있다. Caroline Walker Bynum, *Holy Feast and Holy Fast: The Significant of Food*

to Medieval Women (Berkeley: University of California Press, 1987); Peter
Brown, *The Body and Society: Men, Women and Sexual Renunciation in
Early Christianity* (New York: Columbia University Press, 1988).

4장 역사는 어떻게 생산되는가?

1. Adam Hochschild, "Statement about Writing," http://www.liquisearch.com/
adam_hochschild/statement_about_writing (2016년 1월 27일 검색).

2. 유럽에서 여성들이 역사 연구의 전문화에 의해 어떻게 주변화되었는지를 이해하
기 위해서는 다음을 보라. Bonnie Smith, *The Gender of History: Men, Women
and Historical Practice* (Cambridge, MA: Harvard University Press, 1998).

3. Denis Twitchett, *The Writing of Official History under the T'Ang* (New
York: Cambridge University Press, 1992); Rosalind O'Hanlon, "'Premodern'
Pasts: South Asia," in Prasenjit Duara, Viren Murthy, and Andrew Sartori,
eds., *A Companion to Global History Thought* (London: Wiley Blackwell,
2014), 107-21.

4. Jan Vansina, *Oral Tradition as History* (Madison: University of Wisconsin
Press, 1985), 27-44.

5. Georg G. Iggers, *Historiography in the Twentieth Century: From Scientific
Objectivity to the Postmodern Age* (Hanover, NH: Wesleyan University Press,
1997), 1장.

6. Ibid; Georg G. Iggers, "The Professionalization of Historical Studies," in
Lloyd Kramer and Sarah Maza eds., *A Companion to Western Historical
Thought* (London: Blackwell, 2002), 226-29.

7. Henry Adams, *The Education of Henry Adams* (Boston: Houghton Mifflin,
1974), 300. 이 구절에 관심을 갖게 해준 대니얼 임머바르(Daniel Immerwahr)에
게 감사한다.

8. Iggers, "Professionalization," 230-31; Robert Townsend, *History's Babel:
Scholarship, Professionalization, and the Historical Enterprise in the United
States, 1880-1940* (Chicago: University of Chicago Press, 2013), 1, 2, 4
장; Peter Novick, *That Noble Dream: The "Objectivity Question" and the
American Historical Profession* (Cambridge: Cambridge University Press,

1988), 1장.

9. Iggers, "Professionalization," 234-35.

10. Peter Mandler, *History and National Life* (London: Profile Books, 2002), 2장.

11. Novick, *That Noble Dream*, 3장.

12. Townsend, *History's Babel*. 31-35. 2014년 미국역사학회의 회원 수는 1만 3693
명인데 그들 중 16.2퍼센트가 4년제 대학(Four-Year College), 57.3퍼센트는 대학
교(University)에서 일한다고 밝혔다. 설문에 응답하지 않은 21.7퍼센트 또한 이러
한 범주의 많은 사람들을 아마도 포함할 것이기 때문에 현재 미국역사학회 회원의
80퍼센트, 혹은 그 이상을 교수가 차지하고 있다고 가정하는 것이 합리적이다. 2014
년 회원 상황은 미국역사학회 간사인 리즈 타운센드가 이메일을 통해 2014년 1월
28일에 제공했다.

13. 이언 티렐(Ian Tyrrell)은 1960년대 이전 미국에서 학계의 역사와 대중의 역사 간
의 복잡한 관계를 다음 책에서 설명한다. *Historians in Public: The Practice of
American History, 1890-1970* (Chicago: University of Chicago Press, 2005),
3장과 12장. 아쉽게도 더 최근 시기와 관련하여 필적할 만한 종합적 연구는 없는 것
같다.

14. 특히 사이먼 샤마와 같은 영국의 '유명 역사가'들에 관한 논의를 위해서는 다음
을 보라. Jerome de Groot, *Consuming History: Historians and Heritage in
Contemporary Popular Culture* (London: Routledge, 2009), 17-22.

15. Stefanie Cohen, "Fourscore and 16000 Books," *Wall Street Journal*, October
12, 2012. 수도 워싱턴의 포드극장박물관은 링컨에 관한 책으로 만든 9.5미터 높이
의 탑을 전시 중이다.

16. Gordon Wood, "The Man Who Would Not Be King," *New Republic Online*,
December 16, 2004, http://newrepublic.com/article/.../goerge-washington-
founders-gilbert-st (2016년 1월 27일 검색).

17. Adam Hochschild, *King Leopold's Ghost: A Story of Greed, Terror, and
Heroism in Central Africa* (New York: Houghton Mifflin, 1999).

18. Ibid., 8-11, 15장.

19. Alan Riding, "Belgium Confronts Its Heart of Darkness: Unsavory Colonial
Behavior in the Congo Will Be Tackled by a New Study," *New York Times*,
September 21, 2002; Debora L. Silverman, "Diasporas of Art: History, The

Royal Tervuren Museum, and the Politics of Memory in Belgium, 1885–2014," *Journal of Modern History* 87 (September 2015), 16–18.

20. 2300만 명 이상이 번스의 남북전쟁에 관한 최초 두 편을 시청했고, 1400만 명이 9편 모두를 시청했다고 지적하면서 "켄 번스는 미국에서 가장 유명한 역사가다"라고 데이비드 하란(David Harlan)이 썼다. Harlan, "Ken Burns and the Coming Crisis of Academic History," *Rethinking History* 7, no. 2 (2003): 169.

21. De Groot, *Consuming History*, 149–60; Marnie Hughes–Warrington, *History Goes to the Movies: Studying History on Film* (London: Routledge, 2007), 6장.

22. Eric Foner, *Who Owns History?* (New York: Hill and Wang, 2002), 9장; Robert Brent Toplin, ed., *Ken Burns's The Civil War: Historians Respond* (Oxford: Oxford University Press, 1996), 6장, 7장. 그리고 여성사와 전쟁사 전공 역사가들의 비판은 같은 책 4장, 8장을 보라.

23. 데이비드 하란과 같이 번스에게 호의적인 평론가조차도 번스의 전반적 시각은 대다수 학계의 역사가들보다 더 낙관적이고 덜 비판적이라고 지적한다. Harlan, "Ken Burns," 171–80.

24. Sean Wilentz, "America Made Easy," *New Republic*, July 2, 2001, 35–40.

25. 로언솔의 짧지만 특히 논쟁적 입장에 대해서는 그의 다음 논문 "Fabricating Heritage," *History and Memory* 10 (Spring 1998): 5–24; 또한 다음을 보라. *The Past Is a Foreign Country* (Cambridge: Cambridge University Press, 1985), 6장; Lowenthal, *The Heritage Crusade and the Spoils of History* (Cambridge: Cambridge University Press, 1998). 마사다에 대해서는 다음을 보라. Yael Zerubavel, "The Death of Memory and the Memory of Death: Masada and the Holocaust as Historical Metaphors," *Representations* 45 (1994): 72–100; Zuleika Rodgers, ed., *Making History: Josephus and Historical Method* (Leiden: Brill, 2007).

26. Lowenthal, "Fabricating Heritage," 8.

27. James Oliver Horton and Lois E. Horton, eds., *Slavery and Public History: The Tough Stuff of American Memory* (Chapel Hill: University of North Carolina Press, 2006). 몬티첼로에 대해서는 7장을 보라.

28. James Oliver Horton, "Slavery in American History: An Uncomfortable Debate," in Ibid., 49–53.

29. '공공의 역사'는 일반적으로 역사유적, 박물관, 국립공원, 문서보관서와 같이 대중을 과거에 접근할 수 있게 하는, 역사가들에 의해 만들어진 성과를 의미한다. 그렇지만 그 실천자들은 '공공의'라는 말의 의미가 공적 지원을 받는다는 의미인지, 공적으로 열려 있다는 의미인지, 공적 기여와 진보적 의제에 헌신해야 한다는 의미인지, 혹은 이러한 것들 중 일부를 결합한다는 의미인지, 그리고 공공의 역사가 학계와 관계를 맺어야만 하는지에 대해 견해를 달리한다. 다음을 보라. Denise D. Meringolo, *Museums, Monuments and National Parks: Toward a New Genealogy of Public History* (Amherst: University of Massachusetts Press, 2012), xiii–xxv. 미국에서 공공의 역사의 기원에 대한 설명은 Tyrrell, *Historians in Public*, 9장을 보라.

30. Meringolo, *Museums*, 3장.

31. Ibid., 160–63.

32. Roy Rosenzweig and David Thelen, *The Presence of the Past: Popular Uses of History in American Life* (New York: Columbia University Press, 1998).

33. Ibid., 106–7. 로젠츠바이크와 텔런의 조사 이후 역사박물관의 방문자는 지속적으로 감소하고 있다. 다음을 보라. Cary Carson, "The End of History Museums: What's Plan B?," *Public Historian* 30 (Fall 2008): 9–27.

34. Ludmilla Jordanova, *History in Practice*, 2nd ed. (London: Bloomsbury Academic 2006), 126–31.

35. 이하의 설명은 다음의 글에 의존하고 있다. Edward Linenthal, "Anatomy of a Controversy," in Linenthal and Tom Englehardt, eds., *History Wars: The Enola Gay and Other Battles for the American Past* (New York: Henry Holt, 1996): 9–62.

36. Ibid., 20.

37. 파리의 케브랑리박물관과 마르세유의 유럽과 지중해 문명미술관의 역사적 시각, 혹은 그에 따른 역사의식의 부재를 둘러싼 논쟁을 종합적으로 다룬 글은 다음을 보라. Caroline Ford, "Museums after Empire in Metropolitan and Overseas France," *Journal of Modern History* 82 (September 2010): 625–61; Daniel J. Sherman, *French Primitivism and the Ends of Empire, 1945–1975* (Chicago: University of Chicago Press, 2011), 191–211.

38. Adam Hochschild, "In the Heart of Darkness," *New York Review of Books*

52, no. 15 (October 6, 2005).

39. Silverman, "Diasporas of Art," 16.

40. Novick, *That Noble Dream*, 1장.

41. J. S. A. Adamson, "The English Nobility and the Projected Settlement of 1647," *Historical Journal* 30 (1987): 567-602; Mark Kishlansky, "Saye What," *Historical Journal* 33 (1990): 917-37이 그 이후의 논쟁을 촉발한 선제공격이었다.

42. Christopher Browning, *Ordinary Men: Reserve Battalion 101 and the Final Solution in Poland*, 2nd ed. (New York: HarperCollins, 1998), 47-48.

43. Ibid., 1장, 8장.

44. Ibid., xvi.

45. Ibid., 18장. 브라우닝의 분석은 1960년대 예일대학의 스탠리 밀그램(Stanley Milgram)이 수행한 유명한 실험에 의존한다. 실험에 따르면 알려지지 않은 실험주체는 (고통으로 비명을 지르지만 사실은 연기를 하고 있는) 또 다른 실험주체에게 가하는 전기충격의 강도를 기꺼이 높이고 싶어했다. 왜냐하면 과학적으로 권위 있는 연구자가 그렇게 해도 아무런 잘못이 아니라는 것을 그들에게 확신시켰기 때문이다.

46. Daniel Jonah Goldhagen, "The Evil of Banality," *New Republic* 207 (July 13-20, 1992), 52.

47. Daniel Jonah Goldhagen, *Hitler's Willing Executioners: Ordinary German and the Holocaust* (New York: Knopf, 1996), 9.

48. Ibid., 48.

49. 이 문제에 대한 현재의 상황에 대해서는 다음을 보라. Peter Longerich, *Holocaust: The Nazi Persecution and Murder of the Jews* (Oxford: Oxford University Press, 2010); Peter Kenez, *The Coming of the Holocaust: From Antisemitism to Genocide* (Cambridge: Cambridge University Press, 2013).

50. 과거사 극복이라고 불리는 독일의 전후 속죄문화의 많은 징후 중의 하나로서 골드하겐의 책은 독일에서 더 많이 팔렸다. 판매 부수에 대해서는 John Röhl, "Ordinary Germans and Hitler's Willing Executioners: The Goldhagen Controversy," in William Lamont, ed. *Historical Controversies and Historians* (London: UCL Press, 1998), 16을 보라. 책에 대한 독일의 반응에 대

해서는 Robert R. Schadley, ed., *Unwilling Germans? The Goldhagen Debate*, trans. Jeremiah Riemer (Minneapolis: University of Minnesota Press, 1998) 를 보라. 골드하겐의 책에 대한 철저한 학문적 비판에 대해서는 Ruth Bettina Birn, "Revising the Holocaust," *Historical Journal* 40 (1997): 195-215.

51. Gerald Kavanaugh, "The Present State of French Revolutionary Historiography: Alfred Cobban and Beyond," *French Historical Studies* 7 (Fall 1972): 587-606, 특히 596-97.

52. 이 분야의 '정통주의적' 설명과 '수정주의적' 설명의 고전적 기술은 William Doyle, *Origins of the French Revolution*, 3rd ed., (Oxford: Oxford University Press, 1999)이 있다. 최근의 연구로는 Thomas Kaiser and Dale Van Kley, eds., *From Deficit to Deluge: The Origins of the French Revolution* (Stanford, CA: Stanford University Press, 2010)을 보라.

53. Alfred Cobban, *The Social Interpretation of the French Revolution* (Cambridge: Cambridge University Press, 1964).

54. Gorge V. Taylor, "Non-Capitalist Wealth and the Origins of the French Revolution," *American Historical Review* 72 (1967): 491.

55. 그 예로는 Suzanne Desan, "What's after Political Culture? Recent French Revolutionary Historiography," *French Historical Studies* 23 (2000): 163-96.

56. 최근의 종합적 시각에 대해서는 다음을 보라. Melvyn Leffler, "The Cold War: What Do 'We Now Know?'" *American Historical Review* 104 (1999): 501-24; Odd Arne Westad, *Reviewing the Cold War* (London: Frank Cass, 2000); Richard Immerman and Petra Goedde, eds., *The Oxford Handbook of the Cold War* (Oxford: Oxford University Press, 2013).

57. Laurel Thatcher Ulrich, *A Midwife's Tale: The Life of Martha Ballard, Based on Her Diary, 1785-1812* (New York: Knopf, 1990), 8-9.

58. Ulrich, *Midwife's Tale*, 102. 일기의 날짜는 1789년 10월 1일이다.

59. Ibid., 32.

60. Ibid., 21, 33.

61. 예를 들어 다음을 보라. John Tosh, *The Pursuit of History*, 5th ed. (Harlow: Pearson, 2010), 4장; Martha Howell and Walter Prevenier, *From Reliable Sources: An Introduction to Historical Methods* (Ithaca, NY: Cornell

University Press, 2001), 1장.

62. Tosh, *The Pursuit of History*, 124–30; Howell and Prevenier, *From Reliable Sources*, 60–68.

63. Jennifer S. Milligan, "'What Is Archive?' in the History of Modern France," in Antoinette Burton, ed. *Archive Stories: Facts, Fictions, and the Writing of History* (Durham, NC: Duke University Press, 2005), 161.

64. Michel-Rolph Trouillot, *Silencing the Past: Power and the Production of History* (Boston: Beacon Press, 1995), 52.

65. Antoinette Burton, "Introduction," in *Archive Stories*, 7.

66. Emmanuel Le Roy Ladurie, *Montaillou: The Promised Land of Error*, trans. Barbara Bray (New York: George Brazillier, 1978), 141.

67. Trouillot, *Silencing the Past*, 35–69.

68. Ibid., 65.

69. Ibid., 48.

70. Jan Vansina, *Paths in the Rainforests: Toward a History of Political Tradition in Equatorial Africa* (Madison: University of Wisconsin Press, 1990), 특히 1장; David Schoenbrun, *A Green Place, a Good Place: Agrarian Change, Gender, and Social Identity in the Great Lakes Region to the Fifteenth Century* (Portsmouth, NH: Heinemann, 1998), 3–61; Christopher Ehret, "Linguistic Archaeology," *African Archaeological Review* 29 (September 2012): 109–30.

71. 다소 이해하기 어려운 이름의 '언어연대학'이라는 부가적 기술은 언어의 대략적 연대를 정하기 위해 언어 변화와 관련한 평균 기간을 연구자들이 확정할 수 있게 해준다. Vansina, *Paths in the Rainforests*, 16.

72. Ehret, "Linguistic Archaeology," 24.

73. 구술사의 핵심 내용에 관해서는 다음을 보라. Donald A. Ritchie, *Doing Oral History*, 3rd ed. (Oxford: Oxford University Press, 2014).

74. Howell and Prevenier, *From Reliable Sources*, 26–27.

75. Alessandro Portelli, "The Peculiarities of Oral History," *History Working Journal* 12 (Fall 1981): 99. 또한 다음의 6장을 보라. "Oral History," in Anna Green and Kathleen Troup, eds., *The House of History: A Critical Reader*

in Twentieth Century History and Theory (New York: New York University Press, 1999), 230-52; Gwyn Prins, "Oral History," in Peter Burke, ed. *New Perspectives on Historical Writing* (University Park: Penn State University Press, 1991), 114-39.

76. Gail Hershatter, *The Gender of Memory: Rural Women and China's Collective Past* (Berkeley: University of California Press, 2011), 19.

77. Ibid., 287-88.

78. Ibid., 192.

5장 원인이 중요한가 의미가 중요한가?

1. Edward Hallett Carr, *What is History?* (New York: Random House, 1961), 113.

2. Robert Schneider, "Explaining Historical Change: or, The Lost History of Causes," *American Historical Review* 120, no. 4 (October 2015): 1370.

3. Ernst Breisach, *Historiography: Ancient, Medieval, and Modern* (Chicago: University of Chicago Press, 2007), 15-16, 46-48.

4. J. E. Lendon, "Historical Thought in Ancient Rome," in Lloyd Kramer and Sarah Maza eds., *A Companion to Western Historical Thought* (London: Blackwell, 2002), 60-77; Clayton Roberts, *The Logic of Historical Explanation* (University Park: Penn State University Press, 1996), 274.

5. Johnson Kent Wright, "Historical Thought in the Era of the Enlightenment," in Kramer and Maza, *Companion to Western Historical Thought*, 123-42.

6. Roberts, *Logic of Historical Explanation*, 274-75; Peter Reill, *The German Enlightenment and the Rise of Historicism* (Berkeley: University of California Press, 1975).

7. 19세기의 인과적 결정론과 이후의 쇠퇴에 대해서는 다음을 보라. Stephen Kern, *A Cultural History of Causality: Science, Murder Novels, and Systems of Thought* (Princeton, NJ: Princeton University Press, 2004), 1-26.

8. 두 학문 사이의 차이를 이렇게 정식화하는 데 도움을 준 인디라 라만(Indira Raman)에게 감사한다.

9. Roberts, *Logic of Historical Explanation*, 3-15.

10. Barrington Moore Jr., *Social Origins of Dictatorship and Democracy*: *Lord and Peasant in the Making of the Modern World* (Boston: Beacon Press, 1966). 이 책에 대한 유용한 논의와 책의 평가에 대해서는 다음을 보라. Jonathan Weiner, "The Barrington Moore Thesis and Its Critics," *Theory and Society* 2 (Autumn 1975): 301-30.

11. Theda Skocpol, *States and Social Revolutions*: *A Comparative Analysis of France, Russia, and China* (Cambridge: Cambrdige University Press, 1979).

12. Roberts, *Logic of Historical Explanation*, 8.

13. George Fredrickson, *White Supremacy*: *A Comparative Study in American and South African History* (Oxford: Oxford University Press, 1981); Susan Pedersen, *Family, Dependence and the Origins of the Welfare State*: *Britain and Frence, 1914-1945* (New York: Cambridge University Press, 1993); Jonathan Steinberg, *All or Nothing*: *The Axis and the Holocaust 1941-1943* (London: Routledge, 1990). 노예제를 비교한 문헌에 대한 개괄을 위해서는 다음을 보라. Enrico Dal Lago, "Comparative Slavery," in Mark M. Smith and Robert L. Parnelle, eds., *The Oxford Handbook of Slavery in the Americas* (Oxford: Oxford University Press, 2010), 664-84.

14. Peter Baldwin, "Comparing and Generalizing: Why All History Is Comparative, Yet No History Is Sociology," in Deborah Cohen and Maura O'Connor, eds., *Comparison and History*: *Europe in Cross-National Perspective* (London: Routledge, 2004), 1-22; George Fredrickson, *The Comparative Imagination*: *On the History of Racism, Nationalism, and Social Movements* (Berkeley: University of California Press, 2004).

15. Peter Kolchin, *Unfree Labor*: *American Slavery and Russian Serfdom* (Cambridge, MA: Harvard University Press, 1987).

16. Walter L. Adamson, "Marxism and Historical Thought," in Kramer and Maza, *Companion to Western Historical Thought*, 209-16.

17. Mark Cowling and James Martin, eds., *Marx's "Eighteenth Brumaire"*: *(Post) Modern Interpretations*, trans. Terrell Carver (London: Pluto Press, 2002), 19.

18. Harvey J. Kaye, *The British Marxist Historians*: *An Introductory Analysis*

(Cambridge: Polity Press, 1984).

19. E. P. Thompson, *The Making of the English Working Class* (New York: Vintage, 1963), 9.

20. Traian Stoianovich, *French Historical Method: The Annales Paradigm* (Ithaca, NY: Cornell University Press, 1976); Peter Burke, *The French Historical Revolution: The Annales School, 1929-1989* (Cambridge: Polity Press); George G. Iggers, *Historiography in the Twentieth Century: From Scientific Objectivity to the Postmodern Challenge* (Hanover, NH: Wesleyan University Press, 1997), 5장.

21. 린 헌트는 "동유럽과 서유럽, 라틴아메리카, 일본, 아프리카에서의 역사 연구에 관한 논문들이 수록된 《역사 연구 국제안내서(International Handbook of Historical Studies)》(1979)에는 마르크스와 마르크스주의를 제외한 그 밖의 다른 주제보다 아날학파에 관한 항목이 더 많다"라고 지적한다. Hunt, "French History in the Last Twenty Years: The Rise and Fall of the Annales Paradigm," *Journal of Contemporary History* 21 (1986): 210.

22. Fernand Braudel, *The Mediterranean and the Mediterranean World in the Age of Philip* II, 2 vols. (New York: Harper and Row, 1972-1973).

23. Burke, *French Historical Revolution*, 42.

24. 위의 책에서 인용, 35쪽.

25. 대표적인 저서 몇 권을 들자면 다음과 같다. Philppe Ariès, *L'enfant et la vie familiale sous l'Ancien Régime* (Paris: Plon, 1960); Ariès, *L'homme devant la mort* (Paris: Le Seuil, 1977); Jean Delumeau, *La peur en Occident, XIVe-XVIIIe siècles* (Paris: Fayard, 1978); Michel Vovelle, *La mort et l'Occident de 1300 à nos jours* (Paris: Gallimard, 1983).

26. Hunt, "French History," 213-14.

27. Carr, *What Is History?* 117; Niall Ferguson, ed., *Virtual History: Alternatives and Counterfactuals* (New York: Basic books, 1999), 44-56.

28. Carr, *What Is History?* 137-38.

29. Ibid., 137-43.

30. Mark Hewitson, *History and Causality* (London: Palgrave, 2014), 87-93; Ferguson, *Virtual History*, 54-55; Richard Evans, *In Defense of History*

(New York: W. W. Norton, 1999), 5장; John Lewis Gaddis, *The Landscape of History: How Historians Map the Past* (Oxford: Oxford University Press, 2002), 93-95.

31. Gaddis, *Landscape of History*, 96.

32. Lawrence Stone, *The Causes of the English Revolution, 1529-1642* (New York: Harper & Row, 1972).

33. Ibid., 9-10.

34. Gaddis, *Landscape of History*, 95-100. 개인의 유무죄를 확정하는 법적 기준과도 그것이 일치한다고 지적하면서 로버츠 또한 이러한 주장을 하고 있다. Roberts, *Logic of Historical Explanation*, 123.

35. Ferguson, *Virtual History*, 71-90.

36. Roberts, *Logic of Historical Explanation*, 특히 2장.

37. John Holte, ed., *Chaos: The New Science* (Lanham, MD: University Press of America, 1993).

38. Roberts, *Logic of Historical Explanation*, 135, 137. 구조를 정의하는 어려움과 관련한 계몽적 논의로는 다음을 보라. William H. Sewell Jr., *Logics of History: Social Theory and Social Transformation* (Chicago: University of chicago Press, 2005), 4장.

39. Sewell, *Logics of History*, 7장; Marshall Sahlins, *Islands of History* (Chicago: University of Chicago Press, 1985), 1, 3, 4장. 슈얼이 지적했듯이 가나나스 오비에스커(Gananath Obeyesekere)는 다음의 책에서 쿡의 상륙을 둘러싼 사건 및 그에 뒤이은 사건에 대한 샐린스의 해석을 날카롭게 비판했다. *The Apotheosis of Captain Cook: European Mythmaking in the Pacific* (Princeton, NJ: Princeton University Press, 1992). 오비에스커는 하와이 원주민들이 쿡의 상륙을 자신들의 종교적 테두리 안에서 해석했다는 관념은 유럽의 자료들에 의존한 유럽적 투사라고 주장한다.

40. Ibid., 202.

41. Marshall Sahlins, *Historical Metaphors and Mythical Realities: Structure in the Early History of the Sandwich Islands Kingdom* (Ann Arbor: University of Michigan Press, 1981), 22-26.

42. 슈얼은 이 표현을 또 다른 분석 대상인 프랑스혁명 시작기의 바스티유 감옥 습격 사

건에도 적용한다.

43. William H. Sewell, in Schneider, "Explaining Historical Change, or: The Lost History of Causes," 1380. 토론의 제목이 암시하듯이 모든 참가자들은 인과관계에 대한 전통적 시각이 약화되었다 하더라도 역사가들의 문제 제기에서 '변화'의 지속적인 중요성을 강조한다.

44. R. Bin Wong, "Causality," in Ulinka Rublack, ed., *A Concise Companion to History* (Oxford: Oxford University Press, 2011), 27-56, 특히 40.

45. Carlo Ginzburg, *The Cheese and the Worms: The Cosmos of a Sixteenth-Century Miller*, trans. John and Anne Tedeschi (Baltimore: Johns Hopkins University Press, 1980), 6, 10, 76.

46. Ibid., 5-6.

47. 이 문제와 관련하여 시사하는 바가 큰 논의는 다음을 보라. Jill Lepore, "Historians Who Love Too Much: Reflections on Microhistory and Biography," *Journal of American History* 88 (2001): 129-44.

48. 이탈리아 1세대 미시사가의 대표 논문과 더불어 그들에 대한 소개를 위해서는 다음을 보라. Edward Muir and Guido Ruggiero, eds., *Microhistory and the Lost People of Europe*, trans. Eren Branch (Baltimore: Johns Hopkins University Press, 1991).

49. John Demos, *The Unredeemed Captive: A Family Story from Early America* (New York: Knopf, 1994); Natalie Zemon Davis, *The Return of Martin Guerre* (Cambridge, MA: Harvard University Press, 1983); Jonathan Spence, *The Question of Hu* (New York: Vintage, 1988); Patricia Cline Cohen, *The Murder of Helen Jewett: the Life and Death of a Prostitute in Nineteenth Century New York* (New York: Vintage, 1998); James E. Goodman, *Stories of Scottsboro* (New York: Pantheon, 1994).

50. 이탈리아 미시사의 원조집단 내부의 분화에 대해서는 다음을 보라. David Bell, "Total History and Microhistory: The French and Italian Paradigms," in Kramer and Maza, *Companion to Western Historical Thought*, 269-73; Francesca Trivellato, "Is There a Future for Italian Microhistory in the Age of Global History?," *California Italian History* 2 (2011): 5-6; Sigurður Gylfi Magnússon and István M. Szijártó, eds., *What Is Microhistory? Theory and*

Practice (London: Routledge, 2013), 1장.

51. Giovanni Levi, "On Microhistory," in Peter Burke, ed., *New Perspectives on Historical Writing* (University Park: Penn State University Press, 1991), 95–98; Trivellato, "Is There a Future?" 5.

52. Robert Danton, "Workers Revolt: The Great Cat Massacre of the Rue Saint-Séverin," in *The Great Cat Massacre and Other Episodes in French Cultural History* (New York: Basic Books, 1984), 75–104.

53. Ibid., 77–78.

54. Ibid., 98.

55. Lepore, "Historians Who Love Too Much," 133.

56. Ginzburg, *The Cheese and the Worms*, 128.

57. Muir and Ruggiero, *Microhistory*, xiv.

58. Darnton, *Great Cat Massacre*, 6.

59. Ibid., 260.

60. Clifford Geertz, "Thick Description: Toward an Interpretive Theory of Culture," in *The Interpretation of Culture: Selected Essays* (New York: HarperCollins, 1973), 3–30.

61. Ibid., 6–7.

62. 자주 인용되는 기어츠의 문화에 대한 정의는 다음과 같다. "막스 베버와 더불어 인간은 자신이 만들어놓은 의미의 망에 매달려 있는 동물이라고 믿기 때문에 나는 문화를 그러한 망으로 간주한다. 그리하여 문화 분석은 법칙을 찾는 실험과학일 수가 없고 의미를 찾는 해석의 과학이어야 한다." Ibid., 5. 발리의 닭싸움에 대해서는 같은 책 15장 참조.

63. 이러한 새로운 경향은 다음과 같은 영향력 있는 논문집에서 그 이름을 차용했다. Lynn Hunt, ed., *The New Cultural History* (Berkeley: University of California Press, 1989).

64. Lynn Hunt, *Politics, Culture and Class in the French Revolution* (Berkeley: University of California Press, 1984); Hunt, *The Family Romance of the French Revolution* (Berkeley: University of California Press, 1992).

65. Levi, "On Microhistory," 108–9; Magnússon and Szijártó, *What is Microhistory?*, 19; Robert Chartier, "Text, Symbols and Frenchness," *Journal*

of Modern History 57 (1985): 689-94.

66. Lynn Hunt, "Introduction," in *New Cultural History*, 1-6; Peter Burke, *What Is Cultural History?* 2nd ed. (Cambridge: Polity Press, 2008), 41.

67. 광대한 이 분야의 개괄을 위해서는 다음을 보라. David Finkelstein and Alistair MeCreary, *The Book History Reader*, 2nd ed. (London: Routledge, 2006); Alexis Weedon et al., eds, *The History of the Book in the West: A Library of Critical Essays*, 5 vols. (Burlington, VT: Ashgate, 2010).

68. Robert Darnton, "History of reading," in Burke, *New Perspectives*, 148-49.

69. Ibid., 160. 호젓한 독서와 자위와의 연관에 대해서는 다음을 보라. Thomas Laqueur, *Solitary Sex: A Cultural History of Masturbation* (New York: Zone Books, 2003).

70. Roger Chartier, ed. *Pratiques de la lecture* (Marseille: Rivages, 1985); 다음의 책에 있는 다양한 논문 또한 참조. Chartier and Henri-Jean Martin, eds., *Histoire de l'édition française* 4 vols. (Paris: Promodis, 1982-1986); Guglielmo Cavallo and Chartier, eds., *A History of Reading in the West* (Amherst: University of Massachusetts Press, 2003); Paul Saenger, *Space between Words: The Origins of Silent Reading* (Stanford, CA: Stanford University Press, 1997).

71. Darnton, "Readers Respond to Rousseau: The Fabrication of Romantic Sensitivity," in *Great Cat Massacre*, 215-56; Janice A. Radway, *Reading the Romance: Women, Patriarchy and Popular Culture* (Chapel Hill: University of California Press, 1984).

72. Judith R. Walkowitz, *City of Dreadful Delight: Narratives of Sexual Danger in Late-Victorian London* (Chicago: University of Chicago Press, 1992).

73. 푸코에 대한 학문적 평가는 풍부하며 때로는 이해하기도 어렵다. 푸코 사상의 전개를 알아보기 위한 가장 좋은 시작은 전기를 통해서다. 특히 다음을 보라. Didier Eribon, *Michel Foucault*, trans. Betsy Wing (Cambridge, MA: Harvard University Press, 1991); James Miller, *The Passion of Michel Foucault* (New York: Simon and Schuster, 1993). 또한 다음도 보라. Alan Megill, "The Reception of Foucault by Historians," *Journal of the History of Ideas* 48 (1987): 117-41; Jan Goldstein, ed., *Foucault and the Writings of History*

(Oxford: Blackwell, 1994).

74. Miller, *Passion*, 98.

75. John Toews, "Linguistic Turn and Discourse Analysis in History," in Neil Smelser and Paul Baltes, eds., *International Encyclopedia of the Social and Behavioral Sciences*, vol. 13 (Amsterdam: Elsevier, 2001), 8917.

76. 특별하게 명료한 논의로는 다음이 있다. Patricia O'Brien, "Foucault's History of Culture," in Hunt, *New Cultural History*, 25-46, 특히 34-36.

77. 예를 들자면 다음을 보라. George Huppert, "Divinatio et Eruditio: Thoughts on Foucault," *History and Theory* 13 (1974): 191-207; H. C. Erik Midelfort, "Madness and Civilization in Early Modern Europe: A Reappraisal on Michel Foucault," in Barbara C. Malament, ed., *After the Reformation: Essays in Honor of J. H. Hexter* (Philadelphia: University of Pennsylvania Press, 1980), 247-65.

78. Lawrence Stone, "Madness," *New York Review of Books*, 29, no. 20 (December 16, 1982).

79. Michel Foucault, *The Archaeology of Knowledge*, trans. Alan Sheridan (New York: Pantheon, 1972), 144.

80. 이 용어는 푸코가 가장 크게 영향받았던 철학자 니체로부터 차용한 것이다. 다음을 보라. Alan Sheridan, *Michel Foucault: The Will to Truth* (London: Tavistock, 1980), 115-20.

81. Ibid., 89-110, 93에서 인용(《지식의 고고학》에서).

82. O'Brien, "Foucault's History of Culture," 44.

83. Thomas Laqueur, *Making Sex: Body and Gender from the Greeks to Freud* (Cambridge, MA: Harvard University Press, 1990).

84. Ibid., 127.

85. Ibid., 2장.

86. Ibid., 11.

87. 예를 들자면 다음을 보라. Evans, *In Defense of History*, 6장과 7장.

88. Geertz, *Interpretation of Cultures*, 30.

89. Keith Michael Baker, "On the Problem of the Ideological Origins of French Revolution," in Dominick LaCapra and Steven Kaplan, eds., *Modern*

European Intellectual History: Reappraisals and New Perspectives (Ithaca, NY Cornell University Press, 1982), 200. 베이커 스스로는 문화사에 동조적이었다.

90. Lynn Hunt, "Where Have All the Theories Gone?," *Perspectives on History* (March 2002), 5.

91. 이에 대한 예로는 Joan Scott, "History-Writing as Critique," in Keith Jenkins, Sue Morgan, and Alun Munslow, eds., *Manifestos for History* (New York: Routledge, 2007), 19-38; Gary Wilder, "From Optic to Topic: The Foreclosure Effect of Historiographic Turns," *American Historical Review* 117 (June 2012): 723-45.

6장 역사는 사실인가 허구인가?

1. 역사가의 본질적 '이중성'에 대한 심오한 기원과 관련해서는 다음을 보라. Ann Curthoys and John Docker, *Is History Fiction?* (Ann Arbor: University of Michigan Press, 2005), 1-6장.

2. Peter Novick, *That Noble Dream: The "Objectivity Question" and the American Historical Profession* (Cambridge: Cambridge University Press, 1988), 21-40. 38-39에서 인용. Joyce Appleby, Lynn Hunt, and Margaret Jacob, *Telling the Truth about History* (New York: W. W. Norton, 1994), 2장.

3. Charles-Victor Langlois and Charles Seignobos, *Introduction aux études historiques* (1898), Novick, *That Noble Dream*, 39에서 재인용.

4. Novick, *That Noble Dream*, 1-2.

5. Ibid., 63-68, 169-75, 491; 172-73에서 재인용.

6. Appleby, Hunt, and Jacob, *Telling the Truth*, 129-30.

7. Ibid., 4장; Novick, *That Noble Dream*, 4-6장.

8. Novick, *That Noble Dream*, 362-66. 366에서 인용.

9. Ibid., 13장.

10. Ibid., 366-67, 491-93. Robert B. Townsend, "The Status of Women and Minorities in the History Profession, 2008," *Perspectives on History*, September 2008. 1961년부터 1980년까지 여성의 비율은 역사학과 교수의 20퍼센트 정도였지만 이후 20년 동안 30~35퍼센트, 2000년부터 2008년까지는 47퍼센트

로 늘었다.

11. Novick, *That Noble Dream*, 491-93.

12. August Meier and Elliott Rudwick, *Black History and the Historical Profession, 1915-1980* (Urbana: University of Illinois Press, 1986), 289-93; Novick, *That Noble Dream*, 472-79. 1960년대부터 2000년대까지 역사학과 교수로 채용된 소수자의 비율은 15퍼센트 정도에서 정체되어 있다. Townsend, "Status of Women and Minorities."

13. 가장 훌륭한 종합적 논의로는 Daniel Woolf, *A Global History of History* (Cambridge: Cambridge University Press, 2011). 또한 다음을 보라. Prasenjit Duara, Viren Murthy, and Andrew Sartori, eds., *A Companion to Global Historical Thought* (Oxford: Wiley Blackwell, 2014), 그리고 다음에 수록된 많은 논문들. *The Oxford History of Historical Writing*, 5 vols. (Oxford: Oxford University Press, 2011-2015).

14. Woolf, *Global History*, 51-52.

15. Ibid., 53-66; Burton Watson, Ssu-Ma Ch'ien., *Grand Historian of China* (New York: Columbia University Press, 1958), 상세한 전기는 2장.

16. Woolf, *Global History*, 127-29, 211-25.

17. Ibid., 5장.

18. 위의 책 16에서 재인용. 또한 다음을 보라. Frederick Cooper, "Africa's Pasts and Africa's Historians," *Canadian Journal of African Studies* 34 (2000): 298-336.

19. Jennifer Pitts, "The Global in Enlightenment Historical Thought," in Duara, Murthy, and Sartori, *Companion to Global Historical Thought*, 184-96; Woolf, *Global History*, 281-340, 흄은 283, 기네는 317에서 재인용.

20. Ibid., 8장.

21. 이하의 논의는 구조주의 및 포스트구조주의와 관련하여 예외적으로 명확한 기술을 하고 있는 다음의 책에 의존한다. Terry Eagleton, *Literary Theory: An Introduction*, 3rd ed. (Oxford: Blackwell, 2008), 3장과 4장.

22. Ibid., 98-99. 또한 다음을 보라. Appleby, Hunt, and Jacob, *Telling the Truth*, 215-16.

23. Ibid., 110-16.

24. John Toews, "Linguistic Turn and Discourse Analysis in History," in Neil Smelser and Paul Baltes, eds., *International Encyclopedia of the Social and Behavioral Sciences*, vol. 13 (Amsterdam: Elsevier, 2001), 8916-22.

25. Natalie Zemon Davis, *Fiction in the Archives: Pardon Tales and Their Tellers in Sixteenth-Century France* (Stanford, CA: Polity Press, 1987), 3.

26. Ibid., 36-43, 51.

27. Judith Walkowitz, *City of Dreadful Delight: Narratives of Sexual Danger in Late-Victorian London* (Chicago: University of Chicago Press, 1992).

28. Carole Pateman, *The Sexual Contract* (Stanford, CA: Stanford University Press, 1988). 페미니스트적 정치이론에서 페이트먼의 고전은 계약이론의 이야기적 요소를 강조함으로써 계약이론의 "본성을 변화시켰다."

29. Hayden White, *Metahistory: The Historical Imagination in Nineteenth Century Europe* (Baltimore: Johns Hopkins University Press, 1993).

30. Hayden White, *The Content of the Form: Narrative Discourse and Historical Representation* (Baltimore: Johns Hopkins University Press, 1987), 42-43.

31. Alun Munslow, *Deconstructing History* (London: Routledge, 1997), 149. 또한 다음을 보라. Keith Jenkins, *On "What Is History?"* (London: Routledge, 1995), 134-35.

32. White, *Metahistory*, 7-30.

33. 화이트는 둘 혹은 그 이상의 플롯이 역사가들의 저서 안에서 긴장 상태로 공존할 수 있으며, 바로 이 점이 역사 저서 중 걸작의 특징이라고 믿고 있다. White, *Tropics of Discourse: Essays in Cultural Criticism* (Baltimore: Johns Hopkins University Press, 1978), 94.

34. Ibid., 58.

35. Ibid., 94.

36. Ibid., 97-99. '언어적 전환'의 내부에서 화이트의 역할에 대한 유용한 분석은 다음을 보라. Lloyd Kramer, "Literature, Criticism, and Historical Imagination: The Literary Challenge of Hayden White and Dominick LaCapra," in Lynn Hunt, ed., *The New Cultural History* (Berkeley: University of California Press, 1989), 97-128.

37. Joan Wallach Scott, "Gender: A Useful Category of Historical Analysis," in

Gender and the Politics of History (New York: Columbia University Press, 1988), 29, 46. 1장 참조.

38. 이 주제에 대한 선구적 연구들은 다음과 같다. George Fredrickson, *The Black Image in the White Mind: The Debate on Afro-American Character and Destiny* (New York: Harper & Row, 1971); David Brion Davis, *The Problem of Slavery in the Age of Revolution, 1770-1823* (Ithaca, NY: Cornell University Press, 1975).

39. Barbara Fields, "Ideology and Race in American History," in J. Morgan Kousser and James McPherson, eds., *Region, Race and Reconstruction: Essays in Honor of C. Vann Woodward* (Oxford: Oxford University Press, 1982), 149.

40. Ibid., 162, 159.

41. Noel Ignatiev, *How the Irish Became White* (New York: Routledge, 1995).

42. David Roediger, *The Wages of Whiteness: Race and the Making of the American Working Class*, 2nd ed. (1991; New York: Verso, 1999).

43. Matthew Frye Jacobson, *Whiteness of a Different Color: European Immigrants and the Alchemy of Race* (Cambridge, MA: Harvard University Press, 1998).

44. 예를 들어 다음을 보라. Jonathon Glassman, "Slower Than a Massacre: The Multiple Sources of Racial Thought in Colonial Africa," *American Historical Review* 109, no. 3 (June 2004): 720-54; Glassman, *War of Words, War of Stones: Racial Thought and Violence in Colonial Zanzibar* (Bloomington: Indiana University Press, 2011); Eve Troutt Powell, *A Different Shade of Colonialism: Egypt, Great Britain and the Mastery of the Sudan* (Berkeley: University of California Press, 2003); Bruce Hall, *A History of Race in Muslim West Africa, 1600-1960* (Cambridge: Cambridge University Press, 2011).

45. G. R. Elton, *Return to Essentials: Some Reflections on the Present State of Historical Studies* (Cambridge: Cambridge University Press, 1991), 27, 48.

46. Ibid., 27-29. 41.

47. Richard J. Evans, *In Defense of History* (New York: W. W. Norton, 1999), 7,

11.

48. Jenkins, *On "What Is History?"* 32.

49. Elton, *Return to Essentials*, 36, 42-43, 49.

50. Evans, *In Defense of History*, 107.

51. Ibid., 159.

52. 예를 들어 다음을 보라. Bryan D. Palmer, *Descent into Discourses: The Reification of Language and the Writing of Social History* (Philadelphia: Temple University Press, 1990); Alex Callinicos, *Against Postmodernism: A Marxist Critique* (New York: St. Martin's Press, 1990).

53. Laura Lee Downs, "If Woman Is Just an Empty Category, Then Why Am I Afraid to Walk Alone at Night?" *Comparative Studies in Society and History* 35, no. 2 (April 1993): 414-37; 같은 학술지에 실린 조앤 스콧의 반박문(438-43) 과 다운스의 재반박문(444-51) 참조.

54. Evans, *In Defense of History*, 12. 1997년 포스트모더니즘의 후기에 작성한 에번 스의 공격 대상은 대체로 키스 젠킨스, 프랭크 앵커스밋, 앨런 먼슬로, 엘리자베스 디즈 어마스 등의 이론가들이었다. 그가 언급한 실제 역사가들은 패트릭 조이스와 다이앤 퍼키스와 같이 소수에 불과하고 특별히 영향력 있지도 않았다. 그러나 에번 스 또한 내털리 데이비스, 로버트 단턴, 사이먼 샤마, 카를로 긴츠부르그와 같은 몇 몇 뛰어난 문화사가와 미시사가들을 '포스트모더니스트'로 잘못 규정하고 있지만 이들의 저서에 대해서는 찬사를 아끼지 않는다. 로런스 스톤 또한 1992년에 "중요 역사적 저서들이 철저하게 포스트모더니즘적 시각에서 만들어졌다고 생각할 수는 없다"라고 지적했다. Stone, "History and Postmodernism," *Past & Present* 135 (1992): 191.

55. James Boswell, *The Life of Samuel Johnson* (New York: Penguin Classics, 1986), 122.

56. Appleby, Hunt, and Jacob, *Telling the Truth*, 3, 11.

57. Ibid., 7-8장, 특히 254-61.

58. 훌륭한 개관을 위해서는 다음을 보라. Gabrielle M. Spiegel, "Introduction," in Spiegel, ed., *Practicing History: New Directions in Historical Writing after the Linguistic Turn* (New York: Routledge, 2005), 특히 11-26.

59. 이하의 서술은 다음의 책들에 의존했다. Peter Charles Hoffer, *Past Imperfect*:

Facts, Fictions, Fraud—American History from Bancroft and Parkman to Ambrose, Bellesiles, Ellis and Goodwin (New York: Public Affairs, 2004), 5 장: Jon Wiener, *Historians in Trouble: Plagiarism, Fraud and Politics in the Ivory Tower* (New York: New Press, 2005), 4장. 비너의 책은 당파적 성향이 매우 강하다. 그에 따르면 학문적 사기의 사례는 역사가들이 우파의 정치적 이해와 매체에 의해 공격받을 때 주로 부상하며 벨레사일스의 실수가 터무니없는 실수의 전부는 아니라고 주장한다. 그렇지만 2002년 유죄 증명의 보고서를 발행한 에머리대학 위원회는 3명의 자유주의적 학자들로 구성되었다.

60. Hoffer, *Past Imperfect*, 146-51.

61. 존 비너는 그렇지만 벨레사일스가 "사료의 작은 부분에서의 실수" 때문에 부당하게 공격을 받았다고 주장하고, 자신이 보건대 몇몇 저명한 역사가들도 전화 통화에서 이러한 평가에 동의했다고 적었다. Wiener, *Historians in Trouble*, 91-93.

62. Richard J. Evans, *Lying about Hitler: History, the Holocaust, and the David Irving Trial* (New York: Basic Books, 2001).

63. 에이브러햄 사태에 대한 서술은 Novick, *That Noble Dream*, 612-21과 Wiener, *Historians in Trouble*, 5장을 기반으로 한 것이다.

64. Natalie Zemon Davis, *The Return of Martin Guerre* (Cambridge, MA: Harvard University Press, 1983), 5.

65. Ibid., 19, 22, 44, 46.

66. Robert Finlay, "The Refashioning of Martin Guerre," *American Historical Review* 93 (June 1988): 553-71.

67. ibid., 556-57, 562-66, 570.

68. Natalie Zemon Davis, "On the Lame," *American Historical Review* 93 (June 1988): 572-603.

69. Finlay, "Refashioning," 569, 571.

70. Davis, "On the Lame," 599.

71. Garrett Mattingly, *The Armada* (Boston: Houghton Mifflin, 1959), 227.

72. Larissa MacFarquhar, "The Dead Are Real: Hilary Mantel's Imagination," *New Yorker*, October 12, 2012; http://www.newyorker.com/magazine/2012/10/15/the-dead-are-real (2016년 2월 2일 검색).

73. William Cronon, "Storytelling," *American Historical Review* 118, no. 1

(February 2013): 11.

74. William Cronon, "A Place for Stories: Nature, History, and Narrative," *Journal of American History* 78, no. 4 (March 1992): 1347-76. 1366에서 인용.

닫는 말

1. Michael R. Marrus, *Lessons of the Holocaust* (Toronto: University of Toronto Press, 2016), 37-38.

2. Ibid., 7-9.

3. Ibid., 171.

4. 린 헌트와의 대담, Lynn Hunt, "The Future of History," https://www.youtube.com/watch?v=amkZ5TkxwY8 (2016년 11월 5일 검색).

　대학에서 〈역사란 무엇인가〉라는 강좌를 맡아 진행해 온 지 10년이 넘었다. 매년 1학기에 반복되는 강의지만 학생들이 역사의 본질을 이해하는 데 얼마나 도움이 되었을까 의구심이 든다. 처음 몇 해 동안은 '전달'의 방법에서도 적지 않은 시행착오를 겪었다. 학창시절의 〈사학개론〉에서 배웠던 대로 '역사학의 역사'를 정리하여 학생들에게 강의를 해 보기도 했다. 하지만 '역사학의 역사'의 긴 과정에서 나오는 추상적 개념을 일방적인 전달의 방법으로 학생들에게 잘 납득시킬 수 없다는 느낌을 지울 수 없었다. 그 이후부터는 일방적인 강의가 아닌 토론식 수업을 유지해오고 있다. 학생들에게 적극적으로 질문을 유도하고 그에 대한 생각을 교수와 학생, 또한 학생 상호간에서도 나누는 수업을 하다 보니 학생들의 관심을 높이고, 추상적 개념에 대한 이해도를 증진시킬 수 있었다.

　수업 방법에 대한 고민을 어느 정도 해소한 다음의 문제는 토론의 소재들을 제공하는 교재의 문제였다. 강좌의 제목과도 일치하고 또한 대부분의 대학생들이 적어도 제목은 알고 있는 E. H. 카의 《역사란 무엇인가》를 큰 고민 없이 선택했다. 카의 책은 분명 역사의 본질과 관련한 탁월한 통찰을 제시하고 끊임없이 새로 쓰일 수 있는 역사의 생명력을 보여주고 있기 때문에 그 가치를 여전히 잃어버리지 않고 있다. 하지만 그의 책은 역사가 계속해서 변화해간다는 주장을 체감하게 하는 최근의 흐름을 전혀 반영하고 있지 못하다. 시대적 상황에 따른, 또한 역사가의 관심이 변화해가는 데 따른 구체적 성과들을 카의 책에서는 찾기 어렵다는 의미다. 특히 20세기의 마지막 몇십 년에 걸쳐 가속화되어왔던 세계화의 상황 속에서 역사가들이 어떤 새로운 문제의식을 지니게 되었는가를 카의 책에서는 살펴보기 힘들었다.

《역사에 대해 생각하기》는 이러한 갈증을 해소할 수 있는 단비와도 같은 책이었다. 사라 마자는 국가 중심의 역사 서술을 탈피하면서 등장한 변경과 해양이라는 공간을 중심으로 한 역사 연구의 동향, 20세기의 마지막 몇십 년 동안 다수의 역사가들을 흥분시켰던 포스트모더니즘의 문제의식 등을 서술하면서 최근 역사 연구의 동향을 구체적으로 설명하고 있다. 게다가 각 장의 제목을 단언적 주장을 연상케 하는 표현이 아니라 질문의 형식을 취함으로써 독자들의 흥미를 유발하는 전략을 취하고 있다. 이러한 강점을 잘 활용한다면 카의 책에서 아쉬웠던 부분들을 보완하면서 현 시대의 학생들에게 역사에 대한 관심을 증진시킬 수 있겠다고 생각했다. 힘겨운 번역작업에 뛰어든 이유이기도 하다.

카의 《역사란무엇인가》에서 처음 제기되는 문제는 과거의 사실에 대한 역사가의 선택의 문제이다. 다양한 과거의 사실들은 역사가의 선택에 의해 비로소 '역사적 사실'로 승격된다. '누구의 역사인가?'라는 제목으로 본론을 시작하면서 마자 또한 역사가의 선택에 따라 역사를 만들어갔던 다양한 집단이 어떻게 재현되었는가를 설명한다. 사회의 다수 구성 집단을 중시하는 사회사의 연구경향이 1960년대 이후 확대되면서 역사의 재현방식은 획기적으로 변화했다. 나폴레옹이나 웰링턴 같은 '전쟁 영웅'이 아니라 절대 다수의 병사들이 전쟁 재현에 중심에 놓이게 되면 전쟁의 승패 서술은 완전히 변하게 된다. 자본주의 체제의 작동을 가능케 하는 다수를 부각시키기 위해서 사회사가들은 '노동계급'의 투쟁방식과 그들의 의식 형성과정을 부각시켰다. 남성 중심의 역사에서 배제되었던 여성의 부각은 은밀한 형태로 묻혀 있었던 억압의 다양한 측면들을 인식할 수 있는 계기였다. 그러나 마자가 지금까지 역사가의 선택에서 배제되었던 집단들의 목록을 첨가하는 것만으로 1장을 끝냈다면 그녀의 책의 가치는 반감되었을 것이다. 그녀는 그러한 집단들이 선택됨으로써 역사가들의 연구 수행방식과 제기되는 질문이 어떻게 변화했는지 또한 보여준다. 예를 들자면 지배자의 '합리적' 관점에서 이해하기 힘든 농민의 저항방식을 '그들'의 관점에서 해독할 수 있는 연구방법을 역사가들은 모색하고 있다. 근대적인 기준에 의한 생물학적 정체성의 설명만으로 여성까지 포함한 사회관계를 설명하기에는 부적절하다는 역사가들의 문제 제기도 비슷한 맥락이다. 그녀의 지적대로 역사의 무대에서 배제되었던 "다른 부류의 집단을 설명하기 위해 역사적 장면의 일부분을 다시 구성할 때마다" 역사의 전체 상은 변화하는 것이다.

　마자는 이어서 역사의 공간과 대상을 역사가들이 변화시켜나갈 때도 새로운 문제 제기와 시각의 획득이 가능하다는 점을 다양한 연구사례를 통해 보여준다. 서구 세계가 세계사를 주도하는 중심지역으로 부각된 이후 '국가'라는 공간은 역사 서술의 기본단위였다. '탈식민주의' 학자들은 "유럽의 지방화"를 제시하면서 유럽 국민국가 중심의 역사 서술이 세계사의 전체가 될 수 없다고 주장했다. 유럽 중심의 '근대적' 역사발전 모델이나 유럽 중심의 문화범주를 벗어나 제3세계의 역사를 주체적으로 바라볼 수 있는 길을 제시했던 것이다. 또한 '변경, 해양, 초국가'라는 공간의 단위를 역사 서술의 중심으로 제시한 역사가들은 국민국가라는 제한적 틀을 벗어난 '다국적인' 역사 서술의 가능성을 보여주고 있다. 다양한 지역과 문화와의 연결이 심화되어가는 현재의 상황을 반영이라도 하듯 역사가들은 "국가 이전의 시간, 혹은 국가들 사이의 공간"에 관심을 집중함으로써 이전의 역사가 보여주지 못한 새로운 이야기들을 들려주고 있는 것이다.

'인물'과 '공간'의 재구성만으로 지난 최근의 역사 연구경향을 담아내기는 불가능하다. '사물'에 대한 다양한 시각도 최근의 역사 연구를 새롭고 풍성하게 하는 또 다른 요인인데 마자는 이와 관련된 연구의 실례를 다음 장에서 보여주고 있다. '사물'이라는 용어 안에 마자는 과학적 사고, 인간생활과 관련을 맺는 소비재, 인간생활에 영향을 주는 자연환경 등을 거론하며 역사 연구의 대상이 광범위하다는 점을 재차 보여주고 있다. 과학의 진실은 추상적 사고의 완결성에 의해서 확보되는 것이 아니라 특정 과학적 진실의 생산과 관련된 사회적 역학관계가 중요하다는 것이 역사적 사례를 통해 밝혀졌다. 시장의 상품을 둘러싼 구매의 불평등은 프랑스혁명이라든가 미국혁명과 같은 '거대사건'을 색다른 맥락에서 해명할 기회를 주며 의복과 커피의 소비방식은 아메리카 대륙의 원주민과 유럽 이주민 사이의 상호접촉과 문화융합을 지배·종속의 일방적 방식으로 바라보는 것을 거부한다. 자연환경에 대한 유럽인들의 "문화적 실천방식"의 차이가 아메리카의 자연환경을 어떻게 변화시켰는가를 보여주는 연구가 있는 반면 또 다른 한쪽 끝에는 인류역사의 거대한 진행은 자연환경에 의해 전적으로 좌우된다는 제레미 다이아몬드의 《총, 균, 쇠》 같은 연구가 있다. 자연환경과 인간이 역사의 방향을 결정하는 유일한 인자가 아니라 병원균과 모기가 역사의 방향을 결정했다는 '생태 제국주의'의 시각과 맥닐의 《모기공화국》 같은 연구도 무시할 수 없다. 역사의 방향에 작용을 미칠 수 있는 인자는 인간만으로 한정할 수 없고 지구상의 다양한 삼라만상으로까지 확대될 수 있음을 이들 연구는 보여주고 있다.

책의 전반부가 역사 연구의 대상 변화가 역사를 어떻게 새롭게 바라보게 했는가를 주로 다루었다면 4~6장의 후반부는 역사 연구의 내재적 측면, 즉 "역사 연구의 본질과 역동성, 그리고 역사기술 이면에 놓여 있는 질문과 이해관계"를 주로 다룬다. '역사의 생산'을 다룬 4장은 정치권력의 이해에 일정 정도 봉사하는 과정에서 출발한 '근대 역사학'의 범주에서 주요 생산자는 전문역사가들이었다는 지적에서부터 시작한다. 대중적 역사와 공공의 역사가 거론되는 현 시점에서 역사의 생산은 더 이상 전문가들의 영역이 아니다. 역사 분야의 베스트셀러 목록에 오른 책들의 일부는 논픽션 작가들의 손에서 만들어진 것이고, 대중매체의 인기 있는 다큐멘터리 또한 역사가들만이 주도적으로 참여하고 있지는 않다.

공공의 역사를 실천하는 핵심 장소인 박물관 또한 역사해석의 새로운 가능성을 제시하는 장소다. 히로시마의 원자폭탄 투하에 사용되었던 폭격기를 둘러싼 스미소니언 박물관의 전시계획은 참전용사들의 관점에서 볼 때 그들의 희생과 애국심을 강조하기보다는 일본인들의 고통을 부각하는 관점이었다. 공공의 장소가 '생산'하는 역사의 관점이 '공공성'에 반하는 것이었다. 공공의 역사의 장에서 제시된 해석으로 인한 논쟁만큼 광범위한 반향을 야기한 것은 아니지만, 홀로코스트 같은 엄청난 인명의 손상을 가져온 사건에 대해 도덕적 책임을 면제해 주는 듯한 해석 역시 적지 않는 논란을 일으켰다. '반유대주의'의 파급력을 놓고 골드하겐과 브라우닝 사이에 벌어진 논쟁이 대표적 사례로서 이들의 논쟁은 동일한 사료를 사용했다 하더라도 매우 상이한 역사적 해석이 '생산'될 수 있음을 보여준다. 이처럼 사료는 어떤 질문을 제기하는가에 따라 새로운 역사적 해석을 만들어 낼 수 있다. 또한 주목받지 못한 사료였더라도 역사가들이 상상력과 끈질긴 관심을 가지고 탐색하다 보면 감춰졌던 지난 시대의 사회상을 새롭게 도출해낼 수 있다. 아울러 중국혁명을 경험했던 여성들의 증언을 기반으로 한 게일 허쉐터의 구술사적 방법은 중국혁명의 사회적 결과를 또 다른 각도에서 파악할 수 있게 하는 성과다. 사료의 전통적 권위에만 의존한 역사의 생산은 더 이상 가능하지 않다.

역사 연구가 원인에 대한 연구라는 오래된 신념을 많은 역사가들이 여전히 간직하고 있지만 마자가 5장에서 살펴보고 있는 것은 그러한 직선적 인과관계의 탐색에서부터 벗어나 사건 자체의 의미를 찾아내기 위한 역사가들의 시도다. 역사가들은 단일한 인과관계의 설명에서 제시될 수 있는 교훈만을 추구하지 않는다. 쿡 선장의 하와이 도착이라는 사건이 초래한 의외의 결과를 설명한 윌리엄 H. 스웰의 탁월한 저서를 통해서도 짐작할 수 있듯이, 이제 역사가들은 원인과 결과를 엄격히 구분하는 인과적 설명에 의문을 제기한다. 또한 긴즈부르그와 단턴의 미시사 연구와 같이 역사가들은 과거 특정 시점의 사람들이 보였던 행동의 의미를 그 시대의 맥락에서 파악하는 것을 더 중시한다. 이러한 사고방식에서는 인과관계의 탐구를 통해 현재를 이해하는 단서를 찾아내며 더 나아가 미래사회를 위한 지침을 제공받는다는 의미 추구는 찾아보기 힘들다. 신문화사의 연구방법론을 중시하는 역사가들에게는 전통적 인과관계의 추구보다는 인류학적 방법론과 문화적 상대주의를 수용함으로써 "낯선 과거" 자체를 다른 각도에서 재현하는 것이 더 중요하다. 결론적으로 인과관계의 전통적 서술방식을 중시하는 역사가들과 의미를 중시하는 역사가들 사이의 논쟁은 역사학의 위기를 드러내는 현상이라기보다는 역사학의 활력을 증명하는 또 다른 현상이라고 마자는 강조하고 있다.

책의 마지막 장에서 마자는 역사 연구의 '객관성'이라는 이상에 대해 심각한 도전을 야기했던 '포스트모더니즘'의 연구경향을 소개한다. 포스트모던적 시각에서 과거의 실체는 결코 파악할 수 없는 것이기 때문에 '역사적 진실'의 탐구를 추구하는 역사가들에게는 심각한 도전이 아닐 수 없었다. 역사가 모두가 "실제 과거와 관련이 없는 단어와 텍스트"를 가지고 역사를 '구성'하기 때문에 주관적일 수밖에 없다고 포스트모더니스트 역사가들은 주장한다. '역사의 객관성'을 부정하는 이러한 주장은 역사학의 존립 자체를 부정하는 "위협적인 바이러스"로 비난받았을 때도 있지만, 오늘날 많은 역사가들은 포스트모더니즘의 문제 제기를 일부 받아들이면서 역사의 실체에 보다 가깝게 접근할 수 있는 희망을 버리지 않는다. 《마르탱 게르의 귀향》을 쓴 나탈리 데이비스가 지적했듯이 오늘날 역사가들은 사료를 절대적 권리를 갖는 하나의 고정적 실체로 바라보기보다는 "끝없는 해석을 가능케 하는 본질적으로 모호한 것"이라는 견해를 받아들인다. 포스트모더니즘이 제기한 논쟁을 역사의 위기를 가속화한다고 부정할 것이 아니라 역사의 다양성과 활력을 증진시키는 수단으로 활용할 필요도 있는 것이다.

책 내용을 나름대로 요약한다고 했지만 전체 내용을 충분히 전달하는 데 한계가 있음은 물론이다. 책을 꼼꼼히 읽다 보면 독자들은 역사가들의 새로운 문제 제기와 연구방법론이 과거의 친숙했던 역사상을 어떻게 바꾸어놓을 수 있는지 발견하게 될 것이다. 또한 독자들은 최신 역사 연구들의 주목할 만한 성과와 그 핵심 내용을 신속하게 파악할 수 있을 것이다. 저자도 인정하고 있듯이 그러한 소개가 미국과 유럽의 학자들, 특히 미국의 학자들이 성취한 연구 성과들에 집중되어 있기는 하지만 아이티의 역사유적에 함축되어 있는 역사적 기억, 흑인 노예수송선에 실린 흑인들의 정체성 등을 다룬 연구 성과 등을 소개하면서 연구사적 측면에서 유럽 중심의 역사를 다시 재현했다는 비판을 어느 정도 상쇄시키려고 노력하고 있다.

대학의 위기, 인문학의 위기 등을 거론하는 한국사회에서 역사학의 위상은 갈수록 하락하는 듯이 보인다. 이런 상황에서 "역사에서 교훈을 얻지 못하는 민족에게 미래는 없다"라는 식의 주장을 이 책에서 찾기 원하는 독자들은 실망하게 될 것이다. 마자에게 역사의 효용성은 만고불변한 교훈을 제공하는 데 있는 것이 아니라 과거에 대한 끊임없는 논쟁을 야기하고 그럼으로써 과거를 죽어 있는 화석과 같이 바라보지 않는 데에 있다. 독자들이 이 책을 통해 과거에 대한 그러한 질문의 욕구를 가지게 되었다면 이 책은 세상에 나오게 된 목적을 조금이나마 달성한 것이다.

　책의 번역 과정에서 많은 분들의 도움이 있었다. 어려운 출판업계의 사정에도 불구하고 역사 분야의 좋은 책을 발굴하여 꾸준히 책을 내고 있는 도서출판 책과함께의 류종필 대표에게 감사를 드리고 싶다. 류 대표의 열정과 독려가 없었다면 이 번역서는 나오지 못했을 것이다. 아울러 번역문을 꼼꼼히 다듬어준 편집자에게도 감사드린다. 그의 도움 덕택에 원문의 어조를 최대한 유지하면서 훨씬 자연스러운 문장을 만들 수 있었다. 그럼에도 혹시라도 있을 수 있는 오역에 대한 책임은 당연히 번역자의 몫이다. 또한 각자의 위치에서 서양사를 연구하고 있는 부산의 동료 연구자들에게 감사를 전하고 싶다. 그들과 매달 나누는 진지한 토론과 환담은 지루한 번역작업을 이겨낼 수 있게 하는 청량제와 같았다. 못난 아들의 뒷바라지를 위해 모든 희생을 마다하지 않으신 하늘나라의 아버님, 지금도 전화드릴 때마다 아들 걱정을 놓지 않으시는 어머니께도 감사를 드리고 싶다. 마지막으로 책상 앞의 작업 이외에는 잘하는 것이 없는 남편을 참아주면서 큰 힘이 되어주는 아내에게도 감사의 말을 전한다.

　　　　　2019년 5월 따뜻한 햇살이 비추는 연구실에서 박원용

역사에 대해 생각하기

오늘날 역사학에 던지는 질문들

1판 1쇄 2019년 5월 30일
1판 2쇄 2020년 2월 17일

지은이 | 사라 마자
옮긴이 | 박원용

펴낸이 | 류종필
편집 | 이정우, 정큰별
마케팅 | 김연일, 김유리
표지디자인 | 석운디자인
본문디자인 | 성인기획
교정교열 | 오효순

펴낸곳 | (주) 도서출판 책과함께
　　　　주소 (04022) 서울시 마포구 동교로 70 소와소빌딩 2층
　　　　전화 (02) 335-1982
　　　　팩스 (02) 335-1316
　　　　전자우편 prpub@hanmail.net
　　　　블로그 blog.naver.com/prpub
　　　　등록 2003년 4월 3일 제25100-2003-392호

ISBN 979-11-88990-36-8　03900

이 도서의 국립중앙도서관 출판시도서목록(CIP)은
서지정보유통지원시스템 홈페이지(http://seoji.nl.go.kr)와
국가자료종합목록시스템(http://www.nl.go.kr/kolisnet)에서 이용하실 수 있습니다.
(CIP제어번호 : CIP2019019132)